Jules Verne

Voyage au centre de la Terre (1864)

Texte abrégé

LE DOSSIER

Un roman d'aventures et d'anticipation

L'ENQUÊTE

Explorations et expéditions scientifiques du XVIIIe siècle à nos jours

Notes et dossier
Éric Sala
Certifié de lettres modernes

Collection dirigée par
Bertrand Louët

Hatier

Sommaire

OUVERTURE

ISBN : 978-2-218-97841-8

* Toutes les iconographies, de la page 2 à la page 248, sont celles de l'édition Hetzel du *Voyage au centre de la Terre*. Illustrations de Édouard Riou, 1864.

Qui sont les personnages ?

Les personnages principaux

LE PROFESSEUR LIDENBROCK

Le professeur Otto Lidenbrock est un géologue et minéralogiste mondialement connu, un puits de science. Il enseigne au Johannæum et fait le bonheur de ses étudiants lorsqu'il entre dans une de ses fameuses colères. Âgé de cinquante ans et doté d'une santé de fer, il est impétueux et obstiné.

Les personnages secondaires

MARTHE

La vieille servante du professeur Lidenbrock s'occupe de la maison et de la préparation des repas. Habituée au caractère emporté et aux réactions surprenantes de son maître, elle est toutefois étonnée lorsqu'elle assiste aux préparatifs de l'expédition.

AXEL

Neveu et assistant du professeur Lidenbrock, Axel est le narrateur de l'histoire. Orphelin, il vit avec son oncle et s'adonne à la géologie et à la minéralogie depuis son enfance. Jeune homme intelligent et cultivé, il est fiancé à Graüben et suit le professeur dans son expédition contre son gré.

HANS BJELKE

Guide islandais de l'expédition, ce chasseur d'eider est un personnage grave, flegmatique et silencieux. Fidèle à son engagement, il accompagne le professeur Lidenbrock dans les situations les plus dangereuses sans hésitation et sans le moindre mot.

GRAÜBEN

Pupille du professeur, elle vit auprès de lui. Charmante et douce, la jeune fille est la camarade de jeu et d'études d'Axel depuis leur plus tendre enfance. Les deux jeunes gens se sont fiancés à l'insu du professeur et attendent le retour de l'expédition pour l'annoncer officiellement.

M. FRIDRIKSSON

Ce professeur de sciences naturelles héberge Axel et Otto Lidenbrock à Reykjawik. Il leur présente également leur guide, Hans, et leur fournit une carte de l'Islande, indispensable pour leur long périple.

Quelle est l'histoire ?

Les circonstances

L'histoire débute le 24 mai 1863 à Hambourg, en Allemagne. Le professeur Lidenbrock découvre un mystérieux manuscrit islandais du XVIe siècle, dont l'auteur révèle qu'il a pénétré jusqu'au centre de la Terre. Sans perdre un instant, le professeur met sur pied une expédition pour se rendre en Islande.

L'action

1. Le professeur Lidenbrock, célèbre géologue vivant à Hambourg, découvre un cryptogramme dans un manuscrit runique. L'auteur du texte, un savant islandais du XVIe siècle, prétend avoir voyagé dans les entrailles de la Terre.

2. Le professeur décide de vérifier par lui-même les informations contenues dans le manuscrit et entreprend le voyage accompagné de son neveu Axel. Ils se rendent en Islande où se trouve le Sneffels, volcan éteint. Ce volcan représente la porte d'entrée vers le monde qu'ils veulent explorer.

Le but

Dans *Voyage au centre de la Terre*, Jules Verne nous entraîne dans un monde inaccessible au commun des mortels, comme il le fera dans son roman *De la Terre à la Lune* (1865). Mêlant savoir scientifique et fiction, il offre au jeune lecteur un espace de découverte et de rêve qui ouvre sur la littérature de science-fiction.

3. Accompagné de leur guide islandais, Hans, les deux hommes entament une véritable descente aux enfers. Le parcours est long et dangereux mais le professeur est obstiné et poursuit sa route malgré tous les obstacles.

4. Ils observent ce qu'ils connaissent de l'histoire de la formation de la Terre et découvrent un monde insoupçonné (une mer, des animaux extraordinaires...). Mais surtout, ils doivent rejoindre le centre de la Terre et trouver le moyen de sortir de cet effroyable labyrinthe...

Qui est l'auteur ?

Jules Verne, photographie de F. Nadar, 1864.

Jules Verne (1828-1905)

• UNE ENFANCE TOURNÉE VERS LA MER

Jules Verne naît le 8 février 1828 à Nantes, port de l'Atlantique ouvert sur le monde. La famille de sa mère compte de nombreux navigateurs. À 11 ans, il s'embarque comme mousse sur un navire en partance pour les Indes mais il est rattrapé par son père.

• L'ARRIVÉE À PARIS

En 1848, Jules Verne s'installe à Paris pour y achever ses études de droit. En 1850, devenu avocat, il refuse de succéder à son père. Il compose plusieurs pièces de théâtre qu'il tente de faire jouer.
En 1862, enthousiasmé par le manuscrit de *Cinq Semaines en ballon*, l'éditeur Hetzel propose à Jules Verne un contrat qui fait de lui l'auteur de la maison : c'est le début de sa carrière littéraire.

• UNE GLOIRE INTERNATIONALE

Les succès s'enchaînent : *Cinq Semaines en ballon* (1863), *Voyage au centre de la Terre* (1864), *De la Terre à la Lune* (1865)... La réputation de Jules Verne s'étend au monde entier. Il travaille beaucoup mais s'adonne à une autre passion : le bateau. Il part souvent en voyage sur son propre yacht.
Aujourd'hui, Jules Verne est l'écrivain de langue française le plus lu dans le monde et l'auteur le plus traduit après Agatha Christie.

VIE DE JULES VERNE	**1828** Naissance à Nantes	**1848** Arrivée à Paris pour poursuivre ses études de droit	**1849** A. Dumas père accepte de monter sa pièce *Les Pailles rompues*	**1852** Fait la connaissance du géographe et explorateur Arago	**1862** Contrat avec Hetze[l] *Cinq Semaines en ballon*
HISTOIRE	**1830** Monarchie de Juillet et arrivée au pouvoir de Louis-Philippe	**1848** Révolution et instauration de la IIe République	**1851** Coup d'État de Louis-Napoléon Bonaparte	**1852** Napoléon III, empereur des Français	

Que se passe-t-il à l'époque ?

Sur le plan politique

● LA SUCCESSION DES RÉGIMES

Au XIXe siècle, la France connaît tous les types de régimes politiques (République, Empire, monarchie), ce qui entraîne de nombreuses périodes de guerres et de troubles.

● LE SECOND EMPIRE (1852-1870)

Napoléon III instaure le Second Empire, durant lequel la France connaît un essor économique sans précédent (chemin de fer, grandes industries). Alors qu'émerge le capitalisme industriel, la classe ouvrière s'organise.

● LA GUERRE DE 1870

19 juillet 1870 : la guerre éclate entre la France et la Prusse. Le 2 septembre 1870, la France est vaincue à Sedan. C'est la chute du Second Empire et le retour de la République.

Dans le domaine des lettres

● LE THÉÂTRE, GENRE POPULAIRE

Au XIXe siècle, le théâtre connaît un succès retentissant. C'est cette voie (le vaudeville* en particulier) qu'emprunte Jules Verne avant de se lancer, en 1862, dans la rédaction du « roman de la science ».

● L'ESSOR DE LA PRESSE

Les journaux et les revues se multiplient, procurant aux écrivains un nouveau mode de diffusion. Ainsi, le *Journal des débats* publie en feuilleton *De la Terre à la Lune* puis *Autour de la Lune*.

● L'ÉVOLUTION DU ROMAN

Le XIXe siècle est dominé par le romantisme et par le réalisme (Flaubert, Zola, Maupassant). Le progrès technologique inspire des romanciers qui annoncent le genre de la science-fiction, tel Jules Verne.

1864 *Voyage au centre de la Terre*

1874 *Le Tour du monde en 80 jours* au théâtre

1886 Blessé par son neveu Gaston

1905 Mort à Amiens

1867 Exposition universelle à Paris

1870 Guerre contre la Prusse. Chute du Second Empire. IIIe République

1871 (Mars-mai) Commune de Paris

1881 Exposition internationale d'électricité à Paris

1882 Lois Jules Ferry sur l'enseignement primaire

1903-1905 Première expédition Charcot au pôle Nord

Voyage au centre de la Terre

I

Le 24 mai 1863, un dimanche, mon oncle, le professeur Lidenbrock, revint précipitamment vers sa petite maison située au numéro 19 de Königstrasse, l'une des plus anciennes rues du vieux quartier de Hambourg[1].

La bonne Marthe dut se croire fort en retard, car le dîner commençait à peine à chanter sur le fourneau de la cuisine.

« Bon, me dis-je, s'il a faim, mon oncle, qui est le plus impatient des hommes, va pousser des cris de détresse.

– Déjà M. Lidenbrock ! s'écria la bonne Marthe stupéfaite, en entrebâillant la porte de la salle à manger.

– Oui, Marthe ; mais le dîner a le droit de ne point être cuit, car il n'est pas deux heures. La demie vient à peine de sonner à Saint-Michel.

– Alors pourquoi M. Lidenbrock rentre-t-il ?

– Il nous le dira vraisemblablement.

– Le voilà ! je me sauve ; monsieur Axel, vous lui ferez entendre raison. »

Et la bonne Marthe regagna son laboratoire culinaire.

Je restai seul. Mais de faire entendre raison au plus irascible[2] des professeurs, c'est ce que mon caractère un peu indécis ne me permettait pas. Aussi je me préparais à regagner prudemment ma petite chambre du haut, quand la porte de la rue cria sur ses gonds ; de grands pieds firent craquer l'escalier de bois,

1. **Hambourg** : ville du nord de l'Allemagne.
2. **Irascible** : coléreux.

et le maître de la maison, traversant la salle à manger, se précipita aussitôt dans son cabinet de travail.

Mais, pendant ce rapide passage, il avait jeté dans un coin sa canne à tête de casse-noisette, sur la table son large chapeau à poils rebroussés et à son neveu ces paroles retentissantes :

« Axel, suis-moi ! »

Je n'avais pas eu le temps de bouger que le professeur me criait déjà avec un vif accent d'impatience :

« Eh bien ! tu n'es pas encore ici ? »

Je m'élançai dans le cabinet de mon redoutable maître.

Otto Lidenbrock n'était pas un méchant homme, j'en conviens volontiers ; mais, à moins de changements improbables, il mourra dans la peau d'un terrible original.

Il était professeur au Johannæum, et faisait un cours de minéralogie[1] pendant lequel il se mettait régulièrement en colère une fois ou deux. Non point qu'il se préoccupât d'avoir des élèves assidus à ses leçons, ni du degré d'attention qu'ils lui accordaient, ni du succès qu'ils pouvaient obtenir par la suite ; ces détails ne l'inquiétaient guère. Il professait « subjectivement », suivant une expression de la philosophie allemande, pour lui et non pour les autres. C'était un savant égoïste, un puits de science dont la poulie grinçait quand on en voulait tirer quelque chose : en un mot, un avare.

Il y a quelques professeurs de ce genre en Allemagne.

Mon oncle, malheureusement, ne jouissait pas d'une extrême facilité de prononciation, sinon dans l'intimité, au moins quand il parlait en public, et c'est un défaut regrettable chez un orateur.

1. **Minéralogie** : domaine de la géologie qui étudie les minéraux de l'écorce terrestre.

En effet, dans ses démonstrations au Johannæum, souvent le professeur s'arrêtait court ; il luttait contre un mot récalcitrant[1] qui ne voulait pas glisser entre ses lèvres, un de ces mots qui résistent, se gonflent et finissent par sortir sous la forme peu scientifique d'un juron.

Il y a en minéralogie bien des dénominations semi-grecques, semi-latines, difficiles à prononcer, de ces rudes appellations qui écorcheraient les lèvres d'un poète. Je ne veux pas dire du mal de cette science. Loin de moi. Mais lorsqu'on se trouve en présence des cristallisations rhomboédriques, des résines rétinasphaltes, des ghélénites, des fangasites, des molybdates de plomb, des tungstates de manganèse et des titaniates de zircone[2], il est permis à la langue la plus adroite de fourcher.

Donc, dans la ville, on connaissait cette pardonnable infirmité de mon oncle, et on en abusait, et on l'attendait aux passages dangereux, et il se mettait en fureur, et l'on riait, ce qui n'est pas de bon goût, même pour des Allemands. Et s'il y avait donc toujours grande affluence d'auditeurs aux cours de Lidenbrock, combien les suivaient assidûment qui venaient surtout pour se dérider aux belles colères du professeur !

Quoi qu'il en soit, mon oncle, je ne saurais trop le dire, était un véritable savant. Bien qu'il cassât parfois ses échantillons à les essayer trop brusquement, il joignait au génie du géologue l'œil du minéralogiste. Avec son marteau, sa pointe d'acier, son aiguille aimantée, son chalumeau et son flacon d'acide nitrique, c'était un homme très fort. À la cassure, à l'aspect, à la dureté, à la fusibilité, au son, à l'odeur, au goût d'un minéral quelconque,

1. **Récalcitrant** : qui résiste avec entêtement.
2. Noms de minéraux.

il le classait sans hésiter parmi les six cents espèces que la science compte aujourd'hui.

Aussi le nom de Lidenbrock retentissait avec honneur dans les gymnases[1] et les associations nationales. MM. Humphry Davy, de Humboldt[2], les capitaines Franklin et Sabine, ne manquèrent pas de lui rendre visite à leur passage à Hambourg. MM. Becquerel, Ebelmen, Brewster, Dumas, Milne-Edwards, Sainte-Claire-Deville[3], aimaient à le consulter sur les questions les plus palpitantes de la chimie. Cette science lui devait d'assez belles découvertes, et, en 1853, il avait paru à Leipzig un *Traité de cristallographie transcendante,* par le professeur Otto Lidenbrock, grand in-folio[4] avec planches, qui cependant ne fit pas ses frais.

Ajoutez à cela que mon oncle était conservateur du musée minéralogique de M. Struve, ambassadeur de Russie, précieuse collection d'une renommée européenne.

Voilà donc le personnage qui m'interpellait avec tant d'impatience. Représentez-vous un homme grand, maigre, d'une santé de fer, et d'un blond juvénile qui lui ôtait dix bonnes années de sa cinquantaine. Ses gros yeux roulaient sans cesse derrière des lunettes considérables ; son nez, long et mince, ressemblait à une lame affilée ; les méchants prétendaient même qu'il était aimanté et qu'il attirait la limaille de fer. Pure calomnie : il n'attirait que le tabac[5], mais en grande abondance, pour ne point mentir.

1. **Gymnases** : établissements d'enseignement en Allemagne.
2. Célèbres scientifiques du XIXe siècle.
3. Autres célèbres scientifiques du XIXe siècle.
4. **In-folio** : grand livre ancien pour lequel la feuille d'impression, pliée en deux, forme 4 pages.
5. **« Il n'attirait que le tabac »** : il s'agit de tabac à priser qui s'aspire par le nez et provoque un éternuement.

Quand j'aurai ajouté que mon oncle faisait des enjambées mathématiques d'une demi-toise[1], et si je dis qu'en marchant il tenait ses poings solidement fermés, signe d'un tempérament impétueux, on le connaîtra assez pour ne pas se montrer friand de sa compagnie.

Il demeurait dans sa petite maison de Königstrasse, une habitation moitié bois, moitié brique, à pignon dentelé ; elle donnait sur l'un de ces canaux sinueux qui se croisent au milieu du plus ancien quartier de Hambourg que l'incendie de 1842 a heureusement respecté.

La vieille maison penchait un peu, il est vrai, et tendait le ventre aux passants ; elle portait son toit incliné sur l'oreille, comme la casquette d'un étudiant de la Tugendbund ; l'aplomb de ses lignes laissait à désirer ; mais, en somme, elle se tenait bien, grâce à un vieil orme vigoureusement encastré dans la façade, qui poussait au printemps ses bourgeons en fleurs à travers les vitraux des fenêtres.

Mon oncle ne laissait pas[2] d'être riche pour un professeur allemand. La maison lui appartenait en toute propriété, contenant et contenu. Le contenu, c'était sa filleule Graüben, jeune Virlandaise de dix-sept ans, la bonne Marthe et moi. En ma double qualité de neveu et d'orphelin, je devins son aide-préparateur dans ses expériences.

J'avouerai que je mordis avec appétit aux sciences géologiques ; j'avais du sang de minéralogiste dans les veines, et je ne m'ennuyais jamais en compagnie de mes précieux cailloux.

1. **Toise** : ancienne mesure de longueur valant environ 2 m ; une demi-toise équivaut donc à 1 m.
2. **Ne laissait pas d'être riche** : ne manquait pas d'être riche.

En somme, on pouvait vivre heureux dans cette maisonnette de Königstrasse, malgré les impatiences de son propriétaire, car, tout en s'y prenant d'une façon un peu brutale, celui-ci ne m'en aimait pas moins. Mais cet homme-là ne savait pas attendre, et il était plus pressé que nature.

Quand, en avril, il avait planté dans les pots de faïence de son salon des pieds de réséda ou de volubilis, chaque matin il allait régulièrement les tirer par les feuilles afin de hâter leur croissance.

Avec un pareil original, il n'y avait qu'à obéir. Je me précipitai donc dans son cabinet.

II

Ce cabinet était un véritable musée. Tous les échantillons du règne minéral s'y trouvaient étiquetés avec l'ordre le plus parfait, suivant les trois grandes divisions des minéraux inflammables, métalliques et lithoïdes[1].

Comme je les connaissais, ces bibelots de la science minéralogique ! Que de fois, au lieu de muser[2] avec des garçons de mon âge, je m'étais plu à épousseter ces graphites, ces anthracites, ces houilles, ces lignites, ces tourbes ! Et les bitumes, les résines, les sels organiques[3] qu'il fallait préserver du moindre atome de poussière ! Et ces métaux, depuis le fer jusqu'à l'or, dont la valeur relative disparaissait devant l'égalité absolue des spécimens scientifiques ! Et toutes ces pierres qui eussent suffi à reconstruire la maison de Königstrasse, même avec une belle chambre de plus, dont je me serais si bien arrangé !

Mais, en entrant dans le cabinet, je ne songeais guère à ces merveilles. Mon oncle seul occupait ma pensée. Il était enfoui dans son large fauteuil garni de velours d'Utrecht, et tenait entre les mains un livre qu'il considérait avec la plus profonde admiration.

« Quel livre ! quel livre ! » s'écriait-il.

1. **Lithoïde** : qui a l'apparence de la pierre.
2. **Muser** : perdre son temps à faire des choses sans importance ou à ne rien faire, traîner.
3. **Graphites [...] sels organiques** : matières minérales d'origine végétale ou animale.

Cette exclamation me rappela que le professeur Lidenbrock était aussi bibliomane[1] à ses moments perdus ; mais un bouquin n'avait de prix à ses yeux qu'à la condition d'être introuvable, ou tout au moins illisible.

« Eh bien ! me dit-il, tu ne vois donc pas ? Mais c'est un trésor inestimable que j'ai rencontré ce matin en furetant dans la boutique du juif Hevelius.

– Magnifique ! » répondis-je avec un enthousiasme de commande.

En effet, à quoi bon ce fracas pour un vieil in-quarto[2] dont le dos et les plats semblaient faits d'un veau grossier, un bouquin jaunâtre auquel pendait un signet[3] décoloré ?

Cependant les interjections admiratives du professeur ne discontinuaient pas.

« Vois, disait-il, en se faisant à lui-même demandes et réponses ; est-ce assez beau ? Oui, c'est admirable ! Et quelle reliure ! Ce livre s'ouvre-t-il facilement ? Oui, car il reste ouvert à n'importe quelle page ! Mais se ferme-t-il bien ? Oui, car la couverture et les feuilles forment un tout bien uni, sans se séparer ni bâiller en aucun endroit. Et ce dos qui n'offre pas une seule brisure après sept cents ans d'existence ! Ah ! voilà une reliure dont Bozerian, Closs ou Purgold[4] eussent été fiers ! »

En parlant ainsi, mon oncle ouvrait et fermait successivement le vieux bouquin, Je ne pouvais faire moins que de l'interroger sur son contenu, bien que cela ne m'intéressât aucunement.

1. **Bibliomane** : passionné de livres.
2. **In-quarto** : livre formé par des feuilles d'impression pliées en quatre (8 pages), donc plus petit qu'un in-folio.
3. **Signet** : bande de papier ou ruban servant de marque-page.
4. **Bozerian, Closs, Purgold** : célèbres relieurs du XIXe siècle.

« Et quel est donc le titre de ce merveilleux volume ? demandai-je avec un empressement trop enthousiaste pour n'être pas feint.

– Cet ouvrage ! répondit mon oncle en s'animant, c'est l'*Heims-Kringla* de Snorre Turleson, le fameux auteur islandais du douzième siècle ; c'est la Chronique[1] des princes norvégiens qui régnèrent en Islande !

– Vraiment ! m'écriai-je de mon mieux, et, sans doute, c'est une traduction en langue allemande ?

– Bon ! riposta vivement le professeur, une traduction ! Et qu'en ferais-je de ta traduction ! Qui se soucie de ta traduction ! Ceci est l'ouvrage original en langue islandaise, ce magnifique idiome[2], riche et simple à la fois, qui autorise les combinaisons grammaticales les plus variées et de nombreuses modifications de mots !

– Comme l'allemand, insinuai-je avec assez de bonheur.

– Oui, répondit mon oncle en haussant les épaules, sans compter que la langue islandaise admet les trois genres[3] comme le grec et décline les noms propres comme le latin !

– Ah ! fis-je un peu ébranlé dans mon indifférence, et les caractères de ce livre sont-ils beaux ?

– Des caractères ! Qui te parle de caractères, malheureux Axel ? Il s'agit bien de caractères ! Ah ! tu prends cela pour un imprimé ! Mais, ignorant, c'est un manuscrit, et un manuscrit runique !...

– Runique ?

– Oui ! Vas-tu me demander maintenant de t'expliquer ce mot ?

1. **Chronique** : recueil de faits historiques consignés dans l'ordre chronologique.
2. **Idiome** : langue propre à une région, à un pays.
3. **Les trois genres** : masculin, féminin et neutre.

– Je m'en garderai bien », répliquai-je avec l'accent d'un homme blessé dans son amour-propre.

Mais mon oncle continua de plus belle, et m'instruisit, malgré moi, de choses que je ne tenais guère à savoir.

« Les runes, reprit-il, étaient des caractères d'écriture usités autrefois en Islande, et, suivant la tradition, ils furent inventés par Odin● lui-même ! Mais regarde donc, admire donc, impie, ces types qui sont sortis de l'imagination d'un dieu ! »

Ma foi, faute de réplique, j'allais me prosterner, genre de réponse qui doit plaire aux dieux comme aux rois, car elle a l'avantage de ne jamais les embarrasser, quand un incident vint détourner le cours de la conversation.

Ce fut l'apparition d'un parchemin crasseux qui glissa du bouquin et tomba à terre. Mon oncle se précipita sur ce brimborion[1] avec une avidité facile à comprendre. Un vieux document, enfermé peut-être depuis un temps immémorial dans un vieux livre, ne pouvait manquer d'avoir un haut prix à ses yeux.

« Qu'est-ce que cela ? » s'écria-t-il.

Et, en même temps, il déployait soigneusement sur sa table un morceau de parchemin long de cinq pouces[2], large de trois, et sur lequel s'allongeaient, en lignes transversales, des caractères de grimoire[3].

En voici le fac-similé[4] exact. Je tiens à faire connaître ces signes bizarres, car ils amenèrent le professeur Lidenbrock et son neveu à entreprendre la plus étrange expédition du dix-neuvième siècle :

1. **Brimborion** : petit objet de peu de valeur.
2. **Pouce** : ancienne mesure de longueur valant 27 mm.
3. **Grimoire** : livre de magie destiné aux sorciers ; par suite, ouvrage incompréhensible.
4. **Fac-similé** : reproduction.

● **Odin, dieu de la guerre, de l'écriture runique et de la poésie, est la principale divinité de la mythologie germanique.**

Le professeur considéra pendant quelques instants cette série de caractères ; puis il dit en relevant ses lunettes :

« C'est du runique ; ces types sont absolument identiques à ceux du manuscrit de Snorre Turleson ! Mais... qu'est-ce que cela peut signifier ? »

Comme le runique me paraissait être une invention de savants pour mystifier le pauvre monde, je ne fus pas fâché de voir que mon oncle n'y comprenait rien. Du moins, cela me sembla ainsi au mouvement de ses doigts qui commençaient à s'agiter terriblement.

« C'est pourtant du vieil islandais ! » murmurait-il entre ses dents.

Et le professeur Lidenbrock devait bien s'y connaître, car il passait pour être un véritable polyglotte[1]. Non pas qu'il parlât couramment les deux mille langues et les quatre mille idiomes employés à la surface du globe, mais enfin il en savait sa bonne part.

Il allait donc, en présence de cette difficulté, se livrer à toute l'impétuosité de son caractère, et je prévoyais une scène

1. **Polyglotte** : personne qui parle plusieurs langues.

violente, quand deux heures sonnèrent au petit cartel[1] de la cheminée.

Aussitôt la bonne Marthe ouvrit la porte du cabinet en disant :

« La soupe est servie.

– Au diable la soupe, s'écria mon oncle, et celle qui l'a faite, et ceux qui la mangeront ! »

Marthe s'enfuit. Je volai sur ses pas, et, sans savoir comment, je me trouvai assis à ma place habituelle dans la salle à manger.

J'attendis quelques instants. Le professeur ne vint pas. C'était la première fois, à ma connaissance, qu'il manquait à la solennité du dîner. Et quel dîner, cependant ! Une soupe au persil, une omelette au jambon relevée d'oseille à la muscade, une longe de veau à la compote de prunes, et, pour dessert, des crevettes au sucre, le tout arrosé d'un joli vin de la Moselle.

Voilà ce qu'un vieux papier allait coûter à mon oncle. Ma foi, en qualité de neveu dévoué, je me crus obligé de manger pour lui, et même pour moi. Ce que je fis en conscience.

« Je n'ai jamais vu chose pareille ! disait la bonne Marthe. M. Lidenbrock qui n'est pas à table !

– C'est à ne pas le croire.

– Cela présage quelque événement grave ! » reprenait la vieille servante, hochant la tête.

Dans mon opinion, cela ne présageait rien, sinon une scène épouvantable, quand mon oncle trouverait son dîner dévoré.

J'en étais à ma dernière crevette, lorsqu'une voix retentissante m'arracha aux voluptés du dessert. Je ne fis qu'un bond de la salle dans le cabinet.

1. **Cartel** : pendule murale.

III

« C'est évidemment du runique, disait le professeur en fronçant le sourcil. Mais il y a un secret, et je le découvrirai, sinon... »

Un geste violent acheva sa pensée.

« Mets-toi là, ajouta-t-il en m'indiquant la table du poing, et écris. »

En un instant je fus prêt.

« Maintenant, je vais te dicter chaque lettre de notre alphabet qui correspond à l'un de ces caractères islandais. Nous verrons ce que cela donnera. Mais, par saint Michel ! garde-toi bien de te tromper ! »

La dictée commença. Je m'appliquai de mon mieux ; chaque lettre fut appelée l'une après l'autre, et forma l'incompréhensible succession des mots suivants :

M. rnlls	*esreuel*	*seecJde*
sgtssmf	*unteief*	*niedrke*
kt, samn	*atrateS*	*Saodrrn*
emtnaeI	*nuaect*	*rrilSa*
Atvaar	*.nscrc*	*ieaabs*
ccdrmi	*eeutul*	*frantu*
dt, iac	*oseibo*	*KediiI*

Quand ce travail fut terminé, mon oncle prit vivement la feuille sur laquelle je venais d'écrire, et il l'examina longtemps avec attention.

« Qu'est-ce que cela veut dire ? » répétait-il machinalement.

Sur l'honneur, je n'aurais pas pu le lui apprendre. D'ailleurs il ne m'interrogea pas, et il continua de se parler à lui-même :

« C'est ce que nous appelons un cryptogramme, disait-il, dans lequel le sens est caché sous des lettres brouillées à dessein, et qui convenablement disposées formeraient une phrase intelligible. Quand je pense qu'il y a là peut-être l'explication ou l'indication d'une grande découverte ! »

Pour mon compte, je pensais qu'il n'y avait absolument rien, mais je gardai prudemment mon opinion.

Le professeur prit alors le livre et le parchemin, et les compara tous les deux.

« Ces deux écritures ne sont pas de la même main, dit-il ; le cryptogramme est postérieur au livre, et j'en vois tout d'abord une preuve irréfragable[1]. En effet, la première lettre est un double M qu'on chercherait vainement dans le livre de Turleson, car elle ne fut ajoutée à l'alphabet islandais qu'au quatorzième siècle. Ainsi donc, il y a au moins deux cents ans entre le manuscrit et le document.. »

Cela, j'en conviens, me parut assez logique.

« Je suis donc conduit à penser, reprit mon oncle, que l'un des possesseurs de ce livre aura tracé ces caractères mystérieux. Mais qui diable était ce possesseur ? N'aurait-il point mis son nom en quelque endroit de ce manuscrit ? »

Mon oncle releva ses lunettes, prit une forte loupe, et passa soigneusement en revue les premières pages du livre. Au verso de la seconde, celle du faux titre, il découvrit une sorte de macule[2], qui faisait à l'œil l'effet d'une tache d'encre. Cependant, en y regardant de près, on distinguait quelques caractères à demi effacés. Mon oncle comprit que là était le point

1. **Irréfragable** : qu'on ne peut contredire.
2. **Macule** : petite trace d'encre.

intéressant ; il s'acharna donc sur la macule et, sa grosse loupe aidant, il finit par reconnaître les signes que voici, caractères runiques qu'il lut sans hésiter :

« Arne Saknussemm ! s'écria-t-il d'un ton triomphant, mais c'est un nom cela, et un nom islandais encore, celui d'un savant du seizième siècle, d'un alchimiste[1] célèbre ! »

Je regardai mon oncle avec une certaine admiration.

« Ces alchimistes, reprit-il, Avicenne, Bacon, Lulle, Paracelse, étaient les véritables, les seuls savants de leur époque. Ils ont fait des découvertes dont nous avons le droit d'être étonnés. Pourquoi, ce Saknussemm n'aurait-il pas enfoui sous cet incompréhensible cryptogramme quelque surprenante invention ? Cela doit être ainsi. Cela est. »

L'imagination du professeur s'enflammait à cette hypothèse.

« Sans doute, osai-je répondre, mais quel intérêt pouvait avoir ce savant à cacher ainsi quelque merveilleuse découverte ?

– Pourquoi ? pourquoi ? Eh ! le sais-je ? Galilée[2] n'en a-t-il pas agi ainsi pour Saturne ? D'ailleurs, nous verrons bien : j'aurai le secret de ce document, et je ne prendrai ni nourriture ni sommeil avant de l'avoir deviné.

– Oh ! pensai-je.

– Ni toi, non plus, Axel, reprit-il.

1. **Alchimiste** : au Moyen Âge et à la Renaissance, savant dont les travaux reposaient sur un mélange de principes scientifiques et de principes magiques.
2. **Galilée** : astronome italien du XVIIe siècle.

– Diable ! me dis-je, il est heureux que j'aie dîné pour deux !

– Et d'abord, fit mon oncle, il faut trouver la langue de ce "chiffre[1]". Cela ne doit pas être difficile. »

À ces mots, je relevai vivement la tête. Mon oncle reprit son soliloque :

« Rien n'est plus aisé. Il y a dans ce document cent trente-deux lettres qui donnent soixante-dix neuf consonnes contre cinquante-trois voyelles. Or, c'est à peu près suivant cette proportion que sont formés les mots des langues méridionales, tandis que les idiomes du Nord sont infiniment plus riches en consonnes. Il s'agit donc d'une langue du Midi. »

Ces conclusions étaient fort justes.

« Mais quelle est cette langue ? »

C'est là que j'attendais mon savant, chez lequel cependant je découvrais un profond analyste.

« Ce Saknussemm, reprit-il, était un homme instruit ; or, dès qu'il n'écrivait pas dans sa langue maternelle, il devait choisir de préférence la langue courante entre les esprits cultivés du seizième siècle, je veux dire le latin. Si je me trompe, je pourrai essayer de l'espagnol, du français, de l'italien, du grec, de l'hébreu. Mais les savants du seizième siècle écrivaient généralement en latin. J'ai donc le droit de dire à priori : ceci est du latin. »

Je sautai sur ma chaise. Mes souvenirs de latiniste se révoltaient contre la prétention que cette suite de mots baroques pût appartenir à la douce langue de Virgile[2].

« Oui ! du latin, reprit mon oncle, mais du latin brouillé.

1. **Chiffre** : code secret.
2. **Virgile** : poète latin du Ier siècle av. J.-C..

– À la bonne heure ! pensai-je. Si tu le débrouilles, tu seras fin, mon oncle.

– Examinons bien, dit-il, en reprenant la feuille sur laquelle j'avais écrit. Voilà une série de cent trente-deux lettres qui se présentent sous un désordre apparent. Il y a des mots où les consonnes se rencontrent seules comme le premier "M. rnlls", d'autres où les voyelles, au contraire, abondent, le cinquième, par exemple, "unteief", ou l'avant-dernier "oseibo". Or, cette disposition n'a évidemment pas été combinée : elle est donnée *mathématiquement* par la raison inconnue qui a présidé à la succession de ces lettres. Il me paraît certain que la phrase primitive a été écrite régulièrement, puis retournée suivant une loi qu'il faut découvrir. Celui qui posséderait la clef de ce "chiffre" le lirait couramment. Mais quelle est cette clef ? Axel, as-tu cette clef ? »

À cette question je ne répondis rien, et pour cause. Mes regards s'étaient arrêtés sur un charmant portrait suspendu au mur, le portrait de Graüben. La pupille[1] de mon oncle se trouvait alors à Altona, chez une de ses parentes, et son absence me rendait fort triste, car, je puis l'avouer maintenant, la jolie Virlandaise et le neveu du professeur s'aimaient avec toute la patience et toute la tranquillité allemandes. Nous nous étions fiancés à l'insu de mon oncle, trop géologue pour comprendre de pareils sentiments. Graüben était une charmante jeune fille blonde aux yeux bleus, d'un caractère un peu grave, d'un esprit un peu sérieux, mais elle ne m'en aimait pas moins. Pour mon compte, je l'adorais, si toutefois ce verbe existe dans la langue tudesque[2] ! L'image de ma petite Virlandaise me rejeta donc, en

1. **Pupille** : orphelin(e) mineur(e) placé(e) sous la tutelle de l'État ou, comme ici, d'un membre de sa famille.
2. **Tudesque** : allemande.

un instant, du monde des réalités dans celui des chimères, dans celui des souvenirs.

Je revis la fidèle compagne de mes travaux et de mes plaisirs. Elle m'aidait à ranger chaque jour les précieuses pierres de mon oncle ; elle les étiquetait avec moi. C'était une très forte minéralogiste que mademoiselle Graüben ! Elle en eût remontré à plus d'un savant. Elle aimait à approfondir les questions ardues de la science. Que de douces heures nous avions passées à étudier ensemble ! et combien j'enviai souvent le sort de ces pierres insensibles qu'elle maniait de ses charmantes mains !

Puis, l'instant de la récréation venue, nous sortions tous les deux, nous prenions par les allées touffues de l'Alster, et nous nous rendions de compagnie au vieux moulin goudronné qui fait si bon effet à l'extrémité du lac ; chemin faisant, on causait en se tenant par la main. Je lui racontais des choses dont elle riait de son mieux. On arrivait ainsi jusqu'au bord de l'Elbe, et, après avoir dit bonsoir aux cygnes qui nagent parmi les grands nénuphars blancs, nous revenions au quai par la barque à vapeur.

Or, j'en étais là de mon rêve, quand mon oncle, frappant la table du poing, me ramena violemment à la réalité.

« Voyons, dit-il, la première idée qui doit se présenter à l'esprit pour brouiller les lettres d'une phrase, c'est, il me semble, d'écrire les mots verticalement au lieu de les tracer horizontalement.

– Tiens ! pensai-je.

– Il faut voir ce que cela produit. Axel, jette une phrase quelconque sur ce bout de papier ; mais, au lieu de disposer les lettres à la suite les unes des autres, mets-les successivement par colonnes verticales, de manière à les grouper en nombre de cinq ou six. »

Je compris ce dont il s'agissait, et immédiatement j'écrivis de haut en bas :

J	*m*	*n*	*e*	*G*	*e*
e	*e*	*,*	*t*	*r*	*n*
t'	*b*	*m*	*i*	*a*	*!*
a	*i*	*a*	*t*	*ü*	
i	*e*	*p*	*e*	*b*	

« Bon, dit le professeur, sans avoir lu. Maintenant, dispose ces mots sur une ligne horizontale.

J'obéis, et j'obtins la phrase suivante :

JmneGe ee, trn t'bmia ! aiatü iepeb

« Parfait ! fit mon oncle en m'arrachant le papier des mains, voilà qui a déjà la physionomie du vieux document : les voyelles sont groupées ainsi que les consonnes dans le même désordre ; il y a même des majuscules au milieu des mots, ainsi que des virgules, tout comme dans le parchemin de Saknussemm ! »

Je ne pus m'empêcher de trouver ces remarques fort ingénieuses.

« Or, reprit mon oncle en s'adressant directement à moi, pour lire la phrase que tu viens d'écrire, et que je ne connais pas, il me suffira de prendre successivement la première lettre de chaque mot, puis la seconde, puis la troisième, ainsi de suite.

Et mon oncle, à son grand étonnement, et surtout au mien, lut :

Je t'aime bien, ma petite Graüben !

« Hein ! » fit le professeur.

Oui, sans m'en douter, en amoureux maladroit, j'avais tracé cette phrase compromettante !

« Ah ! tu aimes Graüben ! reprit mon oncle d'un véritable ton de tuteur !

– Oui... Non... balbutiai-je !

– Ah ! tu aimes Graüben, reprit-il machinalement. Eh bien, appliquons mon procédé au document en question ! »

Mon oncle, retombé dans son absorbante contemplation, oubliait déjà mes imprudentes paroles. Je dis imprudentes, car la tête du savant ne pouvait comprendre les choses du cœur. Mais, heureusement, la grande affaire du document l'emporta.

Au moment de faire son expérience capitale, les yeux du professeur Lidenbrock lancèrent des éclairs à travers ses lunettes ; ses doigts tremblèrent, lorsqu'il reprit le vieux parchemin ; il était sérieusement ému. Enfin il toussa fortement, et d'une voix grave, appelant successivement la première lettre, puis la seconde de chaque mot, il me dicta la série suivante :

mmessunkaSenrA.icefdoK.segnittamurtn
ecertserrette,rotaivsadua,ednecsedsadne
lacartniiiluJsiratracSarbmutabiledmek
meretarcsilucoYsleffenSnI

En finissant, je l'avouerai, j'étais émotionné ; ces lettres, nommées une à une, ne m'avaient présenté aucun sens à l'esprit ; j'attendais donc que le professeur laissât se dérouler pompeusement entre ses lèvres une phrase d'une magnifique latinité.

Mais, qui aurait pu le prévoir ! Un violent coup de poing ébranla la table. L'encre rejaillit, la plume me sauta des mains.

« Ce n'est pas cela ! s'écria mon oncle, cela n'a pas le sens commun ! »

Puis, traversant le cabinet comme un boulet, descendant l'escalier comme une avalanche, il se précipita dans Königstrasse, et s'enfuit à toutes jambes.

IV

« Il est parti ? s'écria Marthe en accourant au bruit de la porte de la rue qui, violemment refermée, venait d'ébranler la maison tout entière.

– Oui ! répondis-je, complètement parti !

– Eh bien ? et son dîner ? fit la vieille servante.

– Il ne dînera pas !

– Et son souper ?

– Il ne soupera pas !

– Comment ? dit Marthe en joignant les mains.

– Non, bonne Marthe, il ne mangera plus, ni personne dans la maison ! Mon oncle Lidenbrock nous met tous à la diète jusqu'au moment où il aura déchiffré un vieux grimoire qui est absolument indéchiffrable !

– Jésus ! nous n'avons donc plus qu'à mourir de faim ! »

Je n'osai pas avouer qu'avec un homme aussi absolu que mon oncle, c'était un sort inévitable.

La vieille servante, sérieusement alarmée, retourna dans sa cuisine en gémissant.

Quand je fus seul, l'idée me vint d'aller tout conter à Graüben. Mais comment quitter la maison ? Le professeur pouvait rentrer d'un moment à l'autre. Et s'il m'appelait ? Et s'il voulait recommencer ce travail logogryphique[1], qu'on eût vainement

1. **Logogryphique** : qui consiste à deviner les mots à former par les différentes combinaisons des lettres.

proposé au vieil Œdipe ! Et si je ne répondais pas à son appel, qu'adviendrait-il ?

Le plus sage était de rester. Justement, un minéralogiste de Besançon venait de nous adresser une collection de géodes siliceuses qu'il fallait classer. Je me mis au travail. Je triai, j'étiquetai, je disposai dans leur vitrine toutes ces pierres creuses au dedans desquelles s'agitaient de petits cristaux.

Mais cette occupation ne m'absorbait pas. L'affaire du vieux document ne laissait point de[1] me préoccuper étrangement. Ma tête bouillonnait, et je me sentais pris d'une vague inquiétude. J'avais le pressentiment d'une catastrophe prochaine.

Au bout d'une heure, mes géodes étaient étagées avec ordre. Je me laissai aller alors dans le grand fauteuil d'Utrecht, les bras ballants et la tête renversée. J'allumai ma pipe à long tuyau courbe, dont le fourneau sculpté représentait une naïade nonchalamment étendue ; puis, je m'amusai à suivre les progrès de la carbonisation, qui de ma naïade faisait peu à peu une négresse accomplie. De temps en temps, j'écoutais si quelque pas retentissait dans l'escalier. Mais non. Où pouvait être mon oncle en ce moment ? Je me le figurais courant sous les beaux arbres de la route d'Altona, gesticulant, tirant au mur avec sa canne, d'un bras violent battant les herbes, décapitant les chardons et troublant dans leur repos les cigognes solitaires.

Rentrerait-il triomphant ou découragé ? Qui aurait raison l'un de l'autre, du secret ou de lui ? Je m'interrogeais ainsi, et,

1. **Ne laissait point de** : ne cessait pas de.

Œdipe est le personnage de la mythologie grecque qui réussit à résoudre l'énigme posée par le Sphinx, monstre cruel qui, dans la région de Thèbes, dévorait tous les passants incapables de répondre à celles qu'il leur posait.

machinalement, je pris entre mes doigts la feuille de papier sur laquelle s'allongeait l'incompréhensible série des lettres tracées par moi. Je me répétais :

« Qu'est-ce que cela signifie ? »

Je cherchai à grouper ces lettres de manière à former des mots. Impossible ! Qu'on les réunit par deux, trois, ou cinq, ou six, cela ne donnait absolument rien d'intelligible. Il y avait bien les quatorzième, quinzième et seizième lettres qui faisaient le mot anglais *ice*. La quatre-vingt-quatrième, la quatre-vingt-cinquième et la quatre-vingt-sixième formaient le mot *sir*. Enfin, dans le corps du document, et à la troisième ligne, je remarquai aussi les mots latins *rota, mutabile, ira, nec, atra*.

« Diable, pensai-je, ces derniers mots sembleraient donner raison à mon oncle sur la langue du document ! Et même, à la quatrième ligne, j'aperçois encore le mot *luco* qui se traduit par « bois sacré ». Il est vrai qu'à la troisième ligne, on lit le mot *tabiled* de tournure parfaitement hébraïque, et à la dernière, les vocables *mer, arc, mère,* qui sont purement français. »

Il y avait là de quoi perdre la tête ! Quatre idiomes différents dans cette phrase absurde ! Quel rapport pouvait-il exister entre les mots *glace, monsieur, colère, cruel, bois sacré, changeant, mère, arc* ou *mer* ? Le premier et le dernier seuls se rapprochaient facilement : rien d'étonnant que dans un document écrit en Islande, il fût question d'une *mer de glace*. Mais de là à comprendre le reste du cryptogramme, c'était autre chose.

Je me débattais donc contre une insoluble difficulté ; mon cerveau s'échauffait, mes yeux clignaient sur la feuille de papier ; les cent trente-deux lettres semblaient voltiger autour de moi, comme ces larmes d'argent qui glissent dans l'air autour de notre tête, lorsque le sang s'y est violemment porté.

J'étais en proie à une sorte d'hallucination ; j'étouffais ; il me fallait de l'air. Machinalement, je m'éventai avec la feuille de papier, dont le verso et le recto se présentèrent successivement à mes regards.

Quelle fut ma surprise, quand dans l'une de ces voltes[1] rapides, au moment où le verso se tournait vers moi, je crus voir apparaître des mots parfaitement lisibles, des mots latins, entre autres craterem et terrestre !

Soudain une lueur se fit dans mon esprit ; ces seuls indices me firent entrevoir la vérité ; j'avais découvert la loi du chiffre. Pour comprendre ce document, il n'était pas même nécessaire de le lire à travers la feuille retournée ! Non. Tel il était, tel il m'avait été dicté, tel il pouvait être épelé couramment. Toutes les ingénieuses combinaisons du professeur se réalisaient. Il avait eu raison pour la disposition des lettres, raison pour la langue du document ! Il s'en était fallut de « rien » qu'il pût lire d'un bout à l'autre cette phrase latine, et ce « rien », le hasard venait de me le donner !

On comprend si je fus ému ! Mes yeux se troublèrent. Je ne pouvais m'en servir. J'avais étalé la feuille de papier sur la table. Il me suffisait d'y jeter un regard pour devenir possesseur du secret.

Enfin je parvins à calmer mon agitation. Je m'imposai la loi de faire deux fois le tour de la chambre pour apaiser mes nerfs, et je revins m'engouffrer dans le vaste fauteuil.

« Lisons », m'écriai-je, après avoir refait dans mes poumons une ample provision d'air.

1. **Voltes** : mouvements.

Je me penchai sur la table ; je posai mon doigt successivement sur chaque lettre, et, sans m'arrêter, sans hésiter un instant, je prononçai à haute voix la phrase tout entière.

Mais quelle stupéfaction, quelle terreur m'envahit ! Je restai d'abord comme frappé d'un coup subit. Quoi ! ce que je venais d'apprendre s'était accompli ! un homme avait eu assez d'audace pour pénétrer !...

« Ah ! m'écriai-je en bondissant, mais non ! mais non ! mon oncle ne le saura pas ! Il ne manquerait plus qu'il vint à connaître un semblable voyage ! Il voudrait en goûter aussi ! Rien ne pourrait l'arrêter ! Un géologue si déterminé ! il partirait quand même, malgré tout, en dépit de tout ! et il m'emmènerait avec lui, et nous n'en reviendrions pas ! Jamais ! jamais ! »

J'étais dans une surexcitation difficile à peindre.

« Non ! non ! ce ne sera pas, dis-je avec énergie, et, puisque je peux empêcher qu'une pareille idée vienne à l'esprit de mon tyran, je le ferai. À tourner et retourner ce document, il pourrait par hasard en découvrir la clef ! Détruisons-le. »

Il y avait un reste de feu dans la cheminée. Je saisis non seulement la feuille de papier, mais le parchemin de Saknussemm ; d'une main fébrile j'allais précipiter le tout sur les charbons et anéantir ce dangereux secret, quand la porte du cabinet s'ouvrit. Mon oncle parut.

V

Je n'eus que le temps de replacer sur la table le malencontreux document.

Le professeur Lidenbrock paraissait profondément absorbé. Sa pensée dominante ne lui laissait pas un instant de répit ; il avait évidemment scruté, analysé l'affaire, mis en œuvre toutes les ressources de son imagination pendant sa promenade, et il revenait appliquer quelque combinaison nouvelle.

En effet, il s'assit dans son fauteuil, et, la plume à la main, il commença à établir des formules qui ressemblaient à un calcul algébrique.

Je suivais du regard sa main frémissante ; je ne perdais pas un seul de ses mouvements. Quelque résultat inespéré allait-il donc inopinément[1] se produire ? Je tremblais, et sans raison, puisque la vraie combinaison, la « seule », étant déjà trouvée, toute autre recherche devenait forcément vaine.

Pendant trois longues heures, mon oncle travailla sans parler, sans lever la tête, effaçant, reprenant, raturant, recommençant mille fois.

Je savais bien que, s'il parvenait à arranger des lettres suivant toutes les positions relatives qu'elles pouvaient occuper, la phrase se trouverait faite. Mais je savais aussi que vingt lettres seulement peuvent former deux quintillions, quatre cent trente-deux quatrillions, neuf cent deux trillions, huit milliards, cent soixante-seize millions, six cent quarante mille combinaisons.

1. **Inopinément** : de façon imprévue, inattendue.

Or, il y avait cent trente-deux lettres dans la phrase, et ces cent trente-deux lettres donnaient un nombre de phrases différentes composé de cent trente-trois chiffres au moins, nombre presque impossible à énumérer et qui échappe à toute appréciation.

J'étais rassuré sur ce moyen héroïque de résoudre le problème.

Cependant le temps s'écoulait ; la nuit se fit ; les bruits de la rue s'apaisèrent ; mon oncle, toujours courbé sur sa tâche, ne vit rien, pas même la bonne Marthe qui entrouvrit la porte ; il n'entendit rien, pas même la voix de cette digne servante, disant :

« Monsieur soupera-t-il ce soir ? »

Aussi Marthe dut-elle s'en aller sans réponse. Pour moi, après avoir résisté pendant quelque temps, je fus pris d'un invincible sommeil, et je m'endormis sur un bout du canapé, tandis que mon oncle Lidenbrock calculait et raturait toujours.

Quand je me réveillai, le lendemain, l'infatigable piocheur était encore au travail. Ses yeux rouges, son teint blafard, ses cheveux entremêlés sous sa main fiévreuse, ses pommettes empourprées indiquaient assez sa lutte terrible avec l'impossible, et, dans quelles fatigues de l'esprit, dans quelle contention du cerveau les heures durent s'écouler pour lui.

Vraiment, il me fit pitié. Malgré les reproches que je croyais être en droit de lui faire, une certaine émotion me gagnait. Le pauvre homme était tellement possédé de son idée, qu'il oubliait de se mettre en colère. Toutes ses forces vives se concentraient sur un seul point, et, comme elles ne s'échappaient pas par leur exutoire[1] ordinaire, on pouvait craindre que leur tension ne le fît éclater d'un instant à l'autre.

1. **Exutoire** : moyen d'évacuer une tension physique ou psychique.

Je pouvais d'un geste desserrer cet étau de fer qui lui serrait le crâne, d'un mot seulement ! et je n'en fis rien.

Cependant j'avais bon cœur. Pourquoi restai-je muet en pareille circonstance ? Dans l'intérêt même de mon oncle.

« Non, non, répétai-je, non, je ne parlerai pas ! Il voudrait y aller, je le connais ; rien ne saurait l'arrêter. C'est une imagination volcanique, et, pour faire ce que d'autres géologues n'ont point fait, il risquerait sa vie. Je me tairai ; je garderai ce secret dont le hasard m'a rendu maître ! Le découvrir, ce serait tuer le professeur Lidenbrock ! Qu'il le devine, s'il le peut. Je ne veux pas me reprocher un jour de l'avoir conduit à sa perte ! »

Ceci résolu, je me croisai les bras, et j'attendis. Mais j'avais compté sans un incident qui se produisit à quelques heures de là.

Lorsque la bonne Marthe voulut sortir de la maison pour se rendre au marché, elle trouva la porte close. La grosse clef manquait à la serrure. Qui l'avait ôtée ? Mon oncle évidemment, quand il rentra la veille après son excursion précipitée.

Était-ce à dessein[1] ? Était-ce par mégarde ? Voulait-il nous soumettre aux rigueurs de la faim ? Cela m'eût paru un peu fort. Quoi ! Marthe et moi, nous serions victimes d'une situation qui ne nous regardait pas le moins du monde ? Sans doute, et je me souvins d'un précédent de nature à nous effrayer. En effet, il y a quelques années, à une époque où mon oncle travaillait à sa grande classification minéralogique, il demeura quarante-huit heures sans manger, et toute sa maison dut se conformer à cette diète scientifique. Pour mon compte, j'y gagnai des crampes d'estomac fort peu récréatives chez un garçon d'un naturel assez vorace.

1. **À dessein** : volontairement.

Or, il me parut que le déjeuner allait faire défaut comme le souper de la veille. Cependant je résolus d'être héroïque et de ne pas céder devant les exigences de la faim. Marthe prenait cela très au sérieux et se désolait, la bonne femme. Quant à moi, l'impossibilité de quitter la maison me préoccupait davantage et pour cause. On me comprend bien.

Mon oncle travaillait toujours ; son imagination se perdait dans le monde idéal des combinaisons ; il vivait loin de la terre, et véritablement en dehors des besoins terrestres.

Vers midi, la faim m'aiguillonna sérieusement. Marthe, très innocemment, avait dévoré la veille les provisions du garde-manger ; il ne restait plus rien à la maison. Cependant je tins bon. J'y mettais une sorte de point d'honneur.

Deux heures sonnèrent. Cela devenait ridicule, intolérable même. J'ouvrais des yeux démesurés. Je commençai à me dire que j'exagérais l'importance du document ; que mon oncle n'y ajouterait pas foi ; qu'il verrait là une simple mystification[1] ; qu'au pis-aller on le retiendrait malgré lui, s'il voulait tenter l'aventure ; qu'enfin il pouvait découvrit lui-même la clef du « chiffre », et que j'en serais alors pour mes frais d'abstinence.

Ces raisons me parurent excellentes, que j'eusse rejetées la veille avec indignation ; je trouvai même parfaitement absurde d'avoir attendu si longtemps, et mon parti fut pris de tout dire.

Je cherchais donc une entrée en matière, pas trop brusque, quand le professeur se leva, mit son chapeau et se prépara à sortir.

Quoi ! quitter la maison, et nous enfermer encore ? Jamais.

« Mon oncle ! » dis-je.

1. **Mystification** : tromperie.

Il ne parut pas m'entendre.

« Mon oncle Lidenbrock ! répétai-je en élevant la voix.

– Hein ? fit-il comme un homme subitement réveillé.

– Eh bien ! cette clef ?

– Quelle clef ? La clef de la porte ?

– Mais non, m'écriai-je, la clef du document ! »

Le professeur me regarda par-dessus ses lunettes ; il remarqua sans doute quelque chose d'insolite[1] dans ma physionomie[2], car il me saisit vivement le bras, et, sans pouvoir parler, il m'interrogea du regard. Cependant, jamais demande ne fut formulée d'une façon plus nette.

Je remuai la tête de haut en bas.

Il secoua la sienne avec une sorte de pitié, comme s'il avait affaire à un fou.

Je fis un geste plus affirmatif.

Ses yeux brillèrent d'un vif éclat ; sa main devint menaçante.

Cette conversation muette dans ces circonstances eût intéressé le spectateur le plus indifférent. Et vraiment j'en arrivais à ne plus oser parler, tant je craignais que mon oncle ne m'étouffât dans les premiers embrassements de sa joie. Mais il devint si pressant qu'il fallut répondre.

« Oui, cette clef !... le hasard !...

– Que dis-tu ? s'écria-t-il avec une indescriptible émotion.

– Tenez, dis-je en lui présentant la feuille de papier sur laquelle j'avais écrit, lisez.

– Mais cela ne signifie rien ! répondit-il en froissant la feuille.

1. **Insolite** : inhabituel.
2. **Physionomie** : expression du visage.

– Rien, en commençant à lire par le commencement, mais par la fin... »

Je n'avais pas achevé ma phrase que le professeur poussait un cri, mieux qu'un cri, un véritable rugissement ! Une révélation venait de se faire dans son esprit. Il était transfiguré.

« Ah ! ingénieux Saknussemm ! s'écria-t-il, tu avais donc d'abord écrit ta phrase à l'envers ? »

Et se précipitant sur la feuille de papier, l'œil trouble, la voix émue, il lut le document tout entier, en remontant de la dernière lettre à la première.

Il était conçu en ces termes :

In Sneffels Yoculis craterem kem delibat
umbra Scartaris Julii intra calendas descende,
audas viator, et terrestre centrum attinges.
Kod feci. Arne Saknussem.

Ce qui, de ce mauvais latin, peut être traduit ainsi :

Descends dans le cratère du Yocul
de Sneffels que l'ombre du Scartaris vient
caresser avant les calendes de juillet,
voyageur audacieux, et tu parviendras
au centre de la Terre. Ce que j'ai fait.
Arne Saknussemm.

Mon oncle, à cette lecture, bondit comme s'il eût inopinément touché une bouteille de Leyde. Il était magnifique d'audace, de joie et de conviction. Il allait et venait ; il prenait sa tête à deux mains ; il déplaçait les sièges ; il empilait ses livres ; il jonglait, c'est à ne pas le croire, avec ses précieuses géodes ; il lançait un coup de poing par-ci, une tape par-là. Enfin ses nerfs se calmèrent et, comme un homme épuisé par une trop grande dépense de fluide, il retomba dans son fauteuil.

« Quelle heure est-il donc ? demanda-t-il après quelques instants de silence.

– Trois heures, répondis-je.

– Tiens ! mon dîner a passé vite. Je meurs de faim. À table. Puis ensuite...

– Ensuite ?

– Tu feras ma malle.

– Hein ! m'écriai-je.

– Et la tienne ! » répondit l'impitoyable professeur en entrant dans la salle à manger.

VI

À ces paroles un frisson me passa par tout le corps. Cependant je me contins. Je résolus même de faire bonne figure. Des arguments scientifiques pouvaient seuls arrêter le professeur Lidenbrock. Or, il y en avait, et de bons, contre la possibilité d'un pareil voyage. Aller au centre de la terre ! Quelle folie ! Je réservai ma dialectique[1] pour le moment opportun, et je m'occupai du repas.

Inutile de rapporter les imprécations[2] de mon oncle devant la table desservie. Tout s'expliqua. La liberté fut rendue à la bonne Marthe. Elle courut au marché et fit si bien, qu'une heure après, ma faim était calmée, et je revenais au sentiment de la situation.

Pendant le repas, mon oncle fut presque gai ; il lui échappait de ces plaisanteries de savant qui ne sont jamais bien dangereuses. Après le dessert, il me fit signe de le suivre dans son cabinet.

J'obéis. Il s'assit à un bout de sa table de travail, et moi à l'autre.

« Axel, dit-il d'une voix assez douce, tu es un garçon très ingénieux ; tu m'as rendu là un fier service, quand, de guerre lasse, j'allais abandonner cette combinaison. Où me serais-je égaré ? Nul ne peut le savoir ! Je n'oublierai jamais cela, mon garçon, et de la gloire que nous allons acquérir tu auras ta part.

1. **Ma dialectique** : le développement de ma pensée, mon argumentation.
2. **Imprécations** : malédictions.

– Allons, pensai-je, il est de bonne humeur ; le moment est venu de discuter cette gloire.

– Avant tout, reprit mon oncle, je te recommande le secret le plus absolu, tu m'entends ? Je ne manque pas d'envieux dans le monde des savants, et beaucoup voudraient entreprendre ce voyage, qui ne s'en douteront qu'à notre retour.

– Croyez-vous, dis-je, que le nombre de ces audacieux fût si grand ?

– Certes ! qui hésiterait à conquérir une telle renommée ? Si ce document était connu, une armée entière de géologues se précipiterait sur les traces d'Arne Saknussemm !

– Voilà ce dont je ne suis pas persuadé, mon oncle, car rien ne prouve l'authenticité de ce document.

– Comment ! Et le livre dans lequel nous l'avons découvert ?

– Bon ! j'accorde que ce Saknussemm ait écrit ces lignes, mais s'ensuit-il qu'il ait réellement accompli ce voyage, et ce vieux parchemin ne peut-il renfermer une mystification[1] ? »

Ce dernier mot, un peu hasardé, je regrettai presque de l'avoir prononcé. Le professeur fronça son épais sourcil, et je craignais d'avoir compromis les suites de cette conversation. Heureusement il n'en fut rien. Mon sévère interlocuteur ébaucha une sorte de sourire sur ses lèvres et répondit :

« C'est ce que nous verrons.

– Ah ! fis-je un peu vexé ; mais permettez-moi d'épuiser la série des objections relatives à ce document.

– Parle, mon garçon, ne te gêne pas. Je te laisse toute liberté d'exprimer ton opinion. Tu n'es plus mon neveu, mais mon collègue. Ainsi, va.

1. **Mystification** : tromperie.

– Eh bien, je vous demanderai d'abord ce que sont ce Yocul, ce Sneffels et ce Scartaris, dont je n'ai jamais entendu parler ?

– Rien n'est plus facile. J'ai précisément reçu, il y a quelque temps, une carte de mon ami Augustus Peterman, de Leipzig ; elle ne pouvait arriver plus à propos. Prends le troisième atlas[1] dans la seconde travée de la grande bibliothèque, série Z, planche 4. »

Je me levai, et, grâce à ces indications précises, je trouvai rapidement l'atlas demandé. Mon oncle l'ouvrit et dit :

« Voici une des meilleures cartes de l'Islande, celle de Handerson, et je crois qu'elle va nous donner la solution de toutes tes difficultés. »

Je me penchai sur la carte.

« Vois cette île composée de volcans, dit le professeur, et remarque qu'ils portent tous le nom de Yocul. Ce mot veut dire "glacier" en islandais, et, sous la latitude élevée de l'Islande, la plupart des éruptions se font jour à travers les couches de glace. De là cette dénomination de Yokul appliquée à tous les monts ignivomes[2] de l'île.

– Bien, répondis-je ; mais qu'est-ce que le Sneffels ? »

J'espérais qu'à cette demande il n'y aurait pas de réponse. Je me trompais. Mon oncle reprit :

« Suis-moi sur la côte occidentale de l'Islande. Aperçois-tu Reykjawik, sa capitale ? Oui. Bien. Remonte les fjords[3] innombrables de ces rivages rongés par la mer, et arrête-toi un peu

1. **Atlas** : livre regroupant des cartes géographiques.
2. **Ignivome** : qui vomit du feu (le mot latin *ignus* signifie « feu »). Ce terme est employé à propos des volcans.
3. **Fjords** : anciennes vallées glaciaires envahies par la mer.

au-dessous du soixante-cinquième degré de latitude. Que vois-tu là ?

– Une sorte de presqu'île semblable à un os décharné, que termine une énorme rotule.

– La comparaison est juste, mon garçon ; maintenant, n'aperçois-tu rien sur cette rotule ?

– Si, un mont qui semble avoir poussé en mer.

– Bon ! c'est le Sneffels.

– Le Sneffels ?

– Lui-même, une montagne haute de cinq mille pieds, l'une des plus remarquables de l'île, et à coup sûr la plus célèbre du monde entier, si son cratère aboutit au centre du globe.

– Mais c'est impossible ! m'écriai-je en haussant les épaules et révolté contre une pareille supposition.

– Impossible ! répondit le professeur Lidenbrock d'un ton sévère. Et pourquoi cela ?

– Parce que ce cratère est évidemment obstrué par les laves, les roches brûlantes, et qu'alors...

– Et si c'est un cratère éteint ?

– Éteint ?

– Oui. Le nombre des volcans en activité à la surface du globe n'est actuellement que de trois cents environ ; mais il existe une bien plus grande quantité de volcans éteints. Or le Sneffels compte parmi ces derniers, et depuis les temps historiques, il n'a eu qu'une seule éruption, celle de 1219 ; à partir de cette époque, ses rumeurs se sont apaisées peu à peu, et il n'est plus au nombre des volcans actifs. »

À ces affirmations positives, je n'avais absolument rien à répondre ; je me rejetai donc sur les autres obscurités que renfermait le document.

« Que signifie ce mot Scartaris, demandai-je, et que viennent faire là les calendes[1] de juillet ? »

Mon oncle prit quelques moments de réflexion. J'eus un instant d'espoir, mais un seul, car bientôt il me répondit en ces termes :

« Ce que tu appelles obscurité est pour moi lumière. Cela prouve les soins ingénieux avec lesquels Saknussemm a voulu préciser sa découverte. Le Sneffels est formé de plusieurs cratères ; il y avait donc nécessité d'indiquer celui d'entre eux qui mène au centre du globe. Qu'a fait le savant islandais ? Il a remarqué qu'aux approches des calendes de juillet, c'est-à-dire vers les derniers jours du mois de juin, un des pics de la montagne, le Scartaris, projetait son ombre jusqu'à l'ouverture du cratère en question, et il a consigné le fait dans son document. Pouvait-il imaginer une indication plus exacte, et, une fois arrivés an sommet du Sneffels, nous sera-t-il possible d'hésiter sur le chemin à prendre ? »

Décidément mon oncle avait réponse à tout. Je vis bien qu'il était inattaquable sur les mots du vieux parchemin. Je cessai donc de le presser à ce sujet, et, comme il fallait le convaincre avant tout, je passais aux objections scientifiques, bien autrement graves, à mon avis.

« Allons, dis-je, je suis forcé d'en convenir, la phrase de Saknussemm est claire et ne peut laisser aucun doute à l'esprit. J'accorde même que le document a un air de parfaite authenticité. Ce savant est allé au fond du Sneffels ; il a vu l'ombre du Scartaris caresser les bords du cratère avant les calendes de juillet ; il a même entendu raconter dans les récits légendaires de

1. **Calendes** : premier jour du mois, chez les Romains.

son temps que ce cratère aboutissait au centre de la terre ; mais quant à y être parvenu lui-même, quant à en avoir fait le voyage et à en être revenu, s'il l'a entrepris, non, cent fois non !

– Et la raison ? dit mon oncle d'un ton singulièrement moqueur.

– C'est que toutes les théories de la science démontrent qu'une pareille entreprise est impraticable !

– Toutes les théories disent cela ? répondit le professeur on prenant un air bonhomme. Ah ! les vilaines théories ! Comme elles vont nous gêner, ces pauvres théories ! »

Je vis qu'il se moquait de moi, mais je continuai néanmoins.

« Oui ! il est parfaitement reconnu que la chaleur augmente environ d'un degré par soixante-dix pieds[1] de profondeur au-dessous de la surface du globe ; or, en admettant cette proportionnalité constante, le rayon terrestre étant de quinze cents lieues[2], il existe au centre une température de deux cent mille degrés. Les matières de l'intérieur de la terre se trouvent donc à l'état de gaz incandescent, car les métaux, l'or, le platine, les roches les plus dures, ne résistent pas à une pareille chaleur. J'ai donc le droit de demander s'il est possible de pénétrer dans un semblable milieu !

– Ainsi, Axel, c'est la chaleur qui t'embarrasse ?

– Sans doute. Si nous arrivions à une profondeur de dix lieues seulement, nous serions parvenus à la limite de l'écorce terrestre, car déjà la température est supérieure à treize cents degrés.

– Et tu as peur d'entrer en fusion[3] ?

1. **Pied** : ancienne mesure de longueur valant environ 30 m.
2. **Lieue** : ancienne mesure de distance valant environ 4 km.
3. **Entrer en fusion** : fondre sous l'action du feu.

– Je vous laisse la question à décider, répondis-je avec humeur[1].

– Voici ce que je décide, répliqua le professeur Lidenbrock en prenant ses grands airs : c'est que ni toi ni personne ne sait d'une façon certaine ce qui se passe à l'intérieur du globe, attendu qu'on connaît à peine la douze millième partie de son rayon ; c'est que la science est éminemment perfectible, et que chaque théorie est incessamment détruite par une théorie nouvelle. N'a-t-on pas cru jusqu'à Fourier[2] que la température des espaces planétaires allait toujours diminuant, et ne sait-on pas aujourd'hui que les plus grands froids des régions éthérées[3] ne dépassent pas quarante ou cinquante degrés au-dessous de zéro ? Pourquoi n'en serait-il pas ainsi de la chaleur interne ? Pourquoi, à une certaine profondeur, n'atteindrait-elle pas une limite infranchissable, au lieu de s'élever jusqu'au degré de fusion des minéraux les plus réfractaires ? »

Mon oncle plaçant la question sur le terrain des hypothèses, je n'eus rien à répondre.

« Eh bien, je te dirai que de véritables savants, Poisson entre autres, ont prouvé que, si une chaleur de deux cent mille degrés existait à l'intérieur du globe, les gaz incandescents provenant des matières fondues acquerraient une élasticité telle que l'écorce terrestre ne pourrait y résister et éclaterait comme les parois d'une chaudière sous l'effort de la vapeur.

– C'est l'avis de Poisson, mon oncle, voilà tout.

– D'accord, mais c'est aussi l'avis d'autres géologues distingués, que l'intérieur du globe n'est formé ni de gaz ni d'eau, ni

1. **Avec humeur** : irrité.
2. **Fourier** (Joseph) : mathématicien français du XIXe siècle, qui a travaillé sur la propagation de la chaleur.
3. **Les régions éthérées** : les régions du ciel (appelé *éther* par les Anciens).

des plus lourdes pierres que nous connaissions, car, dans ce cas, la terre aurait un poids deux fois moindre.

– Oh ! avec les chiffres on prouve tout ce qu'on veut !

– Et avec les faits, mon garçon, en est-il de même ? N'est-il pas constant que le nombre des volcans a considérablement diminué depuis les premiers jours du monde ? et, si chaleur centrale il y a, ne peut-on en conclure qu'elle tend à s'affaiblir ?

– Mon oncle, si vous entrez dans le champ des suppositions, je n'ai plus à discuter.

– Et moi j'ai à dire qu'à mon opinion se joignent les opinions de gens fort compétents. Te souviens-tu d'une visite que me fit le célèbre chimiste anglais Humphry Davy en 1825 ?

– Aucunement, car je ne suis venu au monde que dix-neuf ans après.

– Eh bien, Humphry Davy vint me voir à son passage à Hambourg. Nous discutâmes longtemps, entre autres questions, l'hypothèse de la liquidité du noyau intérieur de la terre. Nous étions tous deux d'accord que cette liquidité ne pouvait exister, par une raison à laquelle la science n'a jamais trouvé de réponse.

– Et laquelle ? dis-je, un peu étonné.

– C'est que cette masse liquide serait sujette, comme l'Océan, à l'attraction de la lune, et conséquemment, deux fois par jour, il se produirait des marées intérieures qui, soulevant l'écorce terrestre, donneraient lieu à des tremblements de terre périodiques !

[...]

Vraiment, je commençais à être ébranlé par les arguments du professeur ; il les faisait valoir, d'ailleurs, avec sa passion et son enthousiasme habituels.

« Tu le vois, Axel, ajouta-t-il, l'état du noyau central a soulevé des hypothèses diverses entre les géologues ; rien de moins prouvé que ce fait d'une chaleur interne ; suivant moi, elle n'existe pas, elle ne saurait exister ; nous le verrons, d'ailleurs, et, comme Arne Saknussemm, nous saurons à quoi nous en tenir sur cette grande question.

– Eh bien ! oui, répondis-je, en me sentant gagner à cet enthousiasme, oui, nous le verrons, si on y voit toutefois.

– Et pourquoi pas ? Ne pouvons-nous compter sur des phénomènes électriques pour nous éclairer, et même sur l'atmosphère, que sa pression peut rendre lumineuse en s'approchant du centre ?

– Oui, dis-je, oui ! cela est possible, après tout.

– Cela est certain, répondit triomphalement mon oncle ; mais silence, entends-tu ? silence sur tout ceci, et que personne n'ait idée de découvrir avant nous le centre de la terre. »

VII

Ainsi se termina cette mémorable séance. Cet entretien me donna la fièvre. Je sortis du cabinet[1] de mon oncle comme étourdi, et il n'y avait pas assez d'air dans les rues de Hambourg pour me remettre. Je gagnai donc les bords de l'Elbe, du côté du bac à vapeur qui met la ville en communication avec le chemin de fer de Hambourg.

Étais-je convaincu de ce que je venais d'apprendre ? N'avais-je pas subi la domination du professeur Lidenbrock ? Devais-je prendre au sérieux sa résolution d'aller au centre du massif terrestre ? Venais-je d'entendre les spéculations insensées d'un fou ou les déductions scientifiques d'un grand génie ? En tout cela, où s'arrêtait la vérité, où commençait l'erreur ?

Je flottais entre mille hypothèses contradictoires, sans pouvoir m'accrocher à aucune.

Cependant je me rappelais avoir été convaincu, quoique mon enthousiasme commençât à se modérer ; mais j'aurais voulu partir immédiatement et ne pas prendre le temps de la réflexion. Oui, le courage ne m'eût pas manqué pour boucler ma valise en ce moment.

Il faut pourtant l'avouer, une heure après cette surexcitation tomba ; mes nerfs se détendirent, et des profonds abîmes de la terre je remontai à sa surface.

« C'est absurde ! m'écriai-je ; cela n'a pas le sens commun ! Ce n'est pas une proposition sérieuse à faire à un garçon sensé.

1. **Cabinet** : bureau.

Rien de tout cela n'existe. J'ai mal dormi, j'ai fait un mauvais rêve. »

Cependant j'avais suivi les bords de l'Elbe et tourné la ville. Après avoir remonté le port, j'étais arrivé à la route d'Altona. Un pressentiment me conduisait, pressentiment justifié, car j'aperçus bientôt ma petite Graüben qui, de son pied leste, revenait bravement à Hambourg.

« Graüben ! » lui criai-je de loin.

La jeune fille s'arrêta, un peu troublée, j'imagine, de s'entendre appeler ainsi sur une grande route. En dix pas je fus près d'elle.

« Axel ! fit-elle, surprise. Ah ! tu es venu à ma rencontre ! C'est bien, cela, monsieur. »

Mais, en me regardant, Graüben ne put se méprendre[1] à mon air inquiet, bouleversé.

– Qu'as-tu donc ? dit-elle en me tendant la main.

– Ce que j'ai, Graüben ! » m'écriai-je.

En deux secondes et en trois phrases ma jolie Virlandaise était au courant de la situation. Pendant quelques instants elle garda le silence. Son cœur palpitait-il à l'égal du mien ? Je l'ignore, mais sa main ne tremblait pas dans la mienne. Nous fîmes une centaine de pas sans parler.

« Axel ! me dit-elle enfin.

– Ma chère Graüben !

– Ce sera là un beau voyage. »

Je bondis à ces mots.

« Oui, Axel, et digne du neveu d'un savant. Il est bien qu'un homme se soit distingué par quelque grande entreprise !

1. **Se méprendre** : se tromper.

– Quoi ! Graüben, tu ne me détournes pas de tenter une pareille expédition ?

– Non, cher Axel, et ton oncle et toi, je vous accompagnerais volontiers, si une pauvre fille ne devait être un embarras pour vous.

– Dis-tu vrai ?

– Je dis vrai. »

Ah ! femmes, jeunes filles, cœurs féminins toujours incompréhensibles ! Quand vous n'êtes pas les plus timides des êtres, vous en êtes les plus braves ! La raison n'a que faire auprès de vous. Quoi ! cette enfant m'encourageait à prendre part à cette expédition ! Elle n'eût pas craint de tenter l'aventure. Elle m'y poussait, moi qu'elle aimait cependant !

J'étais déconcerté, et, pourquoi ne pas le dire, honteux.

« Graüben, repris-je, nous verrons si demain tu parleras de cette manière.

– Demain, cher Axel, je parlerai comme aujourd'hui. »

Graüben et moi, nous tenant par la main, mais gardant un profond silence, nous continuâmes notre chemin. J'étais brisé par les émotions de la journée.

« Après tout, pensai-je, les calendes de juillet sont encore loin, et, d'ici là, bien des événements se passeront qui guériront mon oncle de sa manie de voyager sous terre. »

La nuit était venue quand nous arrivâmes à la maison de Königstrasse. Je m'attendais à trouver la demeure tranquille, mon oncle couché suivant son habitude, et la bonne Marthe donnant à la salle à manger le dernier coup de plumeau du soir. Mais j'avais compté sans l'impatience du professeur. Je le trouvai criant, s'agitant au milieu d'une troupe de porteurs qui déchargeaient certaines marchandises dans l'allée ; la vieille servante ne savait où donner de la tête.

« Mais viens donc, Axel ; hâte-toi donc, malheureux ! s'écria mon oncle du plus loin qu'il m'aperçut. Et ta malle qui n'est pas faite, et mes papiers qui ne sont pas en ordre, et mon sac de voyage dont je ne trouve pas la clef, et mes guêtres qui n'arrivent pas ! »

Je demeurai stupéfait. La voix me manquait pour parler. C'est à peine si mes lèvres purent articuler ces mots :

« Nous partons donc ?

– Oui, malheureux garçon, qui vas te promener au lieu d'être là !

– Nous partons ? répétai-je d'une voix affaiblie.

– Oui, après-demain matin, à la première heure. »

Je ne pus en entendre davantage, et je m'enfuis dans ma petite chambre.

Il n'y avait plus à en douter. Mon oncle venait d'employer son après-midi à se procurer une partie des objets et ustensiles nécessaires à son voyage ; l'allée était encombrée d'échelles, de cordes à nœuds, de torches, de gourdes, de crampons de fer, de pics, de bâtons ferrés, de pioches, de quoi charger dix hommes au moins.

Je passai une nuit affreuse. Le lendemain, je m'entendis appeler de bonne heure. J'étais décidé à ne pas ouvrir ma porte. Mais le moyen de résister à la douce voix qui prononçait ces mots : « Mon cher Axel ? »

Je sortis de ma chambre. Je pensai que mon air défait, ma pâleur, mes yeux rougis par l'insomnie, allaient produire leur effet sur Graüben et changer ses idées.

« Ah ! mon cher Axel, me dit-elle, je vois que tu te portes mieux et que la nuit t'a calmé.

– Calmé ! » m'écriai-je.

Je me précipitai vers mon miroir. Eh bien ! j'avais moins mauvaise mine que je ne le supposais. C'était à n'y pas croire.

« Axel, me dit Graüben, j'ai longtemps causé avec mon tuteur. C'est un hardi savant, un homme de grand courage, et tu te souviendras que son sang coule dans tes veines. Il m'a raconté ses projets, ses espérances, pourquoi et comment il espère atteindre son but. Il y parviendra, je n'en doute pas. Ah ! cher Axel, c'est beau de se dévouer ainsi à la science ! Quelle gloire attend M. Lidenbrock et rejaillira sur son compagnon ! Au retour, Axel, tu seras un homme, son égal, libre de parler, libre d'agir, libre enfin de... »

La jeune fille, rougissante, n'acheva pas. Ses paroles me ranimaient. Cependant je ne voulais pas croire encore à notre départ. J'entraînai Graüben vers le cabinet du professeur.

« Mon oncle, dis-je, il est donc bien décidé que nous partons ?

– Comment ! tu en doutes ?

– Non, dis-je afin de ne pas le contrarier. Seulement, je vous demanderai ce qui nous presse.

– Mais le temps ! le temps qui fuit avec une irréparable vitesse !

– Cependant nous ne sommes qu'au 26 mai, et jusqu'à la fin de juin...

– Eh ! crois-tu donc, ignorant, qu'on se rende si facilement en Islande ? Si tu ne m'avais pas quitté comme un fou, je t'aurais emmené au bureau-office de Copenhague, chez Liffender et Co. Là, tu aurais vu que de Copenhague à Reykjawik il n'y a qu'un service, le 22 de chaque mois.

– Eh bien ?

– Eh bien ! si nous attendions au 22 juin, nous arriverions trop tard pour voir l'ombre du Scartaris caresser le cratère du

Sneffels ! Il faut donc gagner Copenhague au plus vite pour y chercher un moyen de transport. Va faire ta malle ! »

Il n'y avait pas un mot à répondre. Je remontai dans ma chambre. Graüben me suivit. Ce fut elle qui se chargea de mettre en ordre, dans une petite valise, les objets nécessaires à mon voyage. Elle n'était pas plus émue que s'il se fût agi d'une promenade à Lubeck ou à Heligoland[1]. Ses petites mains allaient et venaient sans précipitation. Elle causait avec calme. Elle me donnait les raisons les plus sensées en faveur de notre expédition. Elle m'enchantait, et je me sentais une grosse colère contre elle. Quelquefois je voulais m'emporter, mais elle n'y prenait garde et continuait méthodiquement sa tranquille besogne.

Enfin la dernière courroie de la valise fut bouclée. Je descendis au rez-de-chaussée.

Pendant cette journée, les fournisseurs d'instruments de physique, d'armes, d'appareils électriques, s'étaient multipliés. La bonne Marthe en perdait la tête.

« Est-ce que Monsieur est fou ? » me dit-elle.

Je fis un signe affirmatif.

« Et il vous emmène avec lui ? »

Même affirmation.

« Où cela ? » dit-elle.

J'indiquai du doigt le centre de la terre.

« À la cave ? s'écria la vieille servante.

– Non, dis-je enfin, plus bas ! »

Le soir arriva. Je n'avais plus conscience du temps écoulé.

« À demain matin, dit mon oncle, nous partons à six heures précises. »

1. **Lubeck, Heligoland** : villes du nord de l'Allemagne.

À dix heures je tombai sur mon lit comme une masse inerte.

Pendant la nuit mes terreurs me reprirent.

Je la passai à rêver de gouffres ! J'étais en proie au délire. Je me sentais étreint par la main vigoureuse du professeur, entraîné, abîmé, enlisé ! Je tombais au fond d'insondables précipices avec cette vitesse croissante des corps abandonnés dans l'espace. Ma vie n'était plus qu'une chute interminable.

Je me réveillai à cinq heures, brisé de fatigue et d'émotion. Je descendis à la salle à manger. Mon oncle était à table. Il dévorait. Je le regardai avec un sentiment d'horreur. Mais Graüben était là. Je ne dis rien. Je ne pus manger.

À cinq heures et demie, un roulement se fit entendre dans la rue. Une large voiture arrivait pour nous conduire au chemin de fer d'Altona. Elle fut bientôt encombrée des colis de mon oncle.

« Et ta malle ? me dit-il.

– Elle est prête, répondis-je en défaillant.

– Dépêche-toi donc de la descendre, ou tu vas nous faire manquer le train ! »

Lutter contre ma destinée me parut alors impossible. Je remontai dans ma chambre, et laissant glisser ma valise sur les marches de l'escalier, je m'élançai à sa suite.

En ce moment mon oncle remettait solennellement entre les mains de Graüben « les rênes » de sa maison. Ma jolie Virlandaise conservait son calme habituel. Elle embrassa son tuteur, mais elle ne put retenir une larme en effleurant ma joue de ses douces lèvres.

« Graüben ! m'écriai-je.

– Va, mon cher Axel, va, me dit-elle, tu quittes ta fiancée, mais tu trouveras ta femme au retour. »

Je serrai Graüben dans mes bras, et pris place dans la voiture. Marthe et la jeune fille, du seuil de la porte, nous adressèrent un dernier adieu. Puis les deux chevaux, excités par le sifflement de leur conducteur, s'élancèrent au galop sur la route d'Altona.

VIII

Altona, véritable banlieue de Hambourg, est tête de ligne du chemin de fer de Kiel, qui devait nous conduire au rivage des Belt. En moins de vingt minutes, nous entrions sur le territoire du Holstein[1].

À six heures et demie, la voiture s'arrêta devant la gare ; les nombreux colis de mon oncle, ses volumineux articles de voyage furent déchargés, transportés, pesés, étiquetés, rechargés dans le wagon de bagages, et à sept heures nous étions assis l'un vis-à-vis de l'autre dans le même compartiment. La vapeur siffla, la locomotive se mit en mouvement. Nous étions partis.

[...]

Trois heures après notre départ, le train s'arrêtait à Kiel, à deux pas de la mer.

Nos bagages étant enregistrés pour Copenhague, il n'y eut pas à s'en occuper. Cependant le professeur les suivit d'un œil inquiet pendant leur transport au bateau à vapeur. Là, ils disparurent à fond de cale.

[...]

À dix heures un quart, les amarres furent larguées, et le steamer[2] fila rapidement sur les sombres eaux du grand Belt.

La nuit était noire ; il y avait belle brise et forte mer ; quelques feux de la côte apparurent dans les ténèbres ; plus tard, je ne sais où, un phare à éclats étincela au-dessus des

1. **Holstein** : partie sud de l'actuel État allemand du Schleswig-Holstein, dont la capitale est Kiel.
2. **Steamer** : bateau à vapeur.

flots ; ce fut tout ce qui resta dans mon souvenir de cette première traversée.

À sept heures du matin nous débarquions à Korsör, petite ville située sur la côte occidentale du Seeland. Là nous sautions du bateau dans un nouveau chemin de fer, qui nous emportait à travers un pays non moins plat que les campagnes du Holstein.

C'était encore trois heures de voyage avant d'atteindre la capitale du Danemark. Mon oncle n'avait pas fermé l'œil de la nuit. Dans son impatience, je crois qu'il poussait le wagon avec ses pieds.

Enfin il aperçut une échappée de mer.

« Le Sund ! » s'écria-t-il.

Il y avait sur notre gauche une vaste construction qui ressemblait à un hôpital.

« C'est une maison de fous, dit un de nos compagnons de voyage.

– Bon, pensai-je, voilà un établissement où nous devrions finir nos jours ! Et, si grand qu'il fût, cet hôpital serait encore trop petit pour contenir toute la folie du professeur Lidenbrock ! »

Enfin, à dix heures du matin, nous prenions pied à Copenhague ; les bagages furent chargés sur une voiture et conduits avec nous à l'hôtel du Phœnix dans Bred-Gade. Ce fut l'affaire d'une demi-heure, car la gare est située en dehors de la ville. Puis mon oncle, faisant une toilette sommaire, m'entraîna à sa suite. Le portier de l'hôtel parlait l'allemand et l'anglais ; mais le professeur, en sa qualité de polyglotte, l'interrogea en bon danois, et ce fut en bon danois que ce personnage lui indiqua la situation du Muséum des Antiquités du Nord.

Le directeur de ce curieux établissement, où sont entassées des merveilles qui permettraient de reconstruire l'histoire du pays avec ses vieilles armes de pierre, ses hanaps[1] et ses bijoux, était un savant, l'ami du consul de Hambourg, M. le professeur Thomson.

Mon oncle avait pour lui une chaude lettre de recommandation. En général, un savant en reçoit assez mal un autre. Mais ici ce fut tout autrement. M. Thomson, en homme serviable, fit un cordial accueil au professeur Lidenbrock et même à son neveu. Dire que notre secret fut gardé vis-à-vis de l'excellent directeur du Muséum, c'est à peine nécessaire. Nous voulions tout bonnement visiter l'Islande en amateurs désintéressés.

M. Thomson se mit entièrement à notre disposition, et nous courûmes les quais afin de chercher un navire en partance.

J'espérais que les moyens de transport manqueraient absolument ; mais il n'en fut rien. Une petite goélette[2] danoise, la *Valkyrie,* devait mettre à la voile le 2 juin pour Reykjawik. Le capitaine, M. Bjarne, se trouvait à bord. Son futur passager, dans sa joie, lui serra les mains à les briser. Ce brave homme fut un peu étonné d'une pareille étreinte. Il trouvait tout simple d'aller en Islande, puisque c'était son métier. Mon oncle trouvait cela sublime. Le digne capitaine profita de cet enthousiasme pour nous faire payer double le passage sur son bâtiment. Mais nous n'y regardions pas de si près.

« Soyez à bord mardi, à sept heures du matin », dit M. Bjarne après avoir empoché un nombre respectable de species-dollars[3].

Nous remerciâmes alors M. Thomson de ses bons soins, et nous revînmes à l'hôtel du Phœnix.

1. **Hanaps** : coupes à boire en métal, d'origine médiévale.
2. **Goélette** : voilier à deux mâts.
3. **Species-dollars** : ancienne monnaie.

« Cela va bien ! cela va très bien ! répétait mon oncle. Quel heureux hasard d'avoir trouvé ce bâtiment prêt à partir ! Maintenant déjeunons, et allons visiter la ville. »

Nous nous rendîmes à Kongens-Nye-Torw, place irrégulière où se trouve un poste avec deux innocents canons braqués qui ne font peur à personne. Tout près, au n° 5, il y avait une « restauration » française, tenue par un cuisinier nommé Vincent ; nous y déjeunâmes suffisamment pour le prix modéré de quatre marks[1] chacun.

Puis je pris un plaisir d'enfant à parcourir la ville ; mon oncle se laissait promener ; d'ailleurs il ne vit rien, ni l'insignifiant palais du roi, ni le joli pont du dix-septième siècle qui enjambe le canal devant le Muséum, ni cet immense cénotaphe[2] de Torwaldsen, orné de peintures murales horribles et qui contient à l'intérieur les œuvres de ce statuaire, ni, dans un assez beau parc, le château bonbonnière de Rosenborg, ni l'admirable édifice renaissance de la Bourse, ni son clocher fait avec les queues entrelacées de quatre dragons de bronze, ni les grands moulins des remparts, dont les vastes ailes s'enflaient comme les voiles d'un vaisseau au vent de la mer.

Quelles délicieuses promenades nous eussions faites, ma jolie Virlandaise et moi, du côté du port où les deux-ponts et les frégates dormaient paisiblement sous leur toiture rouge, sur les bords verdoyants du détroit, à travers ces ombrages touffus au sein desquels se cache la citadelle, dont les canons allongent leur gueule noirâtre entre les branches des sureaux et des saules !

1. **Mark** : monnaie de l'Allemagne.
2. **Cénotaphe** : monument funéraire élevé à la mémoire d'un défunt et qui ne contient pas son corps.

Mais, hélas ! elle était loin, ma pauvre Graüben, et pouvais-je espérer de la revoir jamais ?

Cependant, si mon oncle ne remarqua rien de ces sites enchanteurs, il fut vivement frappé par la vue d'un certain clocher situé dans l'île d'Amak, qui forme le quartier sud-ouest de Copenhague.

Je reçus l'ordre de diriger nos pas de ce côté ; je montai dans une petite embarcation à vapeur qui faisait le service des canaux, et, en quelques instants, elle accosta le quai de Dock-Yard.

Après avoir traversé quelques rues étroites où des galériens, vêtus de pantalons mi-partie jaunes et gris, travaillaient sous le bâton des argousins[1], nous arrivâmes devant Vor-Frelsers-Kirk. Cette église n'offrait rien de remarquable. Mais voici pourquoi son clocher assez élevé avait attiré l'attention du professeur : à partir de la plate-forme, un escalier extérieur circulait autour de sa flèche, et ses spirales se déroulaient en plein ciel.

« Montons, dit mon oncle.

– Mais, le vertige ? répliquai-je.

– Raison de plus ; il faut s'y habituer.

– Cependant...

– Viens, te dis-je, ne perdons pas de temps. »

Il fallut obéir. Un gardien, qui demeurait de l'autre côté de la rue, nous remit une clef, et l'ascension commença.

Mon oncle me précédait d'un pas alerte[2]. Je le suivais non sans terreur, car la tête me tournait avec une déplorable facilité. Je n'avais ni l'aplomb[3] des aigles ni l'insensibilité de leurs nerfs.

1. **Argousins** : policiers (terme vieilli).
2. **Alerte** : vif.
3. **Aplomb** : sens de l'équilibre.

Tant que nous fûmes emprisonnés dans la vis intérieure, tout alla bien ; mais après cent cinquante marches l'air vint me frapper au visage, nous étions parvenus à la plate-forme du clocher. Là commençait l'escalier aérien, gardé par une frêle rampe, et dont les marches, de plus en plus étroites, semblaient monter vers l'infini.

« Je ne pourrai jamais ! m'écriai-je.

– Serais-tu poltron, par hasard ? Monte ! » répondit impitoyablement le professeur.

Force fut de le suivre en me cramponnant. Le grand air m'étourdissait ; je sentais le clocher osciller sous les rafales ; mes jambes se dérobaient ; je grimpai bientôt sur les genoux, puis sur le ventre ; je fermais les yeux ; j'éprouvais le mal de l'espace.

Enfin, mon oncle me tirant par le collet, j'arrivai près de la boule.

« Regarde, me dit-il, et regarde bien ! il faut prendre *des leçons d'abîme* ! »

J'ouvris les yeux. J'apercevais les maisons aplaties et comme écrasées par une chute, au milieu du brouillard des fumées. Au-dessus de ma tête passaient des nuages échevelés, et, par un renversement d'optique, ils me paraissaient immobiles, tandis que le clocher, la boule, moi, nous étions entraînés avec une fantastique vitesse. Au loin, d'un côté s'étendait la campagne verdoyante, de l'autre étincelait la mer sous un faisceau de rayons. Le Sund se déroulait à la pointe d'Elseneur, avec quelques voiles blanches, véritables ailes de goéland, et dans la brume de l'est ondulaient les côtes à peine estompées de la Suède. Toute cette immensité tourbillonnait à mes regards.

Néanmoins il fallut me lever, me tenir droit, regarder. Ma première leçon de vertige dura une heure. Quand enfin il me fut permis de redescendre et de toucher du pied le pavé solide des rues, j'étais courbaturé.

« Nous recommencerons demain », dit mon professeur.

Et en effet, pendant cinq jours, je repris cet exercice vertigineux, et, bon gré mal gré, je fis des progrès sensibles dans l'art « des hautes contemplations ».

IX

Le jour du départ arriva. La veille, le complaisant M. Thomson nous avait apporté des lettres de recommandations pressantes pour le comte Trampe, gouverneur de l'Islande, M. Pietursson, le coadjuteur[1] de l'évêque, et M. Finsen, maire de Reykjawik. En retour, mon oncle lui octroya les plus chaleureuses poignées de main.

Le 2, à six heures du matin, nos précieux bagages étaient rendus à bord de la *Valkyrie*. Le capitaine nous conduisit à des cabines assez étroites et disposées sous une espèce de rouf[2].

« Avons-nous bon vent ? demanda mon oncle.

– Excellent, répondit le capitaine Bjarne ; un vent de sud-est. Nous allons sortir du Sund grand largue et toutes voiles dehors. »

Quelques instants plus tard, la goélette, sous sa misaine, sa brigantine, son hunier et son perroquet[3], appareilla et donna à pleine toile dans le détroit. Une heure après, la capitale du Danemark semblait s'enfoncer dans les flots éloignés, et la Valkyrie rasait la côte d'Elseneur. [...]

Vers le soir la goélette doubla le cap Skagen à la pointe nord du Danemark, traversa pendant la nuit le Skager-Rak, longea l'extrémité de la Norvège par le travers du cap Lindness et donna dans la mer du Nord.

1. **Coadjuteur** : adjoint d'un évêque.
2. **Rouf** : petite construction sur le pont d'un navire.
3. **Misaine, brigantine, hunier, perroquet** : voiles d'un bateau.

Deux jours après, nous avions connaissance des côtes d'Écosse à la hauteur de Peterheade, et la *Valkyrie* se dirigea vers les Féroé en passant entre les Orcades et les Seethland.

Bientôt notre goélette fut battue par les vagues de l'Atlantique ; elle dut louvoyer contre le vent du nord et n'atteignit pas sans peine les Féroé. Le 8, le capitaine reconnut Myganness, la plus orientale de ces îles, et, à partir de ce moment, il marcha droit au cap Portland, situé sur la côte méridionale[1] de l'Islande.

La traversée n'offrit aucun incident remarquable. Je supportai assez bien les épreuves de la mer ; mon oncle, à son grand dépit, et à sa honte plus grande encore, ne cessa pas d'être malade.

Il ne put donc entreprendre le capitaine Bjarne sur la question du Sneffels, sur les moyens de communication, sur les facilités de transport ; il dut remettra ses explications à son arrivée et passa tout son temps étendu dans sa cabine, dont les cloisons craquaient par les grands coups de tangage. Il faut l'avouer, il méritait un peu son sort.

Le 11, nous relevâmes le cap Portland. Le temps, clair alors, permit d'apercevoir le Myrdals Yokul, qui le domine. Le cap se compose d'un gros morne[2] à pentes roides, et planté tout seul sur la plage.

La *Valkyrie* se tint à une distance raisonnable des côtes, en les prolongeant vers l'ouest, au milieu de nombreux troupeaux de baleines et de requins. Bientôt apparut un immense rocher percé à jour, au travers duquel la mer écumeuse donnait avec furie. Les îlots de Westman semblèrent sortir de l'Océan,

1. **Méridionale** : située au sud.
2. **Morne** : colline arrondie isolée au milieu d'une plaine.

comme une semée de rocs sur la plaine liquide. À partir de ce moment, la goélette prit du champ pour tourner à bonne distance le cap Reykjaness, qui ferme l'angle occidental de l'Islande.

La mer, très forte, empêchait mon oncle de monter sur le pont pour admirer ces côtes déchiquetées et battues par les vents du sud-ouest.

Quarante-huit heures après, en sortant d'une tempête qui força la goélette de fuir à sec de toile, on releva dans l'est la balise de la pointe Skagen, dont les roches dangereuses se prolongent à une grande distance sous les flots. Un pilote islandais vint à bord, et, trois heures plus tard, la *Valkyrie* mouillait devant Reykjawik, dans la baie de Faxa.

Le professeur sortit enfin de sa cabine, un peu pâle, un peu défait, mais toujours enthousiaste, et avec un regard de satisfaction dans les yeux.

La population de la ville, singulièrement intéressée par l'arrivée d'un navire dans lequel chacun a quelque chose à prendre, se groupait sur le quai.

Mon oncle avait hâte d'abandonner sa prison flottante, pour ne pas dire son hôpital. Mais avant de quitter le pont de la goélette, il m'entraîna à l'avant, et là, du doigt, il me montra, à la partie septentrionale[1] de la baie, une haute montagne à deux pointes, un double cône couvert de neiges éternelles.

« Le Sneffels ! s'écria-t-il, le Sneffels ! »

Puis, après m'avoir recommandé du geste un silence absolu, il descendit dans le canot qui l'attendait. Je le suivis, et bientôt nous foulions du pied le sol de l'Islande.

1. **Septentrionale** : située au nord.

Tout d'abord apparut un homme de bonne figure et revêtu d'un costume de général. Ce n'était cependant qu'un simple magistrat, le gouverneur de l'île, M. le baron Trampe en personne. Le professeur reconnut à qui il avait affaire. Il remit au gouverneur ses lettres de Copenhague, et il s'établit en danois une courte conversation à laquelle je demeurai absolument étranger, et pour cause. Mais de ce premier entretien il résulta ceci, que le baron Trampe se mettait entièrement à la disposition du professeur Lidenbrock.

Mon oncle reçut un accueil fort aimable du maire, M. Finson, non moins militaire par le costume que le gouverneur, mais aussi pacifique par tempérament et par état.

Quant au coadjuteur, M. Pictursson, il faisait actuellement une tournée épiscopale dans le bailliage[1] du nord ; nous devions renoncer provisoirement à lui être présentés. Mais un charmant homme, et dont le concours nous devint fort précieux, ce fut M. Fridriksson, professeur de sciences naturelles à l'école de Reykjawik. Ce savant modeste ne parlait que l'islandais et le latin ; il vint m'offrir ses services dans la langue d'Horace●, et je sentis que nous étions faits pour nous comprendre. Ce fut, en effet, le seul personnage avec lequel je pus m'entretenir pendant mon séjour en Islande.

Sur trois chambres dont se composait sa maison, cet excellent homme en mit deux à notre disposition, et bientôt nous y fûmes installés avec nos bagages, dont la quantité étonna un peu les habitants de Reykjawik.

1. **Bailliage** : circonscription administrative.

● **Horace est un poète romain du Ier siècle av. J.-C. La « langue d'Horace » est donc le latin.**

« Eh bien, Axel, me dit mon oncle, cela va, et le plus difficile est fait.

– Comment, le plus difficile ? m'écriai-je.

– Sans doute, nous n'avons plus qu'à descendre.

– Si vous le prenez ainsi, vous avez raison ; mais enfin, après avoir descendu, il faudra remonter, j'imagine ?

– Oh ! cela ne m'inquiète guère ! Voyons ! il n'y a pas de temps à perdre. Je vais me rendre à la bibliothèque. Peut-être s'y trouve-t-il quelque manuscrit de Saknussemm, et je serais bien aise de le consulter.

– Alors, pendant ce temps, je vais visiter la ville. Est-ce que vous n'en ferez pas autant ?

– Oh ! cela m'intéresse médiocrement. Ce qui est curieux dans cette terre d'Islande n'est pas dessus, mais dessous. »

Je sortis et j'errai au hasard.

[...]

Le narrateur visite alors Reykjawik, la capitale de l'Islande. Il trouve la ville petite et triste.

Après une bonne promenade, lorsque je rentrai dans la maison de M. Fridriksson, mon oncle s'y trouvait déjà en compagnie de son hôte.

X

Le dîner était prêt ; il fut dévoré avec avidité par le professeur Lidenbrock, dont la diète forcée du bord avait changé l'estomac en un gouffre profond. Ce repas, plus danois qu'islandais, n'eut rien de remarquable en lui-même ; mais notre hôte, plus islandais que danois, me rappela les héros de l'antique hospitalité. Il me parut évident que nous étions chez lui plus que lui-même.

Au cours de la conversation, le professeur Lidenbrock fait part à M. Fridriksson de son intention de partir en expédition sur le volcan Sneffels.

« Je vous approuve fort, monsieur Lidenbrock, dit-il, de commencer par ce volcan ; vous ferez là une ample moisson d'observations curieuses. Mais, dites-moi, comment comptez-vous gagner la presqu'île de Sneffels ?

– Par mer, en traversant la baie. C'est la route la plus rapide.

– Sans doute ; mais elle est impossible à prendre.

– Pourquoi ?

– Parce que nous n'avons pas un seul canot à Reykjawik.

– Diable !

– Il faudra aller par terre, en suivant la côte. Ce sera plus long, mais plus intéressant.

– Bon. Je verrai à me procurer un guide.

– J'en ai précisément un à vous offrir.

– Un homme sûr, intelligent ?

– Oui, un habitant de la presqu'île. C'est un chasseur d'eider[1], fort habile, et dont vous serez content. Il parle parfaitement le danois.

– Et quand pourrai-je le voir ?

– Demain, si cela vous plaît.

– Pourquoi pas aujourd'hui ?

– C'est qu'il n'arrive que demain.

– À demain donc », répondit mon oncle avec un soupir.

Cette importante conversation se termina quelques instants plus tard par de chaleureux remerciements du professeur allemand au professeur islandais. Pendant ce dîner, mon oncle venait d'apprendre des choses importantes, entre autres l'histoire de Saknussemm, la raison de son document mystérieux, comme quoi son hôte ne l'accompagnerait pas dans son expédition, et que dès le lendemain un guide serait à ses ordres.

1. **Eider** : espèce de canard.

XI

Le soir, je fis une courte promenade sur les rivages de Reykjawik, et je revins de bonne heure me coucher dans mon lit de grosses planches, où je dormis d'un profond sommeil.

Quand je me réveillai, j'entendis mon oncle parler abondamment dans la salle voisine. Je me levai aussitôt et je me hâtai d'aller le rejoindre.

Il causait en danois avec un homme de haute taille, vigoureusement découplé[1]. Ce grand gaillard devait être d'une force peu commune. Ses yeux, percés dans une tête très grosse et assez naïve, me parurent intelligents. Ils étaient d'un bleu rêveur. De longs cheveux, qui eussent passé pour roux, même en Angleterre, tombaient sur ses athlétiques épaules. Cet indigène avait les mouvements souples, mais il remuait peu les bras, en homme qui ignorait ou dédaignait la langue des gestes. Tout en lui révélait un tempérament d'un calme parfait, non pas indolent, mais tranquille. On sentait qu'il ne demandait rien à personne, qu'il travaillait à sa convenance, et que, dans ce monde, sa philosophie ne pouvait être ni étonnée ni troublée.

Je surpris les nuances de ce caractère, à la manière dont l'Islandais écouta le verbiage passionné de son interlocuteur. Il demeurait les bras croisés, immobile au milieu des gestes multipliés de mon oncle ; pour nier, sa tête tournait de gauche à droite ; elle s'inclinait pour affirmer, et cela si peu, que ses

1. **Vigoureusement découplé** : de belle taille.

longs cheveux bougeaient à peine. C'était l'économie du mouvement poussée jusqu'à l'avarice.

[...]

Ce personnage grave, flegmatique[1] et silencieux, se nommait Hans Bjelke ; il venait à la recommandation de M. Fridriksson. C'était notre futur guide. Ses manières contrastaient singulièrement avec celles de mon oncle.

Cependant ils s'entendirent facilement. Ni l'un ni l'autre ne regardaient au prix ; l'un prêt à accepter ce qu'on lui offrait, l'autre prêt à donner ce qui lui serait demandé. Jamais marché ne fut plus facile à conclure.

Or, des conventions il résulta que Hans s'engageait à nous conduire au village de Stapi, situé sur la côte méridionale de la presqu'île du Sneffels, au pied même du volcan. Il fallait compter par terre vingt-deux milles[2] environ, voyage à faire en deux jours, suivant l'opinion de mon oncle.

Mais quand il apprit qu'il s'agissait de milles danois de vingt-quatre mille pieds[3], il dut rabattre de son calcul et compter, vu l'insuffisance des chemins, sur sept ou huit jours de marche.

Quatre chevaux devaient être mis à sa disposition, deux pour le porter, lui et moi, deux autres destinés à nos bagages. Hans, suivant son habitude, irait à pied. Il connaissait parfaitement cette partie de la côte, et il promit de prendre par le plus court.

Son engagement avec mon oncle n'expirait pas à notre arrivée à Stapi ; il demeurait à son service pendant tout le temps nécessaire à ses excursions scientifiques, au prix de trois

1. **Flegmatique** : calme, ne perdant jamais son sang-froid.
2. **Vingt-deux milles** : un peu moins de 33 km (un mille = 1 481,5 m).
3. La distance à parcourir est donc de 158 km environ.

rixdales[1] par semaine. Seulement, il fut expressément convenu que cette somme serait comptée au guide chaque samedi soir, condition *sine qua non*[2] de son engagement.

Le départ fut fixé au 16 juin. Mon oncle voulut remettre au chasseur les arrhes du marché, mais celui-ci refusa d'un seul mot.

« Efter, fit-il.

– Après », me dit le professeur pour mon édification[3].

Hans, le traité conclu, se retira tout d'une pièce.

« Un fameux homme ! s'écria mon oncle ; mais il ne s'attend guère au merveilleux rôle que l'avenir lui réserve de jouer.

– Il nous accompagne donc jusqu'au…

– Oui, Axel, jusqu'au centre de la terre. »

Quarante-huit heures restaient encore à passer ; à mon grand regret, je dus les employer à nos préparatifs ; toute notre intelligence fut employée à disposer chaque objet de la façon la plus avantageuse, les instruments d'un côté, les outils dans ce paquet, les vivres dans celui-là. En tout quatre groupes.

Les instruments comprenaient :

1° Un thermomètre centigrade de Eigel, gradué jusqu'à cent cinquante degrés, ce qui me paraissait trop ou pas assez. Trop, si la chaleur ambiante devait monter là, auquel cas nous aurions cuit. Pas assez, s'il s'agissait de mesurer la température de sources ou toute autre matière en fusion.

2° Un manomètre à air comprimé, disposé de manière à indiquer des pressions supérieures à celles de l'atmosphère au

1. **Rixdale** : ancienne monnaie d'argent fabriquée en Allemagne, en Suède et au Danemark.
2. ***Sine qua non*** : expression latine signifiant « indispensable ».
3. **Pour mon édification** : pour servir à mon instruction.

niveau de l'Océan. En effet, le baromètre ordinaire n'eût pas suffi, la pression atmosphérique devant augmenter proportionnellement à notre descente au-dessous de la surface de la terre.

3° Un chronomètre de Boissonnas jeune de Genève, parfaitement réglé au méridien de Hambourg.

4° Deux boussoles d'inclinaison et de déclinaison.

5° Une lunette de nuit.

6° Deux appareils de Ruhmkorff, qui, au moyen d'un courant électrique, donnaient une lumière très portative, sûre et peu encombrante.

Les armes consistaient en deux carabines de Purdley More et Co, et de deux revolvers Colt. Pourquoi des armes ? Nous n'avions ni sauvages ni bêtes féroces à redouter, je suppose. Mais mon oncle paraissait tenir à son arsenal comme à ses instruments, surtout à une notable quantité de fulmicoton[1] inaltérable à l'humidité, et dont la force expansive est très supérieure à celle de la poudre ordinaire.

Les outils comprenaient deux pics, deux pioches, une échelle de soie, trois bâtons ferrés, une hache, un marteau, une douzaine de coins et pitons de fer, et de longues cordes à nœuds. Cela ne laissait pas de faire un fort colis, car l'échelle mesurait trois cents pieds de longueur[2].

Enfin, il y avait des provisions ; le paquet n'était pas gros, mais rassurant, car je savais qu'en viande concentrée et en biscuits secs il contenait pour six mois de vivres. Le genièvre[3] en formait toute la partie liquide, et l'eau manquait totalement ;

1. **Fulmicoton** : explosif à base de poudre, qui a l'aspect du coton.
2. Soit 90 m (un pied = 30 cm environ).
3. **Genièvre** : eau-de-vie obtenue à partir des baies du genévrier.

mais nous avions des gourdes, et mon oncle comptait sur les sources pour les remplir ; les objections que j'avais pu faire sur leur qualité, leur température et même leur absence, étaient restées sans succès.

Pour compléter la nomenclature exacte de nos articles de voyage, je noterai une pharmacie portative contenant des ciseaux à lames mousses, des attelles pour fracture, une pièce de ruban en fil écru, des bandes et compresses, du sparadrap, une palette pour saignée, toutes choses effrayantes ; de plus, une série de flacons contenant de la dextrine, de l'alcool vulnéraire[1], de l'acétate de plomb liquide, de l'éther, du vinaigre et de l'ammoniaque, toutes drogues d'un emploi peu rassurant ; enfin les matières nécessaires aux appareils de Ruhmkorff.

Mon oncle n'avait eu garde d'oublier la provision de tabac, de poudre de chasse et d'amadou, non plus qu'une ceinture de cuir qu'il portait autour des reins et où se trouvait une suffisante quantité de monnaie d'or, d'argent et de papier. De bonnes chaussures, rendues imperméables par un enduit de goudron et de gomme élastique, se trouvaient au nombre de six paires dans le groupe des outils.

« Ainsi vêtus, chaussés, équipés, il n'y a aucune raison pour ne pas aller loin », me dit mon oncle.

La journée du 14 fut employée tout entière à disposer ces différents objets. [...]

Le lendemain 15, les préparatifs furent achevés. Notre hôte fit un sensible plaisir au professeur en lui remettant une carte de l'Islande, incomparablement plus parfaite que celle d'Henderson, la carte de M. Olaf Nikolas Olsen, réduite au 1/48 000e, et

1. **Vulnéraire** : pour soigner les blessures.

publiée par la Société littéraire islandaise, d'après les travaux géodésiques[1] de M. Scheel Frisac, et le levé topographique de M. Bjorn Gumlaugsonn. C'était un précieux document pour un minéralogiste.

La dernière soirée se passa dans une intime causerie avec M. Fridrikssonn, pour lequel je me sentais pris d'une vive sympathie ; puis, à la conversation succéda un sommeil assez agité, de ma part du moins.

À cinq heures du matin, le hennissement de quatre chevaux qui piaffaient sous ma fenêtre me réveilla. Je m'habillai à la hâte et je descendis dans la rue. Là, Hans achevait de charger nos bagages sans se remuer, pour ainsi dire. Cependant il opérait avec une adresse peu commune. Mon oncle faisait plus de bruit que de besogne, et le guide paraissait se soucier fort peu de ses recommandations.

Tout fut terminé à six heures. M. Fridriksson nous serra les mains. Mon oncle le remercia en islandais de sa bienveillante hospitalité, et avec beaucoup de cœur. Quant à moi, j'ébauchai dans mon meilleur latin quelque salut cordial ; puis nous nous mîmes en selle, et M. Fridriksson me lança avec son dernier adieu ce vers que Virgile semblait avoir fait pour nous, voyageurs incertains de la route :

Et quacumque viam dederit fortuna sequamur●.

1. **Géodésiques** : relatifs à la forme et aux dimensions de la Terre.

● **Cette phrase du poète latin Virgile, extraite de l'*Énéïde*, signifie : « Et quelle que soit la route que nous aura donnée la fortune, nous la suivrons. »**

XII

Nous étions partis par un temps couvert, mais fixe. Pas de fatigantes chaleurs à redouter, ni pluies désastreuses. Un temps de touristes.

Le plaisir de courir à cheval à travers un pays inconnu me rendait de facile composition sur le début de l'entreprise. J'étais tout entier au bonheur de l'excursionniste fait de désirs et de liberté. Je commençais à prendre mon parti de l'affaire.

« D'ailleurs, me disais-je, qu'est-ce que je risque ? de voyager au milieu du pays le plus curieux ! de gravir une montagne fort remarquable ! au pis-aller, de descendre au fond d'un cratère éteint ! Il est bien évident que ce Saknussemm n'a pas fait autre chose. Quant à l'existence d'une galerie qui aboutisse au centre du globe, pure imagination ! pure impossibilité ! Donc, ce qu'il y a de bon à prendre de cette expédition, prenons-le, et sans marchander. »

Ce raisonnement à peine achevé, nous avions quitté Reykjawik.

Hans marchait en tête, d'un pas rapide, égal, continu. Les deux chevaux chargés de nos bagages le suivaient, sans qu'il fût nécessaire de les diriger. Mon oncle et moi, nous venions ensuite, et vraiment sans faire trop mauvaise figure sur nos bêtes petites, mais vigoureuses.

L'Islande est une des grandes îles de l'Europe. Elle mesure quatorze cents milles de surface, et ne compte que soixante mille habitants. Les géographes l'ont divisée en quatre quartiers, et nous avions à traverser presque obliquement celui qui porte le nom de Pays du quart du Sud-Ouest *Sudvestr Fjordùngr.*

[...]

Deux heures après avoir quitté Reykjawik, nous arrivions au bourg de Gufunes, appelé « Aoalkirkja » ou église principale. Il n'offrait rien de remarquable. Quelques maisons seulement. À peine de quoi faire un hameau de l'Allemagne. Hans s'y arrêta une demi-heure ; il partagea notre frugal déjeuner, répondit par oui et par non aux questions de mon oncle sur la nature de la route, et lorsqu'on lui demanda en quel endroit il comptait passer la nuit :

« Gardär », dit-il seulement.

Je consultai la carte pour savoir ce qu'était Gardär. Je vis une bourgade de ce nom sur les bords du Hvalfjörd, à quatre milles de Reykjawik. Je la montrai à mon oncle.

« Quatre milles seulement ! dit-il. Quatre milles sur vingt-deux ! Voilà une jolie promenade. »

Il voulut faire une observation au guide, qui, sans lui répondre, reprit la tête des chevaux et se remit en marche.

Trois heures plus tard, toujours en foulant le gazon décoloré des pâturages, il fallut contourner le Kollafjörd, détour plus facile et moins long qu'une traversée de ce golfe. Bientôt nous entrions dans un *pingstaœr,* lieu de juridiction communale nommé Ejulberg, et dont le clocher eût sonné midi, si les églises islandaises avaient été assez riches pour posséder une horloge ; mais elles ressemblent fort à leurs paroissiens, qui n'ont pas de montres, et qui s'en passent.

Là, les chevaux furent rafraîchis ; puis, prenant par un rivage resserré entre une chaîne de collines et la mer, ils nous portèrent d'une traite à l'*aoalkirkja* de Brantär, et un mille plus loin à Saurböer *Annexia*, église annexe, située sur la rive méridionale du Hvalfjörd.

Il était alors quatre heures du soir ; nous avions franchi quatre milles[1].

Le fjord était large en cet endroit d'un demi-mille au moins ; les vagues déferlaient avec bruit sur les rocs aigus ; ce golfe s'évasait entre des murailles de rochers, sorte d'escarpe à pic haute de trois mille pieds et remarquable par ses couches brunes que séparaient des lits de tuf d'une nuance rougeâtre. Quelle que fût l'intelligence de nos chevaux, je n'augurais pas bien de la traversée d'un véritable bras de mer opérée sur le dos d'un quadrupède.

« S'ils sont intelligents, dis-je, ils n'essayeront point de passer. En tout cas, je me charge d'être intelligent pour eux. »

Mais mon oncle ne voulait pas attendre. Il piqua des deux vers le rivage. Sa monture vint flairer la dernière ondulation des vagues et s'arrêta. Mon oncle, qui avait son instinct à lui, la pressa davantage. Nouveau refus de l'animal, qui secoua la tête. Alors jurons et coups de fouet, mais ruades de la bête, qui commença à désarçonner son cavalier. Enfin le petit cheval, ployant ses jarrets, se retira des jambes du professeur et le laissa tout droit planté sur deux pierres du rivage, comme le colosse de Rhodes●.

« Ah ! maudit animal ! s'écria le cavalier, subitement transformé en piéton, et honteux comme un officier de cavalerie qui passerait fantassin.

1. **Quatre milles** : huit lieues, soit 36 km (une lieue = 4,50 km)..

● **Le colosse de Rhodes est une gigantesque statue érigée au IIIe siècle av. J.-C. à l'entrée du port de Rhodes. Détruit à la fin du VIIe siècle de notre ère, il est, dans l'Antiquité, considéré comme l'une des Sept Merveilles du monde.**

– *Färja,* fit le guide en lui touchant l'épaule.

– Quoi ! un bac ?

– *Der,* répondit Hans en montrant un bateau.

– Oui, m'écriai-je, il y a un bac.

– Il fallait donc le dire ! Eh bien, en route !

– *Tidvatten,* reprit le guide.

– Que dit-il ?

– Il dit marée, répondit mon oncle en me traduisant le mot danois.

– Sans doute, il faut attendre la marée ?

– *Förbida* ? demanda mon oncle.

– *Ja,* répondit Hans.

Mon oncle frappa du pied, tandis que les chevaux se dirigeaient vers le bac.

Je compris parfaitement la nécessité d'attendre un certain instant de la marée pour entreprendre la traversée du fjord, celui où la mer, arrivée à sa plus grande hauteur, est étale[1]. Alors le flux et le reflux n'ont aucune action sensible, et le bac ne risque pas d'être entraîné, soit au fond du golfe, soit en plein Océan.

L'instant favorable n'arriva qu'à six heures du soir ; mon oncle, moi, le guide, deux passeurs et les quatre chevaux, nous avions pris place dans une sorte de barque plate assez fragile. Habitué que j'étais aux bacs à vapeur de l'Elbe, je trouvai les rames des bateliers un triste engin mécanique. Il fallut plus d'une heure pour traverser le fjord ; mais enfin le passage se fit sans accident.

Une demi-heure après, nous atteignions l'*aoalkirkja* de Gardär.

1. **Étale** : immobile.

XIII

La troupe fait halte dans un boer, *une ferme islandaise. Le paysan, sa femme et leurs dix-neuf enfants accueillent les voyageurs avec chaleur. Ils partagent leur repas et les font dormir dans les meilleures conditions possibles. Le narrateur, son oncle et leurs compagnons islandais reprennent la route le lendemain, 18 juin. Trois jours plus tard, le 21 juin, ils atteignent la ville de Stapi.*

XIV

À Stapi, le narrateur, son oncle et Hans font halte chez le recteur[1] de la ville qui les loge dans le presbytère[2]. L'homme n'est pas très accueillant et fait payer cher son hospitalité.

Mon oncle comprit vite à quel genre d'homme il avait affaire ; au lieu d'un brave et digne savant, il trouvait un paysan lourd et grossier. Il résolut donc de commencer au plus tôt sa grande expédition et de quitter cette cure[3] peu hospitalière. Il ne regardait pas à ses fatigues et résolut d'aller passer quelques jours dans la montagne.

Les préparatifs de départ furent donc faits dès le lendemain de notre arrivée à Stapi. Hans loua les services de trois Islandais pour remplacer les chevaux dans le transport des bagages ; mais, une fois arrivés au fond du cratère, ces indigènes devaient rebrousser chemin et nous abandonner à nous-mêmes. Ce point fut parfaitement arrêté.

À cette occasion, mon oncle dut apprendre au chasseur que son intention était de poursuivre la reconnaissance du volcan jusqu'à ses dernières limites.

Hans se contenta d'incliner la tête. Aller là ou ailleurs, s'enfoncer dans les entrailles de son île ou la parcourir, il n'y voyait aucune différence. Quant à moi, distrait jusqu'alors par les incidents du voyage, j'avais un peu oublié l'avenir, mais maintenant

1. **Recteur** : curé.
2. **Presbytère** : habitation du curé.
3. **Cure** : synonyme de presbytère.

je sentais l'émotion me reprendre de plus belle. Qu'y faire ? Si j'avais pu tenter de résister au professeur Lidenbrock, c'était à Hambourg et non au pied du Sneffels. Une idée, entre toutes, me tracassait fort, idée effrayante et faite pour ébranler des nerfs moins sensibles que les miens.

« Voyons, me disais-je, nous allons gravir le Sneffels. Bien. Nous allons visiter son cratère. Bon. D'autres l'ont fait qui n'en sont pas morts. Mais ce n'est pas tout. S'il se présente un chemin pour descendre dans les entrailles du sol, si ce malencontreux Saknussemm a dit vrai, nous allons nous perdre au milieu des galeries souterraines du volcan. Or, rien n'affirme que le Sneffels soit éteint ! Qui prouve qu'une éruption ne se prépare pas ? De ce que le monstre dort depuis 1229, s'ensuit-il qu'il ne puisse se réveiller ? Et, s'il se réveille, qu'est-ce que nous deviendrons ? »

Cela demandait la peine d'y réfléchir, et j'y réfléchissais. Je ne pouvais dormir sans rêver d'éruption. Or, le rôle de scorie[1] me paraissait assez brutal à jouer.

Enfin je n'y tins plus ; je résolus de soumettre le cas à mon oncle le plus adroitement possible, et sous la forme d'une hypothèse parfaitement irréalisable.

J'allai le trouver. Je lui fis part de mes craintes, et je me reculai pour le laisser éclater à son aise.

« J'y pensais », répondit-il simplement.

Que signifiaient ces paroles ? Allait-il donc entendre la voix de la raison ? Songeait-il à suspendre ses projets ? C'était trop beau pour être possible.

Après quelques instants de silence, pendant lesquels je n'osais l'interroger, il reprit en disant :

1. **Scorie** : fragment de lave après une éruption volcanique.

« J'y pensais. Depuis notre arrivée à Stapi, je me suis préoccupé de la grave question que tu viens de me soumettre, car il ne faut pas agir en imprudents.

– Non, répondis-je avec force.

– Il y a six cents ans que le Sneffels est muet, mais il peut parler. Or les éruptions sont toujours précédées de phénomènes parfaitement connus. J'ai donc interrogé les habitants du pays, j'ai étudié le sol, et je puis te le dire, Axel, il n'y aura pas d'éruption. »

À cette affirmation je restai stupéfait, et je ne pus répliquer.

« Tu doutes de mes paroles ? dit mon oncle ; eh bien ! suis-moi. »

J'obéis machinalement. En sortant du presbytère, le professeur prit un chemin direct qui, par une ouverture de la muraille basaltique, s'éloignait de la mer. Bientôt nous étions en rase campagne, si l'on peut donner ce nom à un amoncellement immense de déjections volcaniques. Le pays paraissait comme écrasé sous une pluie de pierres énormes, de trapp, de basalte, de granit et de toutes les roches pyroxéniques[1].

Je voyais çà et là des fumerolles monter dans les airs ; ces vapeurs blanches, nommées *reykir* en langue islandaise, venaient des sources thermales, et elles indiquaient, par leur violence, l'activité volcanique du sol. Cela me paraissait justifier mes craintes. Aussi je tombai de mon haut quand mon oncle me dit :

« Tu vois toutes ces fumées, Axel ; eh bien, elles prouvent que nous n'avons rien à redouter des fureurs du volcan !

– Par exemple ! m'écriai-je.

1. **Pyroxéniques** : contenant du pyroxène.

– Retiens bien ceci, reprit le professeur : aux approches d'une éruption, ces fumerolles redoublent d'activité pour disparaître complètement pendant la durée du phénomène, car les fluides élastiques, n'ayant plus la tension nécessaire, prennent le chemin des cratères au lieu de s'échapper à travers les fissures du globe. Si donc ces vapeurs se maintiennent dans leur état habituel, si leur énergie ne s'accroît pas, si tu ajoutes à cette observation que le vent, la pluie ne sont pas remplacés par un air lourd et calme, tu peux affirmer qu'il n'y aura pas d'éruption prochaine.

– Mais...

– Assez. Quand la science a prononcé, il n'y a plus qu'à se taire. »

Je revins à la cure l'oreille basse. Mon oncle m'avait battu avec des arguments scientifiques. Cependant j'avais encore un espoir, c'est qu'une fois arrivés au fond du cratère, il serait impossible, faute de galerie, de descendre plus profondément, et cela en dépit de tous les Saknussemm du monde.

Je passai la nuit suivante en plein cauchemar au milieu d'un volcan, et des profondeurs de la terre, je me sentis lancé dans les espaces planétaires sous la forme de roche éruptive.

Le lendemain, 23 juin, Hans nous attendait avec ses compagnons chargés de vivres, des outils et des instruments. Deux bâtons ferrés, deux fusils, deux cartouchières, étaient réservés à mon oncle et à moi. Hans, en homme de précaution, avait ajouté à nos bagages une outre pleine qui, jointe à nos gourdes, nous assurait de l'eau pour huit jours.

Il était neuf heures du matin. Le recteur et sa haute mégère[1] attendaient devant leur porte. Ils voulaient sans doute nous adresser l'adieu suprême de l'hôte au voyageur. Mais cet adieu prit la forme inattendue d'une note formidable, où l'on comptait jusqu'à l'air de la maison pastorale, air infect, j'ose le dire. Ce digne couple nous rançonnait comme un aubergiste suisse et portait à un beau prix son hospitalité surfaite.

Mon oncle paya sans marchander. Un homme qui partait pour le centre de la terre ne regardait pas à quelques rixdales.

Ce point réglé, Hans donna le signal du départ, et quelques instants après nous avions quitté Stapi.

1. **Mégère** : femme méchante.

XV

Le Sneffels est haut de cinq mille pieds. Il termine, par son double cône, une bande trachytique qui se détache du système orographique[1] de l'île. De notre point de départ on ne pouvait voir ses deux pics se profiler sur le fond grisâtre du ciel. J'apercevais seulement une énorme calotte de neige abaissée sur le front du géant.

Nous marchions en file, précédés du chasseur ; celui-ci remontait d'étroits sentiers où deux personnes n'auraient pas pu aller de front. Toute conversation devenait donc à peu près impossible.

[...]

Trois fatigantes heures de marche nous avaient amenés seulement à la base de la montagne. Là, Hans fit signe de s'arrêter, et un déjeuner sommaire fut partagé entre tous. Mon oncle mangeait les morceaux doubles pour aller plus vite. Seulement, cette halte de réfection étant aussi une halte de repos, il dut attendre le bon plaisir du guide, qui donna le signal du départ une heure après. Les trois Islandais, aussi taciturnes que leur camarade le chasseur, ne prononcèrent pas un seul mot et mangèrent sobrement.

Nous commencions maintenant à gravir les pentes du Sneffels. Son neigeux sommet, par une illusion d'optique fréquente dans les montagnes, me paraissait fort rapproché, et cependant, que de longues heures avant de l'atteindre ! quelle

1. **Système orographique** : ensemble du relief de l'île.

fatigue surtout ! Les pierres qu'aucun ciment de terre, aucune herbe ne liaient entre elles, s'éboulaient sous nos pieds et allaient se perdre dans la plaine avec la rapidité d'une avalanche.

En de certains endroits, les flancs du mont faisaient avec l'horizon un angle de trente-six degrés au moins ; il était impossible de les gravir, et ces raidillons pierreux devaient être tournés non sans difficulté. Nous nous prêtions alors un mutuel secours à l'aide de nos bâtons.

Je dois dire que mon oncle se tenait près de moi le plus possible ; il ne me perdait pas de vue, et en mainte occasion, son bras me fournit un solide appui. Pour son compte, il avait sans doute le sentiment inné de l'équilibre, car il ne bronchait pas. Les Islandais, quoique chargés, grimpaient avec une agilité de montagnards.

À voir la hauteur de la cime du Sneffels, il me semblait impossible qu'on pût l'atteindre de ce côté, si l'angle d'inclinaison des pentes ne se fermait pas. Heureusement, après une heure de fatigues et de tours de force, au milieu du vaste tapis de neige développé sur la croupe du volcan, une sorte d'escalier se présenta inopinément, qui simplifia notre ascension. Il était formé par l'un de ces torrents de pierres rejetées par les éruptions, et dont le nom islandais est *stina*. Si ce torrent n'eût pas été arrêté dans sa chute par la disposition des flancs de la montagne, il serait allé se précipiter dans la mer et former des îles nouvelles.

Tel il était, tel il nous servit fort. La roideur des pentes s'accroissait, mais ces marches de pierres permettaient de les gravir aisément, et si rapidement même, qu'étant resté un moment en arrière pendant que mes compagnons continuaient leur ascension, je les aperçus déjà réduits, par l'éloignement, à une apparence microscopique.

À sept heures du soir nous avions monté les deux mille marches de l'escalier, et nous dominions une extumescence[1] de la montagne, sorte d'assise sur laquelle s'appuyait le cône proprement dit du cratère.

[...]

Enfin, à onze heures du soir, en pleine obscurité, le sommet du Sneffels fut atteint, et, avant d'aller m'abriter à l'intérieur du cratère, j'eus le temps d'apercevoir « le soleil de minuit » au plus bas de sa carrière, projetant ses pâles rayons sur l'île endormie à mes pieds.

1. **Extumescence** : partie plus haute dans le relief.

XVI

Le souper fut rapidement dévoré et la petite troupe se casa de son mieux. La couche était dure, l'abri peu solide, la situation fort pénible, à cinq mille pieds au-dessus du niveau de la mer. Cependant mon sommeil fut particulièrement paisible pendant cette nuit, l'une des meilleures que j'eusse passées depuis longtemps. Je ne rêvai même pas.

Le lendemain on se réveilla à demi gelés par un air très vif, aux rayons d'un beau soleil. Je quittai ma couche de granit et j'allai jouir du magnifique spectacle qui se développait à mes regards.

J'occupais le sommet de l'un des deux pics du Sneffels, celui du sud. De là ma vue s'étendait sur la plus grande partie de l'île. L'optique, commune à toutes les grandes hauteurs, en relevait les rivages, tandis que les parties centrales paraissaient s'enfoncer. On eût dit qu'une de ces cartes en relief d'Helbesmer s'étalait sous mes pieds ; je voyais les vallées profondes se croiser en tous sens, les précipices se creuser comme des puits, les lacs se changer en étangs, les rivières se faire ruisseaux. Sur ma droite se succédaient les glaciers sans nombre et les pics multipliés, dont quelques-uns s'empanachaient de fumées légères. Les ondulations de ces montagnes infinies, que leurs couches de neige semblaient rendre écumantes, rappelaient à mon souvenir la surface d'une mer agitée. Si je me retournais vers l'ouest, l'Océan s'y développait dans sa majestueuse étendue, comme une continuation de ces sommets moutonneux. Où finissait la terre ? où commençaient les flots, mon œil le distinguait à peine.

[...]

Mon oncle, se tournant vers l'ouest, m'indiqua de la main une légère vapeur, une brume, une apparence de terre qui dominait la ligne des flots.

« Le Groenland, dit-il.

– Le Groenland ? m'écriai-je.

– Oui ; nous n'en sommes pas à trente-cinq lieues, et, pendant les dégels, les ours blancs arrivent jusqu'à l'Islande, portés sur les glaçons du nord. Mais cela importe peu. Nous sommes au sommet du Sneffels, et voici deux pics, l'un au sud, l'autre au nord. Hans va nous dire de quel nom les Islandais appellent celui qui nous porte en ce moment. »

La demande formulée, le chasseur répondit : « Scartaris ».

Mon oncle me jeta un coup d'œil triomphant. « Au cratère ! » dit-il.

Le cratère du Sneffels représentait un cône renversé dont l'orifice pouvait avoir une demi-lieue de diamètre. Sa profondeur, je l'estimais à deux mille pieds environ. Que l'on juge de l'état d'un pareil récipient, lorsqu'il s'emplissait de tonnerres et de flammes. Le fond de l'entonnoir ne devait pas mesurer plus de cinq cents pieds de tour, de telle sorte que ses pentes assez douces permettaient d'arriver facilement à sa partie inférieure. Involontairement, je comparais ce cratère à un énorme tromblon[1] évasé, et la comparaison m'épouvantait.

« Descendre dans un tromblon, pensai-je, quand il est peut-être chargé et qu'il peut partir au moindre choc, c'est l'œuvre de fous. »

1. **Tromblon** : ancien fusil à canon court et évasé.

Mais je n'avais pas à reculer. Hans, d'un air indifférent, reprit la tête de la troupe. Je le suivis sans mot dire.

Afin de faciliter la descente, Hans décrivait à l'intérieur du cône des ellipses très allongées. Il fallait marcher au milieu des roches éruptives, dont quelques-unes, ébranlées dans leurs alvéoles, se précipitaient en rebondissant jusqu'au fond de l'abîme. Leur chute déterminait des réverbérations d'échos d'une étrange sonorité.

Certaines parties du cône formaient des glaciers intérieurs. Hans ne s'avançait alors qu'avec une extrême précaution, sondant le sol de son bâton ferré pour y découvrir les crevasses. À de certains passages douteux, il devint nécessaire de nous lier par une longue corde, afin que celui auquel le pied viendrait à manquer inopinément se trouvât soutenu par ses compagnons. Cette solidarité était chose prudente, mais elle n'excluait pas tout danger.

Cependant, et malgré les difficultés de la descente sur des pentes que le guide ne connaissait pas, la route se fit sans accident, sauf la chute d'un ballot de cordes qui s'échappa des mains d'un Islandais et alla par le plus court jusqu'au fond de l'abîme.

À midi nous étions arrivés. Je relevai là tête, et j'aperçus l'orifice supérieur du cône, dans lequel s'encadrait un morceau de ciel d'une circonférence singulièrement réduite, mais presque parfaite. Sur un point seulement se détachait le pic du Scartaris, qui s'enfonçait dans l'immensité.

Au fond du cratère s'ouvraient trois cheminées par lesquelles, au temps des éruptions du Sneffels, le foyer central chassait ses laves et ses vapeurs. Chacune de ces cheminées avait environ cent pieds de diamètre. Elles étaient là béantes sous nos pas. Je n'eus pas la force d'y plonger mes regards. Le professeur

Lidenbrock, lui, avait fait un examen rapide de leur disposition ; il était haletant ; il courait de l'une à l'autre, gesticulant et lançant des paroles incompréhensibles. Hans et ses compagnons, assis sur des morceaux de lave, le regardaient faire ; ils le prenaient évidemment pour un fou.

Tout à coup mon oncle poussa un cri ; je crus qu'il venait de perdre pied et de tomber dans l'un des trois gouffres. Mais non. Je l'aperçus, les bras étendus, les jambes écartées, debout devant un roc de granit posé au centre du cratère, comme un énorme piédestal fait pour la statue d'un Pluton. Il était dans la pose d'un homme stupéfait, mais dont la stupéfaction fit bientôt place à une joie insensée.

« Axel ! Axel ! s'écria-t-il, viens ! viens ! »

J'accourus. Ni Hans ni les Islandais ne bougèrent.

« Regarde », me dit le professeur.

Et, partageant sa stupéfaction, sinon sa joie, je lus sur la face occidentale du bloc, en caractères runiques à demi rongés par le temps, ce nom mille fois maudit :

« Arne Saknussemm ! s'écria mon oncle ; douteras-tu encore ? »

Je ne répondis pas, et je revins consterné à mon banc de lave. L'évidence m'écrasait.

Pluton est le dieu des morts chez les Romains. Ce nom, qui signifie « le Riche », évoque non pas l'aspect terrifiant du dieu, mais sa puissance bienfaisante, protectrice de la fécondité des sols.

Chapitre XVI

Combien de temps demeurai-je ainsi plongé dans mes réflexions, je l'ignore. Tout ce que je sais, c'est qu'en relevant la tête je vis mon oncle et Hans seuls au fond du cratère. Les Islandais avaient été congédiés, et maintenant ils redescendaient les pentes extérieures du Sneffels pour regagner Stapi.

Hans dormait tranquillement au pied d'un roc, dans une coulée de lave où il s'était fait un lit improvisé ; mon oncle

tournait au fond du cratère, comme une bête sauvage dans la fosse d'un trappeur. Je n'eus ni l'envie ni la force de me lever, et, prenant exemple sur le guide, je me laissai aller à un douloureux assoupissement, croyant entendre des bruits ou sentir des frissonnements dans les flancs de la montagne.

Ainsi se passa cette première nuit au fond du cratère.

Le lendemain, un ciel gris, nuageux, lourd, s'abaissa sur le sommet du cône. Je ne m'en aperçus pas tant à l'obscurité du gouffre qu'à la colère dont mon oncle fut pris.

J'en compris la raison, et un reste d'espoir me revint au cœur. Voici pourquoi.

Des trois routes ouvertes sous nos pas, une seule avait été suivie par Saknussemm. Au dire du savant islandais, on devait la reconnaître à cette particularité signalée dans le cryptogramme[1], que l'ombre du Scartaris venait en caresser les bords pendant les derniers jours du mois de juin.

On pouvait, en effet, considérer ce pic aigu comme le style d'un immense cadran solaire, dont l'ombre à un jour donné marquait le chemin du centre du globe.

Or, si le soleil venait à manquer, pas d'ombre. Conséquemment, pas d'indication.

Nous étions au 25 juin. Que le ciel demeurât couvert pendant six jours, et il faudrait remettre l'observation à une autre année.

Je renonce à peindre l'impuissante colère du professeur Lidenbrock. La journée se passa, et aucune ombre ne vint s'allonger sur le font du cratère. Hans ne bougea pas de sa place ; il devait pourtant se demander ce que nous attendions, s'il se demandait quelque chose ! Mon oncle ne m'adressa pas une

1. **Cryptogramme** : message codé.

seule fois la parole. Ses regards, invariablement tournés vers le ciel, se perdaient dans sa teinte grise et brumeuse.

Le 26, rien encore, une pluie mêlée de neige tomba pendant toute la journée. Hans construisit une hutte avec des morceaux de lave. Je pris un certain plaisir à suivre de l'œil les milliers de cascades improvisées sur les flancs du cône, et dont chaque pierre accroissait l'assourdissant murmure.

Mon oncle ne se contenait plus. Il y avait de quoi irriter un homme plus patient, car c'était véritablement échouer au port. Mais aux grandes douleurs le ciel mêle incessamment les grandes joies, et il réservait au professeur Lidenbrock une satisfaction égale à ses désespérants ennuis.

Le lendemain le ciel fut encore couvert ; mais le dimanche, 28 juin, l'antépénultième[1] jour du mois, avec le changement de lune vint le changement de temps. Le soleil versa ses rayons à flots dans le cratère. Chaque monticule, chaque roc, chaque pierre, chaque aspérité eut part à sa bienfaisante effluve et projeta instantanément son ombre sur le sol. Entre toutes, celle du Scartaris se dessina comme une vive arête et se mit à tourner insensiblement vers l'astre radieux, Mon oncle tournait avec elle.

À midi, dans sa période la plus courte, elle vint lécher doucement le bord de la cheminée centrale.

« C'est là ! s'écria le professeur, c'est là ! Au centre du globe ! » ajouta-t-il en danois.

Je regardai Hans.

« *Forüt !* fit tranquillement le guide.

– En avant ! » répondit mon oncle.

Il était une heure et treize minutes du soir.

1. **Antépénultième :** qui précède l'avant-dernier.

XVII

Le véritable voyage commençait. Jusqu'alors les fatigues l'avaient emporté sur les difficultés ; maintenant celles-ci allaient véritablement naître sous nos pas.

Je n'avais point encore plongé mon regard dans ce puits insondable où j'allais m'engouffrer. Le moment était venu. Je pouvais encore ou prendre mon parti de l'entreprise ou refuser de la tenter. Mais j'eus honte de reculer devant le chasseur. Hans acceptait si tranquillement l'aventure, avec une telle indifférence, une si parfaite insouciance de tout danger, que je rougis à l'idée d'être moins brave que lui. Seul, j'aurais entamé la série des grands arguments ; mais en présence du guide, je me tus ; un de mes souvenirs s'envola vers ma jolie Virlandaise, et je m'approchai de la cheminée centrale.

J'ai dit qu'elle mesurait cent pieds de diamètre, ou trois cents pieds de tour. Je me penchai au-dessus d'un roc qui surplombait, et je regardai. Mes cheveux se hérissèrent. Le sentiment du vide s'empara de mon être. Je sentis le centre de gravité se déplacer en moi et le vertige monter à ma tête comme une ivresse. Rien de plus capiteux que cette attraction de l'abîme. J'allais tomber. Une main me retint. Celle de Hans. Décidément, je n'avais pas pris assez de « leçons de gouffre » à la Frelsers-Kirk de Copenhague.

Cependant, si peu que j'eusse hasardé mes regards dans ce puits, je m'étais rendu compte de sa conformation. Ses parois, presque à pic, présentaient cependant de nombreuses saillies qui devaient faciliter la descente. Mais si l'escalier ne manquait pas, la rampe faisait défaut. Une corde attachée à l'orifice aurait suffi pour nous soutenir, mais comment la détacher, lorsqu'on serait parvenu à son extrémité inférieure ?

Mon oncle employa un moyen fort simple pour obvier à cette difficulté. Il déroula une corde de la grosseur du pouce et longue de quatre cents pieds ; il en laissa filer d'abord la moitié, puis il l'enroula autour d'un bloc de lave qui faisait saillie et rejeta l'autre moitié dans la cheminée. Chacun de nous pouvait alors descendre en réunissant dans sa main les deux moitiés de la corde qui ne pouvait se défiler ; une fois descendus de deux cents pieds, rien ne nous serait plus aisé que de la ramener en lâchant un bout et en halant sur l'autre. Puis, on recommencerait cet exercice *ad infinitum*[1].

« Maintenant, dit mon oncle après avoir achevé ces préparatifs, occupons-nous des bagages ; ils vont être divisés en trois paquets, et chacun de nous en attachera un sur son dos ; j'entends parler seulement des objets fragiles. »

L'audacieux professeur ne nous comprenait évidemment pas dans cette dernière catégorie.

« Hans, reprit-il, va se charger des outils et d'une partie des vivres ; toi, Axel, d'un second tiers des vivres et des armes ; moi, du reste des vivres et des instruments délicats.

– Mais, dis-je, et les vêtements, et cette masse de cordes et d'échelles, qui se chargera de les descendre ?

– Ils descendront tout seuls.

– Comment cela ? demandai-je fort étonné.

– Tu vas le voir. »

1. ***Ad infinitum* :** expression latine qui signifie « à l'infini ».

Mon oncle employait volontiers les grands moyens et sans hésiter. Sur son ordre, Hans réunit en un seul colis les objets non fragiles, et ce paquet, solidement cordé, fut tout bonnement précipité dans le gouffre.

J'entendis ce mugissement sonore produit par le déplacement des couches d'air. Mon oncle, penché sur l'abîme, suivait d'un œil satisfait la descente de ses bagages, et ne se releva qu'après les avoir perdus de vue.

« Bon, fit-il. À nous maintenant. »

Je demande à tout homme de bonne foi s'il était possible d'entendre sans frissonner de telles paroles !

Le professeur attacha sur son dos le paquet des instruments ; Hans prit celui des outils, moi celui des armes. La descente commença dans l'ordre suivant : Hans, mon oncle et moi. Elle se fit dans un profond silence, troublé seulement par la chute des débris de roc qui se précipitaient dans l'abîme.

Je me laissai couler, pour ainsi dire, serrant frénétiquement la double corde d'une main, de l'autre m'arc-boutant au moyen de mon bâton ferré. Une idée unique me dominait : je craignais que le point d'appui ne vînt à manquer. Cette corde me paraissait bien fragile pour supporter le poids de trois personnes. Je m'en servais le moins possible, opérant des miracles d'équilibre sur les saillies de lave que mon pied cherchait à saisir comme une main.

Lorsqu'une de ces marches glissantes venait à s'ébranler sous le pas de Hans, il disait de sa voix tranquille :

– « *Gif akt !*

– Attention ! » répétait mon oncle.

Après une demi-heure, nous étions arrivés sur la surface d'un roc fortement engagé dans la paroi de la cheminée. Hans tira la corde par l'un de ses bouts ; l'autre s'éleva dans l'air ; après avoir dépassé le rocher supérieur, il retomba en raclant les morceaux de pierres et de laves, sorte de pluie, ou mieux, de grêle fort dangereuse.

En me penchant au-dessus de notre étroit plateau, je remarquai que le fond du trou était encore invisible.

La manœuvre de la corde recommença, et une demi-heure après nous avions gagné une nouvelle profondeur de deux cents pieds.

Je ne sais si le plus enragé géologue eût essayé d'étudier, pendant cette descente, la nature des terrains qui l'environnaient. Pour mon compte, je ne m'en inquiétai guère ; qu'ils fussent pliocènes, miocènes, éocènes, crétacés, jurassiques, triasiques, perniens, carbonifères, dévoniens, siluriens ou primitifs[1], cela me préoccupa peu. Mais le professeur, sans doute, fit ses observations ou prit ses notes, car, à l'une des haltes, il me dit :

« Plus je vais, plus j'ai confiance ; la disposition de ces terrains volcaniques donne absolument raison à la théorie de Davy. Nous sommes en plein sol primordial, sol dans lequel s'est produit l'opération chimique des métaux enflammés au contact de l'air et de l'eau ; je repousse absolument le système d'une chaleur centrale ; d'ailleurs, nous verrons bien. »

Toujours la même conclusion. On comprend que je ne m'amusai pas à discuter. Mon silence fut pris pour un assentiment, et la descente recommença.

Au bout de trois heures, je n'entrevoyais pas encore le fond de la cheminée. Lorsque je relevais la tête, j'apercevais son orifice

1. **Pliocènes, miocènes [...] primitifs »** : périodes géologiques.

qui décroissait sensiblement ; ses parois, par suite de leur légère inclinaison, tendaient à se rapprocher, l'obscurité se faisait peu à peu.

Cependant nous descendions toujours ; il me semblait que les pierres détachées des parois s'engloutissaient avec une répercussion plus mate et qu'elles devaient rencontrer promptement le fond de l'abîme.

Comme j'avais eu soin de noter exactement nos manœuvres de corde, je pus me rendre un compte exact de la profondeur atteinte et du temps écoulé.

Nous avions alors répété quatorze fois cette manœuvre qui durait une demi-heure. C'était donc sept heures, plus quatorze quarts d'heure de repos ou trois heures et demie. En tout, dix heures et demie. Nous étions partis à une heure, il devait être onze heures en ce moment.

Quant à la profondeur à laquelle nous étions parvenus, ces quatorze manœuvres d'une corde de deux cents pieds donnaient deux mille huit cents pieds.

En ce moment la voix de Hans se fit entendre :

– « *Halt !* » dit-il.

Je m'arrêtai court au moment où j'allais heurter de mes pieds la tête de mon oncle.

« Nous sommes arrivés, dit celui-ci.

– Où ? demandai-je en me laissant glisser près de lui.

– Au fond de la cheminée perpendiculaire.

– Il n'y a donc pas d'autre issue ?

– Si, une sorte de couloir que j'entrevois et qui oblique vers la droite. Nous verrons cela demain. Soupons d'abord et nous dormirons après. »

L'obscurité n'était pas encore complète. On ouvrit le sac aux provisions, on mangea et l'on se coucha de son mieux sur un lit de pierres et de débris de lave.

Et quand, étendu sur le dos, j'ouvris les yeux, j'aperçus un point brillant à l'extrémité de ce tube long de trois mille pieds, qui se transformait en une gigantesque lunette.

C'était une étoile dépouillée de toute scintillation et qui, d'après mes calculs, devait être bêta de la Petite Ourse.

Puis je m'endormis d'un profond sommeil.

XVIII

À huit heures du matin, un rayon du jour vint nous réveiller. Les mille facettes de lave des parois le recueillaient à son passage et l'éparpillaient comme une pluie d'étincelles. Cette lueur était assez forte pour permettre de distinguer les objets environnants.

« Eh bien ! Axel, qu'en dis-tu ? fit mon oncle en se frottant les mains. As-tu jamais passé une nuit plus paisible dans notre maison de Königstrasse. Plus de bruit de charrettes, plus de cris de marchands, plus de vociférations de bateliers !

– Sans doute, nous sommes fort tranquilles au fond de ce puits ; mais ce calme même a quelque chose d'effrayant.

– Allons donc, s'écria mon oncle, si tu t'effrayes déjà, que sera-ce plus tard ? Nous ne sommes pas encore entrés d'un pouce dans les entrailles de la terre ?

– Que voulez-vous dire ?

– Je veux dire que nous avons atteint seulement le sol de l'île ! Ce long tube vertical, qui aboutit au cratère du Sneffels, s'arrête à peu près au niveau de la mer.

– En êtes-vous certain ?

– Très certain. Consulte le baromètre. »

En effet, le mercure, après avoir peu à peu remonté dans l'instrument à mesure que notre descente s'effectuait, s'était arrêté à vingt-neuf pouces.

« Tu le vois, reprit le professeur, nous n'avons encore que la pression d'une atmosphère, et il me tarde que le manomètre vienne remplacer ce baromètre. »

Cet instrument allait, en effet, nous devenir inutile, du moment que le poids de l'air dépasserait sa pression calculée au niveau de l'Océan.

« Mais, dis-je, n'est-il pas à craindre que cette pression toujours croissante ne soit fort pénible ?

– Non. Nous descendrons lentement, et nos poumons s'habitueront à respirer une atmosphère plus comprimée. Les aéronautes finissent par manquer d'air en s'élevant dans les couches supérieures, et nous en aurons trop peut-être. Mais j'aime mieux cela. Ne perdons pas un instant. Où est le paquet qui nous a précédés dans l'intérieur de la montagne ? »

Je me souvins alors que nous l'avions vainement cherché la veille au soir. Mon oncle interrogea Hans, qui, après avoir regardé attentivement avec ses yeux de chasseur, répondit :

« *Der huppe !*

– Là-haut. »

En effet, ce paquet était accroché à une saillie de roc, à une centaine de pieds au-dessus de notre tête. Aussitôt l'agile Islandais grimpa comme un chat et, en quelques minutes, le paquet nous rejoignit.

« Maintenant, dit mon oncle, déjeunons ; mais déjeunons comme des gens qui peuvent avoir une longue course à faire. »

Le biscuit et la viande sèche furent arrosés de quelques gorgées d'eau mêlée de genièvre.

Le déjeuner terminé, mon oncle tira de sa poche un carnet destiné aux observations ; il prit successivement ses divers instruments et nota les données suivantes :

Lundi 1er juillet.

Chronomètre : 8 h 17 min du matin.
Baromètre : 29 p. 7 l.
Thermomètre : 6°.
Direction : E.-S.-E.

Cette dernière observation s'appliquait à la galerie obscure et fut donnée par la boussole.

« Maintenant, Axel, s'écria le professeur d'une voix enthousiaste, nous allons nous enfoncer véritablement dans les entrailles du globe ! Voici donc le moment précis auquel notre voyage commence. »

Cela dit, mon oncle prit d'une main l'appareil de Ruhmkorff suspendu à son cou ; de l'autre, il mit en communication le courant électrique avec le serpentin de la lanterne, et une assez vive lumière dissipa les ténèbres de la galerie.

Hans portait le second appareil, qui fut également mis en activité. Cette ingénieuse application de l'électricité nous permettait d'aller longtemps en créant un jour artificiel, même au milieu des gaz les plus inflammables.

« En route ! » fit mon oncle.

Chacun reprit son ballot. Hans se chargea de pousser devant lui le paquet des cordages et des habits, et, moi troisième, nous entrâmes dans la galerie.

Au moment de m'engouffrer dans ce couloir obscur, je relevai la tête, et j'aperçus une dernière fois, par le champ de l'immense tube, ce ciel de l'Islande « que je ne devais plus jamais revoir. »

La lave, à la dernière éruption de 1229, s'était frayé un passage à travers ce tunnel. Elle tapissait l'intérieur d'un enduit épais et brillant ; la lumière électrique s'y réfléchissait en centuplant son intensité.

Toute la difficulté de la route consistait à ne pas glisser trop rapidement sur une pente inclinée à quarante-cinq degrés environ ; heureusement, certaines érosions, quelques boursouflures, tenaient lieu de marches, et nous n'avions qu'à descendre en laissant filer nos bagages retenus par une longue corde.

Mais ce qui se faisait marche sous nos pieds devenait stalactites sur les autres parois ; la lave, poreuse en de certains endroits, présentait de petites ampoules arrondies ; des cristaux de quartz opaque, ornés de limpides gouttes de verre et suspendus à la voûte comme des lustres, semblaient s'allumer à notre passage. On eût dit que les génies du gouffre illuminaient leur palais pour recevoir les hôtes de la terre.

« C'est magnifique ! m'écriai-je involontairement. Quel spectacle, mon oncle ! Admirez-vous ces nuances de la lave qui vont du rouge brun au jaune éclatant par dégradations insensibles ? Et ces cristaux qui nous apparaissent comme des globes lumineux ?

– Ah ! tu y viens, Axel ! répondit mon oncle. Ah ! tu trouves cela splendide, mon garçon ! Tu en verras bien d'autres, je l'espère. Marchons ! marchons ! »

Il aurait dit plus justement « glissons », car nous nous laissions aller sans fatigue sur des pentes inclinées. C'était le *« facilis descensus Averni* ● », de Virgile. La boussole, que je consultais fréquemment, indiquait la direction du sud-est avec une

● **Ce vers extrait de l'*Énéide*, du poète latin Virgile, signifie que « la descente vers l'Enfer est facile ».**

imperturbable rigueur. Cette coulée de lave n'obliquait ni d'un côté ni de l'autre. Elle avait l'inflexibilité de la ligne droite.

Cependant la chaleur n'augmentait pas d'une façon sensible ; cela donnait raison aux théories de Davy, et plus d'une fois je consultai le thermomètre avec étonnement. Deux heures après le départ, il ne marquait encore que 10°, c'est-à-dire un accroissement de 4°. Cela m'autorisait à penser que notre descente était plus horizontale que verticale. Quant à connaître exactement la profondeur atteinte, rien de plus facile. Le professeur mesurait exactement les angles de déviation et d'inclinaison de la route, mais il gardait pour lui le résultat de ses observations.

Le soir, vers huit heures, il donna le signal d'arrêt. Hans aussitôt s'assit. Les lampes furent accrochées à une saillie de lave. Nous étions dans une sorte de caverne où l'air ne manquait pas. Au contraire. Certains souffles arrivaient jusqu'à nous. Quelle cause les produisait ? À quelle agitation atmosphérique attribuer leur origine ? C'est une question que je ne cherchai pas à résoudre en ce moment ; la faim et la fatigue me rendaient incapable de raisonner. Une descente de sept heures consécutives ne se fait pas sans une grande dépense de forces. J'étais épuisé. Le mot « halte » me fit donc plaisir à entendre. Hans étala quelques provisions sur un bloc de lave, et chacun mangea avec appétit. Cependant une chose m'inquiétait ; notre réserve d'eau était à demi consommée. Mon oncle comptait la refaire aux sources souterraines, mais jusqu'alors celles-ci manquaient absolument. Je ne pus m'empêcher d'attirer son attention sur ce sujet.

« Cette absence de sources te surprend ? dit-il.

– Sans doute, et même elle m'inquiète ; nous n'avons plus d'eau que pour cinq jours.

– Sois tranquille, Axel, je te réponds que nous trouverons de l'eau, et plus que nous n'en voudrons.

– Quand cela ?

– Quand nous aurons quitté cette enveloppe de lave. Comment veux-tu que des sources jaillissent à travers ces parois ?

– Mais peut-être cette coulée se prolonge-t-elle à de grandes profondeurs ? Il me semble que nous n'avons pas encore fait beaucoup de chemin verticalement ?

[...]

– Eh bien, d'après mes observations, nous sommes arrivés à dix mille pieds au-dessous du niveau de la mer,

– Est-il possible ?

– Oui, ou les chiffres ne sont plus les chiffres ! »

Les calculs du professeur étaient exacts ; nous avions déjà dépassé de six mille pieds les plus grandes profondeurs atteintes par l'homme, telles que les mines de Kitz-Bahl dans le Tyrol, et celles de Wuttemberg en Bohême.

La température, qui aurait dû être de quatre-vingt-un degrés en cet endroit, était de quinze à peine. Cela donnait singulièrement à réfléchir.

XIX

Le lendemain, mardi 30 juin, à six heures, la descente fut reprise.

Nous suivions toujours la galerie de lave, véritable rampe naturelle, douce comme ces plans inclinés qui remplacent encore l'escalier dans les vieilles maisons. Ce fut ainsi jusqu'à midi dix-sept minutes, instant précis où nous rejoignîmes Hans, qui venait de s'arrêter.

« Ah ! s'écria mon oncle, nous sommes parvenus à l'extrémité de la cheminée. »

Je regardai autour de moi ; nous étions au centre d'un carrefour, auquel deux routes venaient aboutir, toutes deux sombres et étroites. Laquelle convenait-il de prendre ? Il y avait là une difficulté.

Cependant mon oncle ne voulut paraître hésiter ni devant moi ni devant le guide ; il désigna le tunnel de l'est, et bientôt nous y étions enfoncés tous les trois.

D'ailleurs toute hésitation devant ce double chemin se serait prolongée indéfiniment, car nul indice ne pouvait déterminer le choix de l'un ou de l'autre ; il fallait s'en remettre absolument au hasard.

[...]

À six heures du soir, après une promenade peu fatigante, nous avions gagné deux lieues dans le sud, mais à peine un quart de mille en profondeur.

Mon oncle donna le signal du repos. On mangea sans trop causer, et l'on s'endormit sans trop réfléchir.

Chapitre XIX

[...]

On se réveilla le lendemain, frais et dispos. La route fut reprise. Nous suivions un chemin de lave comme la veille. Impossible de reconnaître la nature des terrains qu'il traversait. Le tunnel, au lieu de s'enfoncer dans les entrailles du globe, tendait à devenir absolument horizontal. Je crus remarquer même qu'il remontait vers la surface de la terre. Cette disposition devint si manifeste vers dix heures du matin, et par suite si fatigante, que je fus forcé de modérer notre marche.

« Eh bien, Axel ? dit impatiemment le professeur.

– Eh bien, je n'en peux plus, répondis-je

– Quoi ! après trois heures de promenade sur une route si facile !

– Facile, je ne dis pas non, mais fatigante à coup sûr.

– Comment ! quand nous n'avons qu'à descendre !

– À monter, ne vous en déplaise !

– À monter ! fit mon oncle en haussant les épaules.

– Sans doute. Depuis une demi-heure, les pentes se sont modifiées, et à les suivre ainsi, nous reviendrons certainement à la terre d'Islande. »

Le professeur remua la tête en homme qui ne veut pas être convaincu. J'essayai de reprendre la conversation. Il ne me répondit pas et donna le signal du dépar silence n'était que de la mauvaise humeu

Cependant j'avais repris mon fardeau vais rapidement Hans, que précédait mo pas être distancé. Ma grande préoccupa perdre mes compagnons de vue. Je frém m'égarer dans les profondeurs de ce laby

D'ailleurs, la route ascendante devenait plus pénible, je m'en consolais en songeant qu'elle me rapprochait de la surface de la terre. C'était un espoir. Chaque pas le confirmait, et je me réjouissais à cette idée de revoir ma petite Graüben.

À midi un changement d'aspect se produisit dans les parois de la galerie. Je m'en aperçus à l'affaiblissement de la lumière électrique réfléchie par les murailles. Au revêtement de lave succédait la roche vive ; le massif se composait de couches inclinées et souvent disposées verticalement. Nous étions en pleine époque de transition, en pleine période silurienne.

« C'est évident, m'écriai-je, les sédiments des eaux ont formé, à la seconde époque de la terre, ces schistes, ces calcaires et ces grès ! Nous tournons le dos au massif granitique ! Nous ressemblons à des gens de Hambourg, qui prendraient le chemin de Hanovre pour aller à Lubeck. »

J'aurais dû garder pour moi mes observations. Mais mon tempérament de géologue l'emporta sur la prudence, et l'oncle Lidenbrock entendit mes exclamations.

« Qu'as-tu donc ? dit-il.

– Voyez ! répondis-je en lui montrant la succession variée des grès, des calcaires et les premiers indices des terrains ardoisés.

– Eh bien ?

– Nous voici arrivés à cette période pendant laquelle ont apparu les premières plantes et les premiers animaux !

– Ah ! tu penses ?

– Mais regardez, examinez, observez ! »

…orçai le professeur à promener sa lampe sur les parois de … m'attendais à quelque exclamation de sa part. Mais, … dit pas un mot, et continua sa route.

M'avait-il compris ou non ? Ne voulait-il pas convenir, par amour-propre d'oncle et de savant, qu'il s'était trompé en choisissant le tunnel de l'est, ou tenait-il à reconnaître ce passage jusqu'à son extrémité ? Il était évident que nous avions quitté la route des laves, et que ce chemin ne pouvait conduire au foyer du Sneffels.

Cependant je me demandai si je n'accordais pas une trop grande importance à cette modification des terrains. Ne me trompais-je pas moi-même ? Traversions-nous réellement ces couches de roches superposées au massif granitique ?

« Si j'ai raison, pensai-je, je dois trouver quelque débris de plante primitive, et il faudra bien me rendre à l'évidence. Cherchons. »

Je n'avais pas fait cent pas que des preuves incontestables s'offrirent à mes yeux. Cela devait être, car, à l'époque silurienne, les mers renfermaient plus de quinze cents espèces végétales ou animales.

Mes pieds, habitués au sol dur des laves, foulèrent tout à coup une poussière faite de débris de plantes et de coquille. Sur les parois se voyaient distinctement des empreintes de fucus et de lycopodes[1] ; le professeur Lidenbrock ne pouvait s'y tromper ; mais il fermait les yeux, j'imagine, et continuait son chemin d'un pas invariable.

C'était de l'entêtement poussé hors de toutes limites. Je n'y tins plus. Je ramassai une coquille parfaitement conservée, qui avait appartenu à un animal à peu près semblable au cloporte actuel ; puis je rejoignis mon oncle et je lui dis :

« Voyez !

1. **Lycopodes** : petites plantes proches de la fougère.

– Eh bien, répondit-il tranquillement, c'est la coquille d'un crustacé de l'ordre disparu des trilobites. Pas autre chose.

– Mais n'en concluez-vous pas ?...

– Ce que tu conclus toi-même ? Si. Parfaitement. Nous avons abandonné la couche de granit et la route des laves. Il est possible que je me sois trompé ; mais je ne serai certain de mon erreur qu'au moment où j'aurai atteint l'extrémité de cette galerie.

– Vous avez raison d'agir ainsi, mon oncle, et je vous approuverais fort si nous n'avions à craindre un danger de plus en plus menaçant.

– Et lequel ?

– Le manque d'eau.

– Eh bien ! nous nous rationnerons, Axel. »

XX

En effet, il fallut se rationner. Notre provision ne pouvait durer plus de trois jours. C'est ce que je reconnus le soir au moment du souper. Et, fâcheuse expectative[1], nous avions peu d'espoir de rencontrer quelque source vive dans ces terrains de l'époque de transition.

Pendant toute la journée du lendemain la galerie déroula devant nos pas ses interminables arceaux. Nous marchions presque sans mot dire. Le mutisme de Hans nous gagnait.

[...]

Il devenait évident que nous remontions l'échelle de la vie animale dont l'homme occupe le sommet. Mais le professeur Lidenbrock ne paraissait pas y prendre garde.

Il attendait deux choses : ou qu'un puits vertical vînt à s'ouvrir sous ses pieds et lui permettre de reprendre sa descente, ou qu'un obstacle l'empêchât de continuer cette route. Mais le soir arriva sans que cette espérance se fût réalisée,

Le vendredi, après une nuit pendant laquelle je commençai à ressentir les tourments de la soif, notre petite troupe s'enfonça de nouveau dans les détours de la galerie.

Après dix heures de marche, je remarquai que la réverbération de nos lampes sur les parois diminuait singulièrement. Le marbre, le schiste, le calcaire, les grès des murailles, faisaient place à un revêtement sombre et sans éclat. À un moment où le tunnel devenait fort étroit, je m'appuyai sur sa paroi.

1. **Expectative** : attente.

Quand je retirai ma main, elle était entière ment noire. Je regardai de plus près. Nous étions en pleine houillère.

« Une mine de charbon ! m'écriai-je.

– Une mine sans mineurs, répondit mon oncle.

– Eh ! qui sait ?

– Moi, je sais, répliqua le professeur d'un ton bref, et je suis certain que cette galerie percée à travers ces couches de houille n'a pas été faite de la main des hommes. Mais que ce soit ou non l'ouvrage de la nature, cela m'importe peu. L'heure du souper est venue. Soupons. »

Hans prépara quelques aliments. Je mangeai à peine, et je bus les quelques gouttes d'eau qui formaient ma ration. La gourde du guide à demi pleine, voilà tout ce qui restait pour désaltérer trois hommes.

Après leur repas, mes deux compagnons s'étendirent sur leurs couvertures et trouvèrent dans le sommeil un remède à leurs fatigues. Pour moi, je ne pus dormir, et je comptai les heures jusqu'au matin.

Le samedi, à six heures, on repartit. Vingt minutes plus tard, nous arrivions à une vaste excavation ; je reconnus alors que la main de l'homme ne pouvait pas avoir creusé cette houillère ; les voûtes en eussent été étançonnées, et véritablement elles ne se tenaient que par un miracle d'équilibre.

Cette espèce de caverne comptait cent pieds de largeur sur cent cinquante de hauteur. Le terrain avait été violemment écarté par une commotion souterraine. Le massif terrestre, cédant à quelque puissante poussée, s'était disloqué, laissant ce large vide où des habitants de la terre pénétraient pour la première fois.

[...]

Cette excursion dans la houillère dura jusqu'au soir. Mon oncle contenait à peine l'impatience que lui causait l'horizontalité de la route. Les ténèbres, toujours profondes à vingt pas, empêchaient d'estimer la longueur de la galerie, et je commençai à la croire interminable, quand soudain, à six heures, un mur se présenta inopinément à nous. À droite, à gauche, en haut, en bas, il n'y avait aucun passage. Nous étions arrivés au fond d'une impasse.

« Eh bien ! tant mieux ! s'écria mon oncle, je sais au moins à quoi m'en tenir. Nous ne sommes pas sur la route de Saknussemm, et il ne reste plus qu'à revenir en arrière. Prenons une nuit de repos, et avant trois jours nous aurons regagné le point où les deux galeries se bifurquent.

– Oui, dis-je, si nous en avons la force !

– Et pourquoi non ?

– Parce que, demain, l'eau manquera tout à fait.

– Et le courage manquera-t-il aussi ? fit le professeur en me regardant d'un œil sévère. »

Je n'osai lui répondre.

XXI

Le lendemain le départ eut lieu de grand matin. Il fallait se hâter. Nous étions à cinq jours de marche du carrefour.

Je ne m'appesantirai pas sur les souffrances de notre retour. Mon oncle les supporta avec la colère d'un homme qui ne se sent pas le plus fort ; Hans avec la résignation de sa nature pacifique ; moi, je l'avoue, me plaignant et me désespérant ; je ne pouvais avoir de cœur contre cette mauvaise fortune.

Ainsi que je l'avais prévu, l'eau fit tout à fait défaut à fa fin du premier jour de marche ; notre provision liquide se réduisit alors à du genièvre ; mais cette infernale liqueur brûlait le gosier, et je ne pouvais même en supporter la vue. Je trouvais la température étouffante. La fatigue me paralysait. Plus d'une fois, je faillis tomber sans mouvement. On faisait halte alors ; mon oncle ou l'Islandais me réconfortaient de leur mieux. Mais je voyais déjà que le premier réagissait péniblement contre l'extrême fatigue et les tortures nées de la privation d'eau.

Enfin, le mardi, 8 juillet, en nous traînant sur les genoux, sur les mains, nous arrivâmes à demi morts au point de jonction des deux galeries. Là je demeurai comme une masse inerte, étendu sur le sol de lave. Il était dix heures du matin.

Hans et mon oncle, accotés à la paroi, essayèrent de grignoter quelques morceaux de biscuit. De longs gémissements s'échappaient de mes lèvres tuméfiées. Je tombai dans un profond assoupissement.

Au bout de quelque temps, mon oncle s'approcha de moi et me souleva entre ses bras :

« Pauvre enfant ! » murmura-t-il avec un véritable accent de pitié.

Je fus touché de ces paroles, n'étant pas habitué aux tendresses du farouche professeur. Je saisis ses mains frémissantes dans les miennes. Il se laissa faire en me regardant. Ses yeux étaient humides.

Je le vis alors prendre la gourde suspendue à son côté. À ma grande stupéfaction, il l'approcha de mes lèvres :

« Bois », fit-il.

Avais-je bien entendu ? Mon oncle était-il fou ? Je le regardais d'un air hébété. Je ne voulais pas le comprendre.

« Bois », reprit-il.

Et relevant sa gourde, il la vida tout entière entre mes lèvres.

Oh ! jouissance infinie ! une gorgée d'eau vint humecter ma bouche en feu, une seule, mais elle suffit à rappeler en moi la vie qui s'échappait.

Je remerciai mon oncle en joignant les mains.

« Oui, fit-il, une gorgée d'eau ! la dernière ! entends-tu bien ? la dernière ! Je l'avais précieusement gardée au fond de ma gourde. Vingt fois, cent fois, j'ai dû résister à mon effrayant désir de la boire ! Mais non, Axel, je la réservais pour toi.

– Mon oncle ! murmurai-je pendant que de grosses larmes mouillaient mes yeux.

– Oui, pauvre enfant, je savais qu'à ton arrivée à ce carrefour, tu tomberais à demi mort, et j'ai conservé mes dernières gouttes d'eau pour te ranimer.

– Merci ! merci ! » m'écriai-je.

Si peu que ma soif fût apaisée, j'avais cependant retrouvé quelque force. Les muscles de mon gosier, contractés jusqu'alors, se détendaient ; l'inflammation de mes lèvres s'était adoucie. Je pouvais parler.

« Voyons, dis-je, nous n'avons maintenant qu'un parti à prendre ; l'eau nous manque ; il faut revenir sur nos pas. »

Pendant que je parlais ainsi, mon oncle évitait de me regarder ; il baissait la tête ; ses yeux fuyaient les miens.

« Il faut revenir, m'écriai-je, et reprendre le chemin du Sneffels. Que Dieu nous donne la force de remonter jusqu'au sommet du cratère !

Revenir ! fit mon oncle, comme s'il répondait plutôt à lui qu'à moi-même.

– Oui, revenir, et sans perdre un instant. »

Il y eut un moment de silence assez long.

« Ainsi donc, Axel, reprit le professeur d'un ton bizarre, ces quelques gouttes d'eau ne t'ont pas rendu le courage et l'énergie ?

– Le courage !

– Je te vois abattu comme avant, et faisant encore entendre des paroles de désespoir ! »

À quel homme avais-je affaire et quels projets son esprit audacieux formait-il encore ?

« Quoi vous ne voulez pas ?...

– Renoncer à cette expédition, au moment où tout annonce qu'elle peut réussir ! Jamais !

– Alors il faut se résigner à périr ?

– Non, Axel, non ! pars. Je ne veux pas ta mort ! Que Hans t'accompagne. Laisse-moi seul !

– Vous abandonner !

– Laisse-moi, te dis-je ! J'ai commencé ce voyage ; je l'accomplirai jusqu'au bout, ou je n'en reviendrai pas. Va-t'en, Axel, va-t'en ! »

Mon oncle parlait avec une extrême surexcitation. Sa voix, un instant attendrie, redevenait dure et menaçante. Il luttait avec une sombre énergie contre l'impossible ! Je ne voulais pas l'abandonner au fond de cet abîme, et, d'un autre côté, l'instinct de la conservation me poussait à le fuir.

Le guide suivait cette scène avec son indifférence accoutumée. Il comprenait cependant ce qui se passait entre ses deux compagnons ; nos gestes indiquaient assez la voie différente où chacun de nous essayait d'entraîner l'autre ; mais Hans semblait s'intéresser peu à la question dans laquelle son existence se trouvait en jeu, prêt à partir si l'on donnait le signal du départ, prêt à rester à la moindre volonté de son maître.

[...]

Je me croisai les bras, en regardant mon oncle bien en face.

« Le manque d'eau, dit-il, met le seul obstacle à l'accomplissement de mes projets. Dans cette galerie de l'est, faite de laves, de schistes, de houilles, nous n'avons pas rencontré une seule molécule liquide. Il est possible que nous soyons plus heureux en suivant le tunnel de l'ouest. »

Je secouai la tête avec un air de profonde incrédulité.

« Écoute-moi jusqu'au bout, reprit le professeur en forçant la voix. Pendant-que tu gisais, là sans mouvement, j'ai été reconnaître la conformation de cette galerie. Elle s'enfonce directement dans les entrailles du globe, et, en peu d'heures, elle nous conduira au massif granitique. Là nous devons rencontrer des sources abondantes. La nature de la roche le veut ainsi, et l'instinct est d'accord avec la logique pour appuyer ma conviction.

Or, voici ce que j'ai à te proposer. Quand Colomb a demandé trois jours à ses équipages pour trouver les terres nouvelles, ses équipages, malades, épouvantés, ont cependant fait droit à sa demande, et il a découvert le Nouveau Monde. Moi, le Colomb de ces régions souterraines•, je ne te demande qu'un jour encore. Si, ce temps écoulé, je n'ai pas rencontré l'eau qui nous manque, je te le jure, nous reviendrons à la surface de la terre. »

En dépit de mon irritation, je fus ému de ces paroles et de la violence que se faisait mon oncle pour tenir un pareil langage.

« Eh bien ! m'écriai-je, qu'il soit fait comme vous le désirez, et que Dieu récompense votre énergie surhumaine. Vous n'avez plus que quelques heures à tenter le sort ! En route ! »

• **Le professeur Lidenbrock se compare à Christophe Colomb, le navigateur gênois qui découvrit l'Amérique en 1492.**

XXII

La descente recommença cette fois par la nouvelle galerie. Hans marchait en avant, selon son habitude. Nous n'avions pas fait cent pas, que le professeur, qui promenait sa lampe le long des murailles, s'écriait :

« Voilà les terrains primitifs ! nous sommes dans la bonne voie ! marchons ! marchons !

Lorsque la terre se refroidit peu à peu aux premiers jours du monde, la diminution de son volume produisit dans l'écorce des dislocations, des ruptures, des retraits, des fendilles. Le couloir actuel était une fissure de ce genre, par laquelle s'épanchait autrefois le granit éruptif ; ses mille détours formaient un inextricable labyrinthe à travers le sol primordial.

[...]

La lumière des appareils, répercutée par les petites facettes de la masse rocheuse, croisait ses jets de feu sous tous les angles, et je m'imaginais voyager à travers un diamant creux, dans lequel les rayons se brisaient en mille éblouissements.

Vers six heures du soir, cette fête de la lumière vint à diminuer sensiblement, presque à cesser ; les parois prirent une teinte cristallisée, mais sombre ; le mica se mélangea plus intimement au feldspath et au quartz, pour former la roche par excellence, la pierre dure entre toutes, celle qui supporte, sans en être écrasée, les quatre étages de terrain du globe. Nous étions murés dans l'immense prison de granit.

Il était huit heures du soir. L'eau manquait toujours. Je souffrais horriblement. Mon oncle marchait en avant. Il ne voulait pas s'arrêter. Il tendait l'oreille pour surprendre les murmures de quelque source. Mais rien !

Cependant mes jambes refusaient de me porter. Je résistais à mes tortures pour ne pas obliger mon oncle à faire halte. C'eût été pour lui le coup du désespoir, car la journée finissait, la dernière qui lui appartint.

Enfin mes forces m'abandonnèrent ; je poussai un cri et je tombai.

« À moi ! je meurs ! »

Mon oncle revint sur ses pas. Il me considéra en croisant ses bras ; puis ces paroles sourdes sortirent de ses lèvres :

« Tout est fini ! »

Un effrayant geste de colère frappa une dernière fois mes regards, et je fermai les yeux.

Lorsque je les rouvris, j'aperçus mes deux compagnons immobiles et roulés dans leur couverture. Dormaient-ils ? Pour mon compte, je ne pouvais trouver un instant de sommeil. Je souffrais trop, et surtout de la pensée que mon mal devait être sans remède. Les dernières paroles de mon oncle retentissaient dans mon oreille. « Tout était fini ! » car dans un pareil état de faiblesse il ne fallait même pas songer à regagner la surface du globe.

Il y avait une lieue et demie d'écorce terrestre ! Il me semblait que cette masse pesait de tout son poids sur mes épaules. Je me sentais écrasé et je m'épuisais en efforts violents pour me retourner sur ma couche de granit.

Quelques heures se passèrent. Un silence profond régnait autour de nous, un silence de tombeau. Rien n'arrivait à travers ces murailles dont la plus mince mesurait cinq milles d'épaisseur.

Cependant, au milieu de mon assoupissement, je crus entendre un bruit ; l'obscurité se faisait dans le tunnel. Je regardai plus attentivement, et il me sembla voir l'Islandais qui disparaissait, la lampe à la main.

Pourquoi ce départ ? Hans nous abandonnait-il ? Mon oncle dormait. Je voulus crier. Ma voix ne put trouver passage entre mes lèvres desséchées. L'obscurité était devenue profonde, et les derniers bruits venaient de s'éteindre.

« Hans nous abandonne ! m'écriai-je. Hans ! Hans ! »

[...]

XXIII

Pendant une heure j'imaginai dans mon cerveau en délire toutes les raisons qui avaient pu faire agir le tranquille chasseur. Les idées les plus absurdes s'enchevêtrèrent dans ma tête. Je crus que j'allais devenir fou !

Mais enfin un bruit de pas se produisit dans les profondeurs du gouffre. Hans remontait. La lumière incertaine commençait à glisser sur les parois, puis elle déboucha par l'orifice du couloir. Hans parut.

Il s'approcha de mon oncle, lui mit la main sur l'épaule et l'éveilla doucement. Mon oncle se leva.

« Qu'est-ce donc ? fit-il.

– *Vatten* », répondit le chasseur.

Il faut croire que sous l'inspiration des violentes douleurs, chacun devient polyglotte. Je ne savais pas un seul mot de danois, et cependant je compris d'instinct le mot de notre guide.

« De l'eau ! de l'eau ! m'écriai-je on battant des mains, en gesticulant comme un insensé.

– De l'eau ! répétait mon oncle. *« Hvar ? »* demanda-t-il à l'Islandais.

– *« Nedat »*, répondit Hans.

Où ? En bas ! Je comprenais tout. J'avais saisi les mains du chasseur, et je les pressais, tandis qu'il me regardait avec calme.

Les préparatifs du départ ne furent pas longs, et bientôt nous cheminions un couloir dont la pente atteignait deux pieds par toise[1].

1. **Toise** : ancienne mesure de longueur valant 1,949 m.

Une heure plus tard, nous avions fait mille toises environ et descendu deux mille pieds.

En ce moment, nous entendions distinctement un son inaccoutumé courir dans les flancs de la muraille granitique, une sorte de mugissement sourd, comme un tonnerre éloigné. Pendant cette première demi-heure de marche, ne rencontrant point la source annoncée, je sentais les angoisses me reprendre ; mais alors mon oncle m'apprit l'origine des bruits qui se produisaient.

« Hans ne s'est pas trompé, dit-il, ce que tu entends là, c'est le mugissement d'un torrent.

– Un torrent ? m'écriai-je.

– Il n'y a pas à en douter. Un fleuve souterrain circule autour de nous ! »

Nous hâtâmes le pas, surexcités par l'espérance. Je ne sentais plus ma fatigue. Ce bruit d'une eau murmurante me rafraîchissait déjà. Le torrent, après s'être longtemps soutenu au-dessus de notre tête, courait maintenant dans la paroi de gauche, mugissant et bondissant. Je passais fréquemment ma main sur le roc, espérant y trouver des traces de suintement ou d'humidité. Mais en vain.

Une demi-heure s'écoula encore. Une demi-lieue fut encore franchie.

Il devint alors évident que le chasseur, pendant son absence, n'avait pu prolonger ses recherches au-delà. Guidé par un instinct particulier aux montagnards, aux hydroscopes[1], il « sentit » ce torrent à travers le roc, mais certainement il n'avait point vu le précieux liquide : il ne s'y était pas désaltéré.

1. **Hydroscopes** : personnes ayant le pouvoir de trouver des sources.

Bientôt même il fut constant que, si notre marche continuait, nous nous éloignerions du torrent dont le murmure tendait à diminuer.

On rebroussa chemin. Hans s'arrêta à l'endroit précis où le torrent semblait être le plus rapproché.

Je m'assis près de la muraille, tandis que les eaux couraient à deux pieds de moi avec une violence extrême. Mais un mur de granit nous en séparait encore.

Sans réfléchir, sans me demander si quelque moyen n'existait pas de se procurer cette eau, je me laissai aller à un premier moment de désespoir.

Hans me regarda et je crus voir un sourire apparaître sur ses lèvres.

Il se leva et prit la lampe. Je le suivis. Il se dirigea vers la muraille. Je le regardai faire. Il colla son oreille sur la pierre sèche, et la promena lentement en écoutant avec le plus grand soin. Je compris qu'il cherchait le point précis où le torrent se faisait entendre plus bruyamment. Ce point, il le rencontra dans la paroi latérale de gauche, à trois pieds au-dessus du sol.

[...]

Hans se mit à ce travail, que ni mon oncle ni moi nous n'eussions accompli. L'impatience emportant notre main, la roche eût volé en éclats sous ses coups précipités. Le guide, au contraire, calme et modéré, usa peu à peu le rocher par une série de petits coups répétés, creusant une ouverture large d'un demi-pied. J'entendais le bruit du torrent s'accroître, et je croyais déjà sentir l'eau bienfaisante rejaillir sur mes lèvres.

Bientôt le pic s'enfonça de deux pieds dans la muraille de granit. Le travail durait depuis plus d'une heure. Je me tordais d'impatience ! Mon oncle voulait employer les grands moyens.

J'eus de la peine à l'arrêter, et déjà il saisissait son pic, quand soudain un sifflement se fit entendre. Un jet d'eau s'élança de la muraille et vint se briser sur la paroi opposée.

Hans, à demi renversé par le choc, ne put retenir un cri de douleur. Je compris pourquoi lorsque, plongeant mes mains dans le jet liquide, je poussai à mon tour une violente exclamation : la source était bouillante.

« De l'eau à cent degrés ! m'écriai-je.

– Eh bien, elle refroidira », répondit mon oncle.

Le couloir s'emplissait de vapeurs, tandis qu'un ruisseau se formait et allait se perdre dans les sinuosités souterraines ; bientôt après, nous y puisions notre première gorgée.

[...]

« Maintenant, dis-je, il ne faudrait pas laisser perdre cette eau.

– À quoi bon ? répondit mon oncle, je soupçonne la source d'être intarissable.

– Qu'importe ! remplissons l'outre et les gourdes, puis nous essayerons de boucher l'ouverture. »

Mon conseil fut suivi. Hans, au moyen d'éclats de granit et d'étoupe, essaya d'obstruer l'entaille faite à la paroi. Ce ne fut pas chose facile. On se brûlait les mains sans y parvenir ; la pression était trop considérable, et nos efforts demeurèrent infructueux.

« Il est évident, dis-je, que les nappes supérieures de ce cours d'eau sont situées à une grande hauteur, à en juger par la force du jet.

– Cela n'est pas douteux, répliqua mon oncle, il y a là mille atmosphères de pression, si cette colonne d'eau a trente-deux mille pieds de hauteur. Mais il me vient une idée.

– Laquelle ?

– Pourquoi nous entêter à boucher cette ouverture ?

– Mais, parce que... »

J'aurais été embarrassé de trouver une bonne raison.

« Quand nos gourdes seront vides, sommes-nous assurés de trouver à les remplir ?

– Non, évidemment.

– Eh bien, laissons couler cette eau : elle descendra naturellement et guidera ceux qu'elle rafraîchira en route !

– Voilà qui est bien imaginé ! m'écriai-je, et avec ce ruisseau pour compagnon, il n'y a plus aucune raison pour ne pas réussir dans nos projets.

– Ah ! tu y viens, mon garçon, dit le professeur en riant.

– Je fais mieux que d'y venir, j'y suis.

– Un instant ! Commençons par prendre quelques heures de repos. »

J'oubliais vraiment qu'il fit nuit. Le chronomètre se chargea de me l'apprendre. Bientôt chacun de nous, suffisamment restauré et rafraîchi, s'endormit d'un profond sommeil.

XXIV

[...]

Le lendemain les trois hommes reprennent leur route mais la galerie reste horizontale et ils désespèrent de reprendre la descente.

Le vendredi soir, 10 juillet, d'après l'estime, nous devions être à trente lieues au sud-est de Reykjawik et à une profondeur de deux lieues et demie.

Sous nos pieds s'ouvrit alors un puits assez effrayant. Mon oncle ne put s'empêcher de battre des mains en calculant la roideur de ses pentes.

« Voilà qui nous mènera loin, s'écria-t-il, et facilement, car les saillies du roc font un véritable escalier ! »

[...]

Le 11 et le 12 juillet, nous suivîmes les spirales de cette faille, pénétrant encore de deux lieues dans l'écorce terrestre, ce qui faisait près de cinq lieues au-dessous du niveau de la mer. Mais, le 13, vers midi, la faille prit, dans la direction du sud-est, une inclinaison beaucoup plus douce, environ quarante-cinq degrés.

Le chemin devint alors aisé et d'une parfaite monotonie. Il était difficile qu'il en fût autrement. Le voyage ne pouvait être varié par les incidents du paysage.

Enfin, le mercredi 15, nous étions à sept lieues sous terre et à cinquante lieues environ du Sneffels. Bien que nous fussions un peu fatigués, nos santés se maintenaient dans un état rassurant, et la pharmacie de voyage était encore intacte.

Mon oncle tenait heure par heure les indications de la boussole, du chronomètre, du manomètre et du thermomètre, celles-là mêmes qu'il a publiées dans le récit scientifique de son voyage. Il pouvait donc se rendre facilement compte de sa situation. Lorsqu'il m'apprit que nous étions à une distance horizontale de cinquante lieues, je ne pus retenir une exclamation.

« Qu'as-tu donc ? demanda-t-il.

– Rien, seulement je fais une réflexion.

– Laquelle, mon garçon ?

Chapitre XXIV

– C'est que, si vos calculs sont exacts, nous ne sommes plus sous l'Islande,

– Crois-tu ?

– Il est facile de nous en assurer. »

Je pris mes mesures au compas sur la carte.

« Je ne me trompais pas, dis-je ; nous avons dépassé le cap Portland, et ces cinquante lieues dans le sud-est nous mettent en pleine mer.

– Sous la pleine mer, répliqua mon oncle en se frottant les mains.

– Ainsi, m'écriai-je, l'Océan s'étend au-dessus de notre tête !

– Bah ! Axel, rien de plus naturel ! N'y a-t-il pas à Newcastle des mines de charbon qui s'avancent sous les flots ? »

Le professeur pouvait trouver cette situation fort simple ; mais la pensée de me promener sous la masse des eaux ne laissa pas de me préoccuper. Et cependant, que les plaines et les montagnes de l'Islande fussent suspendues sur notre tête, ou les flots de l'Atlantique, cela différait peu, en somme, du moment que la charpente granitique était solide. Du reste, je m'habituai promptement[1] à cette idée, car le couloir, tantôt droit, tantôt sinueux, capricieux dans ses pentes comme dans ses détours, mais toujours courant au sud-est, et toujours s'enfonçant davantage, nous conduisit rapidement à de grandes profondeurs.

Quatre jours plus tard, le samedi 18 juillet, le soir, nous arrivâmes à une espèce de grotte assez vaste ; mon oncle remit à Hans ses trois rixdales hebdomadaires, et il fut décidé que le lendemain serait un jour de repos.

1. **Promptement :** rapidement.

XXV

Le lendemain, dimanche 19 juillet, les trois hommes décident de se reposer. Le professeur Lidenbrock en profite pour calculer leur position afin de pouvoir réaliser une carte de son voyage à son retour en Allemagne. Il révèle alors à son neveu Axel qu'ils se trouvent sous l'océan Atlantique, à 340 kilomètres au sud-est du volcan Sneffels et 64 kilomètres de profondeur. Axel constate que, contrairement à ce qu'il pensait, l'environnement n'est pas formé de roches liquides et brûlantes, le magma, mais de roches solides.

XXVI

Les jours suivants, la descente est régulière.

[...]

Le 7 août, nos descentes successives nous avaient amenés à une profondeur de trente lieues ; c'est-à-dire qu'il y avait sur notre tête trente lieues de rocs, d'océan, de continents et de villes. Nous devions être alors à deux cents lieues de l'Islande.

Ce jour-là le tunnel suivait un plan peu incliné.

Je marchais en avant. Mon oncle portait l'un des deux appareils de Ruhmkorff, et moi l'autre. J'examinais les couches de granit.

Tout à coup, en me retournant, je m'aperçus que j'étais seul.

« Bon, pensai-je, j'ai marché trop vite, ou bien Hans et mon oncle se sont arrêtés en route. Allons, il faut les rejoindre. Heureusement le chemin ne monte pas sensiblement. »

Je revins sur mes pas. Je marchai pendant un quart d'heure, Je regardai. Personne. J'appelai. Point de réponse. Ma voix se perdit au milieu des caverneux échos qu'elle éveilla soudain.

Je commençai à me sentir inquiet. Un frisson me parcourut tout le corps.

« Un peu de calme, dis-je à haute voix. Je suis sûr de retrouver mes compagnons. Il n'y a pas deux routes ! Or, j'étais en avant, retournons en arrière. »

Je remontai pendant une demi-heure. J'écoutai si quelque appel ne m'était pas adressé, et dans cette atmosphère si dense, il pouvait m'arriver de loin. Un silence extraordinaire régnait dans l'immense galerie.

Je m'arrêtai. Je ne pouvais croire à mon isolement. Je voulais bien être égaré, non perdu. Égaré, on se retrouve.

« Voyons, répétai-je, puisqu'il n'y a qu'une route, puisqu'ils la suivent, je dois les rejoindre. Il suffira de remonter encore. À moins que, ne me voyant pas, et oubliant que je les devançais,

ils n'aient eu la pensée de revenir en arrière. Eh bien ! même dans ce cas, en me hâtant, je les retrouverai. C'est évident ! »

Je répétai ces derniers mots comme un homme qui n'est pas convaincu. D'ailleurs, pour associer ces idées si simples, et les réunir sous forme de raisonnement, je dus employer un temps fort long.

Un doute me prit alors. Étais-je bien en avant ? Certes. Hans me suivait, précédant mon oncle. Il s'était même arrêté pendant quelques instants pour rattacher ses bagages sur son épaule. Ce détail me revenait à l'esprit. C'est à ce moment même que j'avais dû continuer ma route.

« D'ailleurs, pensai-je, j'ai un moyen sûr de ne pas m'égarer, un fil pour me guider dans ce labyrinthe, et qui ne saurait casser, mon fidèle ruisseau. Je n'ai qu'à remonter son cours, et je retrouverai forcément les traces de mes compagnons. »

Ce raisonnement me ranima, et je résolus de me remettre en marche sans perdre un instant.

Combien je bénis alors la prévoyance de mon oncle, lorsqu'il empêcha le chasseur de boucher l'entaille faite à la paroi de granit ! Ainsi cette bienfaisante source, après nous avoir désaltéré pendant la route, allait me guider à travers les sinuosités de l'écorce terrestre.

Avant de remonter, je pensai qu'une ablution me ferait quelque bien.

Je me baissai donc pour plonger mon front dans l'eau du Hans-bach !

Que l'on juge de ma stupéfaction !

Je foulais un granit sec et raboteux ! Le ruisseau ne coulait plus à mes pieds !

XXVII

Je ne puis peindre mon désespoir. Nul mot de la langue humaine ne rendrait mes sentiments. J'étais enterré vif, avec la perspective de mourir dans les tortures de la faim et de la soif.

Machinalement je promenai mes mains brûlantes sur le sol. Que ce roc me sembla desséché !

Mais comment avais-je abandonné le cours du ruisseau ? Car, enfin, il n'était plus là ! Je compris alors la raison de ce silence étrange, quand j'écoutai pour la dernière fois si quelque appel de mes compagnons ne parviendrait pas à mon oreille. Ainsi, au moment où mon premier pas s'engagea dans la route imprudente, je ne remarquai point cette absence du ruisseau. Il est évident qu'à ce moment, une bifurcation de la galerie s'ouvrit devant moi, tandis que le Hans-bach obéissant aux caprices d'une autre pente, s'en allait avec mes compagnons vers des profondeurs inconnues !

Comment revenir. De traces, il n'y en avait pas. Mon pied ne laissait aucune empreinte sur ce granit. Je me brisais la tête à chercher la solution de cet insoluble problème. Ma situation se résumait en un seul mot : perdu !

Oui ! perdu à une profondeur qui me semblait incommensurable ! Ces trente lieues d'écorce terrestre pesaient sur mes épaules d'un poids épouvantable ! Je me sentais écrasé.

J'essayai de ramener mes idées aux choses de la terre. C'est à peine si je pus y parvenir. Hambourg, la maison de Königstrasse, ma pauvre Graüben, tout ce monde sous lequel je m'égarais, passa rapidement devant mon souvenir effaré. Je revis dans une vive hallucination les incidents du voyage, la traversée, l'Islande, M. Fridriksson, le Sneffels ! Je me dis que si, dans ma position, je conservais encore l'ombre d'une espérance ce serait signe de folie, et qu'il valait mieux désespérer !

En effet, quelle puissance humaine pouvait me ramener à la surface du globe et disjoindre ces voûtes énormes qui s'arc-boutaient au-dessus de ma tête ? Qui pouvait me remettre sur la route du retour et me réunir à mes compagnons ?

« Oh ! mon oncle ! » m'écriai-je avec l'accent du désespoir.

[...]

J'avais pour trois jours de vivres, et ma gourde était pleine. Cependant je ne pouvais rester seul plus longtemps. Mais fallait-il monter ou descendre ?

Monter évidemment ! monter toujours !

Je devais arriver ainsi au point où j'avais abandonné la source, à la funeste bifurcation. Là, une fois le ruisseau sous les pieds, je pourrais toujours regagner le sommet du Sneffels.

Comment n'y avais-je pas songé plus tôt ! Il y avait évidemment là une chance de salut. Le plus pressé était donc de retrouver le cours du Hans-bach.

Je me levai et, m'appuyant sur mon bâton ferré, je remontai la galerie. La pente en était assez raide. Je marchais avec espoir et sans embarras, comme un homme qui n'a pas de choix du chemin à suivre.

Pendant une demi-heure, aucun obstacle n'arrêta mes pas. J'essayais de reconnaître ma route à la forme du tunnel, à la saillie de certaines roches, à la disposition des anfractuosités. Mais aucun signe particulier ne frappait mon esprit, et je reconnus bientôt que cette galerie ne pouvait me ramener à la bifurcation.

Elle était sans issue. Je me heurtai contre un mur impénétrable, et je tombai sur le roc.

De quelle épouvante, de quel désespoir je fus saisi alors, je ne saurais le dire. Je demeurai anéanti. Ma dernière espérance venait de se briser contre cette muraille de granit.

Perdu dans ce labyrinthe dont les sinuosités se croisaient en tous sens, je n'avais plus à tenter une fuite impossible. Il fallait mourir de la plus effroyable des morts ! Et, chose étrange, il me vint à la pensée que, si mon corps fossilisé se retrouvait un jour, sa rencontre à trente lieues dans les entrailles de terre soulèverait de graves questions scientifiques ! Je voulus parler à voix haute, mais de rauques accents passèrent seuls entre mes lèvres desséchées. Je haletais.

Au milieu de ces angoisses, une nouvelle terreur vint s'emparer de mon esprit. Ma lampe s'était faussée en tombant. Je n'avais aucun moyen de la réparer. Sa lumière pâlissait et allait me manquer !

Je regardai le courant lumineux s'amoindrir dans le serpentin de l'appareil. Une procession d'ombres mouvantes se déroula sur les parois assombries. Je n'osais plus abaisser ma paupière, craignant de perdre le moindre atome de cette clarté fugitive ! À chaque instant il me semblait qu'elle allait s'évanouir et que « le noir » m'envahissait.

Enfin, une dernière lueur trembla dans la lampe. Je la suivis, je l'aspirai du regard, je concentrai sur elle toute la puissance de mes yeux, comme sur la dernière sensation de lumière qu'il leur fût donné d'éprouver, et je demeurai plongé dans les ténèbres immenses.

Quel cri terrible m'échappa ! Sur terre au milieu des plus profondes nuits, la lumière n'abandonne jamais entièrement ses droits ! Elle est diffuse, elle est subtile ; mais, si peu qu'il en reste, la rétine de l'œil finit par la percevoir ! Ici, rien. L'ombre absolue faisait de moi un aveugle dans toute l'acception du mot.

Alors ma tête se perdit. Je me relevai, les bras en avant, essayant les tâtonnements les plus douloureux. Je me pris à fuir, précipitant mes pas au hasard dans cet inextricable labyrinthe, descendant toujours, courant à travers la croûte terrestre, comme un habitant des failles[1] souterraines, appelant, criant, hurlant, bientôt meurtri aux saillies des rocs, tombant et me relevant ensanglanté, cherchant à boire ce sang qui m'inondait le visage, et attendant toujours que quelque muraille imprévue vint offrir à ma tête un obstacle pour s'y briser !

Où me conduisit cette course insensée ? Je l'ignorerai toujours. Après plusieurs heures, sans doute à bout de forces, je tombai comme une masse inerte le long de la paroi, et je perdis tout sentiment d'existence !

1. **Failles** : cassures, fractures de la croûte terrestre.

XXVIII

Quand je revins à la vie, mon visage était mouillé, mais mouillé de larmes. Combien dura cet état d'insensibilité, je ne saurais le dire. Je n'avais plus aucun moyen de me rendre compte du temps. Jamais solitude ne fut semblable à la mienne, jamais abandon si complet !

Après ma chute, j'avais perdu beaucoup de sang. Je m'en sentais inondé ! Ah ! combien je regrettai de n'être pas mort « et que ce fût encore à faire ! » Je ne voulais plus penser. Je chassai toute idée et, vaincu par la douleur, je me roulai près de la paroi opposée.

Déjà je sentais l'évanouissement me reprendre, et, avec lui, l'anéantissement suprême, quand un bruit violent vint frapper mon oreille. Il ressemblait au roulement prolongé du tonnerre, et j'entendis les ondes sonores se perdre peu à peu dans les lointaines profondeurs du gouffre.

D'où provenait ce bruit ? de quelque phénomène sans doute, qui s'accomplissait au sein du massif terrestre. L'explosion d'un gaz, ou la chute de quelque puissante assise du globe !

J'écoutai encore. Je voulus savoir si ce bruit se renouvellerait. Un quart d'heure se passa. Le silence régnait dans la galerie, Je n'entendais même plus les battements de mon cœur.

Tout à coup mon oreille, appliquée par hasard sur la muraille, crut surprendre des paroles vagues, insaisissables, lointaines. Je tressaillis.

« C'est une hallucination ! » pensais-je.

Mais non. En écoutant avec plus d'attention, j'entendis réellement un murmure de voix. Mais de comprendre ce qui se disait, c'est ce que ma faiblesse ne me permit pas. Cependant on parlait. J'en étais certain.

J'eus un instant la crainte que ces paroles ne fussent les miennes, rapportées par un écho. Peut-être avais-je crié à mon insu ? Je fermai fortement les lèvres et j'appliquai de nouveau mon oreille à la paroi.

« Oui, certes, on parle ! on parle ! »

En me portant même à quelques pieds plus loin, le long de la muraille, j'entendis plus distinctement. Je parvins à saisir des mots incertains, bizarres, incompréhensibles. Ils m'arrivaient comme des paroles prononcées à voix basse, murmurées, pour ainsi dire. Le mot *forloräd* était plusieurs fois répété, et avec un accent de douleur.

Que signifiait-il ? Qui le prononçait ? Mon oncle ou Hans, évidemment. Mais si je les entendais, ils pouvaient donc m'entendre.

« À moi ! criai-je de toutes mes forces, à moi ! »

J'écoutai, j'épiai[1] dans l'ombre une réponse, un cri, un soupir. Rien ne se fit entendre. Quelques minutes se passèrent. Tout un monde d'idées avait éclos dans mon esprit. Je pensai que ma voix affaiblie ne pouvait arriver jusqu'à mes compagnons.

« Car ce sont eux, répétai-je. Quels autres hommes seraient enfouis à trente lieues sous terre ? »

Je me remis à écouter. En promenant mon oreille sur la paroi, je trouvai un point mathématique où les voix paraissaient atteindre leur maximum d'intensité. Le mot *forloräd* revint

1. **J'épiai** : je guettai.

encore à mon oreille, puis ce roulement de tonnerre qui m'avait tiré de ma torpeur.

« Non, dis-je, non. Ce n'est point à travers le massif que ces voix se font entendre. La paroi est faite de granit ; elle ne permettrait pas à la plus forte détonation de la traverser ! Ce bruit arrive par la galerie même ! Il faut qu'il y ait là un effet d'acoustique tout particulier ! »

J'écoutai de nouveau, et cette fois, oui ! cette fois, j'entendis mon nom distinctement jeté à travers l'espace !

C'était mon oncle qui le prononçait ! Il causait avec le guide, et le mot *forloräd* était un mot danois ! Alors je compris tout. Pour me faire entendre il fallait précisément parler le long de cette muraille qui servirait à conduire ma voix comme le fil de fer conduit l'électricité.

Mais je n'avais pas de temps à perdre. Que mes compagnons se fussent éloignés de quelques pas et le phénomène d'acoustique eût été détruit. Je m'approchai donc de la muraille, et je prononçai ces mots, aussi distinctement que possible :

« Mon oncle Lidenbrock ! »

J'attendis dans la plus vive anxiété. Le son n'a pas une rapidité extrême. La densité des couches d'air n'accroît même pas sa vitesse ; elle n'augmente que son intensité. Quelques secondes, des siècles, se passèrent, et enfin ces paroles arrivèrent à mon oreille.

« Axel ! Axel ! est-ce toi ? »

. . . .

« Oui ! oui ! » répondis-je. »

. . . .

« Mon pauvre enfant, où es-tu ? »

. . . .

« Perdu dans la plus profonde obscurité. »

. . . .

« Mais ta lampe ? »

. . . .

« Éteinte. »

. . . .

« Et le ruisseau ? »

. . . .

« Disparu. »

. . . .

« Axel, mon pauvre Axel, reprends courage ! »

. . . .

« Attendez un peu, je suis épuisé ; je n'ai plus la force de répondre. Mais parlez-moi ! »

. . . .

« Courage, reprit mon oncle. Ne parle-pas, écoute-moi. Nous t'avons cherché en remontant et en descendant la galerie. Impossible de te trouver. Ah ! je t'ai bien pleuré, mon enfant ! Enfin, te supposant toujours sur le chemin du Hans-bach, nous sommes redescendus en tirant des coups de fusil. Maintenant, si nos voix peuvent se réunir, pur effet d'acoustique ! nos mains ne peuvent se toucher ! Mais ne te désespère pas, Axel ! C'est déjà quelque chose de s'entendre ! »

. . . .

Pendant ce temps j'avais réfléchi. Un certain espoir, vague encore, me revenait au cœur. Tout d'abord, une chose m'importait à connaître. J'approchai donc mes lèvres de la muraille, et je dis :

« Mon oncle ? »

. . . .

« Mon enfant ? » me fut-il répondu après quelques instants.

. . . .

« Il faut d'abord savoir quelle distance nous sépare. »

. . . .

« Cela est facile. »

. . . .

« Vous avez votre chronomètre ? »

. . . .

« Oui. »

. . . .

« Eh bien, prenez-le. Prononcez mon nom en notant exactement la seconde où vous parlerez. Je le répéterai, et vous observerez également le moment précis auquel vous arrivera ma réponse. »

. . . .

« Bien, et la moitié du temps compris entre ma demande et ta réponse indiquera celui que ma voix emploie pour arriver jusqu'à toi. »

. . . .

« C'est cela, mon oncle. »

. . . .

« Es-tu prêt ? »

. . . .

« Oui. »

. . . .

« Eh bien, fais attention, je vais prononcer ton nom. »

. . . .

J'appliquai mon oreille sur la paroi, et dès que le mot « Axel » me parvint, je répondis immédiatement « Axel », puis j'attendis.

. . . .

« Quarante secondes », dit alors mon oncle ; il s'est écoulé quarante secondes entre les deux mots ; le son met donc vingt secondes à monter. Or, à mille vingt pieds par seconde, cela fait vingt mille quatre cents pieds, ou une lieue et demie et un huitième. »

. . . .

« Une lieue et demie ! » murmurai-je.

. . . .

« Eh bien, cela se franchit, Axel ! »

. . . .

« Mais faut-il monter ou descendre ? »

. . . .

« Descendre, et voici pourquoi. Nous sommes arrivés à un vaste espace, auquel aboutissent un grand nombre de galeries. Celle que tu as suivie ne peut manquer de t'y conduire, car il semble que toutes ces fentes, ces fractures du globe rayonnent autour de l'immense caverne que nous occupons. Relève-toi donc et reprends ta route. Marche, traîne-toi, s'il le faut, glisse sur les pentes rapides, et tu trouveras nos bras pour te recevoir au bout du chemin. En route, mon enfant, en route ! »

. . . .

Ces paroles me ranimèrent.

« Adieu, mon oncle, m'écriai-je. Je pars. Nos voix ne pourront plus communiquer entre elles, du moment que j'aurai quitté cette place ! Adieu donc ! »

. . . .

« Au revoir, Axel ! au revoir ! »

. . . .

Telles furent les dernières paroles que j'entendis.

Cette surprenante conversation faite au travers de la masse terrestre, échangée à plus d'une lieue de distance, se termina sur ces paroles d'espoir. Je fis une prière de reconnaissance à Dieu, car il m'avait conduit parmi ces immensités sombres au seul point peut-être où la voix de mes compagnons pouvait me parvenir. Cet effet d'acoustique très étonnant s'expliquait facilement par les seules lois physiques ; il provenait de la forme du couloir et de la conductibilité de la roche ; il y a bien des exemples de cette propagation de sons non perceptibles aux espaces intermédiaires. Je me souvins qu'en maint endroit ce phénomène fut observé, entre autres, dans la galerie intérieure du dôme de Saint-Paul à Londres, et surtout au milieu de curieuses cavernes de Sicile, ces latomies situées près de Syracuse, dont la plus merveilleuse en ce genre est connue sous le nom d'Oreille de Denys●.

Ces souvenirs me revinrent à l'esprit, et je vis clairement que, puisque la voix de mon oncle arrivait jusqu'à moi, aucun obstacle n'existait entre nous. En suivant le chemin du son, je devais logiquement arriver comme lui, si les forces ne me trahissaient pas. Je me levai donc. Je me traînai plutôt que je ne marchai. La pente était assez rapide ; je me laissai glisser.

Bientôt la vitesse de ma descente s'accrût dans une effrayante proportion, et menaçait de ressembler à une chute. Je n'avais plus la force de m'arrêter.

Tout à coup le terrain manqua sous mes pieds. Je me sentis rouler en rebondissant sur les aspérités d'une galerie verticale, un véritable puits ; ma tête porta sur un roc aigu, et je perdis connaissance.

● **Les latomies sont de vastes carrières à ciel ouvert qui, dans l'Antiquité, servaient de prison. Les plus célèbres sont celles de Syracuse. La légende raconte que Denys, le tyran de la ville, se penchait sur les excavations pour épier les prisonniers et surprendre leurs secrets (d'où le nom d'« Oreille de Denys »).**

XXIX

Lorsque je revins à moi, j'étais dans une demi-obscurité, étendu sur d'épaisses couvertures. Mon oncle veillait, épiant sur mon visage un reste d'existence. À mon premier soupir il me prit la main ; à mon premier regard il poussa un cri de joie.

« Il vit ! il vit ! s'écria-t-il.

– Oui, répondis-je d'une voix faible.

– Mon enfant, fit mon oncle en me serrant sur sa poitrine, te voilà sauvé ! »

Je fus vivement touché de l'accent dont furent prononcées ces paroles, et plus encore des soins qui les accompagnèrent. Mais il fallait de telles épreuves pour provoquer chez le professeur un pareil épanchement[1].

En ce moment Hans arriva. Il vit ma main dans celle de mon oncle ; j'ose affirmer que ses yeux exprimèrent un vif contentement.

« *God dag*, dit-il.

– Bonjour, Hans, bonjour, murmurai-je. Et maintenant, mon oncle, apprenez-moi où nous sommes en ce moment.

– Demain, Axel, demain ; aujourd'hui tu es encore trop faible ; j'ai entouré ta tête de compresses qu'il ne faut pas déranger ; dors donc, mon garçon, et demain tu sauras tout.

– Mais au moins, repris-je, quelle heure, quel jour est-il ?

– Onze heures du soir, c'est aujourd'hui dimanche, 9 août, et je ne te permets plus de m'interroger avant le 10 du présent mois. »

1. **Épanchement** : manifestation de sentiments.

En vérité, j'étais bien faible ; mes yeux se fermèrent involontairement. Il me fallait une nuit de repos ; je me laissai donc assoupir sur cette pensée que mon isolement avait duré quatre longs jours.

Le lendemain, à mon réveil, je regardai autour de moi. Ma couchette, faite de toutes les couvertures de voyage, se trouvait installée dans une grotte charmante, ornée de magnifiques stalagmites, dont le sol était recouvert d'un sable fin. Il y régnait une demi-obscurité. Aucune torche, aucune lampe n'était allumée, et cependant certaines clartés inexplicables venaient du dehors en pénétrant par une étroite ouverture de la grotte. J'entendais aussi un murmure vague et indéfini, semblable à celui des flots qui se brisent sur une grève, et parfois les sifflements de la brise.

Je me demandai si j'étais bien éveillé, si je rêvais encore, si mon cerveau, fêlé dans ma chute, ne percevait pas des bruits purement imaginaires. Cependant ni mes yeux ni mes oreilles ne pouvaient se tromper à ce point.

« C'est un rayon du jour, pensai-je, qui se glisse par cette fente de rochers ! Voilà bien le murmure des vagues ! Voilà le sifflement de la brise ! Est-ce que je me trompe, ou sommes-nous revenus à la surface de la terre ? Mon oncle a-t-il donc renoncé à son expédition, ou l'aurait-il heureusement terminée ? »

Je me posais ces insolubles questions, quand le professeur entra.

« Bonjour, Axel ! fit-il joyeusement. Je gagerais[1] volontiers que tu te portes bien !

– Mais oui, dis-je on me redressant sur les couvertures.

1. **Gagerais** : parierais.

– Cela devait être, car tu as tranquillement dormi. Hans et moi, nous t'avons veillé tour à tour, et nous avons vu ta guérison faire des progrès sensibles.

– En effet, je me sens ragaillardi, et la preuve, c'est que je ferai honneur au déjeuner que vous voudrez bien me servir !

– Tu mangeras, mon garçon : la fièvre t'a quitté. Hans a frotté tes plaies avec je ne sais quel onguent[1] dont les Islandais ont le secret, et elles se sont cicatrisées à merveille. C'est un fier homme que notre chasseur ! »

Tout en parlant, mon oncle apprêtait quelques aliments que je dévorai, malgré ses recommandations. Pendant ce temps, je l'accablai de questions auxquelles il s'empressa de répondre.

J'appris alors que ma chute providentielle m'avait précisément amené à l'extrémité d'une galerie presque perpendiculaire ; comme j'étais arrivé au milieu d'un torrent de pierres, dont la moins grosse eût suffi à m'écraser, il fallait en conclure qu'une partie du massif avait glissé avec moi. Cet effrayant véhicule me transporta ainsi jusque dans les bras de mon oncle, où je tombai sanglant et inanimé.

« Véritablement, me dit-il, il est étonnant que tu ne te sois pas tué mille fois. Mais, pour Dieu ! ne nous séparons plus, car nous risquerions de ne jamais nous revoir. »

« Ne nous séparons plus ! » Le voyage n'était donc pas fini ? J'ouvrais de grands yeux étonnés, ce qui provoqua immédiatement cette question :

« Qu'as-tu donc, Axel ?

– Une demande à vous adresser.. Vous dites que me voilà sain et sauf ?

1. **Onguent** : pommade.

– Sans doute.

– J'ai tous mes membres intacts ?

– Certainement.

– Et ma tête ?

– Ta tête, sauf quelques contusions, est parfaitement à sa place sur tes épaules.

– Eh bien, j'ai peur que mon cerveau ne soit dérangé.

– Dérangé ?

– Oui. Nous ne sommes pas revenus à la surface du globe ?

– Non certes !

– Alors il faut que je sois fou, car j'aperçois la lumière du jour, j'entends le bruit du vent qui souffle et de la mer qui se brise !

– Ah ! n'est-ce que cela ?

– M'expliquerez-vous ?

– Je ne t'expliquerai rien, car c'est inexplicable ; mais tu verras et tu comprendras que la science géologique n'a pas encore dit son dernier mot.

– Sortons donc ! m'écriai-je en me levant brusquement.

– Non, Axel, non ! le grand air pourrait te faire du mal.

– Le grand air ?

– Oui, le vent est assez violent. Je ne veux pas que tu t'exposes ainsi.

– Mais je vous assure que je me porte à merveille.

– Un peu de patience, mon garçon. Une rechute nous mettrait dans l'embarras, et il ne faut pas perdre de temps, car la traversée peut être longue.

– La traversée ?

– Oui, repose-toi encore aujourd'hui, et nous nous embarquerons demain.

– Nous embarquer ? »

Ce dernier mot me fit bondir.

Quoi ! nous embarquer ! Avions-nous donc un fleuve, un lac, une mer à notre disposition ? Un bâtiment était-il mouillé dans quelque port intérieur ?

Ma curiosité fut excitée au plus haut point. Mon oncle essaya vainement de me retenir. Quand il vit que mon impatience me ferait plus de mal que la satisfaction de mes désirs, il céda.

Je m'habillai rapidement. Par surcroît de précaution, je m'enveloppai dans une des couvertures et je sortis de la grotte.

XXX

D'abord je ne vis rien. Mes yeux, déshabitués de la lumière, se fermèrent brusquement. Lorsque je pus les rouvrir, je demeurai encore plus stupéfait qu'émerveillé.

« La mer ! m'écriai-je.

– Oui, répondit mon oncle, la mer Lidenbrock ; et, j'aime à le penser, aucun navigateur ne me disputera l'honneur de l'avoir découverte et le droit de la nommer de mon nom ! »

Une vaste nappe d'eau, le commencement d'un lac ou d'un océan, s'étendait au-delà des limites de la vue. Le rivage, largement échancré, offrait aux dernières ondulations des vagues un sable fin, doré et parsemé de ces petits coquillages où vécurent les premiers êtres de la création. Les flots s'y brisaient avec ce murmure sonore particulier aux milieux clos et immenses. Une légère écume s'envolait au souffle d'un vent modéré, et quelques embruns m'arrivaient au visage. Sur cette grève légèrement inclinée, à cent toises[1] environ de la lisière des vagues, venaient mourir les contreforts de rochers énormes qui montaient en s'évasant à une incommensurable hauteur. Quelques-uns, déchirant le rivage de leur arête aiguë, formaient des caps et des promontoires rongés par la dent du ressac[2]. Plus loin, l'œil suivait leur masse nettement profilée sur les fonds brumeux de l'horizon.

1. **Cent toises** : un peu moins de deux cents mètres.
2. **Ressac** : mouvement des vagues venant frapper la côte.

C'était un océan véritable, avec le contour capricieux des rivages terrestres, mais désert et d'un aspect effroyablement sauvage.

Si mes regards pouvaient se promener au loin sur cette mer, c'est qu'une lumière « spéciale » en éclairait les moindres détails. Non pas la lumière du soleil avec ses faisceaux éclatants et l'irradiation splendide de ses rayons, ni la lueur pâle et vague de l'astre des nuits, qui n'est qu'une réflexion sans chaleur. Non. Le pouvoir éclairant de cette lumière, sa diffusion tremblante, sa blancheur claire et sèche, le peu d'élévation de sa température, son éclat supérieur en réalité à celui de la lune, accusaient évidemment une origine purement électrique. C'était comme une aurore boréale, un phénomène cosmique continu, qui remplissait cette caverne capable de contenir un océan.

La voûte suspendue au-dessus de ma tête, le ciel, si l'on veut, semblait faite de grands nuages, vapeurs mobiles et changeantes, qui, par l'effet de la condensation, devaient, à de certains jours, se résoudre en pluies torrentielles. J'aurais cru que, sous une pression aussi forte de l'atmosphère, l'évaporation de l'eau ne pouvait se produire, et cependant, pour une raison physique qui m'échappait, il y avait de larges nuées étendues dans l'air. Mais alors « il faisait beau ». Les nappes électriques produisaient d'étonnants jeux de lumière sur les nuages très élevés. Des ombres vives se dessinaient à leurs volutes inférieures, et souvent, entre deux couches disjointes, un rayon se glissait jusqu'à nous avec une remarquable intensité. Mais, en somme, ce n'était pas le soleil, puisque la chaleur manquait à sa lumière. L'effet en était triste et souverainement mélancolique. Au lieu d'un firmament brillant d'étoiles, je sentais par-dessus ces nuages une voûte de granit qui m'écrasait de tout son poids, et cet espace n'eût pas suffi, tout immense qu'il fût, à la promenade du moins ambitieux des satellites.

Je me souvins alors de cette théorie d'un capitaine anglais qui assimilait la terre à une vaste sphère creuse, à l'intérieur de laquelle l'air se maintenait lumineux par suite de sa pression, tandis que deux astres, Pluton et Proserpine, y traçaient leurs mystérieuses orbites. Aurait-il dit vrai ?

Nous étions réellement emprisonnés dans une énorme excavation. Sa largeur, on ne pouvait la juger, puisque le rivage allait s'élargissant à perte de vue, ni sa longueur, car le regard était bientôt arrêté par une ligne d'horizon un peu indécise. Quant à sa hauteur, elle devait dépasser plusieurs lieues[1].

Où cette voûte s'appuyait-elle sur ses contre-forts de granit, l'œil ne pouvait l'apercevoir ; mais il y avait tel nuage suspendu dans l'atmosphère, dont l'élévation devait être estimée à deux mille toises[2], altitude supérieure à celle des vapeurs terrestres, et due sans doute à la densité considérable de l'air.

Le mot « caverne » ne rend évidemment pas ma pensée pour peindre cet immense milieu. Mais les mots de la langue humaine ne peuvent suffire à qui se hasarde dans les abîmes du globe.

[...]

L'imprévu de ce spectacle avait rappelé sur mon visage les couleurs de la santé ; j'étais en train de me traiter par l'étonnement et d'opérer ma guérison au moyen de cette nouvelle thérapeutique ; d'ailleurs la vivacité d'un air très dense me ranimait, en fournissant plus d'oxygène à mes poumons.

1. Une lieue terrestre équivaut à 4,445 km.
2. **Deux mille toises** : un peu moins de 4 km.

On concevra sans peine qu'après un emprisonnement de quarante-sept jours dans une étroite galerie, c'était une jouissance infinie que d'aspirer cette brise chargée d'humides émanations salines. Aussi n'eus-je point à me repentir d'avoir quitté ma grotte obscure. Mon oncle, déjà fait à ces merveilles, ne s'étonnait plus.

« Te sens-tu la force de te promener un peu ? me demanda-t-il.

– Oui, certes, répondis-je, et rien ne me sera plus agréable.

– Eh bien, prends mon bras, Axel, et suivons les sinuosités du rivage. »

J'acceptai avec empressement, et nous commençâmes à côtoyer cet océan nouveau. Sur la gauche, des rochers abrupts, grimpés les uns sur les autres, formaient un entassement titanesque[1] d'un prodigieux effet. Sur leurs flancs se déroulaient d'innombrables cascades, qui s'en allaient en nappes limpides et retentissantes. Quelques légères vapeurs, sautant d'un roc à l'autre, marquaient la place des sources chaudes, et des ruisseaux coulaient doucement vers le bassin commun, en cherchant dans les pentes l'occasion de murmurer plus agréablement.

Parmi ces ruisseaux, je reconnus notre fidèle compagnon de route, le Hans-bach, qui venait se perdre tranquillement dans la mer, comme s'il n'eût jamais fait autre chose depuis le commencement du monde.

« Il nous manquera désormais, dis-je avec un soupir.

– Bah ! répondit le professeur, lui ou un autre, qu'importe ? »

Je trouvai la réponse un peu ingrate.

1. **Titanesque** : gigaantesque.

Mais en ce moment mon attention fut attirée par un spectacle inattendu. À cinq cents pas, au détour d'un haut promontoire, une forêt haute, touffue, épaisse, apparut à nos yeux. Elle était faite d'arbres de moyenne grandeur, taillés en parasols réguliers, à contours nets et géométriques ; les courants de l'atmosphère ne semblaient pas avoir prise sur leur feuillage, et, au milieu des souffles, ils demeuraient immobiles comme un massif de cèdres pétrifiés.

Je hâtai le pas. Je ne pouvais mettre un nom à ces essences singulières. Ne faisaient-elles point partie des deux cent mille espèces végétales connues jusqu'alors, et fallait-il leur accorder une place spéciale dans la flore des végétations lacustres[1] ? Non. Quand nous arrivâmes sous leur ombrage, ma surprise ne fut plus que de l'admiration.

En effet, je me trouvais en présence de produits de la terre, mais taillés sur un patron gigantesque. Mon oncle les appela immédiatement de leur nom.

« Ce n'est qu'une forêt de champignons », dit-il.

[...]

Mais la végétation de cette contrée souterraine ne s'en tenait pas à ces champignons. Plus loin s'élevaient par groupes un grand nombre d'autres arbres au feuillage décoloré. Ils étaient faciles à reconnaître ; c'étaient les humbles arbustes de la terre, avec des dimensions phénoménales, des lycopodes hauts de cent pieds, des sigillaires géantes, des fougères arborescentes, grandes comme les sapins des hautes latitudes, des lépidodendrons à tiges cylindriques bifurquées[2], terminées par de

1. **Lacustres** : qui vivent sur les bords ou dans un lac.
2. **« Des lycopodes [...] des lépidodendrons à tiges cylindriques bifurquées »** : plantes préhistoriques.

longues feuilles et hérissées de poils rudes comme de monstrueuses plantes grasses.

« Étonnant, magnifique, splendide ! s'écria mon oncle. Voilà toute la flore de la seconde époque du monde, de l'époque de transition. Voilà ces humbles plantes de nos jardins qui se faisaient arbres aux premiers siècles du globe ! Regarde, Axel, admire ! Jamais botaniste ne s'est trouvé à pareille fête !

– Vous avez raison, mon oncle. La Providence semble avoir voulu conserver dans cette serre immense ces plantes antédiluviennes● que la sagacité[1] des savants a reconstruites avec tant de bonheur.

– Tu dis bien, mon garçon, c'est une serre ; mais tu dirais mieux encore en ajoutant que c'est peut-être une ménagerie.

– Une ménagerie !

– Oui, sans doute. Vois cette poussière que nous foulons aux pieds, ces ossements épars sur le sol.

– Des ossements ! m'écriai-je. Oui, des ossements d'animaux antédiluviens ! »

Je m'étais précipité sur ces débris séculaires[2] faits d'une substance minérale indestructible. Je mettais sans hésiter un nom à ces os gigantesques qui ressemblaient à des troncs d'arbres desséchés.

1. **Sagacité** : perspicacité.
2. **Séculaires** : qui datent de plusieurs siècles.

● **Jules Verne joue sur les différents sens de l'adjectif « antédiluvien ». Dans le vocabulaire courant, il signifie « très ancien ». Le mot fait référence au déluge de la Bible et signifie « avant le déluge ». Ici, comme ces plantes sont apparues en même temps que la création de la Terre, elles datent vraiment d'avant le déluge.**

« Voilà la mâchoire inférieure du Mastodonte, disais-je ; voilà les molaires du Dinothérium, voilà un fémur qui ne peut avoir appartenu qu'au plus grand de ces animaux, au Mégatherium. Oui, c'est bien une ménagerie, car ces ossements n'ont certainement pas été transportés jusqu'ici par un cataclysme. Les animaux auxquels ils appartiennent ont vécu sur les rivages de cette mer souterraine, à l'ombre de ces plantes arborescentes. Tenez, j'aperçois des squelettes entiers. Et cependant...

– Cependant ? dit mon oncle.

– Je ne comprends pas la présence de pareils quadrupèdes dans cette caverne de granit.

– Pourquoi ?

– Parce que la vie animale n'a existé sur la terre qu'aux périodes secondaires, lorsque le terrain sédimentaire a été formé par les alluvions, et a remplacé les roches incandescentes de l'époque primitive.

– Eh bien ! Axel, il y a une réponse bien simple à faire à ton objection, c'est que ce terrain-ci est un terrain sédimentaire.

– Comment ! à une pareille profondeur au-dessous de la surface de la terre !

– Sans doute, et ce fait peut s'expliquer géologiquement. À une certaine époque, la terre n'était formée que d'une écorce élastique, soumise à des mouvements alternatifs de haut et de bas, en vertu des lois de l'attraction. Il est probable que des affaissements du sol se sont produits, et qu'une partie des terrains sédimentaires a été entraînée au fond des gouffres subitement ouverts.

– Cela doit être. Mais, si des animaux antédiluviens ont vécu dans ces régions souterraines, qui nous dit que l'un de ces monstres n'erre pas encore au milieu de ces forêts sombres ou derrière ces rocs escarpés ? »

À cette idée j'interrogeai, non sans effroi, les divers points de l'horizon ; mais aucun être vivant n'apparaissait sur ces rivages déserts.

J'étais un peu fatigué. J'allai m'asseoir alors à l'extrémité d'un promontoire au pied duquel les flots venaient se briser avec fracas. De là mon regard embrassait toute cette baie formée par une échancrure de la côte. Au fond, un petit port s'y trouvait ménagé entre les roches pyramidales. Ses eaux calmes dormaient à l'abri du vent. Un brick et deux ou trois goélettes[1] auraient pu y mouiller à l'aise. Je m'attendais presque à voir quelque navire sortant toutes voiles dehors et prenant le large sous la brise du sud.

Mais cette illusion se dissipa rapidement. Nous étions bien les seules créatures vivantes de ce monde souterrain. Par certaines accalmies du vent, un silence plus profond que les silences du désert descendait sur les rocs arides et pesait à la surface de l'océan. Je cherchais alors à percer les brumes lointaines, à déchirer ce rideau jeté sur le fond mystérieux de l'horizon. Quelles demandes se pressaient sur mes lèvres ? Où finissait cette mer ? Où conduisait-elle ? Pourrions-nous jamais en reconnaître les rivages opposés ?

Mon oncle n'en doutait pas, pour son compte. Moi, je le désirais et je le craignais à la fois.

Après une heure passée dans la contemplation de ce merveilleux spectacle, nous reprîmes le chemin de la grève[2] pour regagner la grotte, et ce fut sous l'empire des plus étranges pensées que je m'endormis d'un profond sommeil.

1. **Brick et goélettes** : navires à voiles à deux mâts.
2. **Grève** : plage.

XXXI

Le lendemain je me réveillai complètement guéri. Je pensai qu'un bain me serait très salutaire, et j'allai me plonger pendant quelques minutes dans les eaux de cette Méditerranée. Ce nom, à coup sûr, elle le méritait entre tous•.

Je revins déjeuner avec un bel appétit. Hans s'entendait à cuisiner notre petit menu ; il avait de l'eau et du feu à sa disposition, de sorte qu'il put varier un peu notre ordinaire.

Au dessert, il nous servit quelques tasses de café, et jamais ce délicieux breuvage ne me parut plus agréable à déguster.

« Maintenant, dit mon oncle, voici l'heure de la marée, et il ne faut pas manquer l'occasion d'étudier ce phénomène,

– Comment, la marée ! m'écriai-je.

– Sans doute.

– L'influence de la lune et du soleil se fait sentir jusqu'ici !

– Pourquoi pas ! Les corps ne sont-ils pas soumis dans leur ensemble à l'attraction universelle ? Cette masse d'eau ne peut donc échapper à cette loi générale. Aussi, malgré la pression atmosphérique qui s'exerce à sa surface, tu vas la voir se soulever comme l'Atlantique lui-même. »

En ce moment nous foulions le sable du rivage et les vagues gagnaient peu à peu sur la grève.

« Voilà bien le flot qui commence, m'écriai-je.

• **En effet, le mot « Méditerranée » signifie « au milieu des terres ». Cette mer qui est au centre de la Terre mérite donc bien son nom.**

– Oui, Axel, et d'après ces relais d'écume, tu peux voir que la mer s'élève d'une dizaine de pieds environ.

– C'est merveilleux !

– Non, c'est naturel.

– Vous avez beau dire, tout cela me parait extraordinaire, et c'est à peine si j'en crois mes yeux. Qui eût jamais imaginé dans

cette écorce terrestre un océan véritable, avec ses flux et ses reflux, avec ses brises, avec ses tempêtes !

– Pourquoi pas ? Y a-t-il une raison physique qui s'y oppose ?

– Je n'en vois pas, du moment qu'il faut abandonner le système de la chaleur centrale.

– Donc, jusqu'ici la théorie de Davy se trouve justifiée ?

– Évidemment, et dès lors rien ne contredit l'existence de mers ou de contrées à l'intérieur du globe.

– Sans doute, mais inhabitées.

– Bon ! pourquoi ces eaux ne donneraient-elles pas asile à quelques poissons d'une espèce inconnue ?

– En tout cas, nous n'en avons pas aperçu un seul jusqu'ici.

– Eh bien, nous pouvons fabriquer des lignes et voir si l'hameçon aura autant de succès ici-bas que dans les océans sublunaires.

– Nous essayerons, Axel, car il faut pénétrer tous les secrets de ces régions nouvelles.

– Mais où sommes-nous, mon oncle ? car je ne vous ai point encore posé cette question à laquelle vos instruments ont dû répondre.

– Horizontalement, à trois cent cinquante lieues de l'Islande.

– Tout autant ?

– Je suis sûr de ne pas me tromper de cinq cents toises.

[...]

– Et à quelle profondeur sommes-nous ?

– À une profondeur de trente-cinq lieues.

– Ainsi, dis-je en considérant la carte, la partie montagneuse de l'Écosse est au-dessus de nous, et, là, les monts Grampians élèvent à une prodigieuse hauteur leur cime couverte de neige.

– Oui, répondit le professeur en riant ; c'est un peu lourd à porter, mais la voûte est solide ; le grand architecte de l'univers l'a construite on bons matériaux, et jamais l'homme n'eût pu lui donner une pareille portée ! Que sont les arches des ponts et les arceaux des cathédrales auprès de cette nef d'un rayon de trois lieues, sous laquelle un océan et des tempêtes peuvent se développer à leur aise !

– Oh ! Je ne crains pas que le ciel me tombe sur la tête. Maintenant, mon oncle, quels sont vos projets ? Ne comptez-vous pas retourner à la surface du globe ?

– Retourner ! Par exemple ! Continuer notre voyage, au contraire, puisque tout a si bien marché jusqu'ici.

– Cependant je ne vois pas comment nous pénétrerons sous cette plaine liquide.

– Oh ! je ne prétends point m'y précipiter la tête la première. Mais si les océans ne sont, à proprement parler, que des lacs, puisqu'ils sont entourés de terre, à plus forte raison cette mer intérieure se trouve-t-elle circonscrite par le massif granitique.

– Cela n'est pas douteux.

– Eh bien ! sur les rivages opposés, je suis certain de trouver de nouvelles issues.

– Quelle longueur supposez-vous donc à cet océan ?

– Trente ou quarante lieues.

– Ah ! fis-je, tout en imaginant que cette estime pouvait bien être inexacte.

– Ainsi nous n'avons pas de temps à perdre, et dès demain nous prendrons la mer. »

Involontairement je cherchai des yeux le navire qui devait nous transporter.

« Ah ! dis-je, nous nous embarquerons. Bien ! Et sur quel bâtiment prendrons-nous passage ?

– Ce ne sera pas sur un bâtiment, mon garçon, mais sur un bon et solide radeau.

– Un radeau ! m'écriai-je ; un radeau est aussi impossible à construire qu'un navire, et je ne vois pas...

– Tu ne vois pas, Axel, mais, si tu écoutais, tu pourrais entendre !

– Entendre ?

– Oui, certains coups de marteau qui t'apprendraient que Hans est déjà à l'œuvre.

– Il construit un radeau ?

– Oui.

– Comment ! il a déjà fait tomber des arbres sous sa hache ?

– Oh ! les arbres étaient tout abattus. Viens, et tu le verras à l'ouvrage. »

Après un quart d'heure de marche, de l'autre côté du promontoire qui formait le petit port naturel, j'aperçus Hans au travail. Quelques pas encore, et je fus près de lui. À ma grande surprise, un radeau à demi terminé s'étendait sur le sable ; il était fait de poutres d'un bois particulier, et un grand nombre de madriers, de courbes, de couples de toute espèce, jonchaient littéralement le sol. Il y avait là de quoi construire une marine entière.

Le lendemain soir, grâce à l'habileté du guide, le radeau était terminé ; il avait dix pieds de long sur cinq de large ; les poutres de surtarbrandur[1], reliées entre elles par de fortes cordes, offraient une surface solide, et une fois lancée, cette embarcation improvisée flotta tranquillement sur les eaux de la mer Lidenbrock.

1. **Surtarbrandur** : bois fossilisé.

XXXII

Le 13 août, on se réveilla de bon matin. Il s'agissait d'inaugurer un nouveau genre de locomotion rapide et peu fatigant.

Un mât fait de deux bâtons jumelés, une vergue formée d'un troisième, une voile empruntée à nos couvertures, composaient tout le gréement du radeau. Les cordes ne manquaient pas. Le tout était solide.

À six heures, le professeur donna le signal d'embarquer. Les vivres, les bagages, les instruments, les armes et une notable quantité d'eau douce se trouvaient en place.

Hans avait installé un gouvernail qui lui permettait de diriger son appareil flottant. Il se mit à la barre. Je détachai l'amarre qui nous retenait au rivage ; la voile fut orientée et nous débordâmes[1] rapidement.

Au moment de quitter le petit port, mon oncle, qui tenait à sa nomenclature géographique, voulut lui donner un nom, le mien, entre autres.

« Ma foi, dis-je, j'en ai un autre à vous proposer.

– Lequel ?

– Le nom de Graüben. Port-Graüben, cela fera très bien sur la carte.

– Va pour Port-Graüben. »

Et voilà comment le souvenir de ma chère Virlandaise se rattacha à notre heureuse expédition.

1. **Débordâmes** : chez les marins, « déborder » signifie quitter le bord de la plage, s'éloigner de la rive.

La brise soufflait du nord-est ; nous filions vent arrière avec une extrême rapidité. Les couches très denses de l'atmosphère avaient une poussée considérable et agissaient sur la voile comme un puissant ventilateur.

Au bout d'une heure, mon oncle avait pu se rendre compte de notre vitesse.

« Si nous continuons à marcher ainsi, dit-il, nous ferons au moins trente lieues par vingt-quatre heures et nous ne tarderons pas à reconnaître les rivages opposés. »

Je ne répondis pas, et j'allai prendre place à l'avant du radeau. Déjà la côte septentrionale[1] s'abaissait à l'horizon ; les deux bras du rivage s'ouvraient largement comme pour faciliter notre départ. Devant mes yeux s'étendait une mer immense. De grands nuages promenaient rapidement à sa surface leur ombre grisâtre, qui semblait peser sur cette eau morne. Les rayons argentés de la lumière électrique, réfléchis çà et là par quelque gouttelette, faisaient éclore des points lumineux sur les côtés de l'embarcation. Bientôt toute terre fut perdue de vue, tout point de repère disparut, et, sans le sillage écumeux du radeau, j'aurais pu croire qu'il demeurait dans une parfaite immobilité.

Vers midi, des algues immenses vinrent onduler à la surface des flots. Je connaissais la puissance végétative de ces plantes, qui rampent à une profondeur de plus de douze mille pieds au fond des mers, se reproduisent sous une pression de près de quatre cents atmosphères et forment souvent des bancs assez considérables pour entraver la marche des navires ; mais jamais, je crois, algues ne furent plus gigantesques que celles de la mer Lidenbrock.

1. **Septentrionale** : située au nord.

Notre radeau longea des fucus[1] longs de trois et quatre mille pieds, immenses serpents qui se développaient hors de la portée de la vue ; je m'amusais à suivre du regard leurs rubans infinis, croyant toujours en atteindre l'extrémité, et pendant des heures entières ma patience était trompée, sinon mon étonnement.

Quelle force naturelle pouvait produire de telles plantes, et quel devait être l'aspect de la terre aux premiers siècles de sa formation, quand, sous l'action de la chaleur et de l'humidité, le règne végétal se développait seul à sa surface !

Le soir arriva, et, ainsi que je l'avais remarqué la veille, l'état lumineux de l'air ne subit aucune diminution. C'était un phénomène constant sur la durée duquel on pouvait compter.

Après le souper je m'étendis au pied du mât, et je ne tardai pas à m'endormir au milieu d'indolentes rêveries.

Hans, immobile au gouvernail, laissait courir le radeau, qui, d'ailleurs, poussé vent arrière, ne demandait même pas à être dirigé.

Depuis notre départ de Port-Graüben, le professeur Lidenbrock m'avait chargé de tenir le « journal du bord », de noter les moindres observations, de consigner les phénomènes intéressants, la direction du vent, la vitesse acquise, le chemin parcouru, en un mot, tous les incidents de cette étrange navigation.

Je me bornerai donc à reproduire ici ces notes quotidiennes, écrites pour ainsi dire sous la dictée des événements, afin de donner un récit plus exact de notre traversée.

1. **Fucus** : algues brunes.

Vendredi 14 août. – Brise égale du N.-O. Le radeau marche avec rapidité et en ligne droite. La côte reste à trente lieues sous le vent. Rien à l'horizon. L'intensité de la lumière ne varie pas. Beau temps, c'est-à-dire que les nuages sont fort élevés, peu épais et baignés dans une atmosphère blanche, comme serait de l'argent en fusion.

Thermomètre : + 32° centigrades.

À midi, Hans prépare un hameçon à l'extrémité d'une corde ; il l'amorce avec un petit morceau de viande et le jette à la mer. Pendant deux heures il ne prend rien. Ces eaux sont donc inhabitées ? Non. Une secousse se produit. Hans tire sa ligne et ramène un poisson qui se débat vigoureusement.

« Un poisson ! s'écrie mon oncle.

– C'est un esturgeon ! m'écriai-je à mon tour, un esturgeon de petite taille ! »

Le professeur regarde attentivement l'animal et ne partage pas mon opinion. Ce poisson a la tête plate, arrondie et la partie antérieure du corps couverte de plaques osseuses ; sa bouche est privée de dents ; des nageoires pectorales assez développées sont ajustées à son corps dépourvu de queue. Cet animal appartient bien à un ordre où les naturalistes ont classé l'esturgeon, mais il en diffère par des côtés assez essentiels.

Mon oncle ne s'y trompe pas, car, après un assez court examen, il dit :

« Ce poisson appartient à une famille éteinte depuis des siècles et dont on retrouve des traces fossiles dans le terrain dévonien.

– Comment ! dis-je, nous aurions pu prendre vivant un de ces habitants des mers primitives ?

– Oui, répond le professeur en continuant ses observations,

et tu vois que ces poissons fossiles n'ont aucune identité avec les espèces actuelles. Or, tenir un de ces êtres vivant c'est un véritable bonheur de naturaliste.

– Mais à quelle famille appartient-il ?

– À l'ordre des Ganoïdes, famille des Céphalaspides, genre...

– Eh bien ?

– Genre des Pterychtis, j'en jurerais ; mais celui-ci offre une particularité qui, dit-on, se rencontre chez les poissons des eaux souterraines.

– Laquelle ?

– Il est aveugle !

– Aveugle !

– Non seulement aveugle, mais l'organe de la vue lui manque absolument. »

Je regarde. Rien n'est plus vrai. Mais ce peut être un cas particulier. La ligne est donc amorcée de nouveau et rejetée à la mer. Cet océan, à coup sûr, est fort poissonneux, car en deux heures nous prenons une grande quantité de Pterychtis, ainsi que des poissons appartenant à une famille également éteinte, les Dipterides, mais dont mon oncle ne peut reconnaître le genre. Tous sont dépourvus de l'organe de la vue. Cette pêche inespérée renouvelle avantageusement nos provisions.

Ainsi donc, cela paraît constant, cette mer ne renferme que des espèces fossiles, dans lesquelles les poissons comme les reptiles sont d'autant plus parfaits que leur création est plus ancienne.

Peut-être rencontrerons-nous quelques-uns de ces sauriens[1] que la science a su refaire avec un bout d'ossement ou de cartilage ?

1. **Sauriens** : reptiles.

Je prends la lunette et j'examine la mer. Elle est déserte. Sans doute nous sommes encore trop rapprochés des côtes.

Je regarde dans les airs. Pourquoi quelques-uns de ces oiseaux reconstruits par l'immortel Cuvier ne battraient-ils pas de leurs ailes ces lourdes couches atmosphériques ? Les poissons leur fourniraient une suffisante nourriture. J'observe l'espace, mais les airs sont inhabités comme les rivages.

[...]

Le narrateur observe le rivage et imagine tous les animaux préhistoriques qui pourraient le peupler.

Georges Cuvier (1769-1832) est un zoologiste et paléontologue français qui reconstitua le squelette de mammifères fossiles à partir de quelques os.

XXXIII

Samedi 15 août. – La mer conserve sa monotone uniformité. Nulle terre n'est en vue. L'horizon parait excessivement reculé.

J'ai la tête encore alourdie par la violence de mon rêve.

Mon oncle n'a pas rêvé, lui, mais il est de mauvaise humeur ; il parcourt tous les points de l'espace avec sa lunette et se croise les bras d'un air dépité.

Je remarque que le professeur Lidenbrock tend à redevenir l'homme impatient du passé, et je consigne le fait sur mon journal. Il a fallu mes dangers et mes souffrances pour tirer de lui quelque étincelle d'humanité ; mais, depuis ma guérison, la nature a repris le dessus. Et cependant, pourquoi s'emporter ? Le voyage ne s'accomplit-il pas dans les circonstances les plus favorables ? Est-ce que le radeau ne file pas avec une merveilleuse rapidité ?

« Vous semblez inquiet, mon oncle ? dis-je, en le voyant souvent porter la lunette à ses yeux.

– Inquiet ? Non.

– Impatient, alors ?

– On le serait à moins !

– Cependant nous marchons avec vitesse...

– Que m'importe ? Ce n'est pas la vitesse qui est trop petite, c'est la mer qui est trop grande ! »

Je me souviens alors que le professeur, avant notre départ, estimait à une trentaine de lieues la longueur de ce souterrain. Or nous avons parcouru un chemin trois fois plus long, et les rivages du sud n'apparaissent pas encore.

« Nous ne descendons pas ! reprend le professeur. Tout cela est du temps perdu, et, en somme, je ne suis pas venu si loin pour faire une partie de bateau sur un étang ! »

Il appelle cette traversée une partie de bateau, et cette mer un étang !

« Mais, dis-je, puisque nous avons suivi la route indiquée par Saknussemm...

– C'est la question. Avons-nous suivi cette route ? Saknussemm a-t-il rencontré cette étendue d'eau ? L'a-t-il traversée ? Ce ruisseau que nous avons pris pour guide ne nous a-t-il pas complètement égarés ?

– En tout cas, nous ne pouvons regretter, d'être venus jusqu'ici. Ce spectacle est magnifique, et...

– Il ne s'agit pas de voir. Je me suis proposé un but, et je veux l'atteindre ! Ainsi ne me parle pas d'admirer ! »

Je me le tiens pour dit, et je laisse le professeur se ronger les lèvres d'impatience. À six heures du soir, Hans réclame sa paye, et ses trois rixdales lui sont comptés.

Dimanche 16 août. – Rien de nouveau. Même temps. Le vent a une légère tendance à fraîchir. En me réveillant, mon premier soin est de constater l' intensité de la lumière. Je crains toujours que le phénomène électrique ne vienne à s'obscurcir, puis à s'éteindre. Il n'en est rien. L'ombre du radeau est nettement dessinée à la surface des flots.

Vraiment cette mer est infinie ! Elle doit avoir la largeur de la Méditerranée, ou même de l'Atlantique. Pourquoi pas ?

Mon oncle sonde à plusieurs reprises ; il attache un des plus lourds pics à l'extrémité d'une corde qu'il laisse filer de deux cents brasses. Pas de fond. Nous avons beaucoup de peine à ramener notre sonde.

Quand le pic est remonté à bord, Hans me fait remarquer à sa surface des empreintes fortement accusées. On dirait que ce morceau de fer a été vigoureusement serré entre deux corps durs.

Je regarde le chasseur.

« *Tänder !* » fait-il.

Je ne comprends pas. Je me tourne vers mon oncle, qui est entièrement absorbé dans ses réflexions. Je ne me soucie pas de le déranger. Je reviens vers l'Islandais. Celui-ci, ouvrant et refermant plusieurs fois la bouche, me fait comprendre sa pensée.

« Des dents ! » dis-je avec stupéfaction en considérant plus attentivement la barre de fer.

Oui ! ce sont bien des dents dont l'empreinte s'est incrustée dans le métal ! Les mâchoires qu'elles garnissent doivent posséder une force prodigieuse ! Est-ce un monstre des espèces perdues qui s'agite sous la couche profonde des eaux, plus vorace que le squale[1], plus redoutable que la baleine ! Je ne puis détacher mes regards de cette barre à demi rongée ! Mon rêve de la nuit dernière va-t-il devenir une réalité ? Ces pensées m'agitent pendant tout le jour, et mon imagination se calme à peine dans un sommeil de quelques heures.

Lundi 17 août. – Je cherche à me rappeler les instincts particuliers à ces animaux antédiluviens de l'époque secondaire, qui, succédant aux mollusques, aux crustacés et aux poissons,

1. **Squale** : requin.

précédèrent l'apparition des mammifères sur le globe. Le monde appartenait alors aux reptiles. Ces monstres régnaient en maîtres dans les mers jurassiques. La nature leur avait accordé la plus complète organisation. Quelle gigantesque structure ! quelle force prodigieuse ! Les sauriens actuels, alligators ou crocodiles, les plus gros et les plus redoutables, ne sont que des réductions affaiblies de leurs pères des premiers âges !

Je frissonne à l'évocation que je fais de ces monstres. Nul œil humain ne les a vus vivants. Ils apparurent sur la terre mille siècles avant l'homme, mais leurs ossements fossiles, retrouvés dans ce calcaire argileux que les Anglais nomment le lias, ont permis de les reconstruire anatomiquement et de connaître leur colossale conformation.

J'ai vu au Muséum de Hambourg le squelette de l'un de ces sauriens qui mesurait trente pieds de longueur. Suis-je donc destiné, moi, habitant de la terre, à me trouver face à face avec ces représentants d'une famille antédiluvienne ? Non ! c'est impossible. Cependant la marque des dents puissantes est gravée sur la barre de fer, et à leur empreinte je reconnais qu'elles sont coniques comme celles du crocodile.

Mes yeux se fixent avec effroi sur la mer ; je crains de voir s'élancer l'un de ces habitants des cavernes sous-marines.

Je suppose que le professeur Lidenbrock partage mes idées, sinon mes craintes, car, après avoir examiné le pic, il parcourt l'océan du regard.

« Au diable, dis-je en moi-même, cette idée qu'il a eue de sonder ! Il a troublé quelque animal marin dans sa retraite, et si nous ne sommes pas attaqués en route !... »

Je jette un coup d'œil sur les armes, et je m'assure qu'elles sont en bon état. Mon oncle me voit faire et m'approuve du geste.

Déjà de larges agitations produites à la surface des flots indiquent le trouble des couches reculées. Le danger est proche. Il faut veiller.

Mardi 18 août. – Le soir arrive, ou plutôt le moment où le sommeil alourdit nos paupières, car la nuit manque à cet océan, et l'implacable lumière fatigue obstinément nos yeux, comme si nous naviguions sous le soleil des mers arctiques. Hans est à la barre. Pendant son quart je m'endors.

Deux heures après, une secousse épouvantable me réveille. Le radeau a été soulevé hors des flots avec une indescriptible puissance et rejeté à vingt toises de là.

« Qu'y a-t-il ? s'écria mon oncle. Avons-nous touché ? »

Hans montre du doigt, à une distance de deux cents toises, une masse noirâtre qui s'élève et s'abaisse tour à tour. Je regarde et je m'écrie :

« C'est un marsouin colossal !

– Oui, réplique mon oncle, et voilà maintenant un lézard de mer d'une grosseur peu commune.

– Et plus loin un crocodile monstrueux ! Voyez sa large mâchoire et les rangées de dents dont elle est armée. Ah ! il disparaît !

– Une baleine ! une baleine ! s'écrie alors le professeur. J'aperçois ses nageoires énormes ! Vois l'air et l'eau qu'elle chasse par ses évents[1] ! »

En effet, deux colonnes liquides s'élèvent à une hauteur considérable au-dessus de la mer. Nous restons surpris,

1. **Évents** : narines situées sur la tête des baleines.

stupéfaits, épouvantés, en présence de ce troupeau de monstres marins. Ils ont des dimensions surnaturelles, et le moindre d'entre eux briserait le radeau d'un coup de dent. Hans veut mettre la barre au vent, afin de fuir ce voisinage dangereux ; mais il aperçoit sur l'autre bord d'autres ennemis non moins redoutables : une tortue large de quarante pieds, et un serpent long de trente, qui darde sa tête énorme au-dessus des flots.

Impossible de fuir. Ces reptiles s'approchent ; ils tournent autour du radeau avec une rapidité que des convois lancés à grande vitesse ne sauraient égaler ; ils tracent autour de lui des cercles concentriques. J'ai pris ma carabine. Mais quel effet peut produire une balle sur les écailles dont le corps de ces animaux est recouvert ?

Nous sommes muets d'effroi. Les voici qui s'approchent ! D'un côté le crocodile, de l'autre le serpent. Le reste du troupeau marin a disparu. Je vais faire feu. Hans m'arrête d'un signe. Les deux monstres passent à cinquante toises du radeau, se précipitent l'un sur l'autre, et leur fureur les empêche de nous apercevoir. Le combat s'engage à cent toises du radeau. Nous voyons distinctement les deux monstres aux prises.

Mais il me semble que maintenant les autres animaux viennent prendre part à la lutte, le marsouin, la baleine, le lézard, la tortue ; à chaque instant je les entrevois. Je les montre à l'Islandais. Celui-ci remue la tête négativement.

« *Tva*, fait-il.

– Quoi ! deux ! il prétend que deux animaux seulement...

– Il a raison, s'écrie mon oncle, dont la lunette n'a pas quitté les yeux.

– Par exemple !

– Oui ! le premier de ces monstres a le museau d'un marsouin, la tête d'un lézard, les dents d'un crocodile, et voilà ce qui nous a trompés. C'est le plus redoutable des reptiles antédiluviens, l'Ichthyosaurus !

– Et l'autre ?

– L'autre, c'est un serpent caché dans la carapace d'une tortue, le terrible ennemi du premier, le Plesiosaurus ! »

Hans a dit vrai. Deux monstres seulement troublent ainsi la surface de la mer, et j'ai devant les yeux deux reptiles des océans primitifs. J'aperçois l'œil sanglant de l'Ichthyosaurus, gros comme la tête d'un homme. La nature l'a doué d'un appareil d'optique d'une extrême puissance et capable de résister à la pression des couches d'eau dans les profondeurs qu'il habite. On l'a justement nommé la baleine des sauriens, car il en a la rapidité et la taille. Celui-ci ne mesure pas moins de cent pieds, et je peux juger de sa grandeur quand il dresse au-dessus des flots les nageoires verticales de sa queue. Sa mâchoire est énorme, et d'après les naturalistes, elle ne compte pas moins de cent quatre-vingt-deux dents. Le Plesiosaurus, serpent à tronc cylindrique, à queue courte, a les pattes disposées en forme de rame. Son corps est entièrement revêtu d'une carapace, et son cou, flexible comme celui du cygne, se dresse à trente pieds au-dessus des flots.

Ces animaux s'attaquent avec une indescriptible furie. Ils soulèvent des montagnes liquides qui s'étendent jusqu'au radeau. Vingt fois nous sommes sur le point de chavirer. Des sifflements d'une prodigieuse intensité se font entendre. Les deux bêtes sont enlacées. Je ne puis les distinguer l'une de l'autre ! Il faut tout craindre de la rage du vainqueur.

Une heure, deux heures se passent. La lutte continue avec le même acharnement. Les combattants se rapprochent du radeau et s'en éloignent tour à tour. Nous restons immobiles, prêts à faire feu.

Soudain l'Ichthyosaurus et le Plesiosaurus disparaissent en creusant un véritable maëlstrom[1] au sein des flots. Plusieurs minutes s'écoulent. Le combat va-t-il se terminer dans les profondeurs de la mer ?

Mais tout à coup une tête énorme s'élance au dehors, la tête du Plesiosaurus. Le monstre est blessé à mort. Je n'aperçois plus son immense carapace. Seulement, son long cou se dresse, s'abat, se relève, se recourbe, cingle les flots comme un fouet gigantesque et se tord comme un ver coupé. L'eau rejaillit à une distance considérable. Elle nous aveugle. Mais bientôt l'agonie du reptile touche à sa fin, ses mouvements diminuent, ses contorsions s'apaisent, et ce long tronçon de serpent s'étend comme une masse inerte sur les flots calmés.

Quant à l'Ichthyosaurus, a-t-il donc regagné sa caverne sous-marine, ou va-t-il reparaître à la surface de la mer ?

1. **Maëlstrom** : tourbillon.

XXXIV

Mercredi 19 août. – Heureusement le vent, qui souffle avec force, nous a permis de fuir rapidement le théâtre de la lutte. Hans est toujours au gouvernail. Mon oncle, tiré de ses absorbantes idées par les incidents de ce combat, retombe dans son impatiente contemplation de la mer.

Le voyage reprend sa monotone uniformité, que je ne tiens pas à rompre au prix des dangers d'hier.

Jeudi 20 août. – Brise N.-N.-E. assez inégale. Température chaude. Nous marchons avec une vitesse de trois lieues et demie à l'heure.

Vers midi un bruit très éloigné se fait entendre.

Je consigne ici le fait sans pouvoir en donner l'explication. C'est un mugissement continu.

« Il y a au loin, dit le professeur, quelque rocher, ou quelque îlot sur lequel la mer se brise. »

Hans se hisse au sommet du mât, mais ne signale aucun écueil. L'océan est uni jusqu'à sa ligne d'horizon. Trois heures se passent. Les mugissements semblent provenir d'une chute d'eau éloignée.

Je le fais remarquer à mon oncle, qui secoue la tête. J'ai pourtant la conviction que je ne me trompe pas. Courons-nous donc à quelque cataracte qui nous précipitera dans l'abîme ? Que cette manière de descendre plaise au professeur, parce qu'elle se rapproche de la verticale, c'est possible, mais à moi...

En tout cas, il doit y avoir à quelques lieues au vent un phénomène bruyant, car maintenant les mugissements se font entendre avec une grande violence. Viennent-ils du ciel ou de l'océan ?

[...]

Vers quatre heures, Hans se lève, se cramponne au mât et monte à son extrémité. De là son regard parcourt l'arc de cercle que l'océan décrit devant le radeau et s'arrête à un point. Sa figure n'exprime aucune surprise, mais son œil est devenu fixe.

« Il a vu quelque chose, dit mon oncle.

– Je le crois. »

Hans redescend, puis il étend son bras vers le sud en disant :

« *Der nere !*

– Là-bas ? » répond mon oncle.

Et saisissant sa lunette, il regarde attentivement pendant une minute, qui me paraît un siècle.

« Oui, oui ! s'écrie-t-il.

– Que voyez-vous ?

– Une gerbe immense qui s'élève au-dessus des flots.

– Encore quelque animal marin ?

– Alors mettons le cap plus à l'ouest, car nous savons à quoi nous en tenir sur le danger de rencontrer ces monstres antédiluviens !

– Laissons aller », répond mon oncle.

Je me retourne vers Hans. Hans maintient sa barre avec une inflexible rigueur.

Cependant, si de la distance qui nous sépare de cet animal, et qu'il faut estimer à douze lieues au moins, on peut apercevoir la colonne d'eau chassée par ses évents, il doit être d'une taille surnaturelle. Fuir serait se conformer aux lois de la plus vulgaire prudence. Mais nous ne sommes pas venus ici pour être prudents. On va donc en avant. Plus nous approchons, plus la gerbe grandit. Quel monstre peut s'emplir d'une pareille quantité d'eau et l'expulser ainsi sans interruption ?

À huit heures du soir nous ne sommes pas à deux lieues de lui. Son corps noirâtre, énorme, monstrueux, s'étend dans la mer comme un îlot. Est-ce illusion ? est-ce effroi ? Sa longueur me parait dépasser mille toises ! Quel est donc ce cétacé que n'ont prévu ni les Cuvier ni les Blumembach ? Il est immobile et comme endormi ; la mer semble ne pouvoir le soulever, et ce sont les vagues qui ondulent sur ses flancs. La colonne d'eau, projetée à une hauteur de cinq cents pieds retombe avec un bruit assourdissant. Nous courons en insensés vers cette masse puissante que cent baleines ne nourriraient pas pour un jour.

La terreur me prend. Je ne veux pas aller plus loin ! Je couperai, s'il le faut, la drisse[1] de la voile ! Je me révolte contre le professeur, qui ne me répond pas.

Tout à coup Hans se lève, et montrant du doigt le point menaçant :

« *Holme !* dit-il.

– Une île ! s'écrie mon oncle.

– Une île ! dis-je à mon tour en haussant les épaules.

– Évidemment, répond le professeur en poussant un vaste éclat de rire.

– Mais cette colonne d'eau !

– *Geyser*, fait Hans.

– Eh ! sans doute, geyser[2] ! riposte mon oncle, un geyser pareil à ceux de l'Islande ! »

1. **Drisse** : cordage.
2. **Geyser** : source de vapeur et d'eau chaude jaillissant de façon intermittente.

Je ne veux pas, d'abord, m'être trompé si grossièrement. Avoir pris un îlot pour un monstre marin ! Mais l'évidence se fait, et il faut enfin convenir de mon erreur. Il n'y a là qu'un phénomène naturel.

À mesure que nous approchons, les dimensions de la gerbe liquide deviennent grandioses. L'îlot représente à s'y méprendre un cétacé immense dont la tête domine les flots à une hauteur de dix toises. Le geyser, mot que les Islandais prononcent *geysir* et qui signifie « fureur », s'élève majestueusement à son extrémité. De sourdes détonations éclatent par instants, et l'énorme jet, pris de colères plus violentes, secoue son panache de vapeurs en bondissant jusqu'à la première couche de nuages. Il est seul. Ni fumerolles, ni sources chaudes ne l'entourent, et toute la puissance volcanique se résume en lui. Les rayons de la lumière électrique viennent se mêler à cette gerbe éblouissante, dont chaque goutte se nuance de toutes les couleurs du prisme.

« Accostons », dit le professeur.

Mais il faut éviter avec soin cette trombe d'eau, qui coulerait le radeau en un instant. Hans, manœuvrant adroitement, nous amène à l'extrémité de l'îlot.

Je saute sur le roc ; mon oncle me suit lestement, tandis que le chasseur demeure à son poste, comme un homme au-dessus de ces étonnements.

Nous marchons sur un granit mêlé de tuf siliceux ; le sol frissonne sous nos pieds comme les flancs d'une chaudière où se tord de la vapeur surchauffée ; il est brûlant. Nous arrivons en vue d'un petit bassin central d'où s'élève le geyser. Je plonge dans l'eau qui coule en bouillonnant un thermomètre à déversement, et il marque une chaleur de cent soixante-trois degrés.

Ainsi donc cette eau sort d'un foyer ardent. Cela contredit singulièrement les théories du professeur Lidenbrock. Je ne puis m'empêcher d'en faire la remarque.

« Eh bien, réplique-t-il, qu'est-ce que cela prouve contre ma doctrine ?

– Rien », dis-je d'un ton sec, en voyant que je me heurte à un entêtement absolu.

Néanmoins, je suis forcé d'avouer que nous sommes singulièrement favorisés jusqu'ici, et que, pour une raison qui m'échappe, ce voyage s'accomplit dans des conditions particulières de température ; mais il me paraît évident, certain, que nous arriverons un jour ou l'autre à ces régions où la chaleur centrale atteint les plus hautes limites et dépasse toutes les graduations des thermomètres.

Nous verrons bien. C'est le mot du professeur, qui, après avoir baptisé cet îlot volcanique du nom de son neveu, donne le signal de l'embarquement.

Je reste pendant quelques minutes encore à contempler le geyser. Je remarque que son jet est irrégulier dans ses accès, qu'il diminue parfois d'intensité, puis reprend avec une nouvelle vigueur, ce que j'attribue aux variations de pression des vapeurs accumulées dans son réservoir.

Enfin, nous partons en contournant les roches très accores[1] du sud. Hans a profité de cette halte pour remettre le radeau en état.

Mais avant de déborder, je fais quelques observations pour calculer la distance parcourue, et je les note sur mon journal. Nous avons franchi deux cent soixante-dix lieues de mer depuis Port-Graüben, et nous sommes à six cent vingt lieues de l'Islande, sous l'Angleterre.

1. **Accores** : abruptes et plongeant directement dans la mer.

XXXV

Du vendredi 21 août au mardi 25 août, les trois hommes subissent un orage d'une violence extrême. Ils souffrent et le radeau est emporté à une vitesse vertigineuse. Ils finisssent par s'écraser sur les rochers du rivage.

XXXVI

Ici se termine ce que j'ai appelé « le journal du bord », heureusement sauvé du naufrage. Je reprends mon récit comme devant[1].

Ce qui se passa au choc du radeau contre les écueils de la côte, je ne saurais le dire. Je me sentis précipité dans les flots, et si j'échappai à la mort, si mon corps ne fut pas déchiré sur les rocs aigus, c'est que le bras vigoureux de Hans me retira de l'abîme.

Le courageux Islandais me transporta hors de la portée des vagues, sur un sable brûlant où je me trouvai côte à côte avec mon oncle.

Puis il revint vers ces rochers auxquels se heurtaient les lames furieuses, afin de sauver quelques épaves du naufrage. Je ne pouvais parler ; j'étais brisé d'émotions et de fatigues ; il me fallut une grande heure pour me remettre.

Cependant une pluie diluvienne continuait à tomber, mais avec ce redoublement qui annonce la fin des orages. Quelques rocs superposés nous offrirent un abri contre les torrents du ciel, Hans prépara des aliments auxquels je ne pus toucher, et chacun de nous, épuisé par les veilles de trois nuits, tomba dans un douloureux sommeil.

Le lendemain, le temps était magnifique. Le ciel et la mer s'étaient apaisés d'un commun accord. Toute trace de tempête

1. **Comme devant** : comme avant.

avait disparu. Ce furent les paroles joyeuses du professeur qui saluèrent mon réveil. Il était d'une gaieté terrible.

« Eh bien, mon garçon, s'écria-t-il, as-tu bien dormi ?

– Très bien, répondis-je ; je suis encore brisé, mais cela ne sera rien.

– Absolument rien, un peu de fatigue, et voilà tout.

– Mais vous me paraissez bien gai, ce matin, mon oncle ?

– Enchanté, mon garçon ! enchanté ! Nous sommes arrivés !

– Au terme de notre expédition ?

– Non, mais au bout de cette mer qui n'en finissait pas. Nous allons reprendre maintenant la voie de terre et nous enfoncer véritablement dans les entrailles du globe.

– Mon oncle, permettez-moi une question.

– Je te la permets, Axel.

– Et le retour ?

– Le retour ! Ah ! tu penses à revenir quand on n'est même pas arrivé ?

– Non, je veux seulement demander comment il s'effectuera.

– De la manière la plus simple du monde. Une fois arrivés au centre du sphéroïde[1], ou nous trouverons une route nouvelle pour remonter à sa surface, ou nous reviendrons tout bourgeoisement par le chemin déjà parcouru. J'aime à penser qu'il ne se fermera pas derrière nous.

– Alors il faudra remettre le radeau en bon état.

– Nécessairement.

1. **Sphéroïde** : objet dont la forme est proche de la sphère. Il s'agit donc de la Terre.

– Mais les provisions, en reste-t-il assez pour accomplir toutes ces grandes choses ?

– Oui, certes. Hans est un garçon habile, et je suis sûr qu'il a sauvé la plus grande partie de la cargaison. Allons nous en assurer, d'ailleurs. »

Nous quittâmes cette grotte ouverte à toutes les brises[1]. J'avais un espoir qui était en même temps une crainte ; il me semblait impossible que le terrible abordage du radeau n'eût pas anéanti tout ce qu'il portait. Je me trompais. À mon arrivée sur le rivage, j'aperçus Hans au milieu d'une foule d'objets rangés avec ordre. Mon oncle lui serra la main avec un vif sentiment de reconnaissance. Cet homme, d'un dévouement surhumain dont on ne trouverait peut-être pas d'autre exemple, avait travaillé pendant que nous dormions et sauvé les objets les plus précieux au péril de sa vie.

Ce n'est pas que nous n'eussions fait des pertes assez sensibles, nos armes, par exemple ; mais enfin on pouvait s'en passer. La provision de poudre était demeurée intacte, après avoir failli sauter pendant la tempête.

« Eh bien, s'écria le professeur, puisque les fusils manquent, nous en serons quittes pour ne pas chasser !

– Bon ; mais les instruments ?

– Voici le manomètre le plus utile de tous, et pour lequel j'aurais donné les autres ! Avec lui, je puis calculer la profondeur et savoir quand nous aurons atteint le centre. Sans lui, nous risquerions d'aller au-delà et de ressortir par les antipodes ! »

1. **À toutes les brises** : à tous les vents.

Cette gaîté était féroce.

« Mais la boussole ? demandai-je.

– La voici, sur ce rocher, en parfait état, ainsi que le chronomètre et les thermomètres. Ah ! le chasseur est un homme précieux ! »

Il fallait bien le reconnaître, en fait d'instruments, rien ne manquait. Quant aux outils et aux engins, j'aperçus, épars sur le sable, échelles, cordes, pics, pioches, etc. Cependant il y avait encore la question des vivres à élucider.

« Et les provisions ? dis-je.

– Voyons les provisions », répondit mon oncle.

Les caisses qui les contenaient étaient alignées sur la grève dans un parfait état de conservation ; la mer les avait respectées pour la plupart, et somme toute, en biscuits, viande salée, genièvre et poissons secs, on pouvait compter encore sur quatre mois de vivres.

« Quatre mois ! s'écria le professeur ; nous avons le temps d'aller et de revenir, et avec ce qui restera je veux donner un grand dîner à tous mes collègues du Johannæum ! »

J'aurais dû être fait, depuis longtemps, au tempérament de mon oncle, et pourtant cet homme-là m'étonnait toujours.

« Maintenant, dit-il, nous allons refaire notre provision d'eau avec la pluie que l'orage a versée dans tous ces bassins de granit ; par conséquent, nous n'avons pas à craindre d'être pris par la soif. Quant au radeau, je vais recommander à Hans de le réparer de son mieux, quoiqu'il ne doive plus nous servir, j'imagine !

– Comment cela ? m'écriai-je.

– Une idée à moi, mon garçon ! Je crois que nous ne sortirons pas par où nous sommes entrés. »

Je regardai le professeur avec une certaine défiance. Je me demandai s'il n'était pas devenu fou. Et cependant « il ne savait pas si bien dire ».

« Allons déjeuner », reprit-il.

Je le suivis sur un cap élevé, après qu'il eut donné ses instructions au chasseur. Là, de la viande sèche, du biscuit et du thé composèrent un repas excellent, et, je dois l'avouer, un des meilleurs que j'eusse fait de ma vie. Le besoin, le grand air, le calme après les agitations, tout contribuait à me mettre en appétit.

Pendant le déjeuner, je posai à mon oncle la question de savoir où nous étions en ce moment.

« Cela, dis-je, me parait difficile à calculer.

– À calculer exactement, oui, répondit-il ; c'est même impossible, puisque, pendant ces trois jours de tempête, je n'ai pu tenir note de la vitesse et de la direction du radeau ; mais cependant nous pouvons relever notre situation à l'estime.

– En effet, la dernière observation a été faite à l'îlot du geyser...

– À l'îlot Axel, mon garçon. Ne décline pas cet honneur d'avoir baptisé de ton nom la première île découverte au centre du massif terrestre.

– Soit ! À l'îlot Axel, nous avions franchi environ deux cent soixante-dix lieues de mer et nous nous trouvions à plus de six cents lieues de l'Islande.

– Bien ! partons de ce point alors et comptons quatre jours d'orage, pendant lesquels notre vitesse n'a pas dû être inférieure à quatre-vingts lieues par vingt-quatre heures.

– Je le crois. Ce serait donc trois cents lieues à ajouter.

– Oui, et la mer Lidenbrock aurait à peu près six cents lieues d'un rivage à l'autre ! Sais-tu bien, Axel, qu'elle peut lutter de grandeur avec la Méditerranée ?

– Oui, surtout si nous ne l'avons traversée que dans sa largeur !

– Ce qui est fort possible !

– Et, chose curieuse, ajoutai-je, si nos calculs sont exacts, nous avons maintenant cette Méditerranée sur notre tête.

– Vraiment !

– Vraiment, car nous sommes à neuf cents lieues de Reykjawik !

– Voilà un joli bout de chemin, mon garçon ; mais, que nous soyons plutôt sous la Méditerranée que sous la Turquie ou sous l'Atlantique, cela ne peut s'affirmer que si notre direction n'a pas dévié.

– Non, le vent paraissait constant ; je pense donc que ce rivage doit être situé au sud-est de Port-Graüben.

– Bon, il est facile de s'en assurer en consultant la boussole. Allons consulter la boussole ! »

Le professeur se dirigea vers le rocher sur lequel Hans avait déposé les instruments. Il était gai, allègre, il se frottait les mains, il prenait des poses ! Un vrai jeune homme ! Je le suivis, assez curieux de savoir si je ne me trompais pas dans mon estime[1].

Arrivé au rocher, mon oncle prit le compas, le posa horizontalement et observa l'aiguille qui, après avoir oscillé, s'arrêta dans une position fixe sous l'influence magnétique. Mon oncle regarda, puis il se frotta les yeux et regarda de nouveau. Enfin il se retourna de mon côté, stupéfait.

« Qu'y a-t-il ? » demandai-je.

1. **Dans mon estime** : dans mon estimation.

Il me fit signe d'examiner l'instrument. Une exclamation de surprise m'échappa. La fleur de l'aiguille marquait le nord là où nous supposions le midi ! Elle se tournait vers la grève au lieu de montrer la pleine mer !

Je remuai la boussole, je l'examinai ; elle était en parfait état. Quelque position que l'on fît prendre à l'aiguille ; celle-ci reprenait obstinément cette direction inattendue.

Ainsi donc, il ne fallait plus en douter, pendant la tempête une saute de vent s'était produite dont nous ne nous étions pas aperçus et avait ramené le radeau vers les rivages que mon oncle croyait laisser derrière lui.

XXXVII

Il me serait impossible de peindre la succession des sentiments qui agitèrent le professeur Lidenbrock, la stupéfaction, l'incrédulité et enfin la colère. Jamais je ne vis homme si décontenancé d'abord, si irrité ensuite. Les fatigues de la traversée, les dangers courus, tout était à recommencer ! Nous avions reculé au lieu de marcher en avant !

Mais mon oncle reprit rapidement le dessus.

« Ah ! la fatalité me joue de pareils tours ! s'écria-t-il. Les éléments conspirent contre moi ! l'air, le feu et l'eau combinent leurs efforts pour s'opposer à mon passage ! Eh bien ! l'on saura ce que peut ma volonté. Je ne céderai pas, je ne reculerai pas d'une ligne, et nous verrons qui l'emportera de l'homme ou de la nature ! »

Debout sur le rocher, irrité, menaçant, Otto Lidenbrock, pareil au farouche Ajax●, semblait défier les dieux. Mais je jugeai à propos d'intervenir et de mettre un frein à cette fougue insensée.

« Écoutez-moi, lui dis-je d'un ton ferme. Il y a une limite à toute ambition ici-bas ; il ne faut pas lutter contre l'impossible ; nous sommes mal équipés pour un voyage sur mer ; cinq cents

● **Dans l'*Iliade*, Ajax est le guerrier le plus valeureux de l'armée grecque après Achille. Mais, n'ayant pas obtenu les armes d'Achille après la mort de celui-ci, il tombe fou et massacre tout un troupeau de moutons en croyant tuer les soldats grecs. Une fois revenu à lui, honteux et pris de remords, il se suicide.**

lieues ne se font pas sur un mauvais assemblage de poutres avec une couverture pour voile, un bâton en guise de mât, et contre les vents déchaînés. Nous ne pouvons gouverner, nous sommes le jouet des tempêtes, et c'est agir en fous que de tenter une seconde fois cette impossible traversée ! »

De ces raisons toutes irréfutables je pus dérouler la série pendant dix minutes sans être interrompu, mais cela vint uniquement de l'inattention du professeur, qui n'entendit pas un mot de mon argumentation.

« Au radeau ! », s'écria-t-il.

Telle fut sa réponse. J'eus beau faire, supplier, m'emporter, je me heurtai à une volonté plus dure que le granit.

Hans achevait en ce moment de réparer le radeau. On eût dit que cet être bizarre devinait les projets de mon oncle. Avec quelques morceaux de surtarbrandur il avait consolidé l'embarcation. Une voile s'y élevait déjà et le vent jouait dans ses plis flottants.

Le professeur dit quelques mots au guide, et aussitôt celui-ci d'embarquer les bagages et de tout disposer pour le départ. L'atmosphère était assez pure et le vent du nord-ouest tenait bon.

Que pouvais-je faire ? Résister seul contre deux ? Impossible. Si encore Hans se fût joint à moi. Mais non ! Il semblait que l'Islandais eût mis de côté toute volonté personnelle et fait vœu d'abnégation. Je ne pouvais rien obtenir d'un serviteur aussi inféodé[1] à son maître. Il fallait marcher en avant.

J'allais donc prendre sur le radeau ma place accoutumée, quand mon oncle m'arrêta de la main.

1. **Inféodé** : soumis.

« Nous ne partirons que demain » dit-il.

Je fis le geste d'un homme résigné à tout.

« Je ne dois rien négliger, reprit-il, et puisque la fatalité m'a poussé sur cette partie de la côte, je ne la quitterai pas sans l'avoir reconnue. »

Cette remarque sera comprise quand on saura que nous étions revenus au rivage du nord, mais non pas à l'endroit même de notre premier départ. Port-Graüben devait être situé plus à l'ouest. Rien de plus raisonnable dès lors que d'examiner avec soin les environs de ce nouvel atterrissage.

« Allons à la découverte ! » dis-je.

Et, laissant Hans à ses occupations, nous voilà partis.

[...]

Nous avancions difficilement sur ces cassures de granit, mélangées de silex, de quartz et de dépôts alluvionnaires, lorsqu'un champ, plus qu'un champ, une plaine d'ossements apparut à nos regards. On eût dit un cimetière immense, où les générations de vingt siècles confondaient leur éternelle poussière. De hautes extumescences[1] de débris s'étageaient au loin. Elles ondulaient jusqu'aux limites de l'horizon et s'y perdaient dans une brume fondante. Là, sur trois milles carrés peut-être, s'accumulait toute la vie de l'histoire animale, à peine écrite dans les terrains trop récents du monde habité.

Cependant, une impatiente curiosité nous entraînait. Nos pieds écrasaient avec un bruit sec les restes de ces animaux antéhistoriques, et ces fossiles dont les muséums des grandes cités se disputent les rares et intéressants débris. L'existence de

1. **Extumescences** : tas.

mille Cuvier n'aurait pas suffi à recomposer les squelettes des êtres organiques couchés dans ce magnifique ossuaire.

J'étais stupéfait. Mon oncle avait levé ses grands bras vers l'épaisse voûte qui nous servait de ciel. Sa bouche ouverte démesurément, ses yeux fulgurants sous la lentille de ses lunettes, sa tête remuant de haut en bas, de gauche à droite, toute sa posture enfin dénotait un étonnement sans borne. Il se trouvait devant une inappréciable collection de Leptotherium, de Mericotherium, de Lophodions, d'Anaplotherium, de Megatherium, de Mastodontes, de Protopithèques, de Ptérodactyles, de tous les monstres antédiluviens entassés pour sa satisfaction personnelle. Qu'on se figure un bibliomane[1] passionné transporté tout à coup dans cette fameuse bibliothèque d'Alexandrie brûlée par Omar et qu'un miracle aurait fait renaître de ses cendres ! Tel était mon oncle le professeur Lidenbrock.

Mais ce fut un bien autre émerveillement, quand, courant à travers cette poussière volcanique, il saisit un crâne dénudé, et s'écria d'une voix frémissante :

« Axel ! Axel ! une tête humaine !

– Une tête humaine ! mon oncle, répondis-je, non moins stupéfait.

– Oui, neveu ! Ah ! M. Milne-Edwards ! Ah ! M. de Quatrefages[2] ! que n'êtes-vous là où je suis, moi, Otto Lidenbrock ! »

1. **Bibliomane** : personne qui a la passion des livres.
2. **Milne-Edwards et Quatrefages** : célèbres zoologistes français du XIXe siècle.

XXXVIII

Axel et le professeur Lidenbrock découvrent les ossements d'un être humain parmi ceux d'animaux dont la disparition est très ancienne et datée avec précision. Cela leur permet de déterminer que des hommes ont vécu durant cette période et de trancher le débat qui agitait les milieux scientifiques de l'époque quant à la date d'apparition de l'espèce humaine. Elle serait bien antérieure à ce que l'on pensait jusqu'alors.

[...]

C'était un corps humain absolument reconnaissable. Un sol d'une nature particulière, comme celui du cimetière Saint-Michel, à Bordeaux, l'avait-il ainsi conservé pendant des siècles ? je ne saurais le dire. Mais ce cadavre, la peau tendue et parcheminée, les membres encore mœlleux – à la vue du moins –, les dents intactes, la chevelure abondante, les ongles des doigts et des orteils d'une grandeur effrayante, se montrait à nos yeux tel qu'il avait vécu.

J'étais muet devant cette apparition d'un autre âge. Mon oncle, si loquace[1], si impétueusement discoureur d'habitude, se taisait aussi. Nous avions soulevé ce corps. Nous l'avions redressé. Il nous regardait avec ses orbites caves[2]. Nous palpions son torse sonore.

1. **Loquace** : bavard.
2. **Caves** : creux.

Après quelques instants de silence, l'oncle fut vaincu par le professeur. Otto Lidenbrock, emporté par son tempérament, oublia les circonstances de notre voyage, le milieu où nous étions, l'immense caverne qui nous contenait. Sans doute il se crut au Johannaeum, professant devant ses élèves, car il prit un ton doctoral, et s'adressant à un auditoire imaginaire :

« Messieurs, dit-il, j'ai l'honneur de vous présenter un homme de l'époque quaternaire. De grands savants ont nié son existence, d'autres non moins grands l'ont affirmée. [...] Mais ici le doute seul serait une injure à la science ! Le cadavre est là ! Vous pouvez le voir, le toucher ! Ce n'est pas un squelette, c'est un corps intact, conservé dans un but uniquement anthropologique ! »

Je voulus bien ne pas contredire cette assertion.

« Si je pouvais le laver dans une solution d'acide sulfurique, dit encore mon oncle, j'en ferais disparaître toutes les parties terreuses et ces coquillages resplendissants qui sont incrustés en lui. Mais le précieux dissolvant me manque. Cependant, tel qu'il est, tel ce corps nous racontera sa propre histoire. »

Ici, le professeur prit le cadavre fossile et le manœuvra avec la dextérité d'un montreur de curiosités.

« Vous le voyez, reprit-il, il n'a pas six pieds de long, et nous sommes loin des prétendus géants. Quant à la race à laquelle il appartient, elle est incontestablement caucasique. C'est la race blanche, c'est la nôtre ! Le crâne de ce fossile est régulièrement ovoïde, sans développement des pommettes, sans projection de la mâchoire. Il ne présente aucun caractère de ce prognathisme[1] qui modifie l'angle facial. Mesurez cet angle, il est presque de

1. **Prognathisme** : saillie en avant de la mâchoire.

quatre-vingt-dix degrés. Mais j'irai plus loin encore dans le chemin des déductions, et j'oserai dire que cet échantillon humain appartient à la famille japétique[1], répandue depuis les Indes jusqu'aux limites de l'Europe occidentale. Ne souriez pas, Messieurs ! »

Personne ne souriait, mais le professeur avait une telle habitude de voir les visages s'épanouir pendant ses savantes dissertations !

« Oui, reprit-il avec une animation nouvelle, c'est là un homme fossile, et contemporain des Mastodontes dont les ossements emplissent cet amphithéâtre. Mais de vous dire par quelle route il est arrivé là, comment ces couches où il était enfoui ont glissé jusque dans cette énorme cavité du globe, c'est ce que je ne me permettrai pas. Sans doute, à l'époque quaternaire, des troubles considérables se manifestaient encore dans l'écorce terrestre ; le refroidissement continu du globe produisait des cassures, des fentes, des failles, où dévalait vraisemblablement une partie du terrain supérieur. Je ne me prononce pas, mais enfin l'homme est là, entouré des ouvrages de sa main, de ces haches, de ces silex taillés qui ont constitué l'âge de pierre, et à moins qu'il n'y soit venu comme moi en touriste, en pionnier de la science, je ne puis mettre en doute l'authenticité de son antique origine. »

Le professeur se tut, et j'éclatai en applaudissements unanimes. D'ailleurs mon oncle avait raison, et de plus savants que son neveu eussent été fort empêchés de le combattre.

1. **Famille japétique** : groupe humain que l'on désigne aujourd'hui par l'adjectif « indo-européen » et qui a donné naissance aux peuples de l'Europe, de l'Inde, et à certaines populations du Moyen-Orient.

Autre indice. Ce corps fossilisé n'était pas le seul de l'immense ossuaire. D'autres corps se rencontraient à chaque pas que nous faisions dans cette poussière, et mon oncle pouvait choisir le plus merveilleux de ces échantillons pour convaincre les incrédules.

En vérité, c'était un étonnant spectacle que celui de ces générations d'hommes et d'animaux confondus dans ce cimetière. Mais une question grave se présentait, que nous n'osions résoudre. Ces êtres animés avaient-ils glissé par une convulsion du sol vers les rivages de la mer Lidenbrock, alors qu'ils étaient déjà réduits en poussière ? Ou plutôt vécurent-ils ici, dans ce monde souterrain, sous ce ciel factice[1], naissant et mourant comme les habitants de la Terre ? Jusqu'ici, les monstres marins, les poissons seuls, nous étaient apparus vivants ! Quelque homme de l'abîme errait-il encore sur ces grèves désertes ?

1. **Factice** : artificiel.

XXXIX

Pendant une demi-heure encore, nos pieds foulèrent ces couches d'ossements. Nous allions en avant, poussés par une ardente curiosité. Quelles autres merveilles renfermait cette caverne, quels trésors pour la science ? Mon regard s'attendait à toutes les surprises, mon imagination à tous les étonnements.

[...]

Après une marche d'un mille, apparut la lisière d'une forêt immense, mais non plus un de ces bois de champignons qui avoisinaient Port-Graüben.

C'était la végétation de l'époque tertiaire dans toute sa magnificence.

[...]

Soudain je m'arrêtai. De la main, je retins mon oncle.

La lumière diffuse permettait d'apercevoir les moindres objets dans la profondeur des taillis. J'avais cru voir... non ! réellement, de mes yeux, je voyais des formes immenses s'agiter sous les arbres ! En effet, c'étaient des animaux gigantesques, tout un troupeau de Mastodontes, non plus fossiles, mais vivants, et semblables à ceux dont les restes furent découverts en 1801 dans les marais de l'Ohio ! J'apercevais ces grands éléphants dont les trompes grouillaient sous les arbres comme une légion de serpents. J'entendais le bruit de leurs longues défenses dont l'ivoire taraudait[1] les vieux troncs. Les branches

1. **Taraudait** : creusait, perçait.

craquaient, et les feuilles arrachées par masses considérables s'engouffraient dans la vaste gueule de ces monstres.

Ce rêve, où j'avais vu renaître tout ce monde des temps antéhistoriques, des époques ternaire et quaternaire, se réalisait donc enfin ! Et nous étions là, seuls, dans les entrailles du globe, à la merci de ses farouches habitants !

Mon oncle regardait.

« Allons, dit-il tout d'un coup en me saisissant le bras, en avant, en avant !

– Non ! m'écriai-je, non ! Nous sommes sans armes ! Que ferions-nous au milieu de ce troupeau de quadrupèdes géants ? Venez, mon oncle, venez ! Nulle créature humaine ne peut braver impunément la colère de ces monstres.

– Nulle créature humaine ! répondit mon oncle, en baissant la voix ! Tu te trompes, Axel ! Regarde, regarde, là-bas ! Il me semble que j'aperçois un être vivant ! un être semblable à nous ! un homme ! »

Je regardai, haussant les épaules, et décidé à pousser l'incrédulité jusqu'à ses dernières limites. Mais, quoique j'en eus, il fallut bien me rendre à l'évidence.

En effet, à moins d'un quart de mille, appuyé au tronc d'un kauris[1] énorme, un être humain, un Protée● de ces contrées souterraines, un nouveau fils de Neptune, gardait cet innombrable troupeau de Mastodontes !

1. **Kauris** : genre de grand conifère.

● **Chez Homère, dans l'*Odyssée*, Protée, divinité marine, est le gardien des troupeaux de phoques du dieu de la mer Poséidon (devenu Neptune chez les Romains).**

Immanis pecoris custos, immanior ipse !

Oui ! *immanior ipse !* Ce n'était plus l'être fossile dont nous avions relevé le cadavre dans l'ossuaire, c'était un géant capable de commander à ces monstres. Sa taille dépassait douze pieds[1]. Sa tête grosse comme la tête d'un buffle, disparaissait dans les broussailles d'une chevelure inculte. On eût dit une véritable crinière, semblable à celle de l'éléphant des premiers âges. Il brandissait de la main une branche énorme, digne houlette[2] de ce berger antédiluvien.

Nous étions restés immobiles, stupéfaits. Mais nous pouvions être aperçus. Il fallait fuir.

« Venez, venez ! » m'écriai-je, en entraînant mon oncle, qui pour la première fois se laissa faire !

Un quart d'heure plus tard, nous étions hors de la vue de ce redoutable ennemi.

Et maintenant que j'y songe tranquillement, maintenant que le calme s'est refait dans mon esprit, que des mois se sont écoulés depuis cette étrange et surnaturelle rencontre, que penser, que croire ? Non ! c'est impossible ! Nos sens ont été abusés, nos yeux n'ont pas vu ce qu'ils voyaient ! Nulle créature humaine n'existe dans ce monde subterrestre ! Nulle génération d'hommes n'habite ces cavernes inférieures du globe, sans se soucier des habitants de sa surface, sans communication avec eux ! C'est insensé, profondément insensé !

1. C'est-à-dire environ 3,60 m !
2. **Houlette** : bâton de berger.

Immanis pecoris custos, immanior ipse **est une citation de *Notre-Dame de Paris.* Dans le roman de Victor Hugo, cette phrase renvoie à Quasimodo, le bossu sonneur de cloches ; elle signifie : « Gardien d'un troupeau monstre, et plus monstre lui-même ! »**

J'aime mieux admettre l'existence de quelque animal dont la structure se rapproche de la structure humaine, de quelque singe des premières époques géologiques, de quelque protopithèque, de quelque mésopithèque semblable à celui que découvrit M. Lartet dans le gîte ossifère de Sansan ! Mais celui-ci dépassait par sa taille toutes les mesures données par la paléontologie moderne ! N'importe ! Un singe, oui, un singe, si invraisemblable qu'il soit ! Mais un homme, un homme vivant, et avec lui toute une génération enfouie dans les entrailles de la terre ! Jamais !

Cependant nous avions quitté la forêt claire et lumineuse, muets d'étonnement, accablés sous une stupéfaction qui touchait à l'abrutissement. Nous courions malgré nous. C'était une vraie fuite, semblable à ces entraînements effroyables que l'on subit dans certains cauchemars. Instinctivement, nous revenions vers la mer Lidenbrock, et je ne sais dans quelles divagations[1] mon esprit se fût emporté, sans une préoccupation qui me ramena à des observations plus pratiques.

Bien que je fusse certain de fouler un sol entièrement vierge de nos pas, j'apercevais souvent des agrégations de rochers dont la forme rappelait ceux de Port-Graüben. Cela confirmait, d'ailleurs, l'indication de la boussole et notre retour involontaire au nord de la mer Lidenbrock. C'était parfois à s'y méprendre. Des ruisseaux et des cascades tombaient par centaines des saillies de rocs. Je croyais revoir la couche de surtarbrandur, notre fidèle Hans-bach et la grotte où j'étais revenu à la vie. Puis,

1. **Divagations** : délires.

quelques pas plus loin, la disposition des contreforts, l'apparition d'un ruisseau, le profil surprenant d'un rocher venaient me rejeter dans le doute.

Le professeur partageait mon indécision. Il ne pouvait s'y reconnaître au milieu de ce panorama uniforme.

« Évidement, lui dis-je, nous n'avons pas abordé à notre point de départ, mais la tempête nous a ramené un peu au-dessous, et en suivant le rivage, nous retrouverons Port-Graüben.

– Dans ce cas, répondit mon oncle, il est inutile de continuer cette exploration, et le mieux est de retourner au radeau. Mais ne te trompes-tu pas, Axel ?

– Il est difficile de se prononcer, car tous ces rochers se ressemblent. Il me semble pourtant reconnaître le promontoire au pied duquel Hans a construit son embarcation. Nous devons être près du petit port, si même ce n'est pas ici, ajoutai-je en examinant une crique que je crus reconnaître.

– Mais non, Axel, nous retrouverions au moins nos propres traces, et je ne vois rien...

– Mais je vois, moi ! m'écriai-je, en m'élançant vers un objet qui brillait sur le sable.

– Qu'est-ce donc ?

– Ceci », répondis-je.

Et je montrai à mon oncle un poignard couvert de rouille, que je venais de ramasser.

– Tiens ! dit-il, tu avais donc emporté cette arme avec toi ?

– Moi ? Aucunement ! Mais vous...

– Non pas, que je sache, répondit le professeur. Je n'ai jamais eu cet objet en ma possession.

– Voilà qui est particulier !

– Mais non, c'est très simple, Axel. Les Islandais ont souvent des armes de cette espèce, et Hans, à qui celle-ci appartient, l'a perdue…

Je secouais la tête. Hans n'avait jamais eu ce poignard en sa possession.

« Est-ce donc l'arme de quelque guerrier antédiluvien, m'écriai-je, d'un homme vivant, d'un contemporain de ce gigantesque berger ? Mais non ! Ce n'est pas un outil de l'âge de pierre ! Pas même de l'âge de bronze ! Cette lame est d'acier… »

Mon oncle m'arrêta net dans cette route où m'entraînait une divagation nouvelle, et de son ton froid il me dit :

« Calme-toi, Axel, et reviens à la raison. Ce poignard est une arme du seizième siècle, une véritable dague, de celles que les gentilshommes portaient à leur ceinture pour donner le coup de grâce. Elle est d'origine espagnole. Elle n'appartient ni à toi, ni à moi, ni au chasseur, ni même aux êtres humains qui vivent peut-être dans les entrailles du globe !

– Oserez-vous dire ?…

– Vois, elle ne s'est pas ébréchée ainsi à s'enfoncer dans la gorge des gens ; sa lame est couverte d'une couche de rouille qui ne date ni d'un jour, ni d'un an, ni d'un siècle ! »

Le professeur s'animait, suivant son habitude, en se laissant emporter par son imagination.

« Axel, reprit-il, nous sommes sur la voie de la grande découverte ! Cette lame est restée abandonnée sur le sable depuis cent, deux cents, trois cents ans, et s'est ébréchée sur les rocs de cette mer souterraine !

– Mais elle n'est pas venue seule ! m'écriai-je ; elle n'a pas été se tordre d'elle-même ! quelqu'un nous a précédés !…

– Oui, un homme.

– Et cet homme ?

– Cet homme a gravé son nom avec ce poignard ! Cet homme a voulu encore une fois marquer de sa main la route du centre ! Cherchons, cherchons ! »

Et, prodigieusement intéressés, nous voilà longeant la haute muraille, interrogeant les moindres fissures qui pouvaient se changer en galerie.

Nous arrivâmes ainsi à un endroit où le rivage se resserrait. La mer venait presque baigner le pied des contreforts, laissant un passage large d'une toise au plus. Entre deux avancées de roc, on apercevait l'entrée d'un tunnel obscur.

Là, sur une plaque de granit, apparaissaient deux lettres mystérieuses à demi rongées, les deux initiales du hardi et fantastique voyageur :

« A. S. ! s'écria mon oncle. Arne Saknussemm ! Toujours Arne Saknussemm ! »

XL

Depuis le commencement du voyage, j'avais passé par bien des étonneme nts ; je devais me croire à l'abri des surprises et blasé sur tout émerveillement. Cependant, à la vue de ces deux lettres gravées là depuis trois cents ans, je demeurai dans un ébahissement voisin de la stupidité. Non seulement la signature du savant alchimiste se lisait sur le roc, mais encore le stylet qui l'avait tracée était entre mes mains. À moins d'être d'une insigne mauvaise foi, je ne pouvais plus mettre en doute l'existence du voyageur et la réalité de son voyage.

Pendant que ces réflexions tourbillonnaient dans ma tête, le professeur Lidenbrock se laissait aller à un accès un peu dithyrambique[1] à l'endroit d'Arne Saknussemm.

« Merveilleux génie ! s'écriait-il, tu n'as rien oublié de ce qui pouvait ouvrir à d'autres mortels les routes de l'écorce terrestre, et tes semblables peuvent retrouver les traces que tes pieds ont laissées, il y trois siècles, au fond de ces souterrains obscurs ! À d'autres regards que les tiens, tu as réservé la contemplation de ces merveilles ! Ton nom gravé d'étape en étape conduit droit à son but le voyageur assez audacieux pour te suivre, et, au centre même de notre planète, il se trouvera encore inscrit de ta propre main. Eh bien ! moi aussi, j'irai signer de mon nom cette dernière page de granit ! Mais que, dès maintenant, ce cap vu par toi près de cette mer découverte par toi, soit à jamais appelé le cap Saknussemm ! »

1. **Dithyrambique** : exprimant des compliments exagérés.

Voilà ce que j'entendis, ou à peu près, et je me sentis gagné par l'enthousiasme que respiraient ces paroles. Un feu intérieur se ranima dans ma poitrine ! J'oubliai tout, et les dangers du voyage, et les périls du retour. Ce qu'un autre avait fait, je voulais le faire aussi, et rien de ce qui était humain ne me paraissait impossible !

« En avant, en avant ! » m'écriai-je.

Je m'élançais déjà vers la sombre galerie, quand le professeur m'arrêta, et lui, l'homme des emportements, il me conseilla la patience et le sang-froid.

« Retournons d'abord vers Hans, dit-il, et ramenons le radeau à cette place. »

J'obéis à cet ordre, non sans peine, et je me glissai rapidement au milieu des roches du rivage.

« Savez-vous, mon oncle, dis-je en marchant, que nous avons été singulièrement servis par les circonstances jusqu'ici !

– Ah ! tu trouves, Axel ?

– Sans doute, et il n'est pas jusqu'à la tempête qui ne nous ait remis dans le droit chemin. Béni soit l'orage ! Il nous a ramenés à cette côte d'où le beau temps nous eût éloignés ! Supposez un instant que nous eussions touché de notre proue[1] (la proue d'un radeau !) les rivages méridionaux de la mer Lidenbrock, que serions-nous devenus ? Le nom de Saknussemm n'aurait pas apparu à nos yeux, et maintenant nous serions abandonnés sur une plage sans issue.

– Oui, Axel, il y a quelque chose de providentiel à ce que, voguant vers le sud, nous soyons précisément revenus au nord

1. **Proue** : partie avant d'un navire.

et au cap Saknussemm. Je dois dire que c'est plus qu'étonnant, et il y a là un fait dont l'explication m'échappe absolument.

– Eh ! qu'importe ! il n'y a pas à expliquer les faits, mais à en profiter !

– Sans doute, mon garçon, mais...

– Mais nous allons reprendre la route du nord, passer sous les contrées septentrionales de l'Europe, la Suède, la Russie, la Sibérie, que sais-je ! au lieu de nous enfoncer sous les déserts de l'Afrique ou les flots de l'Océan, et je ne veux pas en savoir davantage !

– Oui, Axel, tu as raison, et tout est pour le mieux, puisque nous abandonnons cette mer horizontale qui ne pouvait mener à rien. Nous allons descendre, encore descendre, et toujours descendre ! Sais-tu bien que, pour arriver au centre du globe, il n'y a plus que quinze cents lieues à franchir !

– Bah ! m'écriai-je, ce n'est vraiment pas la peine d'en parler ! En route ! en route ! »

Ces discours insensés duraient encore quand nous rejoignîmes le chasseur. Tout était préparé pour un départ immédiat. Pas un colis qui ne fût embarqué. Nous prîmes place sur le radeau, et, la voile hissée, Hans se dirigea en suivant la côte vers le cap Saknussemm.

Le vent n'était pas favorable à un genre d'embarcation qui ne pouvait tenir le plus près. Aussi, en maint endroit, il fallut avancer à l'aide des bâtons ferrés. Souvent, des rochers allongés à fleur d'eau nous forcèrent de faire des détours assez longs. Enfin, après trois heures de navigation, c'est-à-dire vers six heures du soir, on atteignait un endroit propice au débarquement.

Je sautai à terre, suivi de mon oncle et de l'Islandais. Cette traversée ne m'avait pas calmé. Au contraire, je proposai même de « brûler nos vaisseaux● », afin de nous couper toute retraite. Mais mon oncle s'y opposa. Je le trouvai singulièrement tiède.

« Au moins, dis-je, partons sans perdre un instant.

– Oui, mon garçon ; mais auparavant, examinons cette nouvelle galerie, afin de savoir s'il faut préparer nos échelles. »

Mon oncle mit son appareil de Ruhmkorff en activité ; le radeau, attaché au rivage, fut laissé seul ; d'ailleurs, l'ouverture de la galerie n'était pas à vingt pas de là, et notre petite troupe, moi en tête, s'y rendit sans retard.

L'orifice, à peu près circulaire, présentait un diamètre de cinq pieds environ ; le sombre tunnel était taillé dans le roc vif et soigneusement alésé[1] par les matières éruptives auxquelles il donnait autrefois passage ; sa partie inférieure affleurait le sol, de telle façon que l'on put y pénétrer sans aucune difficulté.

Nous suivions un plan presque horizontal, quand, au bout de six pas, notre marche fut interrompue par l'interposition d'un bloc énorme.

« Maudit roc ! » m'écriai-je avec colère, en me voyant subitement arrêté par un obstacle infranchissable.

Nous eûmes beau chercher à droite et à gauche, en bas et en haut, il n'existait aucun passage, aucune bifurcation. J'éprouvai un vif désappointement, et je ne voulai pas admettre la réalité de l'obstacle. Je me baissai. Je regardai au-dessous du bloc : nul interstice. Au-dessus : même barrière de granit. Hans porta la lumière de la lampe sur tous les points de la paroi ; mais celle-ci

1. **Alésé** : adjectif désignant un trou percé de part en part et aux bonnes dimensions.

● **L'expression « brûler ses vaisseaux » signifie accomplir un acte qui interdit toute possibilité de retour en arrière.**

n'offrait aucune solution de continuité. Il fallait renoncer à tout espoir de passer.

Je m'étais assis sur le sol ; mon oncle arpentait le couloir à grands pas.

« Mais alors Saknussemm ? m'écriai-je.

– Oui, fit mon oncle, a-t-il donc été arrêté par cette porte de pierre ?

– Non ! non ! repris-je avec vivacité. Ce quartier de roc, par suite d'une secousse quelconque, ou de l'un de ces phénomènes magnétiques qui agitent l'écorce terrestre, a brusquement fermé ce passage. Bien des années se sont écoulées entre le retour de Saknussemm et la chute de ce bloc. N'est-il pas évident que cette galerie a été autrefois le chemin des laves, et qu'alors les matières éruptives y circulaient librement ? Voyez, il y a des fissures récentes qui sillonnent ce plafond de granit ; il est fait de morceaux rapportés, de pierres énormes, comme si la main de quelque géant eût travaillé à cette substruction[1] ; mais, un jour, la poussée a été plus forte, et ce bloc, semblable à une clef de voûte qui manque, a glissé jusqu'au sol en obstruant tout passage. Voilà un obstacle accidentel que Saknussemm n'a pas rencontré, et si nous ne le renversons pas, nous sommes indignes d'arriver au centre du monde ! »

[...]

« Eh bien ! reprit mon oncle, à coups de pioche, à coups de pic, faisons notre route ! Renversons ces murailles !

– C'est trop dur pour le pic, m'écriai-je.

– Alors la pioche !

– C'est trop long pour la pioche !

1. **Substruction** : construction souterraine.

– Mais !...

– Eh bien ! la poudre ! la mine ! minons, et faisons sauter l'obstacle !

– La poudre !

– Oui ! il ne s'agit que d'un bout de roc à briser !

– Hans, à l'ouvrage ! » s'écria mon oncle.

L'Islandais retourna au radeau, et revint bientôt avec un pic dont il se servit pour creuser un fourneau de mine[1]. Ce n'était pas un mince travail. Il s'agissait de faire un trou assez considérable pour contenir cinquante livres de fulmicoton, dont la puissance expansive[2] est quatre fois plus grande que celle de la poudre à canon.

J'étais dans une prodigieuse surexcitation d'esprit. Pendant que Hans travaillait, j'aidai activement mon oncle à préparer une longue mèche faite avec de la poudre mouillée et renfermée dans un boyau de toile.

« Nous passerons ! disais-je.

– Nous passerons », répétait mon oncle.

À minuit, notre travail de mineurs fut entièrement terminé ; la charge de fulmicoton se trouvait enfouie dans le fourneau, et la mèche, se déroulant à travers la galerie, venait aboutir au dehors.

Une étincelle suffisait maintenant pour mettre ce formidable engin en activité.

« À demain », dit le professeur.

Il fallut bien me résigner et attendre encore pendant six grandes heures !

1. **Fourneau de mine** : trou pratiqué dans une roche ou dans la terre pour y placer des explosifs.
2. **Puissance expansive** : puissance d'explosion.

XLI

Le lendemain, jeudi 27 août, fut une date célèbre de ce voyage subterrestre. Elle ne me revient pas à l'esprit sans que l'épouvante ne fasse encore battre mon cœur, À partir de ce moment, notre raison, notre jugement, notre ingéniosité n'ont plus voix au chapitre, et nous allons devenir le jouet des phénomènes de la terre.

À six heures, nous étions sur pied. Le moment approchait de nous frayer par la poudre un passage à travers l'écorce de granit.

Je sollicitai l'honneur de mettre le feu à la mine. Cela fait, je devais rejoindre mes compagnons sur le radeau qui n'avait point été déchargé ; puis nous prendrions au large, afin de parer aux dangers de l'explosion, dont les effets pouvaient ne pas se concentrer à l'intérieur du massif.

La mèche devait brûler pondant dix minutes, selon nos calculs, avant de porter le feu à la chambre des poudres. J'avais donc le temps nécessaire pour regagner le radeau. Je me préparai à remplir mon rôle, non sans une certaine émotion.

Après un repas rapide, mon oncle et le chasseur s'embarquèrent, tandis que je restais sur le rivage. J'étais muni d'une lanterne allumée qui devait me servir à mettre le feu à la mèche.

« Va, mon garçon, me dit mon oncle, et reviens immédiatement nous rejoindre.

– Soyez tranquille, répondis-je, je ne m'amuserai point en route. »

Aussitôt je me dirigeai vers l'orifice de la galerie, j'ouvris ma lanterne, et je saisis l'extrémité de la mèche.

Le professeur tenait son chronomètre à la main.

« Es-tu prêt ? me cria-t-il.

– Je suis prêt.

– Eh bien ! feu, mon garçon ! »

Je plongeai rapidement dans la flamme la mèche qui pétilla à son contact et, tout en courant, je revins au rivage.

« Embarque, fit mon oncle, et débordons. »

Hans, d'une vigoureuse poussée, nous rejeta en mer. Le radeau s'éloigna d'une vingtaine de toises.

C'était un moment palpitant. Le professeur suivait de l'œil l'aiguille du chronomètre.

« Encore cinq minutes, disait-il. Encore quatre ! Encore trois ! »

Mon pouls battait des demi-secondes.

« Encore deux ! Une !... Croulez, montagnes de granit ! »

Que se passa-t-il alors ? Le bruit de la détonation, je crois que je ne l'entendis pas. Mais la forme des rochers se modifia subitement à mes regards ; ils s'ouvrirent comme un rideau. J'aperçus un insondable abîme qui se creusait en plein rivage. La mer, prise de vertige, ne fut plus qu'une vague énorme, sur le dos de laquelle le radeau s'éleva perpendiculairement.

Nous fûmes renversés tous les trois. En moins d'une seconde, la lumière fit place à la plus profonde obscurité. Puis je sentis l'appui solide manquer, non à mes pieds, mais au radeau. Je crus qu'il coulait à pic. Il n'en était rien. J'aurais voulu adresser la parole à mon oncle ; mais le mugissement des eaux l'eût empêché de m'entendre.

Malgré les ténèbres, le bruit, la surprise, l'émotion, je compris ce qui venait de se passer.

Au-delà du roc qui venait de sauter, il existait un abîme.

L'explosion avait déterminé une sorte de tremblement de terre dans ce sol coupé de fissures, le gouffre s'était ouvert, et la mer, changée en torrent, nous y entraînait avec elle.

Je me sentis perdu.

Une heure, deux heures, que sais-je ! se passèrent ainsi. Nous nous serrions les coudes, nous nous tenions les mains afin de n'être pas précipités hors du radeau. Des chocs d'une extrême violence se produisaient, quand il heurtait la muraille. Cependant ces heurts étaient rares, d'où je conclus que la galerie s'élargissait considérablement. C'était, à n'en pas douter, le chemin de Saknussemm ; mais, au lieu de le descendre seuls, nous avions, par notre imprudence, entraîné toute une mer avec nous.

Ces idées, on le comprend, se présentèrent à mon esprit sous une forme vague et obscure. Je les associais difficilement pendant cette course vertigineuse qui ressemblait à une chute. À en juger par l'air qui me fouettait le visage, elle devait surpasser celle des trains les plus rapides. Allumer une torche dans ces conditions était donc impossible, et notre dernier appareil électrique avait été brisé au moment de l'explosion.

Je fus donc fort surpris de voir une lumière briller tout à coup près de moi. La figure calme de Hans s'éclaira. L'adroit chasseur était parvenu à allumer la lanterne, et, bien que sa flamme vacillât à s'éteindre, elle jeta quelques lueurs dans l'épouvantable obscurité.

La galerie était large. J'avais eu raison de la juger telle. Notre insuffisante lumière ne nous permettait pas d'apercevoir ses deux murailles à la fois. La pente des eaux qui nous emportaient dépassait celle des plus insurmontables rapides de l'Amérique. Leur surface semblait faite d'un faisceau de flèches liquides décochées avec une extrême puissance. Je ne puis rendre mon impression par une comparaison plus juste. Le radeau, pris par certains remous, filait parfois en tournoyant. Lorsqu'il s'approchait des parois de la galerie, j'y projetais la lumière de la lanterne, et je pouvais juger de sa vitesse à voir les saillies du roc se changer en traits continus, de telle sorte que nous étions enserrés dans un réseau de lignes mouvantes. J'estimai que notre vitesse devait atteindre trente lieues à l'heure.

Mon oncle et moi, nous regardions d'un œil hagard[1], accotés au tronçon du mât, qui, au moment de la catastrophe, s'était rompu net. Nous tournions le dos à l'air, afin de ne pas être étouffés par la rapidité d'un mouvement que nulle puissance humaine ne pouvait enrayer.

Cependant les heures s'écoulèrent. La situation ne changeait pas, mais un incident vint la compliquer.

En cherchant à mettre un peu d'ordre dans la cargaison, je vis que la plus grande partie des objets embarqués avaient disparu au moment de l'explosion, lorsque la mer nous assaillit si violemment ! Je voulus savoir exactement à quoi m'en tenir sur nos ressources, et, la lanterne à la main, je commençai mes recherches. De nos instruments, il ne restait plus que la boussole et le chronomètre. Les échelles et les cordes se réduisaient à un bout de câble enroulé autour du tronçon de mât. Pas une pioche, pas un pic, pas un marteau, et, malheur irréparable, nous n'avions pas de vivres pour un jour ! Je fouillai les interstices du radeau, les moindres coins formés par les poutres et la

1. **Hagard** : effaré, bouleversé.

jointure des planches ! Rien ! Nos provisions consistaient uniquement en un morceau de viande sèche et quelques biscuits.

Je regardais d'un air stupide ! Je ne voulais pas comprendre ! Et cependant de quel danger me préoccupais-je ? Quand les vivres eussent été suffisants pour des mois, pour des années, comment sortir des abîmes où nous entraînait cet irrésistible torrent ? À quoi bon craindre les tortures de la faim, quand la mort s'offrait déjà sous tant d'autres formes ? Mourir d'inanition[1], est-ce que nous en aurions le temps ?

Pourtant, par une inexplicable bizarrerie de l'imagination, j'oubliai le péril immédiat pour les menaces de l'avenir qui m'apparurent dans toute leur horreur. D'ailleurs, peut-être pourrions-nous échapper aux fureurs du torrent et revenir à la surface du globe. Comment ? je l'ignore. Où ? Qu'importe ! Une chance sur mille est toujours une chance, tandis que la mort par la faim ne nous laissait d'espoir dans aucune proportion, si petite qu'elle fût.

La pensée me vint de tout dire à mon oncle, de lui montrer à quel dénûment[2] nous étions réduits, et de faire l'exact calcul du temps qui nous restait à vivre. Mais j'eus le courage de me taire. Je voulais lui laisser tout son sang-froid.

En ce moment, la lumière de la lanterne baissa peu à peu et s'éteignit entièrement. La mèche avait brûlé jusqu'au bout. L'obscurité redevint absolue. Il ne fallait plus songer à dissiper ces impénétrables ténèbres. Il restait encore une torche, mais elle n'aurait pu se maintenir allumée. Alors, comme un enfant, je fermai les yeux pour ne pas voir toute cette obscurité.

1. **Mourir d'inanition** : mourir par manque de nourriture.
2. **Dénûment** (ou **dénuement**) : misère, pauvreté.

Après un laps de temps assez long, la vitesse de notre course redoubla. Je m'en aperçus à la réverbération de l'air sur mon visage. La pente des eaux devenait excessive. Je crois véritablement que nous ne glissions plus. Nous tombions. J'avais en moi l'impression d'une chute presque verticale. La main de mon oncle et celle de Hans, cramponnées à mes bras, me retenaient avec vigueur.

Tout à coup, après un temps inappréciable, je ressentis comme un choc ; le radeau n'avait pas heurté un corps dur, mais il s'était subitement arrêté dans sa chute. Une trombe d'eau, une immense colonne liquide s'abattit à sa surface. Je fus suffoqué. Je me noyais...

Cependant, cette inondation soudaine ne dura pas. En quelques secondes je me trouvai à l'air libre que j'aspirai à pleins poumons. Mon oncle et Hans me serraient le bras à le briser, et le radeau nous portait encore tous les trois.

XLII

Je suppose qu'il devait être alors dix heures du soir. Le premier de mes sens qui fonctionna après ce dernier assaut fut le sens de l'ouïe. J'entendis presque aussitôt, car ce fut acte d'audition véritable, j'entendis le silence se faire dans la galerie, et succéder à ces mugissements qui, depuis de longues heures, remplissaient mes oreilles. Enfin ces paroles de mon oncle m'arrivèrent comme un murmure :

« Nous montons !

– Que voulez-vous dire ? m'écriai-je.

– Oui, nous montons ! nous montons ! »

J'étendis le bras ; je touchai la muraille ; ma main fut mise en sang. Nous remontions avec une extrême rapidité.

« La torche ! la torche ! » s'écria le professeur.

Hans, non sans difficultés, parvint à l'allumer, et la flamme, se maintenant de bas en haut, malgré le mouvement ascensionnel, jeta assez de clarté pour éclairer toute la scène.

« C'est bien ce que je pensais, dit mon oncle. Nous sommes dans un puits étroit, qui n'a pas quatre toises de diamètre. L'eau, arrivée au fond du gouffre, reprend son niveau et nous monte avec elle.

– Où ?

– Je l'ignore, mais il faut se tenir prêts à tout événement. Nous montons avec une vitesse que j'évalue à deux toises par seconde, soit cent vingt toises par minute, ou plus de trois lieues et demie à l'heure. De ce train-là, on fait du chemin.

– Oui, si rien ne nous arrête, si ce puits a une issue ! Mais s'il est bouché, si l'air se comprime peu à peu sous la pression de la colonne d'eau, nous allons être écrasés !

– Axel, répondit le professeur avec un grand calme, la situation est presque désespérée, mais il y a quelques chances de salut, et ce sont celles-là que j'examine. Si à chaque instant nous pouvons périr, à chaque instant aussi nous pouvons être sauvés, Soyons donc on mesure de profiter des moindres circonstances.

– Mais que faire ?

– Réparer nos forces en mangeant. »

[...]

Cependant, après ce repas, chacun se laissa aller à ses réflexions. À quoi songeait Hans, cet homme de l'extrême Occident, que dominait la résignation fataliste des Orientaux ? Pour mon compte, mes pensées n'étaient faites que de souvenirs, et ceux-ci me ramenaient à la surface de ce globe que je n'aurais jamais dû quitter. La maison de Königstrasse, ma pauvre Graüben, la bonne Marthe passèrent comme des visions devant mes yeux, et, dans les grondements lugubres qui couraient à travers le massif, je croyais surprendre le bruit des cités de la terre.

Pour mon oncle, « toujours à son affaire », la torche à la main, il examinait avec attention la nature des terrains ; il cherchait à reconnaître sa situation par l'observation des couches superposées. Ce calcul, ou mieux cette estime[1] ne pouvait être que fort approximative ; mais un savant est toujours un savant, quand il parvient à conserver son sang-froid, et certes, le professeur Lidenbrock possédait cette qualité à un degré peu ordinaire. Je

1. **Estime** : estimation.

l'entendais murmurer des mots de la science géologique ; je les comprenais, et je m'intéressais malgré moi à cette étude suprême.

« Granit éruptif, disait-il ; nous sommes encore à l'époque primitive ; mais nous montons ! nous montons ! Qui sait ? »

Qui sait ? Il espérait toujours.

De sa main il tâtait la paroi verticale, et, quelques instants plus tard, il reprenait ainsi :

« Voilà les gneiss ! voilà les micaschistes[1] ! Bon ! à bientôt les terrains de l'époque de transition, et alors... »

Que voulait dire le professeur ? Pouvait-il mesurer l'épaisseur de l'écorce terrestre suspendue sur notre tête ? Possédait-il un moyen quelconque de faire ce calcul ? Non. Le manomètre lui manquait, et nulle estime ne pouvait le suppléer.

Cependant la température s'accroissait dans une forte proportion et je me sentais baigné au milieu d'une atmosphère brûlante. Je ne pouvais la comparer qu'à la chaleur renvoyée par les fourneaux d'une fonderie à l'heure des coulées. Peu à peu, Hans, mon oncle et moi, nous avions dû quitter nos vestes et nos gilets ; le moindre vêtement devenait une cause de malaise, pour ne pas dire de souffrance.

« Montons-nous donc vers un foyer incandescent ? m'écriai-je, à un moment où la chaleur redoublait.

– Non, répondit mon oncle, c'est impossible ! c'est impossible !

– Cependant, dis-je en tâtant la paroi, cette muraille est brûlante ! »

Au moment où je prononçai ces paroles, ma main ayant effleuré l'eau, je dus la retirer au plus vite.

« L'eau est brûlante ! » m'écriai-je.

1. **Gneiss, micaschistes** : roches.

Le professeur, cette fois, ne répondit que par un geste de colère.

Alors, une invincible épouvante s'empara de mon cerveau et ne le quitta plus. J'avais le sentiment d'une catastrophe prochaine, et telle que la plus audacieuse imagination n'aurait pu la concevoir. Une idée, d'abord vague, incertaine, se changeait en certitude dans mon esprit. Je la repoussai, mais elle revint avec obstination. Je n'osais la formuler. Cependant quelques observations involontaires déterminèrent ma conviction. À la lueur douteuse de la torche, je remarquai des mouvements désordonnés dans les couches granitiques ; un phénomène allait évidemment se produire, dans lequel l'électricité jouait un rôle ; puis cette chaleur excessive, cette eau bouillonnante !... Je résolus d'observer la boussole.

Elle était affolée !

XLIII

Oui, affolée ! L'aiguille sautait d'un pôle à l'autre avec de brusques secousses, parcourait tous les points du cadran, et tournait comme si elle eût été prise de vertige.

[...] Les détonations se multipliaient avec une effrayante intensité ; je ne pouvais les comparer qu'au bruit que feraient un grand nombre de chariots entraînés rapidement sur le pavé. C'était un tonnerre continu.

Puis, la boussole affolée, secouée par les phénomènes électriques, me confirmait dans mon opinion ; l'écorce minérale menaçait de se rompre, les massifs granitiques de se rejoindre, la fissure de se combler, le vide de se remplir, et nous, pauvres atomes, nous allions être écrasés dans cette formidable étreinte.

« Mon oncle, mon oncle ! m'écriai-je, nous sommes perdus.

– Quelle est celle nouvelle terreur ? me répondit-il avec un calme surprenant. Qu'as-tu donc ?

– Ce que j'ai ! Observez ces murailles qui s'agitent, ce massif qui se disloque, cette chaleur torride, cette eau qui bouillonne, ces vapeurs qui s'épaississent, cette aiguille folle, tous les indices d'un tremblement de terre ! »

Mon oncle secoua doucement la tête

« Un tremblement de terre ? dit-il.

– Oui !

– Mon garçon, je crois que tu te trompes !

– Quoi ! vous ne reconnaissez pas ces symptômes ?...

– D'un tremblement de terre ? non ! J'attends mieux que cela !

– Que voulez-vous dire ?

– Une éruption, Axel.

– Une éruption ! dis-je ; nous sommes dans la cheminée d'un volcan en activité ?

– Je le pense, dit le professeur en souriant, et c'est ce qui peut nous arriver de plus heureux ! »

De plus heureux ! Mon oncle était-il donc devenu fou ? Que signifiaient ces paroles ? pourquoi ce calme et ce sourire ?

« Comment ! m'écriai-je, nous sommes pris dans une éruption ! la fatalité nous a jetés sur le chemin des laves incandescentes, des roches en feu, des eaux bouillonnantes, de toutes les matières éruptives ! nous allons être repoussés, expulsés, rejetés, vomis, lancés dans les airs avec les quartiers de rocs, les pluies de cendres et de scories, dans un tourbillon de flammes ! et c'est ce qui peut nous arriver de plus heureux !

– Oui, répondit le professeur en me regardant par-dessus ses lunettes, car c'est la seule chance que nous ayons de revenir à la surface de la terre ! »

Je passe rapidement sur les mille idées qui se croisèrent dans mon cerveau. Mon oncle avait raison, absolument raison, et jamais il ne me parut ni plus audacieux ni plus convaincu qu'en ce moment, où il attendait et supputait[1] avec calme les chances d'une éruption.

Cependant nous montions toujours ; la nuit se passa dans ce mouvement ascensionnel ; les fracas environnants redoublaient ; j'étais presque suffoqué, je croyais toucher à ma dernière heure,

1. **Supputait** : essayait de prévoir.

et pourtant, l'imagination est si bizarre, que je me livrai à une recherche véritablement enfantine. Mais je subissais mes pensées, je ne les dominais pas !

Il était évident que nous étions rejetés par une poussée éruptive ; sous le radeau, il y avait des eaux bouillonnantes, et sous ces eaux toute une pâte de lave, un agrégat de roches qui, au sommet du cratère, se disperseraient en tous les sens. Nous étions donc dans la cheminée d'un volcan. Pas de doute à cet égard.

Mais cette fois, au lieu du Sneffels, volcan éteint, il s'agissait d'un volcan en pleine activité. Je me demandai donc quelle pouvait être cette montagne et dans quelle partie du monde nous allions être expulsés.

Dans les régions septentrionales, cela ne faisait aucun doute. Avant ses affolements, la boussole n'avait jamais varié à cet égard. Depuis le cap Saknussemm, nous avions été entraînés directement au nord pendant des centaines de lieues. Or, étions-nous revenus sous l'Islande ? Devions-nous être rejetés par le cratère de l'Hécla ou par ceux des sept autres monts ignivomes[1] de l'île ? Dans un rayon de cinq cents lieues, à l'ouest, je ne voyais sous ce parallèle que les volcans mal connus de la côte nord-ouest de l'Amérique. Dans l'est, un seul existait sous le quatre-vingtième degré de latitude, l'Esk, dans l'île de Jean Mayen, non loin du Spitzberg ! Certes, les cratères ne manquaient pas, et ils se trouvaient assez spacieux pour vomir une armée tout entière ! Mais lequel nous servirait d'issue, c'est ce que je cherchais à deviner.

1. **Ignivomes** : qui vomissent du feu.

Vers le matin, le mouvement d'ascension s'accéléra. Si la chaleur s'accrut, au lieu de diminuer, aux approches de la surface du globe, c'est quelle était toute locale et due à une influence volcanique. Notre genre de locomotion ne pouvait plus me laisser aucun doute dans l'esprit. Une force énorme, une force de plusieurs centaines d'atmosphères produite par les vapeurs accumulées dans le sein de la terre, nous poussait irrésistiblement. Mais à quels dangers innombrables elle nous exposait !

Bientôt des reflets fauves[1] pénétrèrent dans la galerie verticale qui s'élargissait ; j'apercevais à droite et à gauche des couloirs profonds semblables à d'immenses tunnels d'où s'échappaient des vapeurs épaisses ; des langues de flammes en léchaient les parois en pétillant.

« Voyez ! voyez, mon oncle ! m'écriai-je.

– Eh bien ! ce sont des flammes sulfureuses. Rien de plus naturel dans une éruption.

– Mais si elles nous enveloppent ?

– Elles ne nous envelopperont pas.

– Mais si nous étouffons ?

– Nous n'étoufferons pas. La galerie s'élargit et, s'il le faut, nous abandonnerons le radeau pour nous abriter dans quelque crevasse.

– Et l'eau ! et l'eau montante ?

– Il n'y a plus d'eau, Axel, mais une sorte de pâte lavique qui nous soulève avec elle jusqu'à l'orifice du cratère. »

La colonne liquide avait effectivement disparu pour faire place à des matières éruptives assez denses, quoique bouillonnantes.

1. **Fauves** : d'une couleur tirant sur le roux.

La température devenait insoutenable, et un thermomètre exposé dans cette atmosphère eût marqué plus de soixante-dix degrés ! La sueur m'inondait. Sans la rapidité de l'ascension, nous aurions été certainement étouffés.

Cependant le professeur ne donna pas suite à sa proposition d'abandonner le radeau, et il fit bien. Ces quelques poutres mal jointes offraient une surface solide, un point d'appui qui nous eût manqué partout ailleurs.

Vers huit heures du matin, un nouvel incident se produisit pour la première fois. Le mouvement ascensionnel cessa tout à coup. Le radeau demeura absolument immobile.

« Qu'est-ce donc ? demandais-je, ébranlé par cet arrêt subit comme par un choc.

– Une halte, répondit mon oncle.

– Est-ce l'éruption qui se calme ?

– J'espère bien que non. »

Je me levai. J'essayai de voir autour de moi. Peut-être le radeau, arrêté par une saillie de roc, opposait-il une résistance momentanée à la masse éruptive. Dans ce cas, il fallait se hâter de le dégager au plus vite.

Il n'en était rien. La colonne de cendres, de scories et de débris pierreux avait elle-même cessé de monter.

« Est-ce que l'éruption s'arrêterait ? m'écriai-je.

– Ah ! fit mon oncle les dents serrées, tu le crains, mon garçon ; mais rassure-toi, ce moment de calme ne saurait se prolonger ; voilà déjà cinq minutes qu'il dure, et avant peu nous reprendrons notre ascension vers l'orifice du cratère. »

Le professeur, en parlant ainsi, ne cessait de consulter son chronomètre, et il devait avoir encore raison dans ses pronostics. Bientôt le radeau fut repris d'un mouvement rapide et désordonné qui dura deux minutes à peu près, et il s'arrêta de nouveau.

« Bon, fît mon oncle en observant l'heure, dans dix minutes il se remettra en route.

– Dix minutes ?

– Oui. Nous avons affaire à un volcan dont l'éruption est intermittente. Il nous laisse respirer avec lui. »

Rien n'était plus vrai. À la minute assignée, nous fûmes lancés de nouveau avec une extrême rapidité. Il fallait se cramponner aux poutres pour ne pas être rejetés hors du radeau. Puis la poussée s'arrêta.

Depuis, j'ai réfléchi à ce singulier phénomène sans en trouver une explication satisfaisante. Toutefois il me paraît évident que nous n'occupions pas la cheminée principale du volcan, mais bien un conduit accessoire, où se faisait sentir un effet de contrecoup.

Combien de fois se reproduisit cette manœuvre, je ne saurais le dire. Tout ce que je puis affirmer, c'est qu'à chaque reprise du mouvement, nous étions lancés avec une force croissante et comme emportés par un véritable projectile. Pendant les instants de halte, on étouffait ; pendant les moments de projection, l'air brûlant me coupait la respiration. Je pensai un instant à cette volupté de me retrouver subitement dans les régions hyperboréennes[1] par un froid de trente degrés au-dessous de zéro. Mon imagination surexcitée se promenait sur les plaines de neige des contrées arctiques, et j'aspirais au moment où je me roulerais sur les tapis glacés du pôle ! Peu à peu, d'ailleurs, ma tête, brisée par ces secousses réitérées, se perdit. Sans les

1. **Hyperboréennes** : de l'extrême nord.

bras de Hans, plus d'une fois je me serais brisé le crâne contre la paroi de granit.

Je n'ai donc conservé aucun souvenir précis de ce qui se passa pendant les heures suivantes. J'ai le sentiment confus de détonations continues, de l'agitation du massif, d'un mouvement giratoire[1] dont fut pris le radeau. Il ondula sur des flots de laves, au milieu d'une pluie de cendres. Les flammes ronflantes l'enveloppèrent. Un ouragan qu'on eût dit chassé d'un ventilateur immense activait les feux souterrains. Une dernière fois, la figure de Hans m'apparut dans un reflet d'incendie, et je n'eus plus d'autre sentiment que cette épouvante sinistre des condamnés attachés à la bouche d'un canon, au moment où le coup part et disperse leurs membres dans les airs.

1. **Mouvement giratoire** : mouvement de rotation.

XLIV

Quand je rouvris les yeux, je me sentis serré à la ceinture par la main vigoureuse du guide. De l'autre main il soutenait mon oncle. Je n'étais pas blessé grièvement, mais brisé plutôt par une courbature générale. Je me vis couché sur le versant d'une montagne, à deux pas d'un gouffre dans lequel le moindre mouvement m'eût précipité. Hans m'avait sauvé de la mort, pendant que je roulais sur les flancs du cratère.

« Où sommes-nous ? » demanda mon oncle, qui me parut fort irrité d'être revenu sur terre.

Le chasseur leva les épaules en signe d'ignorance.

« En Islande, dis-je.

– « *Nej*, répondit Hans.

– Comment ! non ! s'écria le professeur.

– Hans se trompe », dis-je en me soulevant.

Après les surprises innombrables de ce voyage, une stupéfaction nous était encore réservée. Je m'attendais à voir un cône couvert de neiges éternelles, au milieu des arides déserts des régions septentrionales, sous les pâles rayons d'un ciel polaire, au-delà des latitudes les plus élevées ; et, contrairement à toutes ces prévisions, mon oncle, l'Islandais et moi, nous étions étendus à mi-flanc d'une montagne calcinée par les ardeurs du soleil qui nous dévorait de ses feux.

Je ne voulais pas en croire mes regards ; mais la réelle cuisson dont mon corps était l'objet ne permettait aucun doute. Nous étions sortis à demi nus du cratère, et l'astre radieux, auquel nous n'avions rien demandé depuis deux mois, se montrait à notre égard prodigue de lumière et de chaleur et nous versait à flots une splendide irradiation.

Quand mes yeux furent accoutumés à cet éclat dont ils avaient perdu l'habitude, je les employai à rectifier les erreurs de mon imagination. Pour le moins, je voulais être au Spitzberg, et je n'étais pas d'humeur à en démordre aisément.

Le professeur avait le premier pris la parole, et dit :

« En effet, voilà qui ne ressemble pas à l'Islande.

– Mais l'île de Jean Mayen ? répondis-je.

– Pas davantage, mon garçon. Ceci n'est point un volcan du nord, avec ses collines de granit et sa calotte de neige.

– Cependant...

– Regarde. Axel, regarde ! »

Au-dessus de notre tête, à cinq cents pieds au plus, s'ouvrait le cratère d'un volcan par lequel s'échappait, de quart d'heure en quart d'heure, avec une très forte détonation, une haute colonne de flammes, mêlée de pierres ponces, de cendres et de laves. Je sentais les convulsions de la montagne qui respirait à la façon des baleines, et rejetait de temps à autre le feu et l'air par ses énormes évents. Au-dessous, et par une pente assez roide[1], les nappes de matières éruptives s'étendaient à une profondeur de sept à huit cents pieds, ce qui ne donnait pas au volcan une hauteur de cent toises. Sa base disparaissait dans une véritable corbeille d'arbres verts, parmi lesquels je distinguai des oliviers, des figuiers et des vignes chargées de grappes vermeilles. Ce n'était point l'aspect des régions arctiques, il fallait bien en convenir.

1. **Roide** : raide.

Lorsque le regard franchissait cette verdoyante enceinte, il arrivait rapidement à se perdre dans les eaux d'une mer admirable ou d'un lac, qui faisait de cette terre enchantée une île large de quelques lieues à peine. Au levant, se voyait un petit port précédé de quelques maisons, et dans lequel des navires d'une forme particulière se balançaient aux ondulations des flots azurés. Au-delà, des groupes d'îlots sortaient de la plaine liquide, et si nombreux, qu'ils ressemblaient à une vaste fourmilière. Vers le couchant, des côtes éloignées s'arrondissaient à l'horizon ; sur les unes se profilaient des montagnes bleues d'une harmonieuse conformation ; sur les autres, plus lointaines, apparaissait un cône prodigieusement élevé, au sommet duquel s'agitait un panache de fumée. Dans le nord, une immense étendue d'eau étincelait sous les rayons solaires, laissant poindre çà et là l'extrémité d'une mâture ou la convexité[1] d'une voile gonflée au vent.

L'imprévu d'un pareil spectacle en centuplait encore les merveilleuses beautés.

« Où sommes-nous ? où sommes-nous ? » répétais-je à mi-voix.

Hans fermait les yeux avec indifférence, et mon oncle regardait sans comprendre.

« Quelle que soit cette montagne, dit-il enfin, il y fait un peu chaud ; les explosions ne discontinuent pas, et ce ne serait vraiment pas la peine d'être sortis d'une éruption pour recevoir un morceau de roc sur la tête. Descendons, et nous saurons à quoi nous en tenir. D'ailleurs je meurs de faim et de soif. »

1. **Convexité** : forme arrondie.

Décidément le professeur n'était point un esprit contemplatif. Pour mon compte, oubliant le besoin et les fatigues, je serais resté à cette place pendant de longues heures encore, mais il fallut suivre mes compagnons.

Le talus du volcan offrait des pentes très roides ; nous glissions dans de véritables fondrières[1] de cendres, évitant les ruisseaux de lave qui s'allongeaient comme des serpents de feu. Tout en descendant, je causais avec volubilité, car mon imagination était trop remplie pour ne point s'en aller en paroles.

« Nous sommes en Asie, m'écriai-je, sur les côtes de l'Inde, dans les îles Malaises, en pleine Océanie ! Nous avons traversé la moitié du globe pour aboutir aux antipodes de l'Europe.

– Mais la boussole ? répondit mon oncle.

– Oui, la boussole ! disais-je d'un air embarrassé. À l'en croire, nous avons toujours marché au nord.

– Elle a donc menti ?

– Oh ! menti.

– À moins que ceci ne soit le pôle nord !

– Le pôle ! non ; mais... »

Il y avait là un fait inexplicable. Je ne savais qu'imaginer.

Cependant nous nous rapprochions de cette verdure qui faisait plaisir à voir. La faim me tourmentait et la soif aussi. Heureusement, après deux heures de marche, une jolie campagne s'offrit à nos regards, entièrement couverte d'oliviers, de grenadiers et de vignes qui avaient l'air d'appartenir à tout le monde. D'ailleurs, dans notre dénûment, nous n'étions point gens à y regarder de si près. Quelle jouissance ce fut de presser ces fruits savoureux sur nos lèvres et de mordre à pleines

1. **Fondrières** : crevasses.

grappes dans ces vignes vermeilles ! Non loin, dans l'herbe, à l'ombre délicieuse des arbres, je découvris une source d'eau fraîche, où notre figure et nos mains se plongèrent voluptueusement.

Pendant que chacun s'abandonnait ainsi à toutes les douceurs du repos, un enfant apparut entre deux touffes d'oliviers.

« Ah ! m'écriai-je, un habitant de cette heureuse contrée ! »

C'était une espèce de petit pauvre, très misérablement vêtu, assez souffreteux, et que notre aspect parut effrayer beaucoup ; en effet, demi-nus, avec nos barbes incultes, nous avions fort mauvaise mine, et, à moins que ce pays ne fût un pays de voleurs, nous étions faits de manière à effrayer ses habitants.

Au moment ou le gamin allait prendre la fuite, Hans courut après lui et le ramena, malgré ses cris et ses coups de pied.

Mon oncle commença par le rassurer de son mieux et lui dit en bon allemand :

« Quel est le nom de cette montagne, mon petit ami ? »

L'enfant ne répondit pas.

« Bon, fit mon oncle, nous ne sommes point en Allemagne. »

Et il redit la même demande en anglais.

L'enfant ne répondit pas davantage. J'étais très intrigué.

« Est-il donc muet ? » s'écria le professeur, qui, très fier de son polyglottisme[1], recommença la même demande en français.

Même silence de l'enfant.

« Alors essayons de l'italien », reprit mon oncle ; et il dit en cette langue :

« *Dove noi siamo ?*

1. **Polyglottisme** : fait de parler plusieurs langues.

– Oui ! où sommes-nous ? » répétai-je avec impatience.

L'enfant ne répondit pas.

« Ah ça ! parleras-tu ? s'écria mon oncle, que la colère commençait à gagner, et qui secoua l'enfant par les oreilles. *Come si noma, questa isola ?*

– *Stromboli* », répondit le petit pâtre, qui s'échappa des mains de Hans et gagna la plaine à travers les oliviers.

Nous ne pensions guère à lui ! Le Stromboli ! Quel effet produisit sur mon imagination ce nom inattendu ! Nous étions en pleine Méditerranée, au milieu de l'archipel éolien de mythologique mémoire, dans l'ancienne Strongyle, ou Éole tenait à la chaîne les vents et les tempêtes●. Et ces montagnes bleues qui s'arrondissaient au levant, c'étaient les montagnes de la Calabre ! Et ce volcan dressé à l'horizon du sud, l'Etna, le farouche Etna lui-même.

« Stromboli ! le Stromboli ! » répétai-je.

Mon oncle m'accompagnait de ses gestes et de ses paroles. Nous avions l'air de chanter un chœur !

Ah ! quel voyage ! Quel merveilleux voyage ! Entrés par un volcan, nous étions sortis par un autre, et cet autre était situé à plus de douze cents lieues du Sneffels, de cet aride pays de l'Islande jeté aux confins du monde ! Les hasards de cette expédition nous avaient transportés au sein des plus harmonieuses contrées de la terre. Nous avions abandonné la région des neiges

● **Située au nord de la Sicile (Italie), et appelée anciennement Strongyle, Stromboli est la plus célèbre des îles Éoliennes en raison de son volcan toujours en activité. Dans la mythologie grecque, Éole, fils de Poséidon, est le dieu des vents, qu'il laisse libres, ou tient enfermés dans des cavernes ou dans des outres de peau. Est dit *éolien* tout ce se rapporte à l'action du vent : ainsi des *éoliennes*, machines qui captent son énergie.**

éternelles pour celle de la verdure infinie et laissé au-dessus de nos têtes le brouillard grisâtre des zones glacées pour revenir au ciel azuré de la Sicile !

Après un délicieux repas composé de fruits et d'eau fraîche, nous nous remîmes en route pour gagner le port de Stromboli. Dire comment nous étions arrivés dans l'île ne nous parut pas prudent : l'esprit superstitieux des Italiens n'eût pas manqué de voir en nous des démons vomis du sein des enfers ; il fallut donc se résigner à passer pour d'humbles naufragés. C'était moins glorieux, mais plus sûr.

Chemin faisant, j'entendais mon oncle murmurer :

« Mais la boussole ! la boussole qui marquait le nord ! comment expliquer ce fait ?

– Ma foi ! dis-je avec un grand air de dédain, il ne faut pas l'expliquer, c'est plus facile !

– Par exemple ! un professeur au Johannæum qui ne trouverait pas la raison d'un phénomène cosmique, ce serait une honte ! »

En parlant ainsi, mon oncle, demi-nu, sa bourse de cuir autour des reins et dressant ses lunettes sur son nez, redevint le terrible professeur de minéralogie.

Une heure après avoir quitté le bois d'oliviers, nous arrivions au port de San-Vicenzo, où Hans réclamait le prix de sa treizième semaine de service, qui lui fut compté avec de chaleureuses poignées de main.

En cet instant, s'il ne partagea pas notre émotion bien naturelle, il se laissa aller du moins à un mouvement d'expansion extraordinaire.

Du bout de ses doigts il pressa légèrement nos deux mains et se mit à sourire.

XLV

Voici la conclusion d'un récit auquel refuseront d'ajouter foi les gens les plus habitués à ne s'étonner de rien. Mais je suis cuirassé d'avance contre l'incrédulité humaine.

Nous fûmes reçus par les pêcheurs stromboliotes avec les égards dus à des naufragés. Ils nous donnèrent des vêtements et des vivres. Après quarante-huit heures d'attente, le 31 août, un petit *speronare*[1] nous conduisit à Messine, où quelques jours de repos nous remirent de toutes nos fatigues.

Le vendredi 4 septembre, nous nous embarquions à bord du *Volturne*, l'un des paquebots poste des messageries impériales de France, et, trois jours plus tard, nous prenions terre à Marseille, n'ayant plus qu'une seule préoccupation dans l'esprit, celle de notre maudite boussole. Ce fait inexplicable ne laissait pas de me tracasser très sérieusement. Le 9 septembre au soir, nous arrivions à Hambourg.

Quelle fut la stupéfaction de Marthe, quelle fut la joie de Graüben, je renonce à le décrire.

« Maintenant que tu es un héros, me dit ma chère fiancée, tu n'auras plus besoin de me quitter, Axel ! »

Je la regardai. Elle pleurait en souriant.

Je laisse à penser si le retour du professeur Lidenbrock fit sensation à Hambourg. Grâce aux indiscrétions de Marthe, la nouvelle de son départ pour le centre de la terre s'était répandue dans le monde entier. On ne voulut pas y croire, et, en le revoyant, on n'y crut pas davantage.

Cependant le présence de Hans, et diverses informations venues d'Islande modifièrent peu à peu l'opinion publique.

Alors, mon oncle devint un grand homme, et moi, le neveu d'un grand homme, ce qui est déjà quelque chose. Hambourg donna une fête en notre honneur. Une séance publique eut lieu au Johannæum, où le professeur fit le récit de son expédition et

1. ***Speronare :*** petite embarcation pour la navigation côtière.

n'omit que les faits relatifs à la boussole. Le jour même, il déposa aux archives de la ville le document de Saknussemm, et il exprima son vif regret de ce que les circonstances, plus fortes que sa volonté, ne lui eussent pas permis de suivre jusqu'au centre de la terre les traces du voyageur islandais. Il fut modeste dans sa gloire, et sa réputation s'en accrut.

Tant d'honneur devait nécessairement lui susciter des envieux. Il en eut, et, comme ses théories, appuyées sur des faits certains, contredisaient les systèmes de la science sur la question du feu central, il soutint par la plume et par la parole de remarquables discussions avec les savants de tous pays.

Pour mon compte, je ne puis admettre sa théorie du refroidissement : en dépit de ce que j'ai vu, je crois et je croirai toujours à la chaleur centrale ; mais j'avoue que certaines circonstances encore mal définies peuvent modifier cette loi sous l'action de phénomènes naturels.

Au moment où ces questions étaient palpitantes, mon oncle éprouva un vrai chagrin. Hans, malgré ses instances, avait quitté Hambourg ; l'homme auquel nous devions tout ne voulut pas nous laisser lui payer notre dette. Il fut pris de la nostalgie de l'Islande.

« *Farval* », dit-il un jour, et sur ce simple mot d'adieu, il partit pour Reykjawik, où il arriva heureusement.

Nous étions singulièrement attachés à notre brave chasseur d'eider ; son absence ne le fera jamais oublier de ceux auxquels il a sauvé la vie, et certainement je ne mourrai pas sans l'avoir revu une dernière fois.

Pour conclure, je dois ajouter que ce *Voyage au centre de la terre* fit une énorme sensation dans le monde. Il fut imprimé et traduit dans toutes les langues ; les journaux les plus accrédités[1] s'en arrachèrent les principaux épisodes, qui furent commentés, discutés, attaqués, soutenus avec une égale conviction dans le camp des croyants et des incrédules. Chose rare ! mon oncle jouissait de son vivant de toute la gloire qu'il avait acquise, et il n'y eut pas jusqu'à M. Barnum● qui ne lui proposât de « l'exhiber » à un très haut prix dans les États de l'Union.

Mais un ennui, disons même un tourment, se glissait au milieu de cette gloire. Un fait demeurait inexplicable, celui de la boussole. Or, pour un savant, pareil phénomène inexpliqué devient un supplice de l'intelligence. Eh bien ! le ciel réservait à mon oncle d'être complètement heureux.

Un jour, en rangeant une collection de minéraux dans son cabinet, j'aperçus cette fameuse boussole et je me mis à observer.

Depuis six mois elle était là, dans son coin, sans se douter des tracas qu'elle causait.

Tout à coup, quelle fut ma stupéfaction ! Je poussai un cri. Le professeur accourut.

« Qu'est-ce donc ? demanda-t-il.

– Cette boussole !...

– Eh bien ?

– Mais son aiguille indique le sud et non le nord !

1. **Accrédités** : autorisés.

● **Phineas Taylor Barnum est un entrepreneur de spectacles américain. En 1871, il crée le cirque Barnum qui promène ses numéros et ses curiosités à travers les États-Unis. C'est pourquoi il propose au professeur Lidenbrock, que son fabuleux périple au centre de la Terre a rendu célèbre, de « l'exhiber » comme l'une de ses attractions.**

– Que dis-tu ?

– Voyez ! ses pôles sont changés.

– Changés ! »

Mon oncle regarda, compara, et fit trembler la maison par un bond superbe.

Quelle lumière éclairait à la fois son esprit et le mien !

« Ainsi donc, s'écria-t-il, dès qu'il retrouva la parole, après notre arrivée au cap Saknussemm, l'aiguille de cette damnée boussole marquait le sud au lieu du nord ?

– Évidemment.

– Notre erreur s'explique alors. Mais quel phénomène a pu produire ce renversement des pôles ?

– Rien de plus simple.

– Explique-toi, mon garçon.

– Pendant l'orage, sur la mer Lidenbrock, cette boule de feu, qui aimantait le fer du radeau, avait tout simplement désorienté notre boussole !

– Ah ! s'écria le professeur, en éclatent de rire, c'était donc un tour de l'électricité ? »

À partir de ce jour, mon oncle fut le plus heureux des savants, et moi le plus heureux des hommes, car ma jolie Virlandaise, abdiquant sa position de pupille, prit rang dans la maison de Königstrasse en la double qualité de nièce et d'épouse. Inutile d'ajouter que son oncle fut l'illustre professeur Otto Lidenbrock, membre correspondant de toutes les Sociétés scientifiques, géographiques et minéralogiques des cinq parties du monde.

Voyage au centre de la terre

Voyage au centre de la Terre

Un roman d'aventures et d'anticipation

Qu'est-ce que la littérature de jeunesse ? Quand apparaît-elle ?

***Voyage au centre de la Terre** fait partie de la série des **Voyages extraordinaires** écrits pour un public de jeunes lecteurs. On peut donc le classer dans ce qu'on appelle la « littérature de jeunesse ». Quand celle-ci est-elle apparue ? Comment s'est-elle développée ?*

● LES DÉBUTS

En France, en 1697, Charles Perrault publie *Les Contes de ma mère l'Oye*. Mais ceux-ci sont destinés autant aux adultes qu'aux enfants. Quelques années auparavant (1668), Jean de La Fontaine faisait paraître un premier recueil de fables. S'il ne s'adresse pas non plus directement aux enfants, il tient à simplifier le vocabulaire et apporte une morale explicite pour que les enfants puissent s'y intéresser.

Le premier ouvrage réellement destiné à un enfant est celui de Fénelon, *Les Aventures de Télémaque* (1699), écrit pour le petit-fils du roi Louis XIV.

● LES PREMIERS CONTES POUR ENFANTS

Les premiers contes écrits pour la jeunesse sont ceux de Jeanne-Marie Leprince de Beaumont (1711-1780). Gouvernante à Londres auprès de jeunes aristocrates anglaises, elle écrit des recueils de contes intitulés *Magasins*.

Dans Le Magasin des enfants, *recueil de 1757, figure la première version de* La Belle et la Bête.

● LA NAISSANCE DE LA BIBLIOTHÈQUE ROSE

Au XIXe siècle, l'éditeur Louis Hachette, d'abord spécialisé dans les manuels scolaires, publie des ouvrages de divertissement destinés aux enfants et aux adolescents. Il obtient l'autorisation d'installer des kiosques dans les gares et crée à cette occasion une collection à couverture rose qui deviendra la *Bibliothèque rose*. Cette collection compte parmi ses auteurs l'un des plus célèbres écrivains de la littérature pour enfants : la comtesse de Ségur (1799-1874).

Hetzel et Jules Verne

En 1863, l'éditeur Hetzel (1814-1886) publie le premier roman de Jules Verne, Cinq Semaines en ballon, *qui connaît un immense succès. Lié à l'éditeur par un contrat de 20 ans, l'écrivain travaillera pendant 40 ans à ses* Voyages extraordinaires. *La majorité des 62 romans et 18 nouvelles qui les composent paraîtra dans* Le Magasin d'éducation et de récréation *destiné à la jeunesse.*

• DE NOUVEAUX CLASSIQUES

Après 1870, les titres et les éditeurs pour la jeunesse se multiplient. Deux romans connaissent un grand succès : *Sans famille* (1878) d'Hector Malot et *Le Tour de la France par deux enfants*. Ce dernier est à l'origine un manuel d'apprentissage de la lecture, d'Augustine Fouillé. Édité sous le pseudonyme de G. Bruno en 1877, c'est un énorme succès de librairie.
En 1881 paraît en Italie l'un des livres les plus vendus au XXe siècle : *Pinocchio*, de Carlo Collodi. Son auteur, journaliste, écrivain et pédagogue, crée un conte moderne dont la popularité sera encore accrue par les adaptations en dessins animés et au cinéma.

• L'ESSOR DE LA LITTÉRATURE DE JEUNESSE

Au XXe siècle, certains ouvrages pour la jeunesse prennent un ton nouveau. Ainsi, dans *Les Contes du chat perché* (Marcel Aymé reprend les éléments classiques des contes (le loup, les enfants...) mais il les situe dans un cadre plus contemporain, et installe un univers dans lequel les enfants et les animaux sont complices contre des adultes présentés comme un peu frustes. Puis la littérature de jeunesse connaît un essor considérable et des phénomènes mondiaux comme la saga de *Harry Potter*, de J.-K. Rowling. Enfin, elle fait son apparition dans les programmes scolaires, et des salons et prix littéraires lui sont consacrés.

Publiés en 1934, ils font revivre le monde de l'enfance dans la cour d'une ferme. Delphine et Marinette, le chat Alphonse, le loup qui veut devenir bon, le grand bœuf blanc avide de s'instruire, la tante Mélanie et ses poils de barbe... animent des histoires simples qui s'inscrivent dans la tradition morale de la fable.

Voyage au centre de la Terre : récit d'aventures ou exposé scientifique ?

Lorsque l'éditeur Hetzel propose à Jules Verne d'écrire la série des Voyages extraordinaires, il entend enrichir ses éditions à visée éducative. L'écrivain va donc se fondre dans le projet en créant des œuvres à la fois divertissantes et pédagogiques.

Les romans de Jules Verne

Ils se caractérisent par une action prenante et des personnages attachants, mais aussi par les informations scientifiques rigoureuses qui y sont exposées.
Jules Verne se permet même parfois d'imaginer ce que les sciences pourront apporter aux époques à venir, comme dans De la Terre à la Lune *(1865).*

● DES RÉCITS DE VOYAGE TRÈS DOCUMENTÉS

Lors de ses débuts en littérature, Jules Verne fréquente assidûment la Bibliothèque nationale. Il se passionne pour les sciences, les découvertes récentes et la géographie. Il se lie d'amitié avec le géographe et explorateur Jacques Arago (1790-1854), qui le pousse à écrire des récits de voyage. En 1865, il devient membre de la Société de géographie.
En réalité, dans ses romans, Jules Verne invente peu mais il se livre à un abondant travail de recherches documentaires. Il lit des récits de voyages, des traités scientifiques et des revues comme la *Revue des Deux Mondes*.
Les descriptions précises qui se trouvent dans ses romans sont parfois très proches de ce que l'on peut trouver dans ces ouvrages ou revues.

Fondée en 1829 pour mettre en relation la France et les sociétés extra-européennes (Amérique, Russie, Afrique, Asie), animée par l'esprit des Lumières, elle est aujourd'hui la plus ancienne revue en Europe. Généraliste, elle se situe au croisement de la littérature, de l'histoire et de la politique.

LA FASCINATION POUR LES PROGRÈS SCIENTIFIQUES

En 1867, l'Académie française distingue *Le Magasin d'éducation et de récréation*. En 1872 elle fait de même avec les *Voyages extraordinaires*, soulignant l'apparition d'un nouveau merveilleux qui tient aux « notions récentes de la science ».

Revue créée par Hetzel et Jean Macé, qui paraît de 1864 à 1906. Destinée à la jeunesse, elle publie plusieurs romans de Jules Verne.

En effet, les romans qu'écrit Jules Verne entre 1862 et 1877 sont fondés sur la fascination du XIXe siècle pour le savoir et le progrès scientifiques. Il développe des thèmes en rapport direct avec les avancées techniques comme le chemin de fer (*Le Tour du monde en quatre-vingts jours*, 1873), les découvertes récentes dans le domaine de la paléontologie (*Voyage au centre de la Terre*) ou encore les recherches dans le domaine de la navigation aérienne (*Cinq Semaines en ballon*, 1863 ; *De la Terre à la Lune*, 1865).

DES ROMANS D'AVENTURES ET D'ANTICIPATION

Voyage au centre de la Terre est d'abord un récit d'aventures. Les personnages, les décors et l'intrigue en attestent. Ce qui maintient le lecteur en haleine est de savoir si l'expédition arrivera à son terme.

Jules Verne avait lu Darwin et tout ce qu'il écrit au sujet d'espèces animales ou humaines dont les héros trouvent des traces repose sur les récentes théories de l'évolution. De plus, les noms de minéraux ou les principes de volcanologie sont tirés d'ouvrages scientifiques.

Toutefois, s'il s'appuie sur les comptes rendus de découvertes d'ossements qui permettent aux scientifiques du XIXe siècle de commencer à comprendre l'évolution des espèces, Jules Verne ajoute aussi une touche personnelle à ce bestiaire en mettant en scènes des créatures fantastiques, hybrides ou géantes.

Si certaines de ces créatures n'existent que dans la fiction du roman, il a été prouvé depuis que des animaux marins de taille gigantesque ou de forme inconnue (comme les poissons aveugles du Voyage au centre de la Terre*) existent bel et bien dans les profondeurs abyssales des océans.*

Le propre de son œuvre est donc d'exposer les connaissances scientifiques de son temps mais aussi de les exploiter, à la fois pour créer une matière romanesque captivante et pour imaginer ce que pourront découvrir les générations à venir.

Étape I • Étudier le début d'un roman d'aventures

SUPPORT • Chapitres II, III et IV.

OBJECTIF • Analyser la mise en place de l'intrigue.

As-tu bien lu ?

1 Le livre que lit le professeur Lidenbrock est-il ?
☐ un in-folio ☐ un in-quarto ☐ un in-octavo

2 Quel est le titre de cet ouvrage ? De quoi traite-t-il ?

3 Quelle est la réaction du professeur lorsqu'il lit le texte qu'il a dicté à Axel ?
☐ Il saute de joie.
☐ Il donne un coup de poing sur la table.
☐ Il se jette dans les bras d'Axel.

4 Quels mots peuvent nous faire deviner le lieu où se déroulera la suite ?
☐ « ira » et « mère »
☐ « rota » et « arc »
☐ « craterem » et « terrestre »

Un mystérieux parchemin

5 Explique ce que sont les runes.

6 Pour retrouver les réactions des personnages face à cette découverte, remets les phrases dans l'ordre des actions exécutées par le professeur Lidenbrock.
a. Le professeur trouve le nom de l'auteur du parchemin.
b. Le professeur dicte les mots à Axel.
c. Le professeur ne trouve aucun sens au texte.
d. Le professeur découvre que le texte est rédigé en latin.
e. Le professeur découvre une tache au dos du parchemin.

7 Combien de temps sépare le manuscrit du texte du parchemin ?

8 Qui est Arne Saknussemm ?

Axel déchiffre le texte

9 Replace les différents mots déchiffrés par Axel (chap. IV, l. 52-65).

anglais	latin	hébreu	français
....	....	....	....
....	....	....	arc
....	....	....	....
....	*nec*	....	....

10 **a.** Comment Axel parvient-il à comprendre le texte ?
b. Chapitre IV, l. 78 à 102, relève les phrases qui révèlent l'état d'esprit d'Axel quand il comprend le texte.

11 Le lecteur connaît-il la découverte d'Axel ? Pourquoi, à ton avis ?

12 Que s'apprête à faire Axel lorsque son oncle arrive ? Pourquoi ?

La langue et le style

13 Chapitre IV, l. 66-72 : quels sont les types de phrases dans ce paragraphe ? Qu'est-ce que cela retranscrit ?

14 Chapitre IV, l. 108-122 : quel est est le type de phrases dominant ?

Faire le bilan

15 Complète le texte suivant.
En lisant un vieux manuscrit, le professeur .... et son neveu .... découvrent un vieux .... Il est rédigé en écriture ...., un ancien alphabet utilisé en .... Le texte est mystérieux et le professeur ne parvient pas à le .... Axel, lorsqu'il est seul, en trouve la .... et est effrayé par ce qu'il lit. Il décide de jeter le document dans le .... mais son oncle entre dans la pièce.

À toi de jouer

16 Imagine un code qui pourrait être utilisé par un héros de roman ou de film d'aventures. Explique ce code par écrit.

Étape 2 • Observer le décor d'un roman d'aventures

SUPPORT • Chapitres XVIII et XIX.

OBJECTIF • Étudier une description du genre merveilleux scientifique.

As-tu bien lu ?

1 Combien de nuits le groupe a-t-il passées dans le volcan ?
☐ une ☐ deux ☐ trois

2 Pourquoi le professeur se frotte-t-il les mains ?
☐ Il vient de prendre son petit-déjeuner.
☐ Il apprécie le silence.
☐ Il est déjà prêt à repartir.

3 À quelle profondeur se trouvent les trois hommes ?

4 Quel est l'appareil de mesure qui leur permet de se situer ? Un :
☐ thermomètre ☐ profondimètre ☐ baromètre

Un décor merveilleux

5 D'où provient la lumière qui se réfléchit sur les mille facettes des parois de lave ?

6 Comment les trois aventuriers vont-ils avoir de la lumière ensuite ?

7 Complète les phrases suivantes pour retrouver le décor lumineux du monde sous-terrain.
– La lave présentait de petites . . . . arrondies.
– Des cristaux de quartz opaque, ornés de limpides gouttes de . . . . et suspendus à la voûte comme des . . . ., semblaient s'. . . . . à notre passage.
– On eût dit que les génies du gouffre . . . . leur palais pour recevoir les hôtes de la terre.
– Les cristaux apparaissent comme des globes . . . .

8 Qu'est-ce qu'un génie ? Comment peux-tu qualifier les récits dans lesquels en apparaît un ? Qu'en conclus-tu par rapport à ce que ressent Axel dans ce passage ?

Le retour à la réalité

9 Comment les deux routes du carrefour sont-elles qualifiées ?

10 Chapitre XIX, l. 28-63, relève les mots qui décrivent le tunnel (pente, forme, lumière).

11 Axel utilise ses connaissances scientifiques pour prouver à son oncle qu'ils se trompent de direction. Retrouve les preuves qu'il avance.

roches	époque	plantes	animaux
....	....	....	....
....	....	....	....
....	....	....	....

La langue et le style

12 Chapitre XIX, lis les lignes 52 à 66.

a. Quel est le temps verbal dominant dans ce passage ? Justifie.

b. À quel temps sont les verbes « se produisit » et « aperçus » ?

Faire le bilan

13 Complète le texte avec les mots de la liste : fucus – génies – lustres – lycopodes – quartz – silurienne – trilobite.

Le professeur, Axel et Hans commencent leur descente dans le cratère. Axel admire les cristaux de .... qui ressemblent à des .... qui s'allument sur leur passage. Il a l'impression que les .... du gouffre les accueillent. Par la suite, le chemin est plus rude et Axel s'aperçoit grâce à des indices géologiques qu'ils font fausse route. Il pense que le terrain date de l'époque .... car il a repéré des fossiles de plantes, des .... et des ...., et une coquille de ....

À toi de jouer

14 Chapitre XIX, lis les lignes 3 à 5. Écris une suite à ce passage en faisant apparaître ces êtres merveilleux, les « génies du gouffre ». Ton récit débutera ainsi : « Le lendemain, mardi 30 juin, à six heures, la descente fut reprise. »

Étape 3 • Étudier le suspense dans un roman d'aventures

SUPPORT • Chapitres XXVI à XXIX.

OBJECTIF • Analyser les mécanismes du suspense.

As-tu bien lu ?

1 À quelle profondeur le professeur, Axel et Hans se trouvent-ils ?
☐ quinze lieues ☐ trente lieues ☐ deux cents lieues

2 Quelles explications Axel donne-t-il au fait de se retrouver seul ?

3 Combien de routes se présentent à lui ?
☐ une route ☐ deux routes ☐ trois routes

4 Que constate Axel quand il tente de se désaltérer ?
☐ L'eau dégage une odeur désagréable.
☐ L'eau est de couleur rouge.
☐ Il n'y a plus d'eau.

Seul dans le noir

5 Pourquoi le fait de ne plus suivre le ruisseau est-il si grave ?

6 Remplis le tableau suivant en précisant la durée des actions.

Je revins sur mes pas. Je marchai [...]. (chap. XXVI, l. 15)	Je remontai pendant [...]. (chap. XXVI, l. 23)	D'ailleurs, pour associer ces idées si simples et les réunir [...]. (chap. XXVI, l. 34)	Je me levai [...], je remontai la galerie. (chap. XXVII, l. 47)	Où me conduisit cette course insensée ? (chap. XXVII, l. 98)
....	....	....	....	....

7 Relis la dernière phrase du chapitre XXVII. Explique pour quelle raison elle crée du suspense.

8 Pourquoi, à ton avis, cette phrase clôt-elle le chapitre ?

La piste de la voix

9 Reconstitue l'ordre des actions telles qu'elles se déroulent au début du chapitre XXVIII.

a. Des voix murmurées arrivent aux oreilles d'Axel.
b. Le silence dure un quart d'heure.
c. Le jeune homme entend des paroles vagues.
d. Il distingue le mot forloräd.
e. Axel entend un bruit qui ressemble au tonnerre.

10 Que représentent les pointillés dans les paroles ?

11 Quelle est la date lors du réveil d'Axel au chapitre XXIX ? Combien de temps s'est-il écoulé depuis le moment où il s'est perdu ?

12 Relis la dernière phrase du chapitre XXVIII (p. 152). Quelle phrase te rappelle-t-elle ? Quel effet provoque la répétition de ce genre de phrase ?

La langue et le style

13 Dans le chapitre XXVIII, des lignes 11 à 18 (p. 146), relève le champ lexical du son. Pourquoi est-il si important ?

14 Relis, à la fin du chapitre XXVII, les lignes 89 à 97 (p. 145). Observe la ponctuation et les verbes au participe présent. Que constates-tu par rapport au rythme de la phrase ?

Faire le bilan

15 En utilisant tes réponses, explique comment le narrateur crée du suspense. Tu évoqueras l'accumulation des épreuves, la présentation des dialogues, les fausses pistes, les fins de chapitre...

À toi de jouer

16 Rédige un récit d'une vingtaine de lignes, qui pourrait prendre place entre le chapitre XXVIII et le chapitre XXIX.

Étape 4 • Analyser la portée pédagogique du roman

SUPPORT • Chapitres XXXVII à XXXIX.

OBJECTIF • Étudier un texte explicatif de genre scientifique.

As-tu bien lu ?

1 Pourquoi le professeur Lidenbrock est-il en colère ?
☐ Il ne retrouve plus son matériel scientifique.
☐ Axel s'est perdu. ☐ Ils ont reculé au lieu d'avancer.

2 Que décide le professeur ?

3 Pourquoi le professeur et Axel avancent-ils difficilement ?

4 À quel espèce appartient le corps retrouvé par les deux hommes ?
☐ à l'espèce humaine ☐ à l'espèce des dinosaures
☐ à l'espèce des mastodontes

Un trésor pour scientifiques

5 Quel est la spécialité scientifique du professeur Lidenbrock ? En quoi cela l'aide-t-il à connaître les fossiles ?

6 Comment les débris de fossiles contenus dans les muséums sont-ils qualifiés (chap. XXXVII, l. 75) ?

7 À qui s'adresse le professeur quand il dit : « Messieurs... ». Pourquoi, à ton avis, s'exprime-t-il ainsi ?

8 **a.** Note les caractéristiques physiques du corps découvert.

taille	crâne	pommettes	angle de la mâchoire
....	....	....	....

b. Quelle est la conclusion du professeur concernant l'espèce de l'homme dont le corps a été découvert ?

De la science à la fiction

9 Quels animaux vivants les deux hommes aperçoivent-ils ? À quelle découverte d'animaux fossilisés sont-ils semblables ?

10 Place les créatures de la liste suivante dans le tableau : homme géant – mastodontes – mégathérium – ptérodactyles.

fossiles	créatures vivantes appartenant à des espèces disparues	créatures imaginaires
....	....	....

11 Complète les phrases suivantes pour retrouver les comparaisons utilisées pour décrire le géant.
– Sa tête grosse comme la tête d'un ....
– Une chevelure inculte semblable à celle de l'............. des premiers âges.

12 Comment Axel qualifie-t-il cette rencontre ? Pourquoi ?

La langue et le style

13 Quel synonyme du mot « antéhistorique » emploie-t-on aujourd'hui ?

14 Cherche dans un dictionnaire la définition du mot « antédiluvien ».

15 Relève tous les noms d'espèces cités dans le dernier paragraphe du chapitre XXXVII. À partir de quelle langue ces mots sont-ils formés ? Pour répondre, cherche le sens et l'origine des préfixes *méga* et *proto*.

Faire le bilan

16 En utilisant tes réponses aux questions précédentes, explique pourquoi, dans ces trois chapitres, l'histoire passe d'un exposé scientifique à une scène de pure imagination.

À toi de jouer

17 Imagine que tu es un scientifique et que tu découvres une espèce animale inconnue. Rédige un exposé sur cette espèce que tu décriras en détail (aspect physique, milieu et mode de vie, comportement...).

Étape 5 • Caractériser les personnages d'un roman d'aventures

SUPPORT • L'ensemble du roman.

OBJECTIF • Étudier les personnages de ce type de roman.

As-tu bien lu ?

1 Quel est le prénom du professeur Lidenbrock ?
☐ Hans ☐ Franz ☐ Otto

2 Où enseigne-t-il ?
☐ au Gymnasium ☐ au Johannæum ☐ au Mineralogium

3 Quelle est la profession de Hans ?

4 Comment Graüben réagit-elle quand elle apprend le départ d'Axel ?

Le professeur Lidenbrock : un savant passionné

5 Relis les lignes 96 à 106 du chapitre I, puis complète la fiche signalétique du professeur.
– âge : . . . . – couleur des cheveux : . . . .
– taille : . . . . – yeux : . . . . – nez : . . . . et . . . . – caractère : . . . .

6 Donne deux exemples montrant qu'il est un homme obstiné.

7 Le professeur est polyglotte (il parle plusieurs langues). Quelles langues utilise-t-il pour communiquer avec Hans et avec l'enfant au pied du Stromboli ?

Hans : un guide précieux

8 Relis le chapitre XI et complète le texte suivant pour caractériser le personnage de Hans.
Hans est un homme de . . . . taille et d'une . . . . peu commune. Sa tête est . . . . et assez . . . ., et ses yeux sont . . . . et . . . . D'un tempérament très . . . ., il a de . . . . cheveux . . . .

9 Choisis les mots qui décrivent Hans : bavard – imperturbable – honnête – faible – silencieux – émotif – fort – fidèle – amusant – curieux.

10 Hans sauve la vie d'Axel en deux occasions. Lesquelles ?

Axel : neveu et disciple

11 Axel est-il, comme son oncle, un passionné de géologie ?

12 Quel est l'argument d'Axel pour prouver que le voyage au centre de la Terre est impossible (chapitre VI) ?

13 Fais correspondre les actions d'Axel aux phrases qui le caractérisent (attention ! deux actions peuvent être associées à la même phrase).

Il s'émerveille de ce qu'il voit •	• Il est intelligent
Il découvre le mystère de la boussole •	• Il est passionné de science
Il cache la découverte du code •	• Il aime Graüben
Il découvre le code •	

La langue et le style

14 Relis le premier paragraphe du roman. Comment sait-on que c'est Axel qui raconte l'histoire ? Comment apprend-on son nom ?

15 Relis les lignes 14 à 17 du chapitre XXXVII. Relève ensuite les‹adjectifs qualificatifs et trouve pour chacun d'eux un synonyme, un antonyme et un mot de la même famille.

Faire le bilan

16 En t'aidant de tes réponses, explique pourquoi ces personnages sont des héros de roman d'aventures. Tu parleras des qualités suivantes : intelligence, curiosité, courage, force, audace, fidélité.

À toi de jouer

17 Imagine un duo de personnages, héros d'un roman d'aventures. Fais une fiche signalétique sur chacun d'eux en t'inspirant de la question 5. Puis imagine à quel type d'aventure ils pourraient être confrontés.

Étape 6 • Étudier le dénouement du roman

SUPPORT • Du chapitre XXXXII à la fin du texte.

OBJECTIF • Analyser la fin d'un roman d'aventures.

As-tu bien lu ?

1 Qu'est-ce qui fait monter le radeau au début de l'extrait ?
☐ de la lave ☐ de l'eau ☐ un mastodonte

2 À quelle vitesse le radeau monte-t-il ?
☐ trente lieues à l'heure
☐ dix lieues et demie à l'heure
☐ trois lieues et demie à l'heure

3 Que craint Axel si le puits est bouché ?

4 Pourquoi le professeur Lidenbrock tâte-t-il la paroi ?

Une sortie mouvementée

5 Pourquoi Axel retire-t-il rapidement sa main de l'eau ?

6 Complète les phrases suivantes pour trouver les indices qui font croire à Axel qu'il s'agit d'un tremblement de terre.
– Les murailles s'. . . . .
– Le massif se . . . .
– La chaleur est . . . .
– L'eau . . . .
– Les vapeurs s'. . . . .
– L'aiguille est . . . .

7 Pourquoi le fait que ce soit une éruption rend-il le professeur heureux ?

8 Remets les phrases dans l'ordre pour reconstituer ce que voit Axel lors de la fin de la montée du radeau et de la sortie.
a. Les flammes ronflantes enveloppent le radeau.
b. Axel a le sentiment d'être attaché à la bouche d'un canon.
c. Un ouragan active les feux souterrains.
d. Le radeau se met à tournoyer et à onduler sur des flots de lave.
e. Une dernière fois, la figure de Hans apparaît à Axel.

La surprise

9 Où Axel croit-il être sorti ?

10 Relève dans le tableau suivant les éléments du décor.

À la base du volcan	Au levant	Vers le couchant	Dans le nord
....	....	....	....
....	....	....	....
....	....	....	....

11 De quel volcan sont sortis les trois hommes ? Dans quelle région se trouve-t-il ?

12 Après son retour en Allemagne, quel est le seul regret du professeur ?

13 Quel est l'instrument qui a égaré les trois hommes ? Pourquoi ?

La langue et le style

14 Relis les lignes 16 à 19 du chapitre XLIII. Relève les propositions subordonnées relatives dans cette phrase et dis quel GN est complété par chacune d'elles.

Faire le bilan

15 Complète le texte suivant.
Le professeur Lidenbrock, Axel et Hans, installés sur leur ...., sont expulsés du cratère par une .... volcanique. Ils ne savent pas où ils sont mais un jeune .... leur indique qu'il s'agit du ...., situé en .... De retour en Allemagne, le professeur devient un .... homme. Toutefois, il continue à être contrarié par un fait .... : la .... C'est Axel qui trouve la solution : elle a été faussée par un ....

À toi de jouer

16 Sur une carte, trace le trajet effectué sous la Terre par les trois explorateurs, de l'Islande à la Sicile.

Étape 7 • Exploiter les informations de l'enquête

SUPPORT • L'ensemble du roman et l'enquête.

OBJECTIF • Comprendre l'univers du roman d'aventures.

As-tu bien lu ?

1 Quelle est la spécialité du professeur Lidenbrock ?
☐ la zoologie ☐ la spéléologie ☐ la minéralogie

2 Quel instrument inventé pour la navigation maritime entraîne une erreur d'orientation lors de l'expédition du professeur Lidenbrock ?
☐ l'astrolabe ☐ la boussole ☐ le baromètre

3 Comment apprend-on que le professeur est parti en expédition pour le centre de la Terre, alors que le secret avait été bien gardé ?

4 Qui porte les instruments fragiles pendant la descente dans le volcan ?
☐ le professeur Lidenbrock ☐ Axel ☐ Hans

Le contexte scientifique du roman

5 Quels savants, cités dans l'enquête, rendent visite au professeur Lidenbrock lors de leur passage à Hambourg ?

6 Retrouve les moyens de transport empruntés pour faire les trajets suivants au début de l'expédition : bateau à vapeur – bateau à voile – cheval – train.
Hambourg-Kiel : . . . . Kiel-Copenhague : . . . .
Copenhague-Reykjawik : . . . . Reykjawik-le Sneffels : . . . .

7 Pourquoi, lorsqu'ils traversent le lac souterrain, les héros du roman découvrent-ils des espèces de poissons aveugles ? Dans quelle partie de l'océan peut-on en trouver ?

8 À quels savants s'adresse le professeur Lidenbrock lorsqu'il découvre un crâne humain à la fin du chapitre XXXVII ? Quelle est leur spécialité ?

De nombreuses disciplines scientifiques

9 Relie le nom d'un savant à la spécialité scientifique qui lui correspond (attention ! certains ont plusieurs spécialités).

Jean-François Champollion	•	• géographie
Charles Darwin	•	• hiéroglyphes
Alexander von Humboldt	•	• paléontologie
		• physique
		• zoologie

10 Le professeur et Axel ont besoin de nombreuses connaissances pour comprendre le monde qu'ils découvrent. En fonction des observations, remplis le tableau à l'aide de cette liste de disciplines scientifiques : anthropologie – botanique – géologie – paléontologie – zoologie.

Observations effectuées	Discipline scientifique
Identification des couches de roches traversées	
Identification des espèces animales marines et terrestres	
Identification des plantes	
Identification des ossements d'animaux disparus	
Identification d'un crâne humain	

11 À son retour, le professeur s'appuie sur son voyage pour contredire la théorie du feu central dans le noyau terrestre. D'après l'enquête, penses-tu que la théorie du roman soit exacte ? Justifie ta réponse.

Faire le bilan

12 En t'appuyant sur tes réponses et sur l'enquête, explique pourquoi le voyage au centre de la Terre est à la fois l'histoire d'une expédition scientifique, un roman d'aventures et de merveilleux scientifique.

À toi de jouer

13 Tu es un explorateur du XVIIIe siècle et tu débarques sur une île inconnue. Raconte ta rencontre avec un être extraordinaire...

Des combats héroïques : groupement de documents

OBJECTIF • Comparer plusieurs documents sur le thème du combat contre une créature monstrueuse.

DOCUMENT 1 APOLLODORE, *Bibliothèque,* livre second, chapitre V, traduction Clavier, 1805.

Au cours de ses douze travaux, Hercule[1] doit tuer une créature monstrueuse au corps de chien et à neuf têtes, dont une immortelle : l'Hydre de Lerne.

Cette Hydre, nourrie dans les marais de Lerne, sortait dans les champs, ravageait le pays et détruisait les troupeaux. Elle était d'une grandeur démesurée ; elle avait neuf têtes, dont huit étaient mortelles, et la neuvième immortelle. Hercule, monté sur son char qu'Iolas[2] conduisait, arriva à Leme, où il arrêta ses chevaux. Ayant trouvé l'Hydre sur une petite élévation, près des sources de la fontaine Amymone où était son repaire[3], il la força à en sortir en lui lançant des traits[4] enflammés. Il la saisit alors et l'arrêta : mais, s'étant entortillée autour d'un de ses pieds, elle l'entravait lui-même. Il frappait ses têtes à coups de massue, et cela ne servait de rien, car pour une qu'il abattait, il en renaissait deux : de plus, un cancre[5] monstrueux prêtait secours à l'Hydre en le mordant au pied. Il commença donc par tuer le cancre ; il appela ensuite à son aide Iolas qui, ayant mis le feu à une partie de la forêt voisine, brûlait avec des tisons enflammés les têtes à mesure qu'elles repoussaient, et les empêchait de renaître. Étant ainsi parvenu à détruire ces têtes renaissantes, il enterra celle qui était immortelle sur le chemin de Lerne à Éléonte, et mit une très grosse pierre dessus. Ayant ensuite ouvert son corps, il trempa la pointe de ses flèches dans son fiel[6]. Eurysthée[7] ne voulut point que cette action fut comptée dans les douze travaux, parce que, pour détruire l'Hydre, il avait eu besoin du secours d'Iolas.

1. **Hercule** : nom latin du héros grec Héraclès.
2. **Iolas** : neveu d'Hercule.
3. **Repaire** : refuge.
4. **Traits** : flèches.
5. **Cancre** : crabe.
6. **Fiel** : bile.
7. **Eurysthée** : cousin d'Hercule, il monta à sa place sur le trône de la ville de Mycènes. Hercule dut alors se mettre à son service.

DOCUMENT 2 FRIEDRICH SCHILLER, « Le Combat avec le dragon », *Poésies*, traduction Marmier, 1854.

Un jeune chevalier inconnu raconte au roi et au peuple comment il a vaincu le dragon qui terrorisait la ville de Rhodes[1].

« À peine étais-je près des marais que mes dogues[2] se précipitent en avant, tandis que mon cheval, effrayé, écume et se cabre. Car mon ennemi terrible était étendu au soleil sur la terre ardente. Mes chiens alertes se précipitent sur lui, puis se retournent rapides comme l'éclair, lorsqu'il ouvre sa large gueule et gémit comme un chacal, et répand autour de lui un air empesté[3].

« Mais bientôt je ranime leur courage : ils se jettent sur le monstre avec fureur, pendant que, d'une main ferme, je dirige ma lance sur ses flancs, et cette lance impuissante se brise comme une baguette sur sa cuirasse d'écailles. Avant que je puisse recommencer mon attaque, mon cheval, effrayé par ces regards de basilic[4], par ce souffle empesté, recule avec épouvante, et alors c'en était fait de moi.

« Je mets pied à terre, je tire mon épée du fourreau, mais je frappe en vain, nul coup ne pénètre dans cette armure de pierre ; et de sa queue vigoureuse il me jette sur le sol. Déjà je vois sa gueule s'ouvrir ; il s'approche de moi avec ses dents effroyables, lorsque mes chiens, enflammés de rage, se jettent sur son ventre, le couvrent de morsures et, déchiré par la douleur, il pousse d'affreux gémissements.

« Tandis qu'il essaye de s'arracher à ses deux adversaires, je me lève à la hâte, j'observe l'endroit vulnérable et j'y plonge mon épée jusqu'à la garde[5]. Un sang noir coule à grands flots de sa blessure. Le monstre gigantesque tombe et m'entraîne sous lui dans sa chute. Je m'évanouis, et lorsque je revins à moi je me trouvai entouré de mes écuyers, et le dragon était baigné dans son sang. »

1. **Rhodes** : capitale de l'île du même nom, située dans la mer Égée, non loin de la Turquie.
2. **Dogues** : chiens de garde qui ont une grosse tête et un museau aplati.
3. **Empesté** : infecté d'une mauvaise odeur.
4. **Basilic** : dans la mythologie, reptile fabuleux qui a le pouvoir de tuer par son seul regard.
5. **Garde** : partie qui couvre la poignée d'une épée et protège la main.

DOCUMENT 3 VICTOR HUGO, *Les Travailleurs de la mer,* deuxième partie, livre IV.

Gilliatt, un jeune pêcheur, plonge pour récupérer le moteur d'un bateau coulé. Il est attaqué par une pieuvre de grande taille.

Il n'avait jamais vu de pieuvre de cette dimension. Du premier coup, il se trouvait pris par la grande espèce. Un autre se fût troublé.

Pour la pieuvre comme pour le taureau il y a un moment qu'il faut saisir : c'est l'instant où le taureau baisse le cou, c'est l'instant où la pieuvre avance la tête ; instant rapide. Qui manque ce joint est perdu.

Tout ce que nous venons de dire n'avait duré que quelques minutes. Gilliatt pourtant sentait croître la succion[1] des deux cent cinquante ventouses[2].

La pieuvre est traître. Elle tâche de stupéfier[3] d'abord sa proie. Elle saisit, puis attend le plus qu'elle peut.

Gilliatt tenait son couteau. Les succions augmentaient.

Il regardait la pieuvre, qui le regardait.

Tout à coup la bête détacha du rocher sa sixième antenne, et, la lançant sur Gilliatt, tâcha de lui saisir le bras gauche.

En même temps elle avança vivement la tête. Une seconde de plus, sa bouche anus s'appliquait sur la poitrine de Gilliatt. Gilliatt, saigné au flanc, et les deux bras garrottés[4], était mort.

Mais Gilliatt veillait. Guetté, il guettait.

Il évita l'antenne, et, au moment où la bête allait mordre sa poitrine, son poing armé s'abattit sur la bête.

Il y eut deux convulsions[5] en sens inverse, celle de la pieuvre et celle de Gilliatt.

Ce fut comme la lutte de deux éclairs.

Gilliatt plongea la pointe de son couteau dans la viscosité plate, et, d'un mouvement giratoire[6] pareil à la torsion d'un coup de fouet, faisant un cercle autour des deux yeux, il arracha la tête comme on arrache une dent.

1. **Succion** : action de sucer.
2. **Ventouses** : cartilages dont sont munis les tentacules de la pieuvre, qui lui permettent d'attraper des proies.
3. **Stupéfier** : frapper de stupeur, étonnement profond qui empêche toute réaction.
4. **Garrottés** : liés très solidement.
5. **Convulsions** : soubresauts.
6. **Giratoire** : circulaire.

Ce fut fini.

Toute la bête tomba.

Cela ressembla à un linge qui se détache. La pompe aspirante détruite, le vide se défit. Les quatre cents ventouses lâchèrent à la fois le rocher et l'homme. Ce haillon[7] coula au fond de l'eau.

Gilliatt, haletant du combat, put apercevoir à ses pieds sur les galets deux tas gélatineux informes, la tête d'un côté, le reste de l'autre. Nous disons le reste, car on ne pourrait dire le corps.

Gilliatt, toutefois, craignant quelque reprise convulsive de l'agonie, recula hors de la portée des tentacules.

Mais la bête était bien morte.

Gilliatt referma son couteau.

7. **Haillon** : linge déchiré, guenille. Ici, le mot renvoie à ce qui reste du corps de la pieuvre après que Gilliatt l'a déchiqueté avec son couteau.

DOCUMENT 4 PAOLO UCCELLO, *Saint Georges et le dragon,* vers 1456. Huile sur toile. National Gallery, Londres.

Paolo Uccello (1397-1475), peintre italien de la Renaissance, représente dans ce tableau le combat de saint Georges de Lydda contre le dragon retenant une princesse prisonnière dans sa grotte. Ce combat symbolise la victoire du Bien sur le Mal.

As-tu bien lu ?

1 Quel est le point commun entre l'Hydre, le dragon et la pieuvre ?
- ☐ Ils crachent des flammes.
- ☐ Ils parlent.
- ☐ Ils sont gigantesques.

2 Quel est l'animal le plus proche d'un animal existant ? Celui :
☐ du texte 1 ☐ du texte 2 ☐ du texte 3

3 Quel est le personnage dont on ne connaît pas le nom ?

4 Qui reçoit l'aide d'Iolas ?
☐ Gilliatt ☐ Hercule ☐ le jeune chevalier

L'homme contre l'animal

5 Retrouve l'arme utilisée par chacun des héros.
Hercule : ....
Le chevalier : ....
Gilliatt : ....

6 Quel héros est aidé par ses deux chiens ?

7 **a.** Complète le tableau.

L'Hydre	Le dragon	La pieuvre
d'une .... démesurée	sa .... gueule	la .... espèce
elle a .... têtes	sa cuirasse d'...........	les quatre cents ....
la neuvième tête est	ses regards de	
	le .... empesté	
	le .... gigantesque	

b. Quel est le point commun entre les trois créatures ?

8 Comment Hercule empêche-t-il la tête immortelle de renaître ?

9 **a.** Document 2 : pourquoi, dans un premier temps, le chevalier n'arrive-t-il pas à blesser le dragon ?
b. Comment parvient-il finalement à le tuer ?

10 **a.** Où la pieuvre essaie-t-elle de mordre Gilliatt ?
b. Pourquoi Gilliatt doit-il la tuer rapidement ?

11 À ton avis, pourquoi ces monstres ne peuvent-ils être tués que par des hommes exceptionnels ?

Lire l'image

12 Qui est le chevalier ?

13 Décris le dragon. Semble-t-il dangereux ? Pourquoi ?

14 Le chevalier semble-t-il le terrasser facilement ? Justifie ta réponse.

15 À quoi voit-on que le dragon va périr ?

16 Que peut être la grotte au deuxième plan de l'image ?

17 À ton avis, qui est la jeune femme à gauche ?

18 Pourquoi, selon toi, cet exploit est-il à l'origine de la renommée de saint Georges ?

À toi de jouer

19 Imagine une créature monstrueuse qui doit être combattue par un héros et rédige une fiche sur cette créature. Tu préciseras sa taille, sa couleur, l'aspect de sa peau, ses pouvoirs particuliers et ses points faibles.

Les expéditions, telle que celle entreprise par le professeur Lidenbrock dans Voyage au centre de la Terre, *se multiplient au* XIXe *siècle en raison du progrès des sciences. En réalité, ce type d'expédition avait débuté au* XVIIIe *siècle en vue de découvrir de nouvelles terres et de nouvelles espèces. Aux* XXe *et* XXIe *siècles, de nouveaux univers s'offrent à l'exploration des scientifiques : la canopée, les abysses et l'espace.*

Explorations et expéditions scientifiques du XVIIIe siècle à nos jours

1 Au XVIIIe siècle : des navigateurs sur toutes les mers du monde

Les voyages d'exploration scientifique se multiplient au XVIIIe siècle, notamment grâce aux progrès technologiques. Pour atteindre des régions lointaines, ils ne peuvent se faire que par voie maritime. Ils ont pour but de cartographier des lieux inconnus et d'en rapporter des espèces végétales et animales exotiques.

● UN NOUVEL INSTRUMENT : LE CHRONOMÈTRE

Au XVIIIe siècle, les navigateurs possèdent depuis longtemps des instruments comme la boussole ou le sextant[1] qui leur permettent de s'éloigner des côtes. Avec l'invention du chronomètre, qui garde le temps exact du méridien d'origine, ils peuvent mesurer avec précision le temps écoulé et donc la longitude[2]. Ils peuvent alors marquer exactement leur position sur une carte.

● LOUIS ANTOINE DE BOUGAINVILLE

En 1766, le roi Louis XV ordonne au comte de Bougainville d'entreprendre une expédition scientifique autour du monde, la première de ce type organisée par la France. Il embarque à son bord un naturaliste[3], Philibert Commerson, un astronome et un cartographe. Outre la mission de coloniser de nouveaux territoires et celle de découvrir une nouvelle route vers la Chine, Bougainville doit trouver grâce à Commerson des épices acclimatables sur l'île de France (actuelle île Maurice).

La bougainvillée

Lors d'une escale au Brésil, le botaniste Philibert Commerson découvre la plante à fleurs qu'il nommera plus tard la « bougainvillée », en hommage à Bougainville. Cette fleur sera donnée à Joséphine de Beauharnais, la première épouse de Napoléon.

1. Sextant : instrument de navigation qui permet de faire le point en mesurant la position d'un astre par rapport à l'horizon.

2. Longitude : coordonnée permettant de localiser un point à l'est ou à l'ouest d'une ligne nord-sud, le méridien d'origine.

3. Naturaliste biologiste.

Les récits de voyage

Les récits de voyage publiés par les navigateurs à leur retour connaissent un succès retentissant. En 1771, *Description d'un voyage autour du monde*, de Bougainville, fait découvrir au public le « paradis polynésien ». Mais ce livre suscite aussi les réactions des philosophes Rousseau et Diderot. Ce dernier écrit en 1772 un *Supplément au Voyage de Bougainville*.

● LE MYSTÈRE LA PÉROUSE

En 1785, Louis XVI confie au comte de La Pérouse, réputé pour son intérêt pour les sciences et les découvertes, l'organisation d'une circumnavigation[3]. Deux navires, *L'Astrolabe* et *La Boussole*, prennent part à cette expédition qui compte parmi ses membres un géologue, un ingénieur, des naturalistes et des artistes. Le 26 janvier 1788, les équipages quittent l'Australie et disparaissent, sans doute coulés par un cyclone. De nombreuses expéditions partent à leur recherche et des marins déclarent avoir vu des survivants sur des îles du Pacifique. En 1828 sont retrouvés des objets ayant appartenu à *L'Astrolabe*, mais aucune trace de *La Boussole*. Ce n'est qu'en 1964 qu'on identifie le lieu de son naufrage au large de Port-Vila[4].

● UN CAPITAINE RESTÉ CÉLÈBRE

L'un des nombreux navigateurs anglais du XVIIIe siècle est resté célèbre pour d'autres motifs que ses découvertes : le capitaine William Bligh. Chargé de rapporter de Tahiti des plants d'arbre à pain, Bligh est un homme violent qui multiplie les brimades. Son équipage se révolte : c'est la célèbre mutinerie du *Bounty*, romancée par Jules Verne en 1879 (*Les Révoltés du Bounty*).

Vue de l'intérieur du port des Français. *Détail d'un lavis de Blondéla, lieutenant de frégate sur l'*Astrolabe.

3. Circumnavigation : voyage maritime autour d'une vaste étendue de terre.
4. Port-Vila : capitale du Vanuatu, île du Pacifique sud.

2 Au XIXe siècle : l'émergence de nouvelles sciences

Au XIXe siècle, de nouveaux domaines d'étude apparaissent ou se développent : la paléontologie, la géographie moderne et les sciences physiques. Les savants se rendent alors dans toutes les régions du monde pour y faire des mesures et des expériences.

• VON HUMBOLDT, LE PRÉCURSEUR

Alexander von Humboldt (1769-1859), naturaliste et explorateur allemand, est à l'origine des méthodes d'exploration scientifique modernes. Ses centres d'intérêt sont multiples : histoire naturelle, physique, anatomie, zoologie et géologie. Il s'embarque le 5 juin 1799 pour l'Amérique et durant la traversée fait des mesures d'astronomie, de météorologie, de magnétisme, de température et de composition chimique de la mer. Il parcourt tout le continent américain du nord au sud pendant cinq ans et rapporte la plus grande quantité de données scientifiques jamais collectée.

• LA CAMPAGNE D'ÉGYPTE DE BONAPARTE

De 1798 à 1801, le général Bonaparte mène en Égypte une campagne militaire pour couper la route des Indes à la Grande-Bretagne. Il est accompagné de 167 savants et artistes (géologues, mathématiciens, chimistes, ingénieurs, biologistes, naturalistes, peintres), dont la mission est double : mieux comprendre la civilisation égyptienne et étudier la possibilité de creuser un canal reliant la Méditerranée à la mer Rouge, comme le fait l'actuel canal de Suez.

Friedrich Georg Weitsch (1758-1828), Portrait de Alexander Von Humboldt, *1806. Huile sur toile. Alte Nationalgalerie,* Berlin.

Peinture de Louis Albert Bacler d'Albe (1761-1824), Portrait de Bonaparte à Milan, *1797. Huile sur toile. Musée du Château, Malmaison.*

La pierre de Rosette

En 1799, lors de travaux de terrassement près de la ville de Rosette[1], le jeune officier Bouchard découvre un fragment de stèle antique. Comportant le texte d'un décret de Ptolémée V (210-181 av. J.-C.) gravé en hiéroglyphes, en démotique[2] et en grec, la pierre de Rosette permit à l'égyptologue Jean-François Champollion de déchiffrer les hiéroglyphes en 1821.

● LE VOYAGE DU *BEAGLE*

En 1831, le capitaine anglais Robert Fitz-Roy s'embarque sur le *Beagle* avec pour mission de cartographier les côtes de l'Amérique du Sud. Il emmène avec lui un jeune naturaliste, Charles Darwin (1809-1882). L'expédition dure cinq ans et Darwin récolte des échantillons de plantes, d'animaux et de fossiles, tout en faisant de nombreux croquis. La découverte d'animaux inconnus l'amène à se poser des questions sur l'origine du monde et des espèces. C'est alors que Darwin commence à concevoir sa théorie sur l'évolution. Et, en 1859, il publie son célèbre ouvrage : *Sur l'origine des espèces au moyen de la sélection naturelle*[3], qui lui assure une gloire internationale.

Charles Darwin, Iguane, *illustration extraite de* La Zoologie du Voyage du H.M.S. Beagle, *1832-1836.*

1. Ville de la Basse-Égypte, située sur la branche ouest du Nil.
2. Démotique (n. m.) : écriture cursive de l'ancienne Égypte.
3. La théorie de l'évolution formule l'hypothèse que les espèces animales ont évolué à partir de quelques ancêtres communs.

3 Au XIXe siècle : la découverte de mondes inconnus

Parallèlement aux découvertes scientifiques, savants et explorateurs ont aussi des objectifs mythiques : la connaissance de mondes inconnus comme le centre de la Terre, les sources du Nil et le pôle Nord.

● LE CENTRE DE LA TERRE

Le centre de la Terre résiste toujours à l'expédition scientifique et à l'exploration humaine. La spéléologie[1], aux XIXe et XXe siècles, a permis de mieux connaître l'écorce terrestre jusqu'à 1 000 m de profondeur mais le centre se situe à plus de 6 300 km. Le rêve de Jules Verne reste irréalisable en raison de la structure de notre planète et de l'insuffisance de nos moyens techniques. Ce sont donc les forages et l'observation indirecte (mesures

Les théories sur le centre de la Terre

Au XIXe siècle deux théories s'opposent : l'une affirme que le centre de la Terre est fluide, l'autre qu'il est solide. La première part d'un constat fait dans les mines d'une augmentation de la température au cours de la descente : si la température continue à augmenter ainsi jusqu'au centre, elle atteint un tel degré que toutes les roches fondent. C'est la théorie que défend Axel lors de la discussion qui l'oppose au professeur dans Voyage au centre de la Terre.
La seconde énonce que si le centre de la Terre était fluide, il exercerait une telle pression sur la surface qu'elle exploserait. La conclusion est donc que le centre est solide et que la température n'augmente pas continuellement. C'est l'hypothèse défendue par le professeur Lidenbrock ainsi que par les savants Davy et Poisson, cités par Jules Verne. Depuis, on a découvert que le centre de la Terre est constitué de différentes parties, élastiques, fluides et solides.

1. Spéléologie : exploration et étude des cavités du sous-sol (grottes, cavernes...).

des tremblements de terre, des mouvements de la croûte terrestre et du magnétisme) qui permettent d'en savoir plus sur ce que recèle le centre de la Terre.

● LE PÔLE NORD

Au XIXe siècle le pôle Nord reste une région inconnue. Depuis le XVIe siècle, des navigateurs ont tenté de l'atteindre, sans succès. En 1871, l'explorateur américain Charles Francis Hall atteint la rive nord du Groenland à bord du *Polaris*. Son expédition, financée par le gouvernement, a pour but de cartographier la région. Après avoir passé l'hiver sur place, le navire reprend son voyage en juin 1872 mais heurte des glaces. Une partie de l'équipage va dériver pendant six mois sur un morceau de banquise, parcourant 2 900 km. Les autres rescapés reprennent le voyage sur une embarcation construite à partir des débris du *Polaris* et sont recueillis en mer. Ce n'est qu'au XXe siècle que l'on atteindra le pôle Nord.

● LES SOURCES DU NIL

Les sources du Nil[1] ont longtemps constitué un mystère géographique. Les Grecs et les Romains, malgré de nombreuses tentatives, n'ont jamais réussi à les découvrir. Lors de leur expédition de 1858, les Britanniques John Peke et Richard Burton atteignent – au prix des pires souffrances[2] – le lac Victoria, situé sur la frontière entre l'Ouganda et la Tanzanie, qu'ils pensent être la source du Nil. Mais en 2005 les membres d'une expédition sud-africaine déclarent que le fleuve prend sa source plus à l'ouest, au Rwanda. On pense aujourd'hui que la plus haute source se situe encore un peu plus à l'ouest, à la frontière de l'Ouganda et de la Centrafrique.

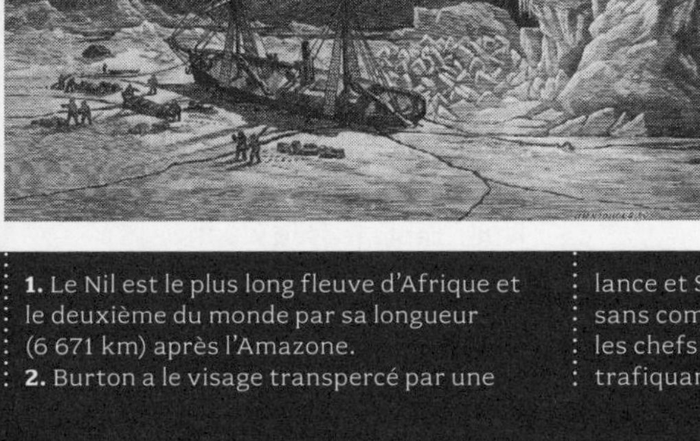

Expédition au pôle Nord de Charles Francis Hall sur le Polaris, *illustration, 1876.*

1. Le Nil est le plus long fleuve d'Afrique et le deuxième du monde par sa longueur (6 671 km) après l'Amazone.
2. Burton a le visage transpercé par une lance et Speke tombe à moitié aveugle, sans compter la malaria, les démêlés avec les chefs tribaux, les cannibales, les trafiquants d'esclaves…

4 Aux XXe et XXIe siècles : de nouvelles frontières

Aux xxe et xxie siècles, l'homme va repousser les limites de l'exploration et se tourner vers l'espace. Toutefois, certaines régions de la Terre recèlent encore de nombreux mystères.

● SUR LA CIME DES ARBRES

De 1986 à 2003, des expéditions françaises étudient la canopée des forêts tropicales, c'est-à-dire l'étage supérieur de ces forêts situé à plusieurs dizaines de mètres du sol, donc inaccessible et peu connu. C'est un monde riche qui représente 80 % du feuillage des arbres et capte plus de 95 % de l'énergie solaire. Mais surtout, la canopée abrite un grand nombre d'espèces animales et végétales inconnues et ouvre un vaste champ de recherche pour l'industrie pharmaceutique.

● LES ABYSSES

Les abysses[1] représentent les deux tiers de la planète dont ils constituent le plus grand habitat. On a longtemps pensé qu'ils ne recelaient aucune vie en raison de l'absence de lumière, du froid intense, du manque d'oxygène et d'une pression très élevée. Il a fallu attendre les années 1970 pour que, grâce à des sous-marins, on y découvre des espèces nombreuses et variées. Les expéditions se sont multipliées et des centaines d'animaux inconnus ont été recensés. Il en existe encore des centaines de milliers à découvrir.

Un fossile vivant

En 1938, au large de l'Afrique du Sud, un pêcheur prend dans ses filets un cœlacanthe, grand poisson apparu il y a 400 millions d'années et que l'on croyait disparu. Depuis, différentes expéditions ont découvert deux nouvelles espèces de ce poisson, véritable fossile vivant.

1. **Abysses** (n. m.) : fosses sous-marines situées entre 200 et 11 000 mètres de profondeur.

● **L'ESPACE**

Bien avant que cela fût possible, les écrivains ont imaginé des voyages dans l'espace, comme Jules Verne dans *De la Terre à la Lune*. Ce n'est qu'après la Seconde Guerre mondiale que sont lancés les premiers satellites artificiels et des sondes envoyées vers la Lune et Vénus, planète la plus proche de la Terre. En avril 1961, Youri Gagarine est le premier homme à effectuer un vol spatial dans un satellite placé en orbite autour de la Terre[2]. Le 21 juillet 1969, l'Américain Neil Armstrong est le premier homme à mettre le pied sur la Lune.
Mais, en raison du coût très élevé des vols spatiaux – les fusées étant conçues pour un vol unique –, les États-Unis et l'URSS mettent au point des navettes capables de tourner en orbite autour de la Terre et de revenir. Les Américains utilisent ce type de vaisseau de 1981 à 2006 puis arrêtent ce programme pour des raisons financières.

Des robots en éclaireurs

Le principal problème dans le domaine de l'exploration spatiale est celui des distances colossales qui séparent les planètes. Ainsi, même les voyages dans le système solaire prendraient des années. La solution choisie pour mieux connaître Mars, la planète sœur de la Terre, est d'y envoyer des engins automatisés. Après avoir expédié des sondes qui tournèrent autour de la planète rouge, on y fit atterrir des robots. Depuis 1997, six véhicules automatiques ont sillonné le sol martien pour analyser les roches et l'atmosphère, photographier le paysage et tenter de trouver des traces de vie actuelle ou passée.

Sojourner sur Mars, 4 juillet 1997.

2. En 1960, avant celui de Gagarine, des vols avaient emporté dans l'espace des chiens, qui en revinrent sains et saufs.

Petit lexique littéraire

Cadre spatiotemporel	Lieu et époque auxquels se déroule le roman.
Dénouement	Aboutissement des événements.
Expansion du nom	Mot ou groupe de mots donnant des précisions sur le nom (épithète, complément du nom, proposition subordonnée relative).
Héros	Dans les récits de l'Antiquité, le héros est un demi-dieu : l'un de ses parents est une divinité alors que l'autre est un mortel. Au sens littéraire, le héros est le personnage principal d'une fiction.
Péripéties	Événements imprévus qui se produisent dans le déroulement de l'histoire et en modifient le cours.
Point de vue	Angle sous lequel l'histoire est racontée. On distingue trois types de point de vue : *le point de vue interne* : l'histoire est racontée par un des personnages ; *le point de vue externe* : l'histoire est racontée par un témoin extérieur à l'histoire de façon objective ; *le point de vue zéro* : l'histoire est racontée par un narrateur qui en sait et en voit tout.
Rebondissement	Événement inattendu qui relance l'histoire.
Roman d'aventures	Roman dans lequel l'action domine et dont le héros, partant en voyage volontairement ou contre son gré, découvre des lieux exotiques.
Schéma narratif	On appelle schéma narratif les différentes étapes du récit, de la situation initiale à la situation finale, en passant par les péripéties.
Suspense	Situation qui rend la suite ou la chute de l'histoire incertaine.
Types de phrase	Il existe quatre types de phrase : la phrase *déclarative*, la phrase *interrogative*, la phrase *injonctive*, la phrase *exclamative*.

À lire et à voir

AUTRES ROMANS DES *VOYAGES EXTRAORDINAIRES*

Cinq Semaines en ballon, 1863

La traversée du continent africain en ballon.

De la Terre à la Lune, 1865

Le récit imaginaire du premier voyage dans l'espace.

Vingt Mille Lieues sous les mers, 1869

La rencontre avec le mystérieux capitaine Némo et son incroyable sous-marin, le *Nautilus*.

Le Tour du monde en 80 jours, 1873

Un pari fou fait par un Anglais excentrique, Phileas Fogg.

DES FILMS ADAPTÉS DE L'ŒUVRE DE JULES VERNE

Le Voyage dans la Lune
Film français de Georges Méliès, 1902

Un classique du cinéma muet par l'inventeur des trucages au cinéma.

Vingt Mille Lieues sous les mers
Film français de Georges Méliès, 1907

Vingt Mille Lieues sous les mers (20.000 Leagues Under the Sea)
Film américain de Richard Fleischer, 1954

Un classique américain avec des acteurs de premier plan, tels que Kirk Douglas et James Mason.

De la Terre à la Lune (From the Earth to the Moon)
Film américain de Byron Haskin, 1958

Adaptation plus récente de deux romans de Jules Verne, *De la Terre à la Lune* et *Autour de la Lune*.

Voyage au centre de la Terre
Film américain de Henry Levin, 1959

Nommé aux Oscars pour ses effets spéciaux.

Voyage au centre de la Terre
Film américain de Éric Brevig, 2008

Un film fantaisiste qui ne respecte pas vraiment l'œuvre de Jules Verne.

• DES SITES CONSACRÉS À JULES VERNE

Centre international Jules Verne
www.jules-verne.net

Un site très complet et merveilleusement illustré.

Musée Jules Verne de Nantes
www.nantes.fr/julesverne/acc_2htm

Également très bien illustré avec plusieurs rubriques pour les enfants.

Société Jules Verne
societejulesverne.org

Un site pour les spécialistes de l'écrivain, très complet.

Table des illustrations

Suivi éditorial : Luce Camus
Principe de maquette : Marie-Astrid Bailly-Maître & Sterenn Heudiard
Mise en page : CGI
Iconographie : Hatier Illustrations
Illustrations intérieures : Raymond Sébastien

PAPIER À BASE DE FIBRES CERTIFIÉES

Hatier s'engage pour l'environnement en réduisant l'empreinte carbone de ses livres. Celle de cet exemplaire est de :
800 g éq. CO_2
Rendez-vous sur www.hatier-durable.fr

IMPRIM'VERT

Achevé d'imprimer par Grafica Veneta à Trebaseleghe - Italie
Dépôt légal : 97841-8/08 - Juillet 2021

Katja Nagel

▪

Ausnahmefall

Katja Nagel

Ausnahmefall

Unternehmenskommunikation
in Sondersituationen.
Mit zehn Fallbeispielen.

Linde
international

Bibliografische Information Der Deutschen Bibliothek
Die Deutsche Bibliothek verzeichnet diese Publikation in der Deutschen Nationalbibliografie; detaillierte bibliografische Daten sind im Internet über http://dnb.ddb.de abrufbar.

ISBN 978-3-7093-0294-1

1210 Wien, Scheydgasse 24, Tel.: +43/1/24 630
www.lindeverlag.de
www.lindeverlag.at

Umschlag:

Satz: deleatur (www.deleatur.com)
Druck: Hans Jentzsch & Co. GmbH., 1210 Wien, Scheydgasse 31
1

Inhalt

Danksagung

Mein Dank gilt zunächst den beteiligten Firmen und ihren Topmanagern: Ohne sie wäre es nicht möglich gewesen, anhand konkreter Fälle darzustellen, wie Kommunikation in Sondersituationen den angestrebten Erfolgskurs unterstützt: Peter Bauer (CEO Infineon), Elmar J. Schnee (Mitglied der Merck Geschäftsleitung), Heinz Futscher (Sprecher der Geschäftsführung nora systems), Dr. Bruno M. Kübler (Insolvenzverwalter PIN), Frieder C. Löhrer (CEO Loewe), Patrick Tessmann (Sprecher der Geschäftsleitung Reuschel), Gerd Finkbeiner (CEO manroland), Rainer Nagel (Geschäftsführender Gesellschafter Atreus), Peer Knauer (ehem. CEO Versatel) und Michael von Zitzewitz (CEO Messe Frankfurt). Die jeweiligen Kommunikationsverantwortlichen dürfen nicht unerwähnt bleiben: auch sie haben ihre Erfahrungen mit mir geteilt.

Dankbar bin ich zudem den Kolleginnen und Kollegen von Cetacea, die mit Freude, Einsatz und Engagement mitgewirkt haben: Pit Hansing, Jana Hecker und Diana Kugelmann. Unermüdliche Helfer für viele Details waren Nadine Gröger und Martin Schrittenlocher.

Ein großes Dankeschön gebührt auch den Professoren Horst Wildemann und Ulrich Krystek, die mit ihren Kapiteln einen sehr wertvollen Beitrag geleistet haben – und schließlich auch ein Plädoyer für Kommunikation in Sondersituationen geschrieben haben.

Nicht zuletzt gilt mein Dank den Befürwortern dieses Buches: der Geschäftsführerin von Heidrick&Struggles Deutschland, Dr. Christine Stimpel, dem Finanzvorstand der Deutschen Bank, Stefan Krause und Roland Berger, dem Gründer und Vorsitzenden des Aufsichtsrats von Roland Berger Strategy Consultants.

Vorwort

(Prof. Horst Wildemann)

Veränderte Rahmenbedingungen

Hohe Marktvolatilitäten, veränderte Marktstrukturen, angeschlagene Wettbewerber und neue Kundenbedürfnisse prägen das Bild der wirtschaftlichen Lage vieler Unternehmen. Fehler und Schwachstellen von Unternehmen werden derzeit sichtbar und offenkundig. Gleichwohl bieten sich auch in dieser Situation für aktive und motivierte Unternehmer Chancen über Chancen. Es ist die Frage zu beantworten, wie die negativen Auswirkungen der Krise minimiert und zukünftige Erfolgspotenziale gehoben werden können. Die Handlungsmaxime lautet, aus gemachten Fehlern zu lernen und die Situation als Chance zum Aufbruch zu verstehen. Im Blick steht die Entwicklung von nachhaltigen Strategien und innovativen Geschäftskonzepten, um den Grundstein für profitables Wachstum zu legen. Ausgangspunkt des betrieblichen Handelns ist der Kunde. Die Erzeugung von Kundennutzen und die Erhöhung der Kundenzufriedenheit markieren den Zielkorridor für eine nachhaltige Erneuerung der Geschäftsmodelle.

Gefahren und Risiken der gegenwärtigen Situation

Unsicherheit über zukünftige Entwicklungen hat in vielen Fällen zu veränderten Kaufentscheidungen und Verhaltensweisen der Kunden geführt. Für die Unternehmen bedeutet dies eine Erschwernis der Planbarkeit abnehmergerechter Leistungsangebote. Davon betroffen sind auch Lieferanten, die in partnerschaftlicher Zusammenarbeit mit ihren Abnehmern an der Erneuerung und Verbesserung von Geschäftskonzepten arbeiten. Vor allem wirken sich die vorzunehmenden Anpassungsbedarfe auf die Mitarbeiter aus. Sie sollten im Rahmen des organisatorischen Veränderungsprozesses fest eingebunden und als maßgeblicher Wettbewerbs- und Erfolgsfaktor verstanden werden. Bestehende Unwägbarkeiten bei Kunden, Lieferanten und Mitarbeitern bezüglich des einzuschlagenden Unternehmenskurses bergen hohe Risiken. In dieser Situation zeichnet sich Führungsverantwortung dadurch aus, dass die unterschiedlichen Interessen der Stakeholder in Einklang gebracht werden. Voraussetzung für die Akzeptanz der Führungsphilosophie bei allen Beteiligten ist, dass das Management fortwährend durch Bekennen zur Unternehmensstrategie und deren Umsetzung eine Vorbildfunktion erfüllt, um Glaubwürdigkeit zu erzeugen. Dem Management obliegt also die Aufgabe, konkrete Maßnahmen zur Schaffung von Vertrauen zu initiieren und somit alle Anspruchsgruppen in den Prozess der strategischen Neuausrichtung der Unternehmenspolitik einzubeziehen.

Erfolgsfaktor Kommunikation in der Sondersituation

Wirkungsvolle Vertrauensbildung basiert auf einer ausgeprägten Unternehmenskommunikation. Sie stellt die Grundlage für die Vermittlung von Visionen, Grundsätzen und strategischer Ausrichtung des Unternehmens an alle betroffenen Stakeholder dar. Weiterhin ermöglicht die Kommunikation die aktive Beteiligung der Mitarbeiter an notwendigen und kritischen Problemlösungs- und Veränderungsprozessen. Ebenso dient sie der nachhaltigen Entwicklung einer Unternehmens- und Führungskultur, die Anerkennung und Zustimmung bei den Zielgruppen findet. Mitarbeiter als Quelle des Unternehmenserfolgs verlangen nach intensiver Einbindung in das Unternehmensgeschehen. Gerade in schwierigen Zeiten wächst der Bedarf an Informationen über anstehende Entwicklungen oder einsetzende Veränderungsprozesse. Unterlässt das Management eine offene Kommunikationspolitik gegenüber seiner Belegschaft, so ist damit zu rechnen, dass Mitarbeiter die Situation als persönliches Risiko einstufen und mit Ablehnung und Unverständnis reagieren. Auch spiegelt die Qualität der Kommunikation eine veränderte Auffassung des Managements im Hinblick auf den Umgang mit den Mitarbeitern wider. Sie fördert den organisatorischen Wandel und ermöglicht auch Wettbewerbsvorteile durch eine motivierte und engagierte Mannschaft, die gemeinschaftlich an der Verwirklichung von Unternehmenszielen arbeitet. Das Verständnis der Mitarbeiter als Potenzialquellen für die erfolgversprechende Bewältigung zukünftiger Herausforderungen zeigt den langfristigen Weg für die Erneuerung einer starken Unternehmenskultur auf.

Management als Träger der Kommunikation

Entscheidungsfähigkeit, strategische Weitsicht und pragmatische Umsetzungskompetenz werden auf die Probe gestellt. Entscheidungen müssen überlegt, aber zeitnah getroffen werden, um die Reaktionsfähigkeit des Unternehmens auf äußere Einflüsse zu verbessern. Neben der Entschlussfreudigkeit und Entscheidungsstärke des Managements ist die strategische Orientierung über den einzuschlagenden Kurs zu verdeutlichen. Ebenso gilt der Grundsatz, dass gefällte Entscheidungen konsequent umgesetzt und verantwortet werden. Kommunikation ist eine Schlüsseldisziplin der Führung, um die Organisation neu auszurichten und die Umsetzung von strategischen und operativen Maßnahmen wirkungsvoll voranzutreiben. Die Kommunikation ist ebenso notwendig bei der Ansprache von Kunden, Investoren, Lieferanten und weiteren Marktpartnern. Da Unternehmen nicht mehr isoliert im Wettbewerb stehen, sondern nur gemeinsam in partnerschaftlichen Netzwerkbeziehungen erfolgreich agieren können, bedarf es der engen Einbindung und Kooperation der Marktpartner. Kommunikation nach innen schafft ein krisenbelastbares und zukunftsorientiertes Verhältnis zwischen Führungskräften und Mitarbeitern. Kommunikation nach außen ermöglicht die Vermeidung von weiterem Wertverlust durch Vertrauensschwund und Kundenabwanderung.

Fazit

Wurde die Qualität einst noch definiert als „die richtigen Dinge richtig tun, und zwar beim ersten Mal", so steht nach dem gewaltigen Einbruch der Wirtschaft infolge der Krise fest, dass diese These einer grundlegenden Ergänzung bedarf. Einer Ergänzung deswegen, weil der zugrunde liegende Ansatz auch in Sondersituationen seine volle Gültigkeit besitzt. Qualität der Unternehmensleistung erfordert neben Effektivität vor allem Effizienz. Effektivität steht als ein Maß für die Wirksamkeit der

Kundenbedienung mit adäquaten Leistungsbündeln, die den artikulierten Ansprüchen der Zielgruppen gerecht werden. Effizienz bezieht sich auf die Wirtschaftlichkeit der Leistungserbringung und charakterisiert das Leistungspotenzial der Unternehmensorganisation. Jedoch liefen viele Unternehmen vor der Krise Gefahr, den Definitionsansatz für Effektivität und Effizienz allein aus der Unternehmensperspektive zu interpretieren. Die Kundenperspektive wurde oftmals bei der Gestaltung des Leistungsprogramms und der Optimierung von Strukturen und Prozessen nur unzureichend berücksichtigt. Das Management orientierte sich vielerorts zu sehr an kurzfristigen Maßnahmen der Erlösoptimierung oder der Kostenreduktion, anstatt auf nachhaltige Konzepte und Methoden für dauerhafte Wertsteigerung zu setzen.

Im Zuge von Sondersituationen werden Schwachstellen eindrucksvoll offenbart. Kunden haben vielen Unternehmen die Gefolgschaft verweigert und sich nach möglichen Alternativen umgesehen. Ein nicht unerheblicher Anteil des globalen Absatzeinbruchs ist auf diesen Grund zurückzuführen. Doch wie gelingt es Unternehmen, verlorenes Vertrauen möglichst schnell zurückzugewinnen und eine Renaissance stabiler und belastbarer Kundenbeziehungen zu erreichen? Der Schlüssel hierfür liegt in der zukünftigen Vermeidung von Missverständnissen in dem sensiblen Beziehungsgeflecht zwischen Kunden, Mitarbeitern, Management und weiteren Marktpartnern. Gefordert sind eindeutige Botschaften und klare Orientierung über die zukünftige Unternehmensstrategie. Das Management ist dazu angehalten, die Kommunikation als entscheidendes Instrument von Führungsqualität neu zu interpretieren. Qualität der Kommunikation entscheidet über die Wiedererlangung von partnerschaftlichen Vertrauensverhältnissen zwischen Unternehmen und Kunden. Ebenso unterstützt sie die Stärkung des Gemeinsinns und der Tatkraft aller Mitarbeiter, um wieder eine grundlegende Basis für die unternehmenszielkonforme Ausrichtung der Organisation zu erreichen. Lernfähige Führungskräfte werden aus dieser Krisensituation Erkenntnisse ziehen und versuchen, diese Schlüsse auf ihr konkretes Handeln im Rahmen der gegebenen Entscheidungsverantwortung zu übertragen. Somit wird in Zukunft die Qualität der Kommunikation maßgeblich über die Erzielung von Alleinstellungsmerkmalen im Wettbewerb und dauerhaften Unternehmenserfolg entscheiden.[1]

[1] Vgl. Literatur zur Vertiefung: Piwinger, M., Zerfaß, A., Handbuch Unternehmenskommunikation; Sattelberger, Th., Human Resources Management; Wildemann, H., Führungsverantwortung; Wildemann, H., Strategische Führung in Unternehmen; Wildemann, H., Produkte und Services entwickeln und managen; Wildemann, H., Kundenbeziehungsmanagement; Wildemann, H., Personal- und Führungskräfteaudit; Wildemann, H., Unternehmenskultur.

1 Einleitung

„... und jedem Anfang wohnt ein Zauber inne, der uns beschützt und der uns hilft, zu leben.“ (Hermann Hesse, „Stufen“)

Sondersituation

In Deutschland nehmen wir das Wort Sondersituation nicht gerne in den Mund – zu sehr wird all das gefürchtet, was in der Assoziation des Wortes negativ sein könnte. Dabei sind das Wort und seine Bedeutung erst einmal neutral. Denn Sondersituation meint jegliche Situation im unternehmerischen Kontext, die von der Norm abweicht: von starkem Wachstum über Eigentümerwechsel bis hin zu Fusion, Transformation, Restrukturierung oder Insolvenz. Und was allzu oft nicht bedacht werden mag: ob wir die Sondersituation lieben oder nicht – sie ist fast unausweichlich in der Geschichte eines Unternehmens. Wir stellen uns besser darauf ein, als von ihr überrascht zu werden. Gerade aktuell zeigen die Entwicklungsströme in der Weltwirtschaftskrise die Unvorhersehbarkeit, aber auch die Unvermeidbarkeit eines Umfeldes, das dennoch unternehmerisch beherrscht werden muss. Die makroökonomische Sondersituation zwingt auch die Unternehmen in ihre mikroökonomische Sondersituation. Mit anderen Worten: Organisationen brauchen die Bereitschaft und die Fähigkeit zur Veränderung, um sich dem Wandel der Zeiten stellen zu können – um sich so vor dem eigenen Untergang systematisch und planvoll bewahren zu können.

Und Hermann Hesse hat auch Recht mit dem Zauber des Neuanfangs: auch im Anfang einer Sondersituation liegt neben den Bedrohungen der Reiz eines unentdeckten Ufers. Die Sondersituationen sind es, die unsere ganzen unternehmerischen Fähigkeiten einfordern, an denen wir wachsen und uns selbst weiterentwickeln.

Deutschlands Unternehmen in der Wirtschaftskrise

Deutschland befand sich als Wirtschaftsmacht und als Gesellschaft schon vor der Weltwirtschaftskrise in einem tief greifenden Veränderungsprozess. Die Hilflosigkeit und Sorge, mit der Unternehmer nun den Tatsachen eines Umfeldes ins Auge sehen müssen, das sie in keiner Weise so absehen oder erwarten konnten, schürt manchenorts das Bedürfnis, die Schuld – und damit auch die Verantwortung – außerhalb des eigenen Unternehmens zu suchen. Unternehmerische Verantwortung heißt aber letztlich nichts anderes, als einen Weg aus der Krise aktiv zu suchen und zu gestalten. Für den Unternehmenslenker will dieses Buch das Führungsinstrument Kommunikation in das Zentrum der Betrachtung rücken.

Motivation für dieses Buch

Meine persönliche Motivation, dieses Buch zu schreiben, entspringt dem Wunsch, in Zeiten der wirtschaftlichen Unruhe und Bedrohung Mut zu machen: Es gibt sie, die Erfolgsgeschichten für Unternehmen in Sondersituationen. Und die zehn Fallbeispiele zeigen den Einsatz der Kommunikation als Führungsinstrument, als Leuchtturm, um den Erfolg sicherzustellen. Als Autorin dieses Buches bin ich nicht vorurteilsfrei: Ich habe Sondersituationen immer wieder erlebt und begleitet – als Mitarbeiterin, als Führungskraft und als Kommunikatorin. In diesem Buch kommen daher diejenigen Firmen selbst zu Wort, denen es beispielhaft in zehn Sondersituationen gelungen ist, mit Hilfe von Kommunikation den Prozess zu beschleunigen und das Ergebnis, also den Erfolg abzusichern. Das Buch soll eine Antwort liefern auf Vorgehen, Methoden, Ansatzpunkte und Ergebnisse in den genannten Kategorien von Sondersituationen.

Zielsetzung und Struktur des Buches

Dieses Buch möchte Wege aufzeigen, wie Kommunikation in schwierigen unternehmerischen Konstellationen den Erfolgt unterstützt und nachhaltig sichert. Ein Buch für die Praxis, das klar und deutlich – und vor allem für andere Unternehmen und Unternehmer nachvollziehbar –

konkrete, umsetzbare Handlungsoptionen liefert. Freilich liegt jeder Fall anders und keine Ausgangslage gleicht der anderen ganz, aber sicher gibt es übertragbare Erfolgsrezepte – und diese werden hier präsentiert. Was dieses Buch vorstellt, ist in der Praxis erprobt. Was dieses Buch vorstellt, haben Unternehmen, vom DAX-Konzern bis zum Start-up, über Branchen und Standorte hinweg, erfolgreich durchgeführt.

Kapitel 2 beschreibt die Sondersituation an sich, unser Grundverständnis von Kommunikation und die grundsätzlichen Spezifika von Kommunikation in Sondersituationen. Kapitel 3 charakterisiert zehn Sondersituationen und ihre Auswirkungen auf die Kommunikation, leitet grundsätzliche Empfehlungen für die Kommunikationsarbeit ab und stellt die Umsetzung am jeweiligen Unternehmensbeispiel dar. Kapitel 4 beleuchtet die Übertragbarkeit der Ergebnisse auf andere Länder, andere Branchen und andere Firmengrößen. Kapitel 5 ist schließlich ein Appell an Führungskräfte und Unternehmer. Im Interesse Deutschlands gilt es zu handeln, um aus der Krise herauszuwachsen. Kommunikation als Führungsinstrument ist hierfür unverzichtbar.

2 Grundlagen zur Kommunikation in Sondersituationen

2.1 Spezifika und Typologie von Sondersituationen

(Prof. Ulrich Krystek)

2.1.1 Kennzeichnung von Sondersituationen

Sondersituationen als herausfordernde Konstellationen

Die gegenwärtig in allen Medien beschriebenen Krisenerscheinungen im nationalen und internationalen Rahmen bieten eine Fülle von Beispielen für Sondersituationen, beginnend mit weltwirtschaftlichen Diskontinuitäten bis hin zu Krisen auf der Ebene von Unternehmen. Sondersituationen erscheinen dabei zunächst als Umbruchphasen, die auf uns problematisch, bedrohlich und angstinduzierend wirken. Diese – speziell vor dem Hintergrund der aktuellen Geschehnisse – gewiss verständliche Sichtweise greift allerdings zu kurz, denn sie verkennt, dass Sondersituationen ebenso positiven Ausnahmecharakter haben können. Tatsächlich sind Sondersituationen nicht nur negative, sondern auch positive Ergebnisse von Ereignissen oder Prozessen, in denen wesentliche bisherige Ziele, Erwartungen und praktizierte Verhaltensweisen keine Gültigkeit mehr haben. Ihr Ausgang ist ambivalent und kann das betroffene System (z.B. eine Volkswirtschaft oder ein Unternehmen) in seiner gegenwärtigen Struktur zerstören oder aber neu gestalten und zukunftsorientiert ausrichten. Sondersituationen können – müssen gelegentlich sogar – vom Management gewollt herbeigeführt werden, um einen notwendigen Wandlungsprozess durchzusetzen. Sie können aber auch ungeplant und ungewollt als Folge von Umweltsituationen eintreten, auf die das betroffene System keinen Einfluss hat. Bezogen auf Unternehmen sind Sondersituationen in jedem Fall außerordentlich herausfordernde Konstellationen, die zu ihrer erfolgreichen Bewältigung enorme Ansprüche an das Management stellen. Sie sind revolutionäre Phasen im Entwicklungsprozess von Unternehmen, die bis dahin evolutionäre Phasen ablösen und ohne die eine Weiterentwicklung nicht möglich erscheint; die aber auch das Ende des Unternehmens bedeuten können, wie die folgende Abbildung zeigt.

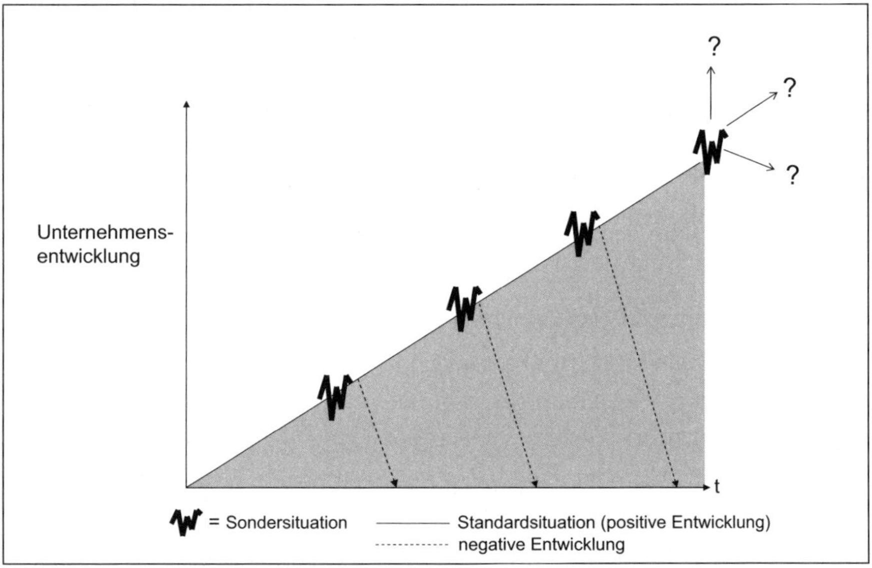

Abbildung 1: Sondersituationen im Rahmen der Unternehmensentwicklung

Ursachen von Sondersituationen

Ungewollte Sondersituationen sind häufig bereits im Stadium ihrer Entstehung mit Hilfe von Früherkennungssystemen identifizierbar, da sie sich durch sog. „schwache Signale" oder gravierende Indikator-/Kennzahlenveränderungen ankündigen. Solche in der Praxis noch zu wenig genutzte Früherkennungssysteme sind spezielle Informationssysteme, die latente Chancen und Bedrohungen so frühzeitig anzeigen, dass für das Management noch ausreichend Zeit verbleibt, um sich anbahnende Chancen rechtzeitig zu ergreifen oder krisenhafte Entwicklungen frühzeitig zu vermeiden. Die Ursachen von Sondersituationen in Unternehmen sind vielfältig und lassen sich in einer groben Einteilung auf externe und interne Faktoren zurückführen. Rebranding, Internationalisierungsprozesse oder Post-Merger-Integrationen sind Beispiele für vom Management selbst gewollte Prozesse, die damit ursächlich internen Faktoren zuzuordnen sind. Betrachtet man allerdings die Ergebnisse der Krisenursachenforschung, so sind auch Unternehmenskrisen in ihren Ursachen häufig internen Faktoren (z.B. Führungsfehler) zuzuordnen. Andere Ursachen von Sondersituationen, wie etwa Naturkatastrophen oder Terroranschläge, werden dagegen ausschließlich durch externe, nicht beeinflussbare Faktoren ausgelöst. Für viele, speziell kleine und mittelständische, Unternehmen sind die Folgen der gegenwärtigen Finanz- und Realwirtschaftskrise auch solche externen Faktoren. Für einige andere dagegen eröffnen sich gerade in diesen Zeiten besondere Chancen.

Zusammenhang zwischen Chancen und Risiken

Sondersituationen sind (unabhängig von ihren positiven oder negativen Erscheinungsformen) jedenfalls in Grenzen beeinflussbar und dem Management kommt in solchen Phasen der Unternehmensentwicklung die dominante Aufgabe zu, sich diesen Situationen zu stellen, sie zu kommunizieren und sie mit Mut und unternehmerischem Verantwortungsbewusstsein im Sinne eines Krisen- oder Chancenmanagements zu meistern. Darüber hinaus besteht eine konsequenzenreiche Verbindung zwischen positiven Sondersituationen (Chancen) und negativen Sondersituationen (Krisen), wie in der folgenden Abbildung schematisch verdeutlicht wird: Nicht oder schlecht genutzte Chancen können in Bedrohungen (Krisen) umschlagen.

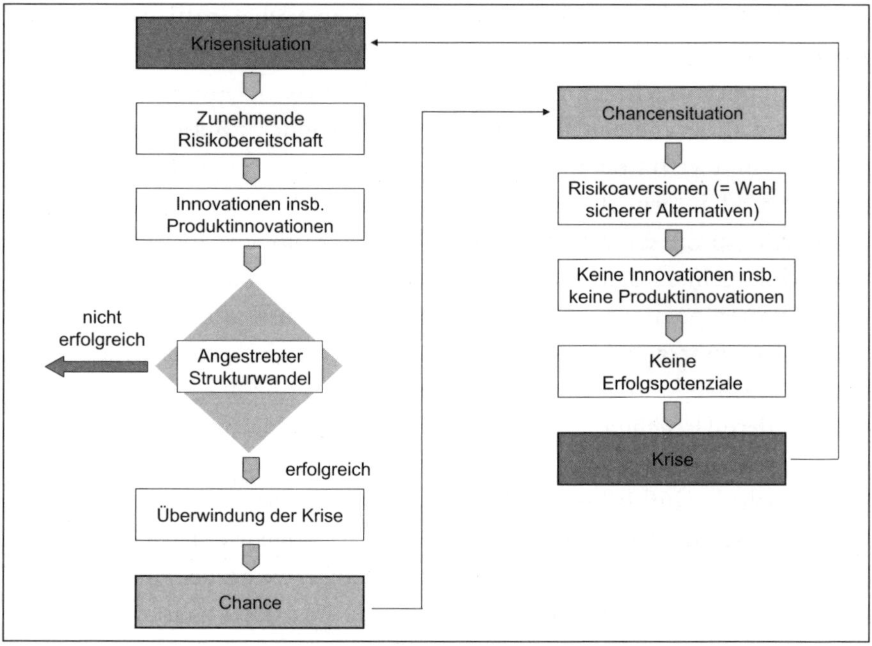

Abbildung 2: Zusammenhang zwischen Chancen und Krisen

2.1.2 Typologie von Sondersituationen

Typen von Sondersituationen

Die vielfältigen Erscheinungsformen von Sondersituationen mit ihren unterschiedlichen Merkmalen und Merkmalsausprägungen machen die Notwendigkeit einer Strukturierung solcher Erscheinungsformen deutlich. Als wissenschaftliche Methode eignet sich dazu die Typologie. Sie ermöglicht durch Heranziehen eines oder (häufiger) mehrerer, abstufbarer Merkmale eine zielorientierte Ordnung und Beschreibung der jeweils betrachteten Phänomene. Lassen sich die Merkmale nicht abstufen, so wird auch von Klassifikation gesprochen. In einer grundlegenden Typisierung können Standardsituationen von Sondersituationen durch die unterschiedlichen Ausprägungen ihrer gemeinsam relevanten Merkmale unterschieden werden, wie in der folgenden Grafik veranschaulicht wird.

	Standardsituation	Sondersituation
Plan- und Berechenbarkeit	Businessplan, Ziele und Umsetzung klar	Unvorhersehbarkeiten an der Tagesordnung
Bedarf an Flexibilität	Gering durch Planbarkeit der Ereignisse	Groß, um auf veränderte Rahmenbedingungen zu reagieren
Know-how-Bedarf	Unternehmen, Branche, Kunden	Zusätzlich Erfahrung mit den Spezifika der Sondersituation
Abläufe und Prozesse	Routiniert und dokumentiert	Aufgrund veränderter Prioritäten zu hinterfragen oder anzupassen
Unternehmensführung	Kooperativ, auf Motivation und Performancesteigerung gerichtet	Situativ, auf Leistungserhalt und Motivationsreserven gerichtet
Unternehmensentwicklung	Kontinuierlich in Umsatz und Ergebnis	Diskontinuierlich in Umsatz und Ergebnis
Fokus der Mitarbeiter	Anerkennung, Förderung, Beförderung, Weiterentwicklung	Arbeitsplatzerhalt, Besitzstand (Existenz- und Verlustängste)
Fokus der Manager	Selbstverwirklichung, Kontrolle und Erfolg	Besitzstand, Ergebnissicherung (Kontrollverlustängste)
Fokus der Öffentlichkeit	Zielerreichung, Reputation und Reputationsmangel	Gefahren, Risiken, Chancen, Schicksale

Abbildung 3: Standard- und Sondersituationen als Extremtypen in typologischer Betrachtung

Akute Chancen und akute Krisen

Sonder- und Standardsituationen sind dabei Endpunkte eines Kontinuums (Extremaltypen), zwischen denen Mischformen auftreten, die eine eindeutige Abgrenzung oftmals schwierig erscheinen lassen. Um einem nicht ungefährlichen Gebrauch des Begriffs „Sondersituation“ vorzubeugen, empfiehlt es sich, ihn nur dann anzuwenden, wenn dies auf Basis typologischer Betrachtungen ein eindeutiges Übergewicht der entsprechenden Merkmalsausprägungen nahe legt. Ein zu häufiger Gebrauch der Vokabel „Sondersituation“ führt leicht zu einer nachlassenden Aufmerksamkeit, ja sogar zu einer Abstumpfung gegenüber solchen Situationen, ihrer Bedeutung und ihren Konsequenzen. In einer weiteren typologischen Betrachtung können positive Sondersituationen (akute Chancen) und negative Sondersituationen (akute Krisen) mit ihren Merkmalen und Merkmalsausprägungen einander gegenübergestellt werden (vgl. folgende Abbildung).

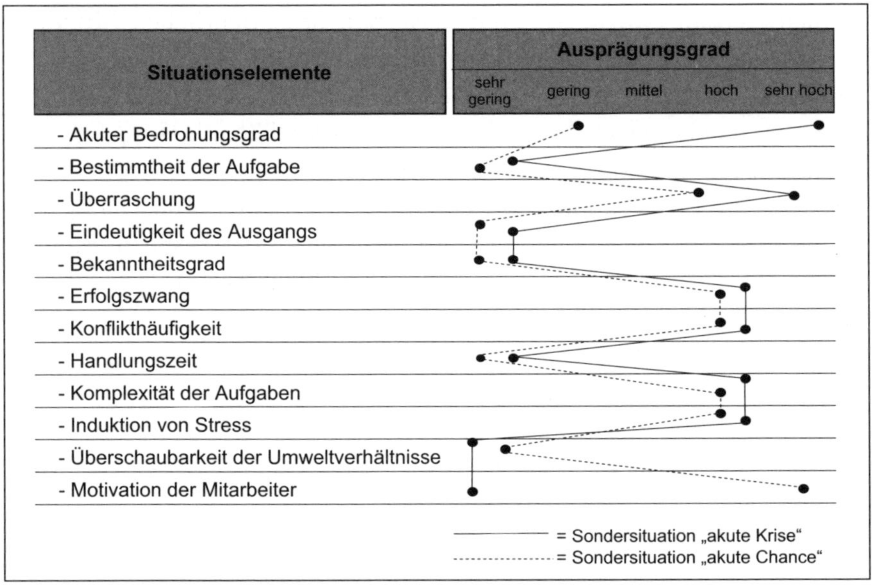

Abbildung 4: Merkmalsausprägung von positiven/negativen Sondersituationen

Hier zeigt sich – im Ergebnis vielleicht zunächst überraschend – eine verblüffende Gleichartigkeit der meisten Merkmalsausprägungen bei beiden Erscheinungsformen. Mit Ausnahme des Merkmals „akuter Bedrohungsgrad“, dessen Ausprägung in akuten Krisen naturgemäß wesentlich höher ausfällt als in akuten Chancensituationen, sowie des Merkmals „Motivation der Mitarbeiter“, die in akuten Krisen nach übereinstimmenden Untersuchungen im Gegensatz zu Situationen akuter Chancen sehr gering ist, zeigen die übrigen Merkmalsausprägungen einen fast gleichförmigen Verlauf. Diese Ähnlichkeiten unterstreichen allerdings nicht nur den Ambivalenzcharakter von Ausnahmesituationen, sondern auch die gleichgewichtige Bedeutung beider Ausprägungsformen von Sondersituationen.

2.2 Grundverständnis Kommunikation

Arbeitsdefinition Kommunikation

Kommunikation meint in diesem Buch das Managen aller Erscheinungsformen (verbal, paraverbal und nonverbal) des öffentlichen Monologs und Dialogs von Menschen und Organisationen mit Menschen und Organisationen, bewusst und geplant zur Unterstützung der Unternehmensziele. „Managen" beinhaltet das Ziel der Beeinflussung und den gesamthaften planvollen Prozess von der Zieldefinition über die Umsetzung bis zur Erfolgskontrolle. „Öffentlicher Monolog und Dialog" bedeutet, dass der Kommunikator in seiner Rolle und Aufgabe im Rahmen der Organisation kommuniziert. „Bewusst" bedeutet, dass er sich der kommunikativen Situation bewusst ist und in seiner Funktion kommuniziert. „Zur Unterstützung der Unternehmensziele" bedeutet, dass die Ziele der Kommunikation nur aus der Unternehmensstrategie und Unternehmenszielen abgeleitet werden.

Externe und interne Kommunikation

Externe Kommunikation richtet sich an externe Öffentlichkeiten (Investoren, Kunden, Lieferanten, Medien) und trägt zum Werterhalt oder zur Wertsteigerung des Unternehmens bei, indem sie systematisch Image und Reputation erhält oder verbessert. Sie fördert Dialog mit den relevanten Zielgruppen, erhöht Bekanntheit und verbessert Image, stärkt Positionierung und schafft Vertrauen. Interne Kommunikation adressiert unternehmensinterne Öffentlichkeiten (Topmanager, Führungskräfte, Mitarbeiter, Betriebsrat, Projektteams) und trägt zum Werterhalt oder zur Wertsteigerung des Unternehmens bei, indem sie systematisch informiert, motiviert, Sinn stiftet und die Identifikation mit dem Unternehmen ebenso wie das Vertrauen in die Unternehmensführung stärkt. Im Folgenden werden die zehn wichtigsten Aspekte von Kommunikation für dieses Buch erörtert, die auch im Zusammenhang mit den unterschiedlichen Sondersituationen eine Rolle spielen werden. Sie gelten situationsübergreifend und dienen als Basis für situationsspezifische kommunikative Handlungsempfehlungen in der konkreten Sondersituation.

1) Kommunikation ohne Geschäftsbezug hat keine Existenzberechtigung

Kommunikation, die von einem Unternehmen gewollt, geplant und finanziert wird, muss ohne Kompromisse auf die Unternehmensziele einzahlen, muss einen direkten Bezug zum Geschäft und zum Geschäftsergebnis haben. Letztendlich zahlt Kommunikation auf Unternehmenswert und -erfolg ebenso ein wie auf Effizienz und Effektivität einer Organisation.

2) Kommunikation managt Stakeholder

Kommunikationsexperten antizipieren die Ansprüche, Erwartungen und Haltungen ihrer Adressaten möglichst präzise, um die Kommunikation derart gestalten zu können, dass die Botschaften genau die Reaktionen bewirken, die im Interesse des Senders liegen. Dabei müssen unterschiedliche Anspruchsgruppen unterschiedlich kommunikativ bearbeitet werden: Dem Finanzmarkt ist glaubhaft zu vermitteln, dass das Unternehmen eine realistische Möglichkeit der Gewinnerzielung hat, damit es mit den hierfür erforderlichen Mitteln ausgestattet wird. Der breiten Öffentlichkeit und ihren Repräsentanten ist darzulegen, in welcher Beziehung die Gewinnerzielungsabsicht des Unternehmens zu den Interessen des Gemeinwohls steht, um Reputation und Vertrauen in das Unternehmen und sein Leistungsangebot zu gewinnen. Im Binnenverhältnis ist das Unternehmen steuerungsfähig und leistungsfähig zu halten. Kundenbedürfnisse sind in ein angemessenes Verhalten des Unternehmens und seiner Mitarbeiter zu übersetzen.

3) Kommunikation agiert in einem System

Kommunikation wurde von Praktikern und Forschern lange Zeit als linearer Vorgang verstanden. Man ging davon aus, dass ein kommunikativer Stimulus – eine Botschaft oder Information – beim Empfänger eine weitgehend vorhersagbare Reaktion auslöst. In der Kommunikationsforschung ging es daher über weite Strecken um die Frage, wie technische, organisatorische oder psychische Störfaktoren in der Informationsübermittlung ausgeschaltet werden können. In den Führungsetagen ist diese Vorstellung auch heute noch weit verbreitet, obwohl sie nicht geeignet ist, die Wirklichkeit in Organisationen zu erfassen oder geeignete Kommunikationsstrategien zu entwickeln. Das überholte mechanistisch-deterministische Verständnis von Kommunikation ist blind für die unzähligen Einflussfaktoren, welche die Kommunikationsprozesse selbst, vor allem aber ihre Wirkung, beeinflussen. Die folgende Abbildung listet die wichtigsten Einflussgrößen auf.

Person des Senders	Seine Rolle und seine Macht, seine Situation und seine Absichten, nonverbale und symbolische Konnotationen, seine persönliche Glaubwürdigkeit, Integrität und Überzeugungskraft
Person des Empfängers	Die National- und Professionskultur des Empfängers, seine psychische Verfassung, seine Rolle und sein Status, seine Befindlichkeiten, der individuelle Erfahrungshintergrund
Inhalte	Ihre Ein- bzw. Mehrdeutigkeit, ihr Härtegrad, der Übertragungskanal und die gewählte Darstellung – bis hin zum Tonfall
Situation der Kommunikation	Ihr Kontext, das gesamte Umfeld, die Unternehmenskultur und Unternehmensgeschichte, Vorerfahrungen mit Sondersituationen, Öffentlichkeit der Kommunikation
Historie der Kommunikation	Vorausgegangene Interaktionen, gemachte Versprechen, gehaltene Zusagen, Vorgänger, Vorredner und ihre jeweilige Person
Individuelle Interpretation	Die individuelle Interpretation der Kommunikationsinhalte, des Kommunikationskanals, der Form, der Situation und des Kontextes, des Senders und seiner Absichten

Abbildung 5: Einflussgrößen auf die Wirkung von Kommunikation

4) Kommunikation schafft Realität

Die Wirklichkeit existiert bekanntlich nicht als objektiver Tatbestand, sondern als Interpretation oder Sinngebung des Systems – also des Einzelnen oder seiner Gruppe. Die Akteure einer Organisation erschaffen so ihre jeweilige Vorstellung von Wahrheit, Richtigkeit und angemessenem Verhalten. Kommunikation fixiert diese subjektiv wahrgenommene Realität, macht sie greifbar, konservierbar und somit zum Realitätsangebot für andere Individuen.

5) Kommunikation ermöglicht Entscheidungsfähigkeit und Selbstregulation

Die Bewältigung komplexer Situationen kann nur gelingen, wenn die Informationsverarbeitungskapazität der Komplexität der Situation angemessen ist: „Mit wachsender Komplexität der Situation wird es immer wichtiger werden, möglichst viele Tatsachen und Kenntnisse in den Problemlösungsprozess einfließen zu lassen."[2] Organisation müssen also einerseits mit einer ausreichenden Wissens- bzw. Informationsbasis versorgt werden, auf die die Akteure nach Bedarf zugreifen können, und andererseits müssen sie selbst mit einer ausreichenden Kommunikationsfähigkeit ausgestattet werden, die eine Selbstregulierung von Teams im Umgang mit den Informationen und dem Abgleichen der Wirklichkeitsinterpretationen ermöglicht – also Spielraum für Handlungs-, Anpassungs-, Reaktions- und Innovationspotential.

6) Kommunikation verhilft zu Perspektivenangleichung

Konsens über die Situation, ihre Bedeutung, Ziele, Strategien, Prioritäten, Aufgaben und sinnvolle Handlungsweisen ist die Voraussetzung dafür, dass die Menschen Entscheidungen und Handeln an einem gemeinsamen Verständnis und Ziel ausrichten. Perspektivangleichung ist herzustellen: Klarheit zu schaffen, Situationen zu definieren, Sinn zu stiften, eine Richtung vorzugeben. Wo Orientierung fehlt, herrscht die eigene Perspektive, und man wird so handeln, wie es vor dem Hintergrund der eigenen Interpretation vernünftig erscheint. Intern wie extern ist die Perspektivenangleichung eine wichtige Funktion der Beeinflussung.

7) Kommunikation kann man nicht loslösen vom Sender

Wirksame Kommunikation setzt immer persönliche Glaubwürdigkeit voraus. Und diese wiederum kann nur von einem Menschen ausgehen, der authentisch und integer wirkt – mit anderen Worten: Entscheidungen, Hintergründe und Motive vermittelt und gleichzeitig eine Kongruenz seiner Botschaften über die Zeit-, Inhalts- und Verhaltensdimensi-

---

2 Vgl. Malik, F., Strategie des Managements komplexer Systeme, S. 311 ff.

on herstellt. Kommunikation ist untrennbar verwoben mit der Person und ihrer Ausstrahlung und kann nur gelingen in dem Rahmen, den der Sender selbst setzt, gewollt oder ungewollt. Effektive Kommunikation braucht somit authentische und integere Kommunikatoren.

8) Kommunikation will Beeinflussung von Menschen

Kommunikation ist ein Prozess der Beeinflussung von Menschen und ihren Einstellungen, Meinungen, Werten und am Ende auch ihres Verhaltens: Ob der Journalist schreiben oder der Mitarbeiter mitwirken soll – die härteste Währung des Erfolgs von Kommunikation ist die Veranlassung zum Tun oder Unterlassen. Gemeint ist Kopf, Herz und Hand, die wir beeinflussen wollen. Kommunikation birgt hier einige Komplikationen: Zum einen sind Menschen niemals ganz vorhersehbar in ihrem Denken und Fühlen und damit in ihren Reaktionen, da man insbesondere die Empfänger nicht in ihrem ganzen persönlichen Umfeld kennen und damit einschätzen kann. Zum anderen erfordert es Zeit und Geduld, Menschen in diesen drei Dimensionen zu adressieren. Wer diese Geduld nicht aufbringt, wird Kommunikation nicht erfolgreich einsetzen können, wie sehr er auch vertraut sein mag mit Techniken und Medien.

9) Kommunikation ist Leadership und Unternehmensentwicklung

Führung – verstanden als Zielformulierung, Delegation, Aufgabenverteilung, Konfliktmanagement, Unterstützung und Zielerreichungskontrolle – kann ohne Kommunikation fast nicht stattfinden. Studien zufolge wenden Führungskräfte bis zu 90 % ihrer Zeit für Kommunikation auf. Leadership verstanden als Ausrichten einer Organisation auf die Zukunft, als Manövrieren in schwierigen Gewässern und als Antriebskraft eines ganzen Unternehmens kann schließlich ohne Kommunikation schlichtweg nicht funktionieren. Durch geeignete Kommunikation kann man also auch die gesamte Organisation weiterentwickeln: insofern ist Kommunikation nicht nur ein Tool der Unternehmensführung, sondern auch der Organisationsentwicklung. Nicht zu kommunizieren ist aber auch deshalb keine Option, weil das System kontinuierlich kommuniziert – es erzeugt seine Interpretationen, Sinngebungen, seine Geschichten, Bilder und Vorstellungen in jedem Fall – intern ebenso wie extern. Bei restriktiver Informationspolitik allerdings beraubt sich das Management der Möglichkeiten, hierauf Einfluss zu nehmen – und überlässt die Effekte dieser informellen Kommunikationsprozesse weitgehend dem Zufall oder anderen politischen Strömungen. Die Deutungshoheit der Ereignisse wird damit aufgegeben.

10) Kommunikation bedeutet Disziplin

Kommunikation kann nur gelingen, wenn sie kein Strohfeuer ist, sondern Wiederholung – beharrlich Aussagen wiederholt, vertieft, argumentiert. Kommunikation bedeutet möglichst Widerspruchsfreiheit. Und Kommunikation bedeutet auch, dass nicht jeder reden darf, wie ihm „der Schnabel gewachsen" ist. Ein Managementteam muss sich an seine eigenen Abmachungen oder auch einfach nur an die Vorgaben des Vorstandsvorsitzenden halten – Kommunikation ist in diesem Sinn kein demokratischer Prozess, ihre Verarbeitung dagegen immer. So gesehen ist Kommunikation also eine Frage der Disziplin, die trotz vieler anderer wichtiger und drängender Themen im Tagesgeschäft nach Priorisierung verlangt, will sie gelingen.

2.3 Kommunikation in Sondersituationen

Die meisten herausfordernden Unternehmenssituationen sind gekennzeichnet von politischen internen Machtverhältnissen, von Widerstand und auch von Angst. Eine Situation zu überwinden erfordert, mit der internen Politik zu arbeiten, mit dem Widerstand zu gehen und die Angst zu akzeptieren, um ihr zu begegnen. So vielfältig sich das Phänomen Angst auch darstellt – es gibt praktisch nichts, wovor man keine Angst entwickeln könnte – so ist die Existenz von Ängsten weitgehend unabhängig von Kultur und Zeitalter –, was sich ändert, sind lediglich ihre Objekte: Waren es früher beispielsweise eher Naturgewalten, die den Menschen Angst machten, so sind es heute oftmals Arbeitsplatzverlust oder Einsamkeit, die Angst auslösen. Ängste sind dabei grundsätzlich nichts Negatives, sondern eine Schutzfunktion des Menschen (eine Situation zu meiden) oder besondere Kräfte zu mobilisieren (eine Situation zu meistern). Manche Veränderungen sind vorhersehbar und wir können uns auf sie einstellen, andere Veränderungen treffen uns unvorbereitet. Angst vor Veränderungen entsteht erst, wenn Menschen denken, diese nicht bewältigen zu können, wenn sie sich schwach oder hilflos fühlen, sich oder anderen also nicht zutrauen, mit dem Neuen und Unbekannten umgehen zu können. Schätzen wir unsere Fähigkeiten, mit neuen Situationen umzugehen, als gering ein oder überschätzen wir die tatsächlichen Gefahren, die auf uns zukommen könnten, dann haben wir Angst vor den Veränderungen.

Die Psychologie der Sondersituation von außen betrachtet

Menschen empfinden Angst vor heraufbeschworenen schwierigen Situationen. Könnte es auch mich treffen? Sie sind erleichtert, wenn sich herausstellt, dass sie nicht betroffen sind, und erfreuen sich am Gefühl, dass es ihnen ja viel schlechter gehen könnte – denn es bringt die Zufriedenheit mit der eigenen Situation zurück. Aus diesem Grund sind Menschen gierig nach Sensationen, nach Geschichten – was sie erschauern lässt ohne persönliche Betroffenheit, zieht sie an. Diese Mechanismen sind so alt wie die Menschheit selbst. Und sie wirken ganz massiv in der externen Kommunikation, denn sie bewirken Nachfrage und die Medien reagieren darauf. Insofern ist das Interesse der Öffentlichkeit an Unternehmensinterna also extrem groß, wenn eine Sondersituation eintritt. Dieses Interesse gilt es zu managen, denn es zu verteufeln wäre nutzlos.

Die Psychologie der Sondersituation im „Maschinenraum“

Im „Maschinenraum“ einer Organisation geht es jetzt besonders heiß her. Unsicherheit, inwiefern man selbst betroffen ist, verwandelt den Voyeur in einen Getriebenen – und das gilt für Mitarbeiter ebenso wie für Führungskräfte. Aus der Unsicherheit wird Angst, und diese Angst äußert sich in Symptomen der Überforderung, des Stresses, der Orientierungslosigkeit oder auch einfach nur in einer Verhaltensstarre. Die

Folgen für das Unternehmen reichen von Produktivitätsverlust über Motivationsverlust der Mitarbeiter bis hin zu deren innerer Kündigung. Extern werden die Mitarbeiter nicht selten zu Botschaftern gegen das Unternehmen: Sie geben unliebsame Informationen nach außen oder wecken durch Streiks öffentliches Interesse.

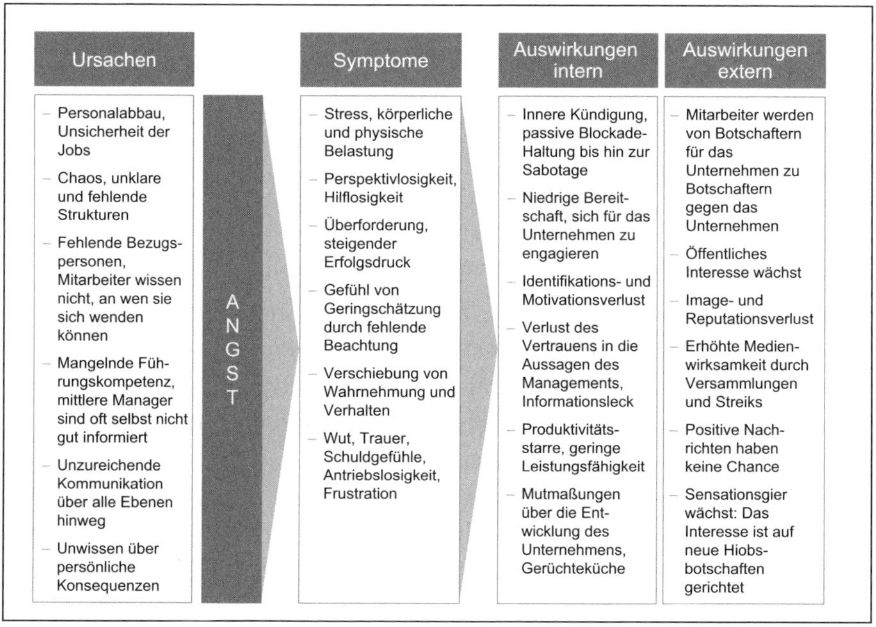

Abbildung 6: Die Psychologie der Angst in der Sondersituation

Dramatisch ist, dass es kontraproduktive Verstärker gibt: das steigende öffentliche Interesse und die sinkende Bereitschaft oder Fähigkeit des Topmanagements zur Kommunikation – und somit zur Verarbeitung der Situation, bevor noch mehr unerwünschte Details nach außen dringen oder die Organisation den Vertrieb und die Kunden völlig aus den Augen verliert. Je weniger das Management jetzt klar, zeitnah und richtungweisend kommuniziert, desto heftiger wird die Situation eskalieren. Studien belegen, dass bei der Mehrheit der Mitarbeiter Angst in Verweigerung umschlägt. 40 % aller Mitarbeiter sind Skeptiker, 40 % sind Bremser,

15 % in der Regel Verweigerer und nur 5 % sind Promotoren. Insofern müssen wir beschwichtigen, argumentieren, klarstellen, aufzeigen und motivieren, und das nach den unterschiedlichen Stakeholdern.

2.3.1 Externe Kommunikation

Die Sondersituation verändert das Machtgefüge mit den Medien

Im Normalfall gelingt es einem Unternehmen mal recht, mal schlecht, seine eigene Geschichte in den Medien zu platzieren. Kommunikation wird geplant, Medienkontakte werden geknüpft und gepflegt. Journalisten nutzen das Unternehmen als zuverlässige und service-orientierte Informationsquelle. Von Unternehmensseite wird kontinuierlich und planvoll an der eigenen Reputation gearbeitet. In der Sondersituation bestimmen die Journalisten die Aussagen, getrieben von den Ereignissen und deren Neuigkeits- bzw. Sensationsgrad. Jetzt findet zusätzliche Recherche durch die Medien statt, und zwar dort, wo das Unternehmen weniger Einfluss hat. Misstrauen und Vorsicht regieren, wo zuvor Vertrauen und Wohlwollen ihren Platz hatten. Unternehmen und Öffentlichkeit befindet sich in einem massiven Interessenkonflikt: Während es dem Topmanager in dieser Situation am liebsten wäre, es würde möglichst wenig bzw. erst dann berichtet, wenn der neue Kurs steht und die Situation wieder unter Kontrolle ist, möchten die Medien im Interesse ihrer neugierigen Leser und ihrem eigenen Berufsethos verpflichtet möglichst früh möglichst viel berichten, mehrschichtig und facettenreich. Die folgende Abbildung veranschaulicht nochmals die Unterschiede.

Im Normalfall	In der Sondersituation
– Das Unternehmen setzt die Story – Die Kommunikation folgt einer planmäßigen Agenda und Roadmap – Das Unternehmen ist für Journalisten die Hauptquelle für die Berichterstattung – Die Wertung in der Berichterstattung wird durch langfristige Reputation bestimmt	– Journalisten bestimmen die Aussage, das Unternehmen ringt um Interpretationshoheit, Management in Erklärungsnot – Die Ereignisse bestimmen die Kommunikationsabläufe – Es erfolgen Medienrecherchen bei Mitarbeitern, Wettbewerbern und Umfeldquellen – Die Berichterstattung wird neu bestimmt und hängt von Einzelereignissen ab

Abbildung 7: Externe Kommunikation in der Sondersituation

Die Medienlogik bleibt die Gleiche

Medien folgen bei ihrer Themenauswahl und -gewichtung einer einfachen Logik: Den Nachrichtenwert einer Geschichte leiten sie aus zehn Faktoren ab: lokaler Bezug, Aktualität, Prominenz, Fortschritt, Human Interest, Folgenschwere, Dramatik, Konflikt, Kuriosität und Sex/Liebe[3]. Bei Sondersituationen haben wir es mit den Faktoren lokaler Bezug („5000 Arbeitsplätze in der Region sind betroffen!"), Aktualität („Gestern ahnte noch keiner, dass sich dieses Unternehmen so entwickeln würde"), Prominenz („Das Unternehmen ist eine international anerkannte Marke"), Fortschritt („Unternehmen glänzt mit neuem Wachstumsrekord"), Human Interest („Die Geschichte eines Arbeitslosen"), Folgenschwere („Firma katapultiert sich aus dem Markt"), Dramatik („CEO ist zurückgetreten"), Konflikt („Post-Merger-Integration scheitert am Willen der Beteiligten") zu tun. Das größte Risiko für ein Unternehmen

[3] Vgl. Lutz, A., Nitzsche, I., Praxisbuch Pressearbeit, S. 20 ff.

ist, dass interne Informationen nach außen dringen und das bereits angeschlagene Unternehmen zur Zielscheibe der Öffentlichkeit wird.

Grundregel 1: Wer nicht kommuniziert, wird kommuniziert

Wenn ein Unternehmen keine Botschaften setzt, wird die kommunikative Leere durch andere gefüllt werden – mit Gerüchten und Spekulationen, die dem Unternehmen schaden können. Insofern lohnt es sich in jedem Fall, selbst seine Botschaften zu formulieren. Zahlreiche Unternehmen sind in Sondersituationen intensiv mit sich selbst beschäftigt und vergessen, dass Medien genau daran interessiert sind – und die Zeit haben, die dem Unternehmen fehlt.

Grundregel 2: Wenn nichts sicher ist, zählt Sicherheit

Auch wenn keine Planung möglich ist, ist eine fundierte Vorbereitung nötig. Es gilt: Je weniger Planung möglich, desto notwendiger die Vorbereitung. Die Kurzfristigkeit in Sondersituationen kann nur bewältigt werden, wenn die Kommunikatoren für alle Eventualitäten gerüstet sind. Sprachregelungen, Questions & Answers helfen nicht nur in der konkreten Situation mit dem Journalisten, sondern unterstützen auch intern im Unternehmen den Prozess der Einigung auf die wichtigsten Aussagen des Unternehmens.

Grundregel 3: Keep it not necessarily short, but always simple

Jede Sondersituation ist komplex – die Aussagen müssen dennoch einfach bleiben: In der Sondersituation lässt sich nicht jedes Detail transportieren. Das ist aber auch gar nicht nötig. Ein Unternehmen darf – bei aller Liebe zu Transparenz und Glaubwürdigkeit – seine Geheimnisse haben. Schließlich ist der Wettbewerb in der Regel hart, die Medien sind es auch und ein Unternehmen hat das Recht, sich zu schützen, im ureigensten Interesse des Geschäfts. Der Öffentlichkeit muss primär eine klare Linie aufgezeigt werden: Wo steht das Unternehmen, wo will es hin und was wird es tun, um seine Sondersituation hinter sich zu lassen?

Grundregel 4: Ein Arzt ist nicht immun gegen Krankheiten

Die Kommunikatoren im eigenen Haus sind in einer Sondersituation ebenso verunsichert wie die Mitarbeiter, Investoren oder Kunden. Das macht ihnen die Überzeugungs- und Motivationsarbeit nicht gerade leichter: ihr Umfeld spürt diese Verunsicherung. Die Kommunikatoren benötigen aber gerade in der Sondersituation Vertrauen in sich und in die Führung – eine Tatsache, die oft missachtet wird. Es lohnt sich für das Führungsteam, auch und gerade die Kommunikatoren mit ihrer Überzeugungsarbeit nicht im Regen stehen zu lassen.

Grundregel 5: Auch in der Hungersnot bleiben die Saatkartoffeln heilig

Vertrauen, das für einen kurzfristigen Vorteil verspielt wird, kann langfristig zu umso größerem Schaden führen. Eine Reputation aufzubauen dauert Jahre, sie zu vernichten manchmal nur Tage. Und ist die Saat des Zweifels erst gesät, ist auch die Aufbauarbeit später unendlich mühsam. Darum sollte auch in einer Sondersituation die langfristige Perspektive nicht um des schnellen Erfolges willen vergessen werden.

2.3.2 Interne Kommunikation

Die Maslowsche Bedürfnispyramide bewegt sich

In Sondersituationen ändern sich persönliche Bedürfnisse teilweise erheblich: Ging es vorher vielen Menschen noch um Selbstverwirklichung im Beruf, Bestätigung oder Anerkennung, so fokussieren sie jetzt auf Sicherheit. Nicht selten driften in solchen Zeiten die Bedürfnisse von Mitarbeitern und Führungskräften erheblich auseinander. Die Mitarbeiter schätzen ihren Einfluss auf die Situation als gering ein. Darum zählt für sie tendenziell nun Sicherheit mehr denn je. So mancher hofft, dass die Situationen Vorteile verschafft, Machtzuwachs, interessante neue Projekt- oder Aufgabenverantwortung.

Die zentrale Rolle der Führungskräfte

Mitarbeiter wenden sich an ihre Führungskraft, und zwar teilweise ganz intuitiv aus dem Bedürfnis heraus, in der Tat aus der Situation „herausgeführt“ werden zu wollen. Manager werden zum zentralen Erfolgsfaktor, denn der direkte Vorgesetzte ist der erste Ansprechpartner und oftmals auch die glaubwürdigste Informationsquelle. Nur wer dann auch tatsächlich Auskunft geben kann (und das am besten auch noch überzeugt), hat eine Chance, seiner Rolle als Vorbild und Vermittler gerecht zu werden. Und da Mitarbeiter sich mit Kollegen unterhalten und somit auch sichtbar wird, ob die jeweiligen Vorgesetzten unterschiedliche Dinge erzählt haben, ist es umso wichtiger, geschlossen aufzutreten als Führungsteam, in der Haltung ebenso wie in den Botschaften.

Intuition

Fühlen wir uns bedroht, schärfen sich unsere Sinne für Gefahren und Risiken. Insbesondere in der Sondersituation wird somit der intuitive Umgang mit Konsistenz verstärkt: die Übereinstimmungen zwischen Führungskräften, aber auch die Widerspruchsfreiheit einer Führungskraft ebenso wie die Übereinstimmung von Worten und Taten werden hier erfolgskritisch für die Botschaft selbst. Kurzum: über alle Hierarchieebenen hinweg, über alle Abteilungsgrenzen hinweg, über alle Ländergrenzen hinweg müssen die gleichen Inhalte mit der gleichen Tonalität vermittelt werden. Und dabei dürfen die elementaren Bedürfnisse der Menschen nach Perspektive, nach Verständlichkeit, nach Klarheit nicht vernachlässigt werden. Die folgende Abbildung zeigt die Unterschiede gegenüber der Kommunikation im Normalfall.

Im Normalfall	In der Sondersituation
– Das Unternehmen setzt die Story – Die Kommunikation folgt einer planmäßigen Agenda und Roadmap – Aufgaben, Rollen und Prioritäten sind allen Beteiligten klar – und werden durch die Kommunikation bestätigt – Die Standardprozesse laufen stabil, und der Status Quo wird laufend um Neuigkeiten ergänzt	– Verunsicherung und Angst bestimmen das Handeln im Unternehmen, Bedürfnisse verschieben sich erheblich – Die Ereignisse bestimmen die Kommunikationsabläufe – Gerüchte wirken destabilisierend – Rollen und Prioritäten werden neu ausgehandelt, Vakuum entsteht – Interne Kommunikation wird „Feuerwehr", die Aussagen werden zum Dreh- und Angelpunkt für Stabilität und Produktivität

Abbildung 8: Interne Kommunikation in der Sondersituation

Grundregel 1: Wer sich versteckt, wird nicht gehört

Wenn das Topmanagement nicht sagt, was vor sich geht, macht sich jeder seinen eigenen Reim darauf. Gerüchte und Spekulationen verunsichern die Belegschaft – und schwächen Leistungsbereitschaft und -fähigkeit.

Grundregel 2: Wer einmal lügt, dem glaubt man nicht

In Sondersituationen legen die Mitarbeiter jedes Wort auf die Goldwaage. Aussage, die man später vielleicht revidieren muss, vermeidet man besser. Nur ungern schenken die Mitarbeiter den Rechtfertigungen in einem solchen Fall dann Glauben.

Grundregel 3: Keep it clear

Jede Sondersituation ist komplex, aber nicht jedes Detail kann oder muss erklärt werden: Am besten, man sagt den Mitarbeitern, woran sie sind. Und wenn es überhaupt keine Fakten zu berichten gibt, so lassen sich doch Prozess und die nächsten Schritte aufzeigen.

Grundregel 4: Der Schneider trägt selten die schönsten Kleider

Die Kommunikatoren im eigenen Haus sind in der Sondersituation zumeist selbst Betroffene. Das macht ihren Job nicht einfacher. Auch sie brauchen Unterstützung und sollten nicht nur als Exekutivorgan von zentralen Botschaften, sondern auch als zentrale Multiplikatoren einer Organisation verstanden und behandelt werden.

Grundregel 5: Und weil der Mensch ein Mensch ist

... möchte er gern sehen, dass er es auch mit Menschen zu tun hat. Auch bei schlechten Nachrichten oder großen Veränderungsvorhaben sollte das Topmanagement daher den eigenen Gefühlen Raum geben – das schafft Nähe. Die Mitarbeiter werden bereitwilliger folgen, wenn sie dann auch noch ihrem eigenen Unmut, ihren Ängsten und ihrem Ärger Luft machen können.

3 Unternehmen in der Sondersituation und ihre Kommunikation

3.1 Restrukturierung

3.1.1 Die Situation im Licht von Theorie und Praxis

3.1.1.1 Spezifika der Restrukturierung

Arbeitsdefinition Restrukturierung

Restrukturierung versteht sich im Folgenden als die Summe der finanzwirtschaftlichen, leistungswirtschaftlichen und rechtlich-organisatorischen Maßnahmen, die das Leistungspotenzial einer Unternehmung wieder aufbauen bzw. optimal ausschöpfen sollen, um eine existenzerhaltende Rentabilität zu erreichen.[4] Ausgangspunkt ist in der Regel eine akute existenzbedrohende Krisensituation bei geringem Handlungsspielraum, deren Ursachen und Genese häufig vom bisherigen Management verdrängt und deren Offenlegung somit verzögert wurde. Das Management hat manchmal sein Vertrauen bereits verspielt, die Mitarbeiter ziehen sich meist auf die Wahrung ihrer Eigeninteressen zurück oder reagieren mit innerer Kündigung. Somit sinken die Leistungsbereitschaft und in der Folge die Leistungsfähigkeit der Organisation rapide. Der Handlungsdruck auf das Management durch externe Anspruchsgruppen wie Kunden, Geschäftspartner, Analysten, Aktionäre und institutionelle Kapitalgeber steigt, während die Handlungsfähigkeit aufgrund fehlender Mittel immer weiter eingeschränkt ist. Die Restrukturierung ist in der Regel von folgenden Charakteristika gekennzeichnet:

---

4 Vgl. Krystek U., Moldenhauer R., Handbuch Krisen- und Restrukturierungsmanagement, S. 209 ff.

- Grundlegende strategische Neuausrichtung (z.B. Bereinigung des Angebots-Portfolios, Technologiesprung, Wechsel des Geschäftsmodells)
- Grundlegende strukturelle Veränderungen (z.B. Neuordnung von Aufbau- oder Ablauforganisation, Neugestaltung des Wertschöpfungsprozesses oder der Finanz- bzw. Eigentümerstruktur)
- Operative Maßnahmen zur Verbesserung von Liquidität und Ergebnis
- Weiterentwicklung der Unternehmenskultur (z.B. Ausrichtung auf Kundenbedürfnisse oder Alleinstellungsmerkmale im Wettbewerb).

Erfolgsfaktoren für Restrukturierungsvorhaben

Als Gründe für das Scheitern werden immer wieder genannt: eine schlechte Vorbereitung und ein unglückliches Vorgehen des Managements, mangelnde Governance und Managementfehler, das Vertrauen auf das Prinzip Hoffnung und somit ein konservativer Umsetzungsplan sowie eine unzureichende und schlechte Kommunikation. Für das Gelingen einer Restrukturierung beschreiben Krystek und Moldenhauer fünf Erfolgsfaktoren, aus denen spezifische Anforderungen an die Kommunikation folgen: Erzeugen von Handlungsdruck und Veränderungswillen, schnelles Ausarbeiten eines erfolgversprechenden Restrukturierungskonzeptes, Austauschen eines Teils des Managements, effektives Organisieren des Restrukturierungsprojektes mit einer leistungsfähigen Kernmannschaft und motivierende und vertrauensfördernde Kommunikation.

Phasen einer Restrukturierung

Am Anfang einer Restrukturierung steht die Analyse der Krisensituation, in der das Management Aussagen dazu treffen muss, ob und unter welchen Voraussetzungen das Unternehmen sanierungsfähig ist, welche Potenziale zur Kostensenkung, Umsatzsteigerung oder Rentabilitätsverbesserung bestehen, in welchen Handlungsfeldern das Unternehmen aktiv werden muss und wie sich rasch Ergebnisse erzielen lassen. Das Restrukturierungskonzept gibt in der zweiten Phase detaillierte Antworten auf die Fragen, wie sich die Verbesserungspotenziale quantifizieren lassen und wer welche Maßnahmen im Einzelnen zu ergreifen hat. In diesen beiden ersten Phasen geht es um Geschwindigkeit – darum, die Liquidität des Unternehmens zu sichern, die Schlüsselpersonen an Bord zu halten und ein zwar ehrgeiziges, aber dennoch realistisches Konzept zur Restrukturierung zu formulieren. In der deutlich längeren Phase 3 werden die beschriebenen Maßnahmen realisiert – in komplexen Organisationen sind das meist mehrere hundert Einzelthemen, die nun in der Verantwortung der (gegebenenfalls strukturell grundlegend veränderten) Linienorganisation umgesetzt werden. Damit einher geht häufig das Schaffen neuer Führungsstrukturen, die die strategische Neuausrichtung stützen sollen. In der vierten Phase geht es darum, die erreichte Position und den künftigen Erfolg zu sichern. Die folgende Abbildung zeigt den Ablauf.

Phasen	Krisenanalyse	Restrukturierungskonzept	Umsetzung	Monitoring & Controlling
Ergebnisse	– Aussage Sanierungsfähigkeit – Identifikation grundsätzlicher Kostensenkungs- und Umsatzsteigerungspotenziale – Darstellung erster Handlungsfelder – Realisierung von Quick-Wins	– Restrukturierungskonzept – Quantifizierung der Potenziale – Detaillierter Umsetzungsplan	– Neue und belastbare Führungsstrukturen – Strategische Neuausrichtung – Redesign Prozesse und Strukturen – Optimiertes Finanzwesen, Rechnungswesen und Controlling	– Gestärkte Wettbewerbsposition, klare USP – Positive Weiterentwicklung der Ergebnissituation – Stabilität der Liquiditätslage – Stabilität der Führungsstrukturen

Abbildung 9: Phasen der Restrukturierung

3.1.1.2 Anforderungen an die Kommunikation in der Restrukturierung

Erzeugen von Handlungsdruck und Veränderungswillen

In jeder Organisation und jeder Sondersituation gibt es ein hohes Maß an Beharrungsvermögen, das überwunden werden muss, wenn die Krise durch Restrukturierung gemeistert werden soll. Wie aber überwindet man Beharrungsvermögen? Durch eine glasklare und unmissverständliche, rückhaltlose Darstellung der Situation (an anderer Stelle auch „Sense of Urgency“ oder „Burning Platform“ genannt[5]) und ihrer Ursachen sowie des Restrukturierungsplans, mit dessen Umsetzung die Krisensituation jetzt bewältigt werden soll. Mitarbeiter wollen die ganze Wahrheit erfahren, auch wenn sie schmerzhaft ist. Dazu gehört auch eine verständliche Darstellung des angestrebten Zielzustandes, und zwar nicht nur anhand der anvisierten Finanzkennzahlen. Das Zukunftsbild muss nachvollziehbar auch in qualitativer Hinsicht veranschaulichen, warum es sich lohnen wird, dem Management auf einem schwierigen Weg zu folgen – und dabei eventuell persönliche Einbußen oder Zusatzarbeit auf sich zu nehmen. Ideal ist es, wenn die Betroffenen die Chance erhalten, sich als Beteiligte zu empfinden.

Schnelles Ausarbeiten eines erfolgversprechenden Restrukturierungskonzeptes

Hierbei darf es nicht um Schuldzuweisungen oder Vergangenheitsbewältigung gehen. Wichtig ist an dieser Stelle der Blick auf Gegenwart und Zukunft: Wie stellt sich die Situation heute dar, was ist bislang nicht gelungen und was soll – was muss – künftig gelingen? Wie soll die Krise überwunden und welches langfristige Ziel soll damit erreicht werden? Die Dinge müssen klar und unmissverständlich benannt werden, Verschleiern oder Schönreden erzeugt nur weiteres Misstrauen. Und das kann Restrukturierungsmanagement am wenigsten gebrauchen. Es geht also um eine klare, verständliche und in ihren Konsequenzen nachvollziehbare Darstellung des Restrukturierungskonzeptes, der handelnden

---

[5] Vgl. Kotter, J., Leading Change, Boston/Massachusetts (USA) 1996.

Personen und Entscheidungswege sowie der langfristigen Absichten. Dabei sollte kein Versprechen gemacht werden, dass später womöglich nicht gehalten werden kann. Bezüglich der Abläufe und Zeithorizonte sollte größtmögliche Transparenz erzeugt werden.

Austauschen eines Teils des Managements

Das bestehende Management hat manchmal mit dem Eintreten der Umstände einer Restrukturierung auch sein Vertrauen verspielt. Aus Sicht der externen und der internen Anspruchsgruppen hat es in aller Regel die Situation herbeigeführt oder sie zumindest nicht erkannt oder verhindert. Um neues Vertrauen gewinnen zu können, muss gelegentlich ein Teil des Führungsteams ausgetauscht werden – und die neuen Köpfe haben nun extrem wenig Zeit und zusätzlich umso höheren Druck, sich das Vertrauen ihrer Führungskräfte und Mitarbeiter zu erwerben, die ja ihren Teil zur Krisenbewältigung beitragen sollen. Glaubwürdigkeit, Echtheit und Authentizität sind die Schlüsselbegriffe. Diese lassen sich am besten in direktem Kontakt vermitteln, auf Veranstaltungen mit persönlicher Anwesenheit aller Beteiligten – im Notfall elektronisch vermittelt durch Business-Videos oder Online-Konferenzen.

Effektives Organisieren des Restrukturierungsprojektes

Meist haben die Mitarbeiter im Laufe ihres Arbeitslebens bereits wiederholt groß angelegte Veränderungsprojekte miterlebt, die im Laufe der Zeit sang- und klanglos im Sande verliefen – ohne nennenswerte Effekte und vor allem ohne offiziell markiertes Ende. Die Folge ist eine gewisse Veränderungsmüdigkeit, eine abwartend bis zynisch ablehnende Haltung gegenüber Veränderungsvorhaben. Dieses weitverbreitete Phänomen wird auch als „Bohica Syndrome“ bezeichnet, abgeleitet von dem englischen Satz „Bend over, here it comes again (the wind of change)“, zu deutsch etwa: „Bück dich, hier kommt er schon wieder (der Wind der Veränderung).“[6] Will das Management deutlich machen, dass dieses

---

[6] Vgl. Connell J., Waring P., The BOHICA syndrome: a symptom of cynicism towards change initiatives? in: Strategic Change, Volume 11, Issue 7, November 2002, S. 347–356.

Veränderungsvorhaben keineswegs verpuffen wird, so muss es das zeigen: durch symbolische Handlungen, intensive persönliche Kommunikation und schließlich durch die Schaffung einer geeigneten Projektorganisation, die in der Lage ist, die erforderlichen Veränderungen zu planen und umzusetzen, und sich bei Hindernissen der Unterstützung durch das Management sicher sein kann. Und dass es eine effektive und effiziente Projektorganisation zur Bewältigung der Restrukturierung gibt, muss den Führungskräften und Mitarbeitern ebenfalls vermittelt werden.

Motivierend und vertrauensfördernd kommunizieren

Die Ausnahmesituation ist belastend für alle mittelbar und unmittelbar Beteiligten. Das schlägt sich auch auf das Privatleben der Mitarbeiter nieder: Ihre Stimmung verschlechtert sich, ihre Familien leiden ebenfalls unter den Spannungen, viele quälen Existenzängste. Unter diesen erschwerten Bedingungen sollen nun Einschnitte hingenommen werden, Neuerungen akzeptiert, bei Stellenabbau vertraute Kollegen verabschiedet und zudem verstärkte Anstrengungen unternommen werden. Dennoch lassen sich gerade in diesen Krisensituationen Energiereserven aktivieren, die man einer Organisation und ihren Mitgliedern in normalen Zeiten nicht zugetraut hätte. Somit ist es Aufgabe des Topmanagements, sensibel und empathisch mit den Gefühlen des mittleren Managements und der Mitarbeiter umzugehen. Den Gedanken und Gefühlen der Belegschaft muss Raum gegeben werden. Dazu zählt auch, Leistungen anzuerkennen, Entwicklungsperspektiven für Leistungsträger aufzuzeigen und der Belegschaft (und auch der Arbeitnehmervertretung) zu danken, wenn Außergewöhnliches geleistet, erduldet oder entschieden wurde. Die häufigsten Fragen der wichtigsten externen und internen Anspruchsgruppen sind im folgenden Schaubild dargestellt:

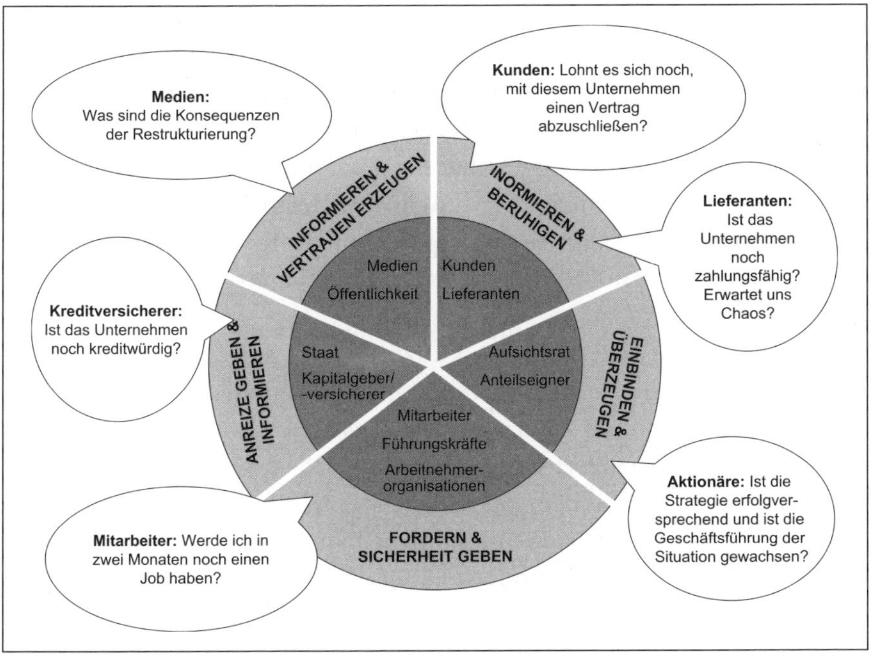

Abbildung 10: Stakeholder in der Restrukturierung

3.1.1.3 Externe Kommunikation in der Restrukturierung

Zu Beginn ist das Unternehmen gefordert, zu erläutern, dass eine Krise eingetreten ist, worin sie sich äußert und welche Konsequenzen gezogen werden, um sie zu überwinden. Das ist ein Drahtseilakt, da einerseits der Ernst der Lage vermittelt werden muss, andererseits aber auch dem Sicherheitsbedürfnis der Lieferanten, Kunden und Geldgeber Rechnung getragen werden muss: Möglichst zeitgleich mit der Krisenerklärung muss also auch vermittelt werden, dass die Situation nicht nur erkannt, sondern bereits in Angriff genommen wurde und realistische Erfolgschancen bestehen. Geldgeber, Lieferanten und Kunden (sowie der sie betreuende Vertrieb) müssen in dieser Phase intensiv kommunikativ eingebunden werden, damit sie die Bedenken und Fragen ihrer Ansprechpartner aktiv oder reaktiv aufnehmen und angemessen beantworten können. Es bedarf glaubwürdiger Köpfe an der Führungsspitze, denen man die Bewältigung der Krise zutraut – beispielsweise harte Entscheidungen zu treffen und sie konsequent umzusetzen. Die Erfahrung zeigt, dass eine zu zurückhaltende und vorsichtige Kommunikationspolitik viele unbeabsichtigte Folgen haben kann, deren Wirkungen bzw. Wechselwirkungen angesichts der Dynamik der Situation verheerend sein können: Gerüchte, Spekulationen, Indiskretionen, Beobachtungen von Kunden oder Geschäftspartnern, Äußerungen von ehemaligen Mitarbeitern, Finanzanalysten oder Lieferanten bergen eine Menge Zündstoff.

Wenn das Restrukturierungskonzept steht, muss auch dies in geeigneter Detailtiefe an die Anspruchsgruppen kommuniziert werden. Welche Konsequenzen sind zu erwarten und welche sicher nicht? Befürchtungen können antizipiert und entkräftet werden, sofern es gelingt, die entsprechenden Schlüsselpersonen im Unternehmen angemessen vorzubereiten. Geeignete Instrumente können hier beispielsweise Führungskräfte-Briefings, Telefonkonferenzen, Q&A-Dokumente, Präsentationsunterlagen oder Musterschreiben sein. Der Informationsfluss darf nicht abreißen, da sonst der Eindruck entstehen könnte, dass die Bemühungen am Scheitern sind. Erste Entscheidungen, Zwischenergebnisse und quantifizierbare Quick Wins müssen mitgeteilt werden, um ein Mindestmaß an Sicherheit zu geben, dass der Restrukturierungskurs gehalten wird und das Unternehmen das richtige Ziel ansteuert. So bleibt das auch in der Umsetzungsphase: Wenn wichtige Meilensteine erreicht sind oder erste messbare Ergebnisse vorliegen, gehört es zu den Hygienemaßnahmen des Vertrauenserhalts, alle wichtigen externen Anspruchsgruppen (und deren hausinterne Ansprechpartner) darüber zu informieren; besonderes Augenmerk liegt hier natürlich auf den Geldgebern.

Auch wenn die Krise schließlich überwunden scheint, darf das Bemühen um kontinuierlichen Dialog nicht abreißen: Die neue Ausrichtung oder Strategie, die Stabilität des Erfolges muss immer wieder glaubhaft belegt werden. Die Mühe lohnt umso mehr, wenn das Unternehmen diese Phase durch besonders intensive Kommunikation für einen nachhaltigen Aufbau von Reputation nutzt. Marketing- und Kundenkommunikation, aber auch die begleitende Presse- und Öffentlichkeitsarbeit spielen hierbei eine besonders bedeutende Rolle. Ein Überblick über die zentralen Themen der externen Kommunikation ist in der folgenden Abbildung zusammengestellt.

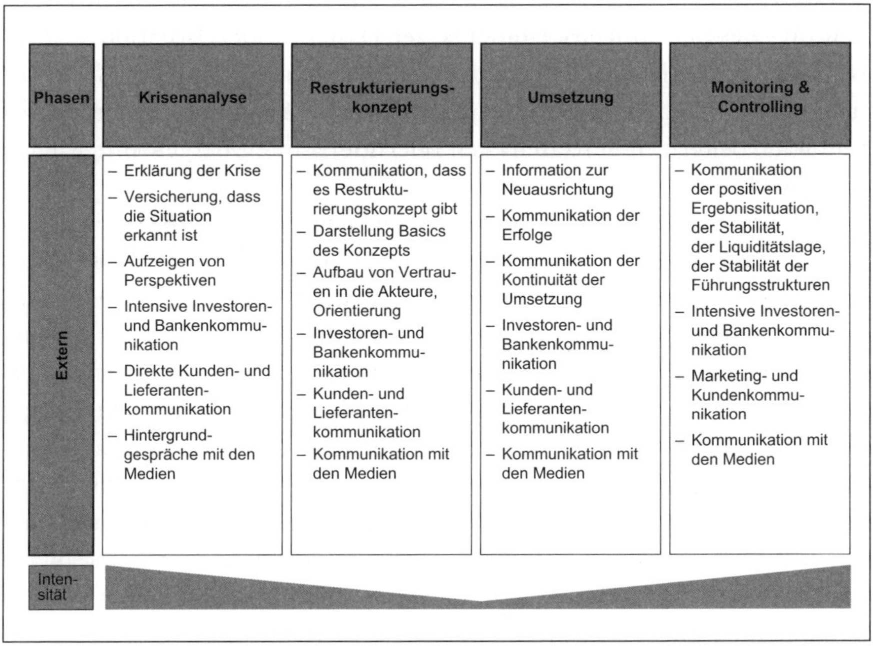

Abbildung 11: Externe Kommunikation in der Restrukturierung

3.1.1.4 Interne Kommunikation in der Restrukturierung

Auch in der internen Kommunikation lassen sich den verschiedenen Restrukturierungsphasen jeweils besonders bedeutende Botschaften zuordnen: Wie in der externen Kommunikation muss während der Analysephase zunächst einmal die Existenz der Krise erklärt werden – wobei die Ansprüche der Mitarbeiter in aller Regel weit höher sind als die der externen Anspruchsgruppen. Das liegt in der Natur der Sache, schließlich geht es dem mittleren Management und den Mitarbeitern an die Existenz. Skeptisch und besorgt prüfen sie, ob das Führungspersonal den Willen und die Kompetenz ausstrahlt, die richtigen Dinge zu tun und die Situation zu wenden. Besondere Aufmerksamkeit benötigt bereits in dieser ersten Phase das mittlere Management: Es hat die Mittlerrolle zwischen Topmanagement und Team. Die Führungskraft hat die Aufgabe, die Situation und ihre Konsequenzen in den Arbeitsalltag zu übertragen. Sie muss die richtigen Schlüsse ziehen können, Auskunft erteilen können und die richtigen Prioritäten setzen. Wer die Führungskräfte in ihrer schwierigen Rolle als Vermittler, Vorbild, aber auch Betroffene allein lässt, der verspielt die Chance, die jede Krise birgt – das Freisetzen und Mobilisieren ungeahnter Energien, um für ein gemeinsames Ziel zu kämpfen.

Auch in der zweiten Phase haben die Mitarbeiter und Führungskräfte einen hohen Informationsbedarf. Jetzt sollte Gelegenheit für Rückfragen gegeben werden – und bei harten Einschnitten auch die Möglichkeit, dem unvermeidlichen Ärger Luft zu machen und Befürchtungen und Ängste zu äußern. Kritik und Widerstand müssen verstanden werden als berechtigte Sorge um das eigene Wohlergehen der Betroffenen, aber auch um das Wohlergehen des Unternehmens und die Praktikabilität des Restrukturierungskonzeptes. Wer Widerstand aufgreift und in geeigneter Weise in seine Planungen integriert, wird bei der anschließenden Umsetzung auf weniger Gegenwehr und passiven Widerstand stoßen. Selbst wenn die Restrukturierung mit einem Stellenabbau einhergeht, was ja in der Regel der Fall ist, verlieren die guten Kommunikatoren die Gefolgschaft ihrer Mitarbeiter nicht.

Während der dritten Phase, der Umsetzungsphase schließlich, kommt es darauf an, nicht locker zu lassen: Kontinuierlich muss unter Beweis gestellt werden, dass die Pläne zur Verbesserung ernst gemeint sind, dass sie tatsächlich umgesetzt werden, dass es nicht nur um Einsparungen auf Kosten der Mitarbeiter geht, sondern vor allem um strukturelle Verbesserungen mit langfristiger Wirkung. Das Management sollte auch Wertschätzung ausdrücken: für das meist überdurchschnittliche Engagement der im Restrukturierungsprozess Beteiligten und für die Leidensfähigkeit der übrigen Belegschaft, die oft über einen langen Zeitraum hinweg vielen Unsicherheiten und Veränderungen ausgesetzt ist, bei gleichzeitig starkem psychischem Druck und Angst um den eigenen Arbeitsplatz.

Oft zeigt sich erst nach Bewältigung der unmittelbaren Krise, dass es tiefliegende und über viele Jahre gelernte und verinnerlichte Strukturen sind, die einer wirksamen und langfristigen Verbesserung im Wege stehen. Unternehmenskultur als Summe aller unausgesprochenen Regeln, Normen und Gewohnheiten bahnt sich nach dem Überwinden einer akuten Krise gern wieder ihren Weg. Wenn offenbar wird, dass alte Gewohnheiten wieder einzureißen drohen, so ist das lediglich ein Zeichen dafür, dass das Unternehmen eben eine Unternehmenskultur besitzt – an der es nach der Krise nachhaltig arbeiten kann. Die zentralen Botschaften der internen Kommunikation in der jeweiligen Restrukturierungsphase zeigt die folgende Abbildung.

Phasen	Krisenanalyse	Restrukturierungskonzept	Umsetzung	Monitoring & Controlling
Intern	– Kommunikation der Krise – Information zu möglichen Perspektiven – Kommunikation erster Handlungsfelder – CEO-Kommunikation – Führungskräftekommunikation	– Kommunikation des Restrukturierungskonzeptes – Darstellung Chancen, Perspektiven – Kommunikation der Rollen von Führungskräften und Mitarbeitern – Kommunikation von Quick-Wins – Kommunikation Umsetzungsteam – CEO-Kommunikation – Führungskräftekommunikation	– Intensive Information zur Neuausrichtung („Transformation Story“) – Kommunikation der Erfolge – Darstellung der neuen Strukturen, Prozesse, Regeln – CEO-Kommunikation – Appell und Motivation für den Beitrag, Wertschätzung – Mobilisierung für Schwerpunktthemen (z.B. Kosten)	– Kommunikation der positiven Ergebnissituation, der Stabilität, der Liquiditätslage, der Stabilität der Führungsstrukturen – CEO-Kommunikation – Appell an das Durchhaltevermögen – Kommunikation der neuen Ziele
Intensität				

Abbildung 12: Interne Kommunikation in der Restrukturierung

3.1.2 Ein Fallbeispiel: Infineon

Das Beispiel der Infineon Technologies AG zeigt: Offene und intensive Kommunikation kann in einer akuten Krise eine Chance sein. In seinen ersten Monaten an der Spitze des Halbleiter-Herstellers ist es dem Vorstandsvorsitzenden Peter Bauer gelungen, den Zusammenhalt seiner Mannschaft zu stärken und den Konzern so durch die tiefste Krise der zehnjährigen Unternehmensgeschichte zu führen. Infineons Chef hat genau das getan, was bei einer Restrukturierung getan werden muss: vom ersten Tag an klar, direkt und persönlich kommuniziert. Der Schwerpunkt der folgenden Ausführungen liegt auf dieser internen Kommunikation der Restrukturierung.

3.1.2.1 Das Unternehmen

Die Infineon Technologies AG entwickelt und vermarktet Halbleiter und Systemlösungen für drei zentrale Herausforderungen der modernen Gesellschaft: Energieeffizienz, Kommunikation und Sicherheit. Das seit September 2009 wieder im DAX gelistete Unternehmen erzielte im Geschäftsjahr 2009 mit weltweit rund 25.650 Mitarbeitern einen Umsatz von mehr als drei Milliarden Euro. Als Peter Bauer im Juni 2008 als firmeninterner Nachfolger das Amt des Vorstandssprechers übernahm, steckte Infineon bereits in einer anhaltenden Ertragskrise.

3.1.2.2 Die Ausgangssituation

Im dritten Quartal des Geschäftsjahres schrieb der Infineon-Konzern[7] erneut rote Zahlen und der Kapitalmarkt drängte immer ungeduldiger auf Besserung. Dem neuen CEO war klar, dass das Geschäftsergebnis nur mit einer grundlegenden Restrukturierung verbessert werden konnte. Dabei wusste er: Das Vorhaben kann nur gelingen, wenn die rund 30.000 Mitarbeiter die Notwendigkeit erkennen und die Umsetzung unterstützen. Nach einigen Wochen zeigten sich zudem die ersten Vorboten der Wirtschaftskrise, die voll auf den Halbleitermarkt durchzuschlagen drohten. Um die Mannschaft in dieser angespannten Situation hinter sich zu bringen, brauchte Bauer eine starke und überzeugende interne Kommunikation, nicht zuletzt auch weil die Presse den Führungswechsel bei Infineon misstrauisch beobachtete: sie räumte Bauer keine großen

[7] inklusive Tochtergesellschaft Qimonda

Chancen ein. Eine erste Bestandsaufnahme innerhalb weniger Tage nach seinem Amtsantritt legte nach 60 Interviews die Schwachstellen offen: Die Mitarbeiter fühlten sich von ihrem Management widersprüchlich und nicht rechtzeitig und umfassend genug informiert; gleichzeitig setzten sie große Hoffnungen in den neuen CEO. Bauer versteht Kommunikation als eine der wichtigsten Führungsaufgaben des Managements:

> *Mein Job ist es, unsere Entscheidungen zu erklären und zu vermitteln, aus welchen Gründen wir was tun. Wenn man aus Ignoranz oder Nachlässigkeit seine Motive nicht verständlich macht, kann man all seine Glaubwürdigkeit verspielen – und zwar gleichermaßen im Unternehmen und bei der Öffentlichkeit.*

Kommunikation ist Chefsache, vor allem in turbulenten Zeiten. Der Restrukturierungsplan mit dem Namen „IFX 10+" enthielt unter anderem eine Bereinigung des Angebots und eine grundlegende Neuordnung der Organisation. Zudem stand die Refinanzierung langfristiger Verbindlichkeiten an. Zum umfangreichen Sparprogramm gehörte auch ein einschneidender Stellenabbau. Ziel war, mittelfristig mindestens eine Umsatzrendite von zehn Prozent zu erzielen. Der Startschuss fiel mit der Board-Mail am 25. Juli 2008, wie in folgender Abbildung nachzulesen.

Management Board email

Infineon

2008-07-25

Zum Stand des Programms IFX 10+: Die entscheidenden Weichen sind gestellt. Wir haben für die kommenden Monate ein Maßnahmenbündel geschnürt, das im Wesentlichen folgende Punkte umfasst:

1. Konsequentes Portfolio Management und Steigerung der R&D Effektivität
2. Senken der Herstellkosten und Optimierung der Wertschöpfungskette
3. Senken der SG&A-Kosten und Effizienzsteigerung in Verwaltung, R&D, Marketing & Vertrieb
4. Ausrichtung unserer Organisationsstruktur auf unsere Kundensegmente

→ Anpassung unserer Personalkapazität: Reduzierung um insgesamt 3.000 Stellen brutto weltweit

Das bedeutet im Überblick:

1. Konsequentes Portfolio Management und Steigerung der R&D Effektivität: Wir werden uns noch konsequenter auf die für uns attraktiven Geschäftsfelder fokussieren, für die unsere fünf künftigen Divisions die weltweite Ergebnisverantwortung übernehmen. Alles andere stellen wir auf den Prüfstand: Für einige Produktfamilien, die heute noch keine zufriedenstellenden Ergebnisse bringen, haben wir konkrete Meilensteine vereinbart, deren Erreichen eine Voraussetzung für den Verbleib bei Infineon darstellen. Mögliche Alternativen sind ein allmählicher Rückzug, Ausgründungen (Spin-Off) oder der Verkauf. So kann im Einzelfall ein Thema – einschließlich der beteiligten Mitarbeiter – in einem anderen Unternehmen besser aufgehoben sein, weil es dort zum Kerngeschäft gehört. Auch wenn die Einsparungen nicht ohne Arbeitsplatzabbau umzusetzen sein werden, müssen wir unsere R&D-Schlagkraft erhalten. Insgesamt gilt es, unsere R&D-Ressourcen effektiver einzusetzen.

2. Senken der Herstellkosten und Optimierung der Wertschöpfungskette: Bei Operations führen wir unsere bisherige Strategie konsequent fort: Wir arbeiten für den Weltmarkt und treffen dort auf Wettbewerber, deren Arbeitskosten deutlich niedriger liegen. Wichtige Hebel sind: Lieferantenauswahl und Preisverhandlungen, Materialauswahl und Materialverbrauch, herstell- und betriebskostenbewusste

Abbildung 13: E-Mail des Vorstands zur Erläuterung des Programms IFX 10+

Infineon wollte erreichen, dass die Kunden, Geschäftspartner und Lieferanten, die Analysten und Anteilseigner, die relevanten Politiker und Gewerkschaftsfunktionäre sowie die Berichterstatter der Wirtschafts- und Tagespresse die Entscheidungen nachvollziehen können. Im Herbst 2008 waren erste positive Effekte zu spüren, doch jetzt zeigten sich erste Folgen der Finanz- und Wirtschaftskrise: Der Umsatz brach weiter ein und harte Maßnahmen zur Sicherung der Zukunftsfähigkeit von Infineon wurden getroffen. So beschloss die Unternehmensführung, aus dem Arbeitgeberverband auszutreten, um Unabhängigkeit vom Tarif der Metall- und Elektrobranche zu gewinnen. Gleichzeitig geriet das Tochterunternehmen Qimonda dramatisch in Schieflage und musste nach einem misslungenen Rettungsversuch des Freistaates Sachsen, des Landes Portugal und des Mutterkonzerns Infineon Insolvenz anmelden. Das Restrukturierungsprogramm musste nachgeschärft werden.

3.1.2.3 Der Plan

Grundlage der Restrukturierungskommunikation war zunächst eine abgestimmte Story, die ungeschönt die Ausgangslage, die Motive der Management-Entscheidungen und des Programms IFX 10+ darstellte und auch eine Übersicht der nächsten Schritte bot. Damit diese Botschaft konsistent an die Mitarbeiter vermittelt werden konnte, wurden parallel geeignete Kommunikationsmittel entwickelt. Heiko Hilse, Leiter Interne Kommunikation, sah im lokalen Management die wichtigsten Multiplikatoren:

> *Deshalb haben wir regelmäßig an allen Standorten weltweit Informationsveranstaltungen organisiert. Die Inhalte wurden zentral vorbereitet und an die Manager verteilt; am Vortag der Veranstaltungen erläuterte der Vorstand in Telefonkonferenzen die wichtigsten Botschaften und stand für Fragen zur Verfügung. Vertiefende Hintergrundinformationen – zum Beispiel Fragenkataloge – waren eine weitere Voraussetzung dafür, dass das lokale Management an jedem Ort der Welt Mitarbeiterfragen übereinstimmend beantworten konnte.*

Unterstützend gab das Unternehmen einen Newsletter mit Hintergrundartikeln und Interview heraus, laufend aktuelle E-Mails des Vorstands und Informationspakete für die Führungskräfte. Bei wesentlichen Neuigkeiten informierte der Vorstand das mittlere Management zusätzlich in Telefonkonferenzen. Damit etablierte Infineon eine flexible Informationsstruktur, um auf den konkreten Bedarf an Kommunikation in den Unvorhersehbarkeiten einer Restrukturierung gerüstet zu sein. Die Abbildung zeigt die Ereignisse im Überblick.

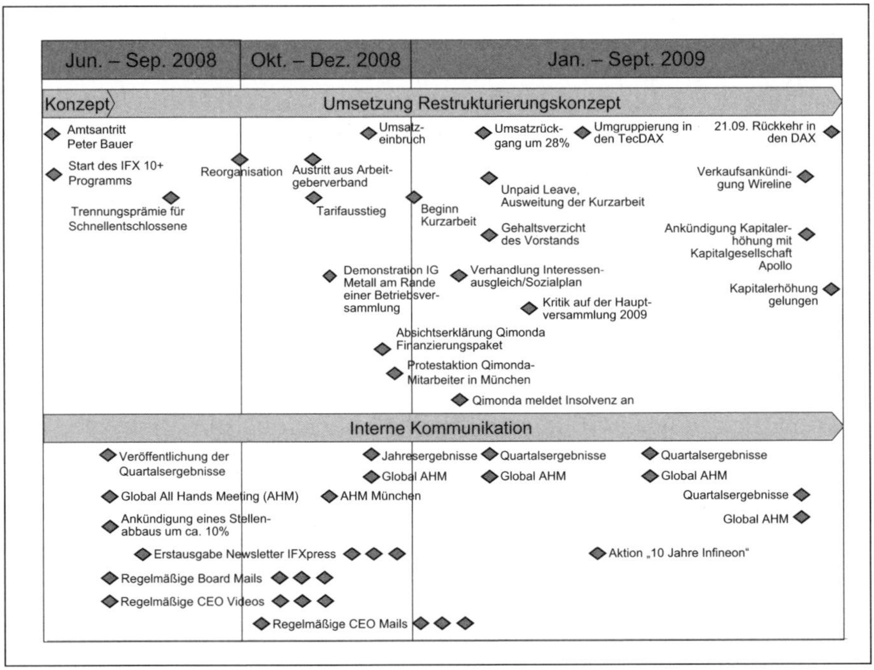

Abbildung 14: Die Ereignisse bei Infineon im Überblick

3.1.2.4 Die Maßnahmen

Wichtigster Baustein der neuen Kommunikationsstruktur war das neu geschaffene Global All Hands Meeting: Seit Juli 2008 werden alle Mitarbeiter weltweit am selben Tag über die Quartalsergebnisse, die aktuelle Unternehmenssituation und die Prioritäten der nächsten Wochen informiert – persönlich durch den ranghöchsten Manager – an jedem Standort des Unternehmens und ergänzt durch eine persönliche und klare Videobotschaft des CEO. Mitarbeiterfragen wurden im Vorfeld gesammelt und Antworten vorbereitet. Auf diese Weise erfährt niemand die Nachrichten zuerst aus der Presse oder ist etwa auf Vermutungen und Gerüchte angewiesen und die Unternehmensführung bewahrt die Interpretationshoheit. Peter Bauer zum Schwerpunkt der Kommunikation in der Restrukturierung:

In schwierigen Zeiten kommt es darauf an, Leistungsbereitschaft und -fähigkeit von Mitarbeitern und Organisation zu erhalten. Das ist ein Balanceakt, denn die Führung darf die Arbeitsmoral nicht zerstören, muss aber die Dinge beim Namen nennen und den nötigen Handlungsdruck vermitteln. Aufgabe der Führungsspitze ist es jetzt, auch die unangenehmen Botschaften verständlich und nachvollziehbar darzustellen und trotz Not glaubhafte Perspektiven aufzuzeigen.

Das Unternehmen setzte zunächst auf freiwillige Trennungen mit Sonderprämien für Schnellentschlossene. Die Kommunikation sorgte dafür, dass die zuständigen Gremien vorab informiert und die Personalberater vorbereitet sowie die Führungskräfte ihren Mitarbeitern gegenüber auskunftsfähig gemacht wurden. Die Standortleiter wurden gebeten, die Situation des Unternehmens ungeschönt darzustellen, aber auch auf die Situation und die Abbauvorhaben vor Ort einzugehen. Oft folgt auf die Ankündigung einer Restrukturierung die große Leere: Monatelang hält sich das Management bedeckt, weil noch nichts definitiv entschieden ist – der sogenannte Post Announcement Blues: Bekannt ist jetzt, dass etwas geschehen soll – aber was geschieht, bleibt ungewiss. Bei Infineon verlief die Restrukturierungskommunikation kontinuierlich, wie auch ein Blick auf den Newsletter an die Mitarbeiter zeigt.

Infineon Mitarbeiter-News

09|2008

IFXpress IFX 10+

Die Finance Community:

„Ich will ein Signal setzen"

Marco Schröter ist seit fast sechs Monaten im Unternehmen – und dennoch haben ihn viele noch nicht zu Gesicht bekommen. „Die Zeiten sind so", würde er sagen, denn er eilt von Termin zu Termin, ist nur selten im Office. Es geht um IFX10+, die strategische Ausrichtung, die Neuorganisation und Qimonda. IFXpress sprach mit dem Finanzvorstand und Arbeitsdirektor über seine neue Finanzorganisation, warum so viele Dinge gleichzeitig passieren – und was er von seinen Leuten erwartet.

IFXpress: Direkt zur Sache: Sie wirbeln Ihre Organisation ganz schön durcheinander.

Marco Schröter: Aber nicht zum Spaß. Sie können mir glauben, dass ich mir gerne mehr Zeit genommen hätte, um die Organisation in Ruhe kennen zu lernen und auch einmal ein paar Gespräche links und rechts zu führen. Aber da kommen ein paar Dinge zusammen, die das nicht zulassen: Vor allem unser IFX10+ Programm und dann die Reorganisation, die für viele eine hohe Belastung darstellt, auch und gerade für die Kollegen im Finanzbereich.

Bei der Reorganisation galt es, rasch Tragfähigkeit herzustellen, das heißt, schnell Eckpfeiler zu setzen und die Schlüsselfunktionen mit den richtigen Personen zu besetzen. Dies unter dem Aspekt, dass ich eine klare Vorstellung davon habe, wie ein Finanzmanager seine Aufgabe sehen und ausfüllen sollte, also welche Rolle er zu spielen hat. Das ist ein Signal, das ich zuallererst setzen will.

IFXpress: ... und das wäre?

Marco Schröter: Natürlich muss jeder sein Handwerk verstehen, aber der Kaufmännische Leiter einer Einheit muss auch strategisch denken, er muss das Geschäft begreifen und die Verantwortung für das Geschäft mittragen. Er ist nicht in erster Linie Controller, sondern Partner, der die kaufmännische Sicht beisteuert und zum Erfolg seiner Einheit beiträgt. Und ein solcher Manager muss im Board einer Division mit seinem oder seinen Kollegen auf Augenhöhe diskutieren. Es ist wichtig, für jede Division, ein Managementteam zu haben, das gemeinsam die Verantwortung für das Ergebnis trägt.

Abbildung 15: Titelseite des Newsletters IFXpress, Ausgabe 3/Oktober 2008

Die zeitgleich bereitgestellten Botschaften für Finanz-Community, Medien und Öffentlichkeit, Kunden, Lieferanten und Geschäftspartner wurden aufeinander abgestimmt. Die folgende Abbildung zeigt Auszüge des Informationsschreibens an die Kunden.

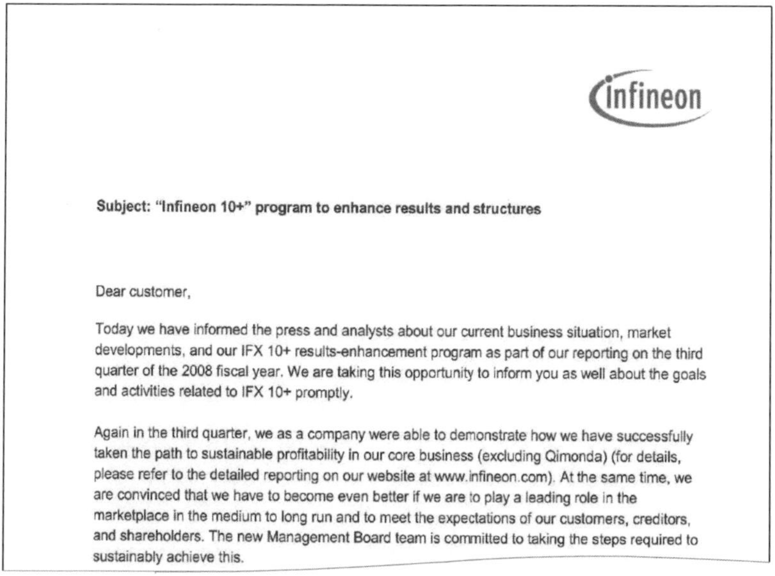

Subject: "Infineon 10+" program to enhance results and structures

Dear customer,

Today we have informed the press and analysts about our current business situation, market developments, and our IFX 10+ results-enhancement program as part of our reporting on the third quarter of the 2008 fiscal year. We are taking this opportunity to inform you as well about the goals and activities related to IFX 10+ promptly.

Again in the third quarter, we as a company were able to demonstrate how we have successfully taken the path to sustainable profitability in our core business (excluding Qimonda) (for details, please refer to the detailed reporting on our website at www.infineon.com). At the same time, we are convinced that we have to become even better if we are to play a leading role in the marketplace in the medium to long run and to meet the expectations of our customers, creditors, and shareholders. The new Management Board team is committed to taking the steps required to sustainably achieve this.

Abbildung 16: Brief an die Kunden vom 25. Juli 2008

Dennoch entwickelte die Situation auch bei Infineon eine nicht kontrollierbare Eigendynamik: Nur wenige Stunden vorher erfuhr beispielsweise die Kommunikationsabteilung, dass die Mitarbeiter von Qimonda in Sorge um den Bestand ihres Unternehmens sich zu einer Protestaktion vor dem Vorstandstrakt von Infineon versammeln würden, um für eine stärkere Unterstützung der Not leidenden Tochtergesellschaft zu werben. Eine knappe Stunde stellte sich CEO Peter Bauer der Diskussion, erläuterte die Haltung des Infineon-Vorstands und erntete immerhin Applaus für seine klare Botschaft – auch wenn sie nicht den Vorstellungen der Qimonda-Belegschaft entsprach. Kurz nach Ende der Protestaktion wurden auch die Infineon-Mitarbeiter, von denen viele die Aktion von ihren Arbeitsplätzen aus mitverfolgt hatten, im Intranet mit einer Reportage über das Ereignis informiert. Auch in anderen Situationen erwies sich: Planen lässt sich die Kommunikation in einer derartigen Restrukturierung nur zum Teil. Den Austritt aus dem Arbeitgeberverband beispielsweise empfanden Betriebsrat und Gewerkschaften zunächst als

Affront. Auf einer Mitarbeiterversammlung erläuterte Bauer ausführlich die Hintergründe und hatte auch für den Ärger und die Meinungen andersdenkender Mitarbeiter ein offenes Ohr. Die neue Bonusregelung und der freiwillige Gehaltsverzicht für leitende Angestellte sowie die flächendeckende Einführung von Kurzarbeit waren weitere kritische Meilensteine, in denen der Vorstand von Infineon durch glaubhafte und offene Kommunikation überzeugen musste.

3.1.2.5 Das Ergebnis

Phönix aus der Asche

Mitte 2008 galt Infineon als Pleitekandidat: Nach Sparprogramm und Qimonda-Insolvenz, Umsatzeinbruch und Kurzarbeit, Refinanzierungsproblemen und Ausstieg aus dem DAX hätte kaum jemand auf die Wiederauferstehung des Halbleiterherstellers gewettet. Doch seit September 2009 ist Infineon wieder im DAX und es sieht so aus, als habe das Unternehmen die Krise überwunden. Für Bauer war die Kommunikation eine wesentliche Unterstützung:

> *Dass wir die Krise so vergleichsweise unbeschadet überstanden haben, führe ich auch auf die verbesserte Kommunikation zurück, die uns dabei geholfen hat, intern und extern Vertrauen zurückzugewinnen.*

Schon kündigt der CEO an, dass sein Unternehmen bei der weiteren Konsolidierung in der Halbleiterbranche eine aktive Rolle zu spielen gedenke. Analysten loben die Konsequenz des Managements. Arbeitnehmervertreter zollen dem Vorstand Anerkennung, selbst Gewerkschaftsvertreter und Presse finden lobende Worte für diesen Turnaround:

> *Der Chiphersteller Infineon kehrt am 21. September zurück in die oberste Börsenliga. Für Bauer ist der Schritt weit mehr als nur eine Änderung im Kursteil der Zeitungen. Der Aufstieg verdeutlicht, dass Infineon an einem Wendepunkt steht. Vor sechs Mona-*

ten noch galt der Halbleiterkonzern aus München als Pleitekandidat. (...) Nun feiert Bauer ein unglaubliches Comeback. Der Aktienkurs hat sich in den vergangenen Monaten verzehnfacht. (...) Das harte Sparprogramm, das Bauer im vergangenen Jahr aufgelegt hat, zeigt erste Erfolge. Und der Infineon-Chef macht auf einmal eine ganz neue Erfahrung: Nun sammelt er in der Öffentlichkeit Lob statt Tadel ein. [Welt Online, 6. September 2009]

Erfolg braucht Gefolgschaft

Zahlreiche Mitarbeiter und Manager von Infineon haben ihren CEO bereits wissen lassen, dass sie die neue, klare und offene Informationspolitik bei Infineon schätzen. Sie gaben an, dass sie dies motiviere und sie deshalb bereit gewesen seien, den schwierigen Weg mitzugehen – selbst bei wenngleich freiwilligem Gehaltsverzicht. Besonders positiv wurde empfunden, dass auch komplexe finanzielle Zusammenhänge sowie die Situation am Markt und im Unternehmen dargestellt wurden. Eine Führungskraft formulierte das so in einer Mail an Herrn Bauer anlässlich einer Rede des CEO:

Sie haben es heute geschafft, die Mitarbeiter auf der richtigen Ebene anzusprechen und damit die Leute mitzunehmen. Damit werden auch unangenehme Themen mitgetragen und nicht ertragen.

Selbstverständlich gab es auch kritische Stimmen. Manche Mitarbeiter wandten sich mit konkreten Sachvorschlägen oder kritischen Anmerkungen an den Vorstand, andere waren der Ansicht, dass noch immer nicht genug kommuniziert wurde. Vieles hat sich verändert seit dem Anfang der Restrukturierung, auch der Anspruch der Mitarbeiter: Mit den Verbesserungen der internen Kommunikation sind auch die Ansprüche gewachsen. Management und Kommunikationsabteilung wissen um die hohe Bedeutung professioneller Kommunikation in unsicheren Zeiten – und die bleiben dem Konzern sicherlich noch eine Weile erhalten.

3.2 Post-Merger-Integration

3.2.1 Die Situation im Licht von Theorie und Praxis

3.2.1.1 Spezifika der Post-Merger-Integration

Arbeitsdefinition Post-Merger-Integration

Der Begriff Mergers & Acquisitions bezeichnet den Erwerb oder die Veräußerung von Unternehmen, Unternehmensteilen oder Beteiligungen in Form von Eingliederung (Akquisition durch Asset Deal oder Share Deal) oder Verschmelzung (Fusion durch Aufnahme oder durch Neugründung) zweier Unternehmen. Damit verbunden ist die Übertragung der Leitungs-, Kontroll- und Verfügungsbefugnisse. Dadurch verlieren die Unternehmen ihre wirtschaftliche Selbstständigkeit.[8] Motive sind insbesondere strategische Erwägungen und finanzielle Überlegungen. Post-Merger-Integration bezeichnet hier die Phase der faktischen Zusammenführung der Unternehmen oder Unternehmensteile. Die Dimensionen umfassen dabei Strategie, Struktur, Personal und Kultur, wie die Abbildung auf der gegenüberliegenden Seite veranschaulicht.

Aufgaben in der Post-Merger-Integration

Die wichtigsten Aufgaben in dieser Zusammenführungsphase sind laut Wirtz: Wachstums- und Synergiepotentiale ausschöpfen (Überprüfung der Prozesse und Strukturen und gegebenenfalls Einleitung notwendiger Restrukturierungsmaßnahmen), eine gemeinsame strategische Ausrichtung und Positionierung definieren (Erarbeitung eines neuen Leitbildes, strategische Ziele, Führungsprinzipien und Neuordnung des Portfolios), die durchgängige Steuerungsfähigkeit gewährleisten (Besetzung der Führungspositionen, Abgrenzung der Aufgaben des Managements, Aufbau eines Controllingssystems, Harmonisierung der IT-Landschaft) und Motivation sowie Identifikation sicherstellen (Einbeziehung der Mitarbeiter, Kommunikation, Kulturprozess und Generierung von Quick Wins).

---

8 Vgl. Wirtz, B. W., Mergers & Acquisitions Management, S. 9 ff.

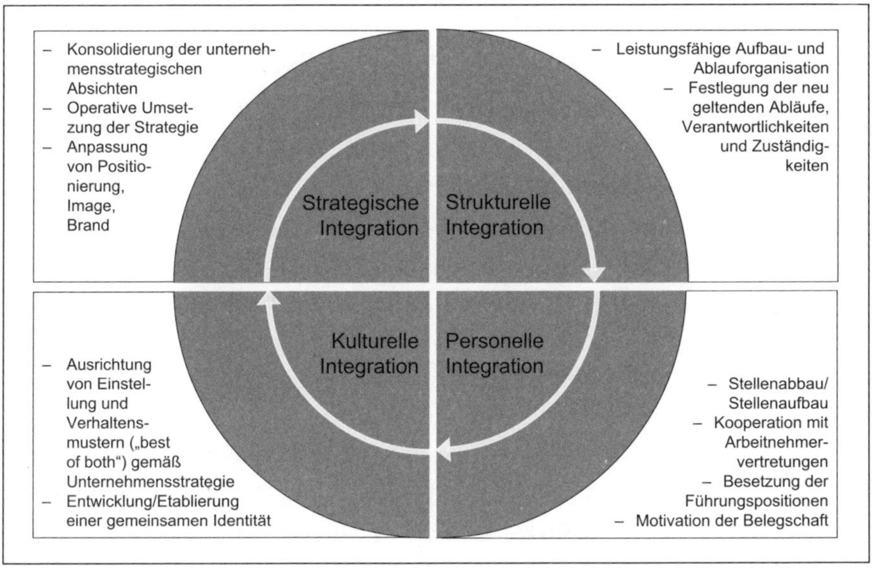

Abbildung 17: Dimensionen des Integrationsprozesses

Gründe für das Scheitern von Post-Merger-Integrationen

Als im Mai 1998 Daimler-Benz-Vorstand Jürgen Schrempp und Chrysler-Chef Robert Eaton den Fusionsvertrag für DaimlerChrysler unterzeichneten, besiegelten sie damit einen den größten Industriezusammenschlüsse – und versprachen sich Vorteile aus der Fusion. Stattdessen büßten Anteilseigner Milliarden ein, verloren Zehntausende ihren Job, weil die Übernahme nicht funktionierte. Ein wirtschaftliches Debakel – und leider beinahe die Regel bei Mergers & Acquisitions: Mehr als die Hälfte aller Fusionen erreichen ihre Ziele nie: Empirischen Studien zufolge scheitern die meisten Unternehmenszusammenschlüsse in der Integrationsphase. In einer Studie des California Institute of Technology wurde deutlich, dass Fusionen fehlschlagen, wenn Manager interne Konflikte unterschätzen[9]: Als Hauptgrund für das Scheitern von Fusio-

[9] Vgl. Seldeslachts, J., Warum Fusionen scheitern, unter http://jo.seldeslachts.googlepages.com/fusionen.pdf.

nen führen die Wissenschaftler die „weichen Faktoren“ an. Nach Fusionen nehme der Verlust von wichtigen Mitarbeitern und Know-how dramatische Ausmaße an. Zudem litten Kunden und Lieferanten unter dem Chaos der Fusion.[10]

Phasen einer Post-Merger-Integration

Nach Abschluss der Transaktion beginnt für das Topmanagement beider Firmen (oder des Käuferunternehmens) und das Integrationsteam die Arbeit. Zuerst werden Integrationsziele und Integrationsgeschwindigkeit bestimmt sowie die neue strategische Ausrichtung, basierend auf den Portfolios und Marktpositionen der beiden Unternehmen. Dann wird die Integration für alle Dimensionen mit Zielen, Zeitplänen und Maßnahmen versehen. Dem Integrationsteam obliegt die Verantwortung für die Umsetzung der Einzelprojektpläne und die Koordination des Gesamtprozesses. Quick Wins helfen auch in dieser Sondersituation, Mut zu fassen und Fahrt aufzunehmen. Die Durchführungsphase ist die eigentliche Knochenarbeit, denn hier geht es um eine Vielzahl von Entscheidungen und Umsetzungen für das Tagesgeschäft: von den neuen Prozessen über die neuen Strukturen bis hin zu den neuen Positionen und Stelleninhabern. In der letzten Phase wird auditiert, ob die Integration – und damit das gesamte M&A-Vorhaben – erfolgreich verlaufen ist. Die folgende Abbildung zeigt den Ablauf.

[10] Gloger, A., Wintermann, J., Die meisten Firmenehen scheitern, in: Die Welt, vom 20.11.2000, S. 16.

Phasen	Abschluss der Transaktion	Post Merger Integrationskonzept	Post Merger Integrations-durchführung	Post Merger Integrations-Controlling
Ergebnisse	– Selektion Partner – Vereinbarung von Vertraulichkeit sowie Verhandlung „Letter of Intent" – Durchführung Due Diligence, Bewertung des Unternehmens – Vertragsverhandlung und Abschluss bindender Verträge – Kartellrechtliche Prüfung	– Definition der Integrationsziele – Erarbeitung der gemeinsamen strategischen Ausrichtung – Restrukturierungs-, Personal-, Kommunikations-, Kulturintegrationskonzept – Detaillierter Umsetzungsplan – Aufbau eines Integrationsteams – Realisierung von Quick-Wins	– Operative Strategieumsetzung – Personelle Integration, Besetzung der Führungspositionen – Vereinheitlichung Prozesse und Strukturen – Verschmelzen der Unternehmenskulturen, gemeinsame Identität – Stabilisierung von Liquidität, Umsatz und Ergebnis	– Aufbau eines Integrierten Finanzwesen und Controlling – Laufende Kontrolle der Akquisitionsziele und der Integration – Post Merger Audit

Abbildung 18: Phasen der Post-Merger-Integration

Erfolgsfaktoren für die Umsetzung

Als kritische Erfolgsfaktoren für Unternehmenszusammenschlüsse werden immer wieder Personalmanagement, Unternehmenskulturintegration, Geschwindigkeit der gesamten Umsetzung und professionelle Kommunikation gefordert.[11] Besonders umfassend haben Gerkhardt und Frey die Erfolgsregeln artikuliert, wie in der folgenden Abbildung aufgelistet.[12]

[11] Vgl. Pribilla, P., Personalmanagement bei Mergers & Acquisitions, S. 63–76.

[12] In Anlehnung an Gerkhardt, M., Frey, D.: Erfolgsfaktoren und psychologische Hintergründe in Veränderungsprozessen.

1. **Umfassende Diagnose der Ausgangssituation in beiden Unternehmen** – von bisherigen Strategien bis hin zu Befindlichkeiten, Feindbildern

2. **Gemeinsame Vision und Ziele** – Leitbild für die neue Firma gemeinsam definieren

3. **Gemeinsames Problembewusstsein** – die Notwendigkeit des Zusammenwachsens sowie einer neuen, gemeinsamen Unternehmenskultur verdeutlichen

4. **Breite Koalition an Befürwortern** – Schlüsselpersonen im Management und alle Mitarbeiter von Anfang an mit einbeziehen

5. **Kommunikation** – aktuell, lebendig in der Sprache der Zielgruppen formuliert, wahrheitsgemäß, auch bei schlechten Nachrichten, unter Nutzung aller Kommunikationsmedien

6. **Zeitmanagement** – systematisch planen und dem Prozess genügend Zeit einräumen

7. **Projektorganisation und Verantwortlichkeiten** – Rollen und Aufgaben frühzeitig klären, die Zielgruppen in die Projektorganisation einbeziehen

8. **Hilfe zur Selbsthilfe, Qualifikation und Ressourcen** – notwendige Ressourcen bereitstellen und Unterstützung mit Coaching, Beratung, Moderation, Mediation, etc. anbieten

9. **Quick-Wins** – leicht zu realisierende Maßnahmen zuerst umsetzen und sichtbar machen

10. **Flexibilität im Prozess** – auf neue Anforderungen flexibel reagieren und Alternativen ermöglichen

11. **Monitoring und Controlling des Prozesses** – Meilenstein-Check und regelmäßigen „Temperature Check" in der Organisation

12. **Verankerung der Veränderung** – Nachhaltigkeit sicherstellen: Rollen, Prozesse, Regeln fixieren und Einhaltung einfordern

Abbildung 19: Erfolgsregeln des Integrationsprozesses

Neben den hohen Anforderungen an die Kommunikation darf insbesondere die Komplexität der Kulturverschmelzung nicht unterschätzt werden.

3.2.1.2 Anforderungen an die Kommunikation in der Post-Merger-Integration

Eine intensive und kontinuierliche Kommunikation spielt in allen vier Dimensionen der Post-Merger-Integration eine entscheidende Rolle. Viele M&A-Experten sprechen von Kommunikation als zentralem Erfolgsfaktor[13], manche sogar von einer „unabdingbaren Voraussetzung für

[13] Vgl. Jaeger, M., Personalmanagement bei Mergers & Akquisitions, S. 161; Beuth, G., Der Stellenwert der Kommunikation bei der Neuorganisation und Fusion von Raab Kärcher und VEBA Immobilien, S. 32 ff.; Vogel, D. H., M&A – Ideal und Wirklichkeit, S. 191.

den Erfolg von Unternehmenszusammenschlüssen“[14]. Einer Emnid-Studie von 2000 zufolge wird der Erfolg von Fusionen insbesondere durch zu späte Integration von Mitarbeitern (87 %), zu wenig Transparenz (86 %) oder späte, schlechte, fehlerhafte, unvollständige Informationspolitik bedroht – alle drei Risikokategorien lassen sich durch Kommunikation erheblich eindämmen. Auch für alle zwölf Erfolgsregeln ist sie mit entscheidend. Sie macht intern Differenzen transparent, neue Strukturen verständlich, motiviert für das „neue“ Unternehmen und hilft, die verschiedenen Unternehmenskulturen zu überwinden. Extern reduziert eine positive, nach vorne gerichtete Kommunikation die Sorgen der Kunden und Lieferanten vor chaotischen Verhältnissen ebenso, wie sie das Wohlwollen der Öffentlichkeit sichert. Zusammenfassend hat Kommunikation in dieser Sondersituation die Aufgabe, die Sinnhaftigkeit des Zusammenschlusses zu vermitteln, über und im Integrationsprozess zu informieren, Verunsicherung und Leistungsabfall vermeiden zu helfen, das neue Unternehmen zu positionieren, die Stakeholder zu überzeugen und den Kulturintegrationsprozess zu unterstützen. Kommunikation hat in der Post-Merger-Integration somit sowohl eine begleitende als auch eine direkt unterstützende Funktion. Erheblicher Zeit- und Ressourcenaufwand ist notwendig, soll sie gelingen – und zwar von Anfang an.

Folgen der Post-Merger-Integration abfangen oder mindern

Post-Merger-Integrationen leiden intern über lange Strecken an geringerer Leistungsbereitschaft und Leistungsfähigkeit und damit an eingeschränkter Produktivität. Die Angst vor einer ungewissen Zukunft, Mutmaßungen über Entwicklungen und auch die brodelnde Gerüchteküche führen zu einer Abwartementalität bei den Mitarbeitern. Extern steigt die Verunsicherung der Kunden. Daher rührt in der Regel die kritische, abwartende, prüfende Haltung der Kunden: Jedes negativ zu bewertende Einzelereignis wird den Folgen der Fusion zugeschrieben. Das öffentliche Interesse an der Entwicklung der Branche und des Unternehmens wächst. In der folgenden Abbildung sind die wichtigsten Fragen der Stakeholder in der

---

14 Vgl. Strohmer, M. F., Integration nach Merger und Acquisition, S. 85.

Phase der Post-Merger-Integration zusammengestellt, gefolgt von den Handlungsempfehlungen für diese Sondersituation.

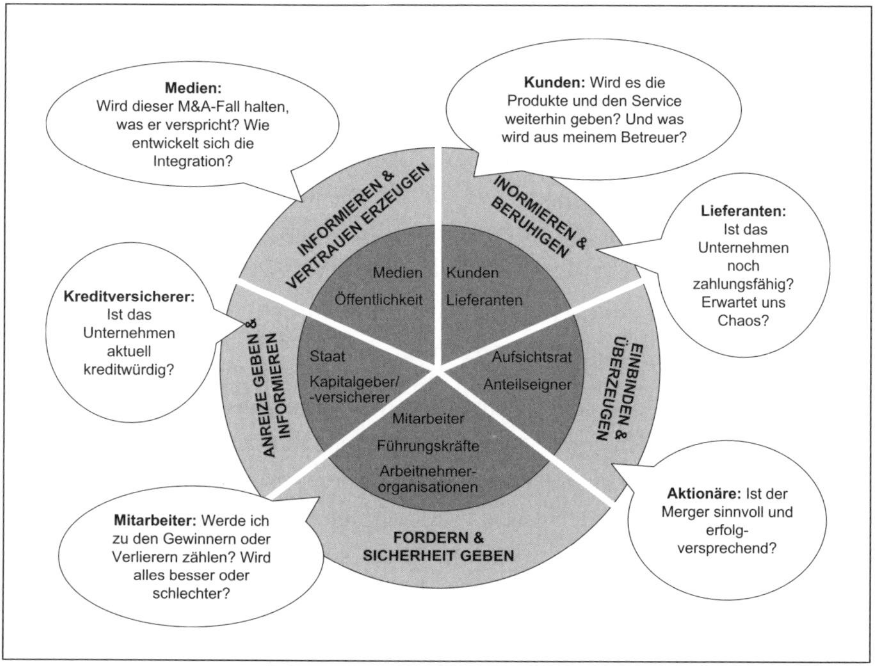

Abbildung 20: Stakeholder in der Post-Merger-Integration

Belastbarkeit von Organisation und Individuen steigern

Befindlichkeiten und Kummer gibt es in einer solchen Sondersituation schon genug. Schließlich haben die Mitarbeiter – zumindest die des eingegliederten Unternehmens – „ihr" Unternehmen und damit auch ein Stück Identität verloren. Untauglich sind daher Maßnahmen, die Komplexität noch hinzufügen oder zu viel Selbstreflexion bewirken, denn eine unentwegte Auseinandersetzung mit dem eigenen Trennungsschmerz fokussiert leider weder auf das Geschäft noch auf die Kunden – und reduziert die eigene Überzeugungskraft an der Vertriebsfront. Werden beispielsweise zu häufig Mitarbeiterbefragungen durchgeführt, wird den

Mitarbeitern immer wieder Anlass gegeben, sich mit sich selbst zu beschäftigen anstatt mit dem Markt.

Würdigung der Vergangenheit und starke Promotion des Neuen

Nichtsdestotrotz muss der Trauerarbeit Raum gegeben und die Vergangenheit gewürdigt werden. Nur so können die Mitarbeiter sich dem Neuen zuwenden. Insofern ist es sehr wichtig, die bisherigen Stärken und Erfolge beider Unternehmen anerkennend zu beleuchten. Gleichzeitig muss mit großer Intensität auf sachlicher, aber auch auf emotionaler Ebene zum neuen Unternehmen hingeführt werden, um der alten, oftmals ja auch weitgehenden Identifikation etwas ebenso Starkes entgegenzusetzen.

Aus Betroffenen Beteiligte machen

Dieser Grundsatz gilt sicher für jeden Veränderungsprozess, in besonderem Maße aber für jene Sondersituationen, die den Mitarbeiter nicht nur kognitiv fordern, sondern vor allem auch emotional. Die wichtigsten, aber auch strapaziertesten emotionalen Dimensionen bei M&As sind Motivation und Identifikation. Nicht selten verbinden sich ehemalige Wettbewerber – eine Tatsache, die die persönliche Distanz zur Firmenehe vergrößert. Aus Betroffenen macht man Beteiligte, indem man Möglichkeiten schafft zur aktiven Teilnahme: an der Ausarbeitung eines neuen Leitbildes, am Dialog zur strategischen Ausrichtung, am Feedback zu neuen Prozessen und Regeln. All dies bedeutet nicht, das Ruder aus der Hand zu geben – es bedeutet, Interaktionen zu ermöglichen und damit auch Einflussnahme von Mitarbeitern zuzulassen. Denn wo wir mitgewirkt haben, braucht es kaum mehr Überzeugungsarbeit, um uns für eine Sache zu gewinnen. So werden im weiteren Verlauf des Prozesses Zeit und Engagement gespart, die andernfalls später zur Einbindung einer distanzierten Mannschaft aufgebracht werden müssten.

Flexibilität im Prozess

Wer mit Organisationen arbeitet, weiß, dass es sich nicht anders verhält als mit Individuen. Aller Planung zum Trotz kann sich Widerstand breitmachen, wo er nicht vermutet wurde – oder Medien generieren Geschichten und Argumentationen, wo man keine erwartet hätte. Darum ist es unbedingt erfolgskritisch, im gesamten Kommunikationsprozess für Unerwartetes offen und aufnahmebereit zu bleiben und sich trotz aller Planung die Flexibilität zu erhalten, die Kommunikation den sich wandelnden Erfordernissen anzupassen. So schließt sich der Kreis: Den Veränderungswillen und die Anpassungsfähigkeit, welche die Kommunikatoren postulieren, müssen sie auch selbst aufbringen. Und ein positives Menschenbild hilft: Topmanager und Kommunikatoren, die selbst in ihrer Persönlichkeit kein positives Denken ausstrahlen, keine Promotoren sind, haben es sehr viel schwerer, andere jetzt mitzureißen.

Mit dem Widerstand gehen statt gegen ihn

Widerstand in der Post-Merger-Integration überwindet man nur, indem man – geduldig und beharrlich – immer wieder zu verstehen versucht, welche Beweggründe, welche Motive sich hinter diesem Widerstand verbergen. Als Symptom muss nicht er bekämpft werden, sondern seine Ursache. Das Eisberg-Modell des Bewusstseins geht auf Sigmund Freud zurück und ist Teil seiner allgemeinen Theorie der Persönlichkeit. Das menschliche Bewusstsein ist demnach mit einem im Meer treibenden Eisberg vergleichbar: das, worauf wir in unserem Verhalten in täglichen Situationen bewusst zurückgreifen, macht nur zehn bis zwanzig Prozent dessen aus, was unser Handeln bestimmt – der Rest ist unter der Wasseroberfläche – und unser Unterbewusstsein. Konflikte sind in der Integrationsarbeit umso sicherer anzutreffen, je stärker die beiden Unternehmen vorher in Sachen Marktstellung, Kultur und Identität waren. Konflikte sind somit systemimmanent und eine hilfreiche neue Unternehmenskultur ermöglicht die Auseinandersetzung. Ebenso wird häufig der Faktor Zeit unterschätzt. Verhaltensänderungen für das neue Unternehmen brauchen ihre Zeit, bis sie verstanden werden, akzeptiert werden und schließlich in Handlung münden können.

3.2.1.3 Externe Kommunikation in der Post-Merger-Integration

Trotz der immensen Herausforderungen, die das Topmanagement in einer Situation zu bewältigen hat, in der sich nahezu alle Dimensionen des

Unternehmens plötzlich als Variablen und nicht mehr als Konstanten entpuppen, ist es gerade für die Stabilität des Geschäfts dringend erforderlich, Kunden und potentielle Kunden (und damit auch die Öffentlichkeit) für den Merger zu begeistern und von seinen Vorteilen zu überzeugen. Das beginnt bei der Sprachregelung für die Vertriebsmitarbeiter und endet in der regelmäßigen Ansprache der Medien. Anfangs, also in der Phase der Transaktion und der Erarbeitung des Integrationskonzeptes, muss die Aufrechterhaltung der Funktionsfähigkeit kommuniziert werden sowie die verbesserten Chancen für Marktposition oder Profitabilität durch den Merger. Ferner ist es wesentlich, die neue Positionierung intensiv in den Markt zu kommunizieren. Ebenso stellt die inhaltliche und optische Harmonisierung des gesamten Außenauftritts von Internet, über Imagebroschüren bis hin zu POS-Material, ein arbeitsintensives Projekt dar. Die einzelnen Interessengruppen sind von den Vorteilen des Zusammenschlusses zu überzeugen, kontinuierlich Erfolge zu vermelden und das neue Managementteam muss als fähig vermittelt werden, diese gewaltige Aufgabe der Integration zu stemmen. Hingegen würde das Ausplaudern zu vieler konkreter Ziele in den Medien nur dazu führen, genau davon öffentlich später Abstand nehmen zu müssen, falls man sie nicht erreicht hat. Anders verhält es sich beim Abschluss der Zusammenführungsphase: Jetzt sollte möglichst viel über Erfolge und Zielerreichung berichtet werden. In der folgenden Abbildung sind die wesentlichen Bausteine der einzelnen Phasen zusammengestellt.

Phasen	Abschluss der Transaktion	Post Merger Integrationskonzept	Post Merger Integrations-durchführung	Post Merger Integrations-Controlling
Extern	– Informationen zum Zusammenschluss – Erklärung der Vorteile aus dem Merger für alle externen Stakeholder – Darstellung der neuen Unternehmensspitze – Direkte Kunden- und Lieferanten-kommunikation	– Externe Kommunikationsstrategie – Kommunikation der strategischen Ausrichtung – Kommunikation der Marke – Harmonisierung des kompletten Außenauftritts beider Unternehmen – Kommunikation von Quick-Wins	– Kommunikation zur Stabilität von Liquidität, Umsatz und Ergebnis – Kommunikation über Erfolge am Markt – Positionierung der neuen Unternehmensspitze	– Kommunikation zur Erreichung der Akquisitionsziele und der Integration – Erfolgsgeschichten und authentische Berichte Beteiligter
Intensität				

Abbildung 21: Externe Kommunikation in der Post-Merger-Integration

3.2.1.4 Interne Kommunikation in der Post-Merger-Integration

Intern geht es in der Anfangsphase im Wesentlichen um das Wahren oder Verlieren von Besitztümern sowie über das Vertrautmachen mit notwendigen Veränderungen von der Strategie bis zum Tagesgeschäft. Viele haben das Gefühl, zu den Verlierern zu gehören. Zudem sind häufig gerade im mittleren Management Stellen doppelt besetzt, sodass es hier erforderlich ist, die Personalentscheidungen schnell zu treffen und zu kommunizieren. Eine regelmäßige Information über Fortschritte, erste Ergebnisse, Neuerungen und Stabilitätsfaktoren, Änderungen in Verantwortlichkeiten und Ansprechpartnern – in Summe also alles, was während des Integrationsprozesses passiert und Unsicherheiten auslösen könnte – gehören ebenso dazu wie Maßnahmen, die direkt dazu beitragen, dass zwei Unternehmen zu einem neuen Ganzen werden, mit gemeinsamer Vision und gemeinsamer Identität. Der Kulturintegrationsprozess und die Vermittlung der neuen Vision bedürfen massiver Unterstützung von Seiten der Kommunikation. Die neue Marke muss innen beginnen, inszeniert werden. In der Durchführungsphase spätestens sollte das neue Managementteam kommunikativ inthronisiert werden. Wichtig ist hier auch, grundlegend über neue Prozesse, neue Strukturen und neue Stelleninhaber zu sprechen. Die folgende Abbildung zeigt die Bausteine.

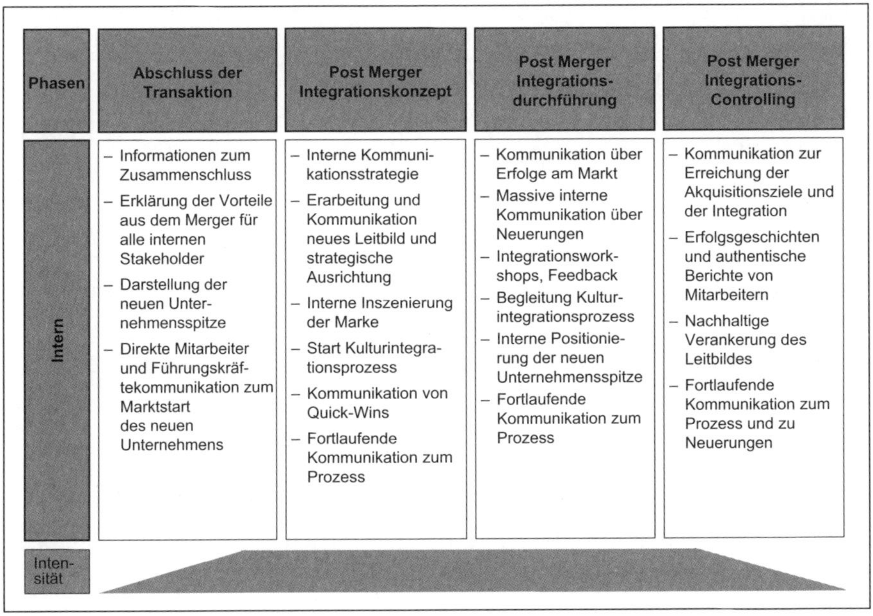

Abbildung 22: Interne Kommunikation in der Post-Merger-Integration

Feedbackschleifen helfen zu verstehen, ob man die Organisation überfordert in Geschwindigkeit, Inhalten und Erwartungen an Veränderungen von Haltungen und Verhalten. Auch bei Abschluss der Integration muss die fortlaufende Kommunikation die Nachhaltigkeitsbemühungen des Unternehmens stützen.

3.2.2 Ein Fallbeispiel: Merck Serono

„Es handelt sich um einen Zusammenschluss unter Gleichen und es gibt keinen Gewinner oder Verlierer. Wir wollen das Beste aus zwei Welten."

Oft ist dieser Satz zu hören, wenn eine Fusion angekündigt wird. So gern die Betroffenen darauf vertrauen wollen, dass durch die Integration alles besser wird, dominiert am Ende meist doch ein Unternehmen, wenn es um Personalbesetzung und Kommunikation nach innen und außen geht, um Unternehmenspolitik, Kultur und Werte oder die Festlegung von Abläufen, Systemen, Strukturen und Strategien. Ganz anders handhabte Merck das bei der Übernahme von Serono: Denn obwohl es sich um einen Kauf handelte, integrierte Merck das Unternehmen Serono so, als handle es sich um einen Zusammenschluss von zwei gleichberechtigten Partnern.

3.2.2.1 Das Unternehmen

Das mehr als 30.000 Mitarbeiter zählende älteste pharmazeutisch-chemische Unternehmen der Welt, Merck KGaA, firmiert als börsennotierte Kommanditgesellschaft auf Aktien und gehört zu rund 70 % der in Familienbesitz befindlichen E. Merck KG. Anfang 2007 erwarb Merck für gut 10 Mrd. Euro das Schweizer Biotechnologie-Unternehmen Serono und führte die anschließende Integration in einem fairen und nachvollziehbaren Prozess durch: Jede Seite sollte bei Entscheidungen die gleichen Chancen erhalten, damit der, die oder das Bessere sich durchsetze. Die mehr als 17.500 Mitarbeiter von Merck Serono, der Sparte, die zum Pharmabereich von Merck zählt, entwickeln, produzieren und vermarkten heute verschreibungspflichtige Medikamente, die in über 150 Ländern angeboten werden. Im Geschäftsjahr 2008 erwirtschafteten sie damit einen Umsatz von rund 5 Mrd. Euro. Der Pharmabereich steht unter der Leitung von Elmar Schnee, der in Personalunion seit dem Zusammenschluss auch die Sparte Merck Serono leitet.

3.2.2.2 Die Ausgangssituation

„Im Medikamentengeschäft der Darmstädter hakt es an allen Ecken und Enden", schrieb am 4. Oktober 2006 das Wirtschaftsmagazin Capital. „Das Produktportfolio ist alt, die Pipeline leer, das Forschungsbudget angesichts der Konkurrenz weltweit aktiver Pharmagiganten viel zu mickrig." Merck stand unter kritischer Beobachtung und es wurde die Frage in den Raum gestellt, ob es dem Traditionsunternehmen gelingen werde, in diesem harten, globalen und von Konsolidierung geprägten Marktumfeld auf Dauer zu bestehen. Eine feindliche Übernahme des Berliner Konkurrenten Schering war erst im Frühjahr 2006 gescheitert, weil Wettbewerber Bayer einen höheren Kaufpreis geboten hatte. Auch der Eigentümer des Biotechnologie-Unternehmens Serono hatte in diesem Jahr bereits einen gescheiterten Verkaufsversuch erlebt. So wurde es zwar als Überraschung, aber als folgerichtig aufgenommen, als Merck am 21. September 2006 die Übernahme ankündigte. Die Frankfurter Allgemeine Zeitung schrieb am 22. September 2006:

> *Die Sparte von Merck, die sich auf die Entwicklung und den Verkauf innovativer Arzneimittel konzentriert, ist im Vergleich zum Wettbewerb mit Namen wie Pfizer, Glaxo Smith Kline oder Sanofi-Aventis viel zu klein. (...) Diese Scharten wollte Merck schon im Frühjahr mit dem Kauf des Berliner Wettbewerbers Schering auswetzen. Das ist am höheren Gebot von Bayer gescheitert. Der Handlungsdruck wurde damit noch größer. (...) Da kam es gerade recht, dass Serono und sein illustrer Mehrheitsaktionär Ernesto Bertarelli ihrerseits im Frühjahr mit dem Versuch erfolglos geblieben waren, das Unternehmen für viel Geld zu verkaufen.*

Beide Firmen – Merck und Serono – hatten in der Entwicklung von Substanzen zuvor Fehlschläge erlebt. Erfolgreiche Medikamente waren zwar von Merck bis zur Marktreife entwickelt worden, stammten aber nicht aus der eigenen Forschung, waren zugekauft worden. Diese Schwäche sollte abgestellt werden durch den Zusammenschluss zweier Unternehmen, die sich in ihren Kompetenzen ergänzten, in der Unternehmenskultur allerdings deutlich unterschieden, sind sich Stefanie Lauber und Jennifer O`Lear einig, die aus den beiden unterschiedlichen Unternehmen stammen und die Kommunikation des Zusammenschlusses begleitet haben:

Die Kultur bei Merck war tendenziell eher konservativ, deutsch geprägt, gründlich und traditionsbewusst – Serono hingegen galt als agiler, schnelllebiger und stärker vom Unternehmergeist beseelt. Durch den Zusammenschluss sollten auch in der Unternehmenskultur die Stärken kombiniert werden.

Das stellte die Unternehmensführung vor Herausforderungen, wie auch Elmar Schnee – verantwortliches Mitglied der Merck-Geschäftsleitung für den Bereich Pharma und Spartenleiter von Merck Serono – beschreibt:

Die größte Herausforderung lag darin, die Fusion in den Köpfen der Mitarbeiter zu verankern. Es gab natürlich Reibungen bei der Gestaltung der Prozesse und Strukturen, aber die gibt es immer, und das geht vorüber. Doch die Fusion in den Köpfen braucht Zeit: Bis jeder seine Historie hinter sich gelassen hat, bis er sich zugehörig fühlt zum neuen gemeinsamen Unternehmen Merck Serono, das dürfte drei bis fünf Jahre dauern.

3.2.2.3 Der Plan

Für die Zusammenführung war intensive Kommunikation erforderlich und die bewusste Auseinandersetzung mit der bisherigen und der künftigen Unternehmenskultur. Nur dadurch konnte es Mitarbeitern und Managern gelingen, das im eigenen Haus Bewährte zu erhalten und gleichzeitig das Neue zu wertzuschätzen, das die Kollegen aus dem anderen Unternehmen mitbrachten. Für die Integration verantwortlich war der heutige Vorsitzende der Geschäftsleitung der Merck-Gruppe, Dr. Karl-Ludwig Kley, er leitete das Integration Steering Committee. In der am 7. November 2006 erschienenen ersten Ausgabe des Integration-Newsletters „proIntegration“ schrieb er programmatisch in das Vorwort:

Der Integrationsprozess soll ganz im Zeichen der offenen und regelmäßigen Kommunikation stehen. Deshalb wird über den Stand der Integrationsvorbereitungen laufend informiert werden.

Grob lässt sich die Kommunikation während der Post-Merger-Integration bei Merck Serono in drei Phasen mit unterschiedlichem Schwerpunkt gliedern, wie die folgende Abbildung zeigt:

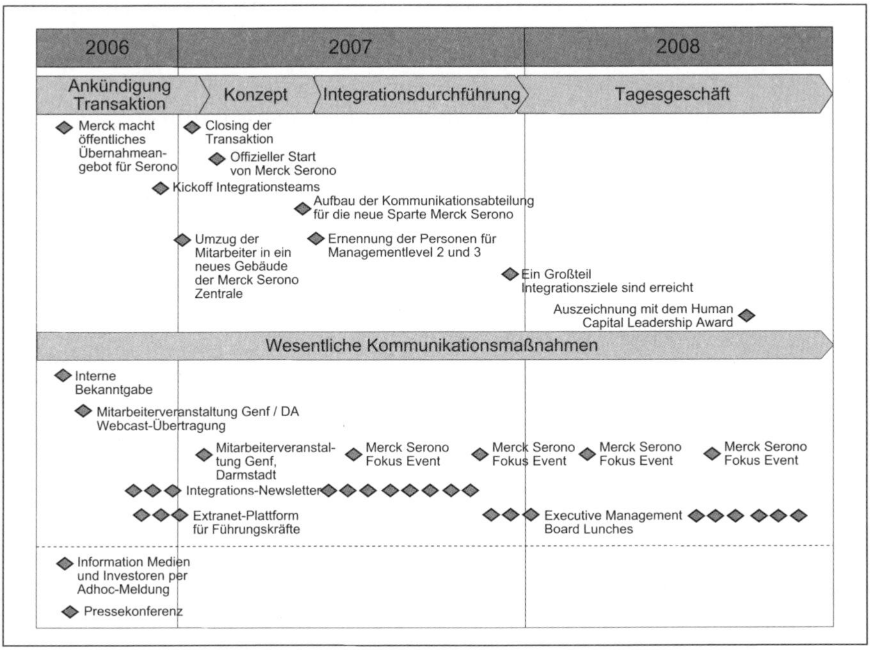

Abbildung 23: Die Ereignisse bei Merck Serono im Überblick

In der Zeit nach der Ankündigung des Kaufvorhabens am 21. September 2006, vor Abschluss der Transaktion (Closing), mussten die beiden Unternehmen sich weiterhin wie Wettbewerber verhalten. Der Austausch wettbewerbsrelevanter Informationen war nicht zulässig, das Management des Käuferunternehmens durfte sich nicht selbständig an die Mitarbeiter des gekauften Unternehmens wenden. Die Möglichkeiten zum Austausch von Daten und Informationen sind gesetzlich eingeschränkt. Denn sollte die Kartellbehörde dem Zusammenschluss nicht zustimmen, würde der Deal platzen. Pläne für die gemeinsame Zeit nach dem offiziellen Start des Unternehmens dürfen hingegen gemacht werden – so durfte Merck beispielsweise das künftige Management benennen und vorstellen. Die Zeit nach dem Closing am 5. Januar 2007 stand ganz im Zeichen der Integrationsbemühungen: Es galt glaubhafte Belege für die Zukunft der neu entstandenen Sparte zu liefern und es ging darum, für alle Beteiligten Anschlussfähigkeit zu erzeugen. In der dritten Phase ab Anfang 2008 richtete sich der Blick stärker auf das neue Unternehmen und auf das neue Selbstverständnis: Wo wollen wir hin und wie gelangen wir ans Ziel? Das Tagesgeschäft gewann an Bedeutung; die eigens für die Integrationsphase eingerichteten Medien wie der Newsletter „proIntegration" wurden wieder eingestellt.

3.2.2.4 Die Maßnahmen

Noch vor dem Legal Closing wurde Ende 2006 die Bildung der Integrationsteams vorbereitet: Nach Abschluss der Transaktion (Closing) sollten sie schnellstmöglich ihre Arbeit aufnehmen können. Das Kommunikationsteam hatte die Arbeit bereits einige Zeit vorher aufgenommen, zum Beispiel um inhaltlich schlüssige Botschaften vorzubereiten. Es musste aber auch erklären, dass und warum die beiden Unternehmen erst nach dem offiziellen Start gemeinsam agieren durften. Nach dem Closing wurde ein nahezu paritätisch besetzter Lenkungsausschuss für die Integration gebildet, in dem Merck lediglich eine knappe Stimmenmehrheit besaß. Die Koordination der zahlreichen parallel arbeitenden Arbeitsgruppen wurde einem Integration Office übertragen, dem die Verwaltung, die Abstimmung der Zeitpläne und die Kontrolle des Fortschritts oblagen.

Fairness, Transparenz und Offenheit

Hier war auch das Integration Communication Committee angesiedelt, das für die Kommunikation der jetzt anlaufenden Veränderungen verantwortlich zeichnete: Dieses gab einen Integration-Newsletter heraus und organisierte Veranstaltungen für Management, Mitarbeiter und Integrationsteams. Das Prinzip Fairness und Transparenz prägte die Kommunikation in der gesamten Post-Merger-Integration. Für jede Funktion des neu entstehenden Unternehmens wurde ein paritätisch besetztes

Integrationsteam gebildet. Damit wollte das Management sicherstellen, dass die bestmögliche gemeinsame Lösung erarbeitet wird. Es sollten die jeweils bestgeeigneten Prozesse, Strukturen, Systeme und Personen ausgewählt werden. Diese Prinzipien wurden in der Kommunikation kontinuierlich aufgegriffen.

„proIntegration" Newsletter und Veranstaltungen

Bald nach der Ankündigung am 21. September 2006, die für alle Mitarbeiter überraschend kam, und einer Anfangsphase, die von externer Kommunikation geprägt war, begann eine Phase intensiver unternehmensinterner Kommunikation: Die Serono-Mitarbeiter wurden in Genf zu einer Mitarbeiterveranstaltung eingeladen, die per Webcast live an die anderen Standorte übertragen wurde und anschließend im Intranet zur Verfügung stand. Über sämtliche Zwischenergebnisse der Integrationsarbeit berichtete das Kommunikationsteam in einem zweiwöchentlich erscheinenden Integration-Newsletter, und zwar bereits ab Mitte November. Weitere Inhalte des Newsletters waren: Reportagen und Berichte von wichtigen Veranstaltungen und Ereignissen, Erläuterungen zum Ablauf des Integrationsprozess und den rechtlichen Rahmenbedingungen, Aufbau und Arbeit der Integrationsteams, Personalia und Strukturentscheidungen zum Aufbau der künftigen Organisation und eine regelmäßige Rubrik für Mitarbeiterfragen und Antworten. Der Newsletter vermittelt die Vision der neu entstehenden Sparte des Unternehmens Merck, die konkreten Ziele des Zusammenschlusses – und er zeigt auf, welche Zwischenschritte bereits erreicht wurden. Insgesamt erschienen in den zwölf Monaten bis Oktober 2007 genau 21 Ausgaben des Newsletters auf Englisch und Deutsch. Ende 2007, nachdem der Integration-Newsletter wieder eingestellt war, begann Merck Serono die sogenannten Executive Management Board Lunches: Jedes Mitglied der Spartenleitung trifft in regelmäßigem Turnus ein knappes Dutzend nach dem Zufallsprinzip ausgewählte Mitarbeiter zum Mittagessen und tauscht sich über aktuelle Themen aus. Zuerst wurden diese Treffen in Darmstadt und Genf pilotiert, inzwischen finden sie weltweit statt. Ohne Agenda kann jeder äußern, was er loswerden will. Damit möchte die Spartenleitung zum einen zeigen, dass sie ansprechbar ist für die Mitarbeiter; zum anderen möchte sie auf diese Weise ein besseres Gespür dafür bekommen, wie sich die Dinge aus Sicht der Mitarbeiter darstellen. Die in der Integrationsphase begonnenen Mitarbeiterveranstaltungen gibt es nun im Wechsel dreimal jährlich in den Niederlassungen Darmstadt, Genf (Schweiz) und Rockland (USA).

Auftaktveranstaltung

Zu einer ersten gemeinsamen Auftaktveranstaltung lud das Management am 1. Dezember 2006 die rund 170 Integrationsmanager aus beiden Unternehmen. Das Topmanagement wies darauf hin, dass die Integrationsteams eine hohe Verantwortung für das Gelingen des Zusammenschlusses hätten, der sie durch vorbildliches Verhalten Rechnung tragen sollten. Beispielhaft zeigen das die Führungsprinzipien, die sich das Management in dieser Phase verordnete:

- Klare Zielsetzung für Führungskräfte und Mitarbeiter
- Schnelles, pragmatisches und entschiedenes Handeln
- Aufnahme schwieriger Themen und Lösung von Konflikten
- Handeln demonstriert, dass Merck Serono EINE Organisation ist
- Klare und widerspruchsfreie Kommunikation
- Orientierung der Entscheidungen an Markterfordernissen

Für die Führungskräfte wurde eine eigene Extranet-Plattform eingerichtet, auf der die Informationen zur Integration veröffentlicht wurden. Hier wurden Präsentationen zur Verfügung gestellt und Hintergrundinformationen für Abteilungsbesprechungen. Im Dezember 2006 wurde auch die designierte Geschäftsleitung des neu entstehenden Unternehmens bekannt gegeben – noch vor der externen Bekanntgabe im Januar. Direkt nach dem Legal Closing wurden die Mitarbeiter am 8. Januar 2007 zur zweiten großen Veranstaltung eingeladen – live in Genf und in Darmstadt. An beiden Standorten traten Sprecher aus dem Management auf – und stellten sich den Fragen der Mitarbeiter. Mit Satellitenverbindung zwischen Genf und Darmstadt übertrug Merck Serono die Reden per Webcast in alle Niederlassungen. Der Leitlinie Transparenz und Fairness folgte Merck Serono auch bei der Besetzung der Schlüsselpositionen, so Elmar Schnee:

> *Für die Bewertung der Mitarbeiter holten wir Hilfe von außen: Sämtliche Top-300-Jobs wurden neutral mithilfe eines externen Personaldienstleisters bewertet. Es gab immer zwei oder drei Kandidaten für eine Position – und im Steering Committee wurde dann entschieden. Obwohl jeder das zunächst vermutet hatte, gab es keine Quote und keine Hidden Agenda, wie die Jobs verteilt werden sollten. Am Schluss war die Verteilung sogar beinahe fifty-fifty.*

Über die Personal- und Strukturentscheidungen berichtete laufend der Integration-Newsletter – und zwar bereits Wochen vor dem offiziellen Start der neuen Organisation. Ab März 2007 wurde nach diesem Muster auch eine neue gemeinsame Abteilung für die Kommunikation der Sparte Merck Serono gebildet. Und auch diese sollte möglichst aus Mitarbeitern beider Unternehmen zusammengestellt werden: Die Mischung aus Mitarbeitern beider Unternehmen war wichtig, um auf menschlicher Ebene Zugang zu beiden Organisationen zu finden und um das Wissen über die Prozesse und Produkte aus beiden Bereichen zu erhalten – und um eine kulturell ausgewogene Vielfalt zu erhalten. Die folgende Darstellung zeigt den Integration-Newsletter.

pro
Integration

Information for employees

No. 18 | August 03, 2007

MERCK SERONO

Dear Colleagues,

For over two months we are now working in the new Merck Serono organization and are implementing the integration plans. There are many integration goals and milestones that we still need to implement in order to have a successful and fully functional organization. However, we can see progress each day. New processes are contributing to the business goals and the new functions are starting to play their part in the organization.

This edition of pro Integration contains some examples of our progress, such as the Human Resources Roadshows that were completed in July and the implementation of the three project management tools KITE, SNAP and PIMS. The new Merck Serono Purchasing function within Technical Operations has been kicked off and a team of experts is working on a tailor-made Merck Serono Balanced Scorecard. All of these examples have one thing in common: the dedication of the people that work on them – this dedication is a key pillar for their success.

In pro Integration 17 I asked you to send your ideas for "integration success stories" to the pro Integration Team. Although we already have good feedback, I would like to emphasize this again. Take a look around, notice the ongoing evolution of Merck Serono and the dedication that drives this evolution and share it with your colleagues via the pro Integration newsletter.

In many countries July and August are traditional months for taking vacation. My colleagues on the Integration Steering Committee and I wish all of you who are or are planning to go on vacation a relaxing and enjoyable break and everyone who works a productive and successful time.

Kind regards,

Karl-Ludwig Kley
On behalf of the Integration Steering Committee

"The human factor is critical"

Human Resources Roadshows completed on four continents

Participants in the Human Resources Roadshow in Geneva on June 26.

From June 20 to July 11, four Roadshows were organized in Europe, the US, Latin America and Asia for Human Resources (HR). Prepared by the Merck Serono HR Center of Excellence with support from Corporate Human Resources, the objective was to bring together the new HR community in Merck Serono, to discuss progress on the integration, and to outline changes to policies and the HR organization. Head of the HR Center of Excellence, Geoff Matthews, explains: "With Human Resources Managers coming from Merck and Serono backgrounds, this was a great chance for everyone to meet and create a strong network between new colleagues at the local and global levels."

Collecting feedback from the countries

The roadshows were attended by between 15 and 30 Human Resources Managers in each location. Representatives from Merck Serono HR, the HR Integration Team and Merck Corporate Human Resources presented the achievements as well as upcoming topics and next steps in the integration process. Human Resources Managers were informed of the status of topics such as:

- Developments in compensation and benefits
- Talent management
- Learning & Development
- Human Resources IT

In addition to this, participants also discussed the new Human Resources organization, including the Human Resource Business Partner concept. Finally, the roadshows included a workshop introducing new change management tools and techniques.

The meetings offered plenty of room for discussion and for participants to provide feedback and clarify open questions.

Editing: Integration Communications Team, prointegration@merck.de

Abbildung 24: Titelseite von Ausgabe Nummer 18 des Integration-Newsletter

Ein starkes Symbol – das neue Gebäude

Mit Beginn der Integration zogen die Mitarbeiter der neuen Zentrale in ein neues Gebäude, das Serono errichtet hatte: Für den neuen Spartenleiter Elmar Schnee war die Fertigstellung des Gebäudes eine glückliche Fügung, weil sich mit dem Umzug die Umgebung für alle Mitarbeiter veränderte, was er als symbolischen Markstein für den gemeinsamen Neubeginn verstand:

> *Sehr geholfen hat uns die Möglichkeit, das Headquarter der Sparte Merck Serono in ein neues Gebäude zu verlegen: Serono hatte den neuen Campus gebaut und der wurde just im November fertig gestellt. So hatten wir ein Merck-Serono-Gebäude ohne Historie. Hätten wir dieses Gebäude nicht gehabt, hätten wir rückblickend eigentlich sogar einen neuen Standort wählen müssen für den Neubeginn.*

3.2.2.5 Das Ergebnis

Die Integrationsarbeit begann im Januar 2007. Bereits Ende desselben Jahres hatte Merck Serono die meisten der 221 selbst gesetzten Ziele im Personalmanagement erreicht. Eine anschließende Mitarbeiterbefragung zeigte hohe Werte beim Engagement der Mitarbeiter – durchschnittlich um zehn Prozent höher als bei anderen Unternehmen nach einer Fusion. Höhere Zufriedenheit, stärkere Identifikation, mehr Engagement und eine niedrigere Fluktuation sind einige der positiven Effekte. Auch die harten Fakten sprechen dafür, dass die Integration reibungsloser verlaufen ist als üblich: Im selben Zeitraum erzielte Merck Serono einen Anstieg der Gesamterlöse um 7,4 Prozent und wuchs damit schneller als der gesamte Pharmamarkt.

Auf die Frage, was er bei einem nächsten Mal anders machen würde, meint der Spartenleiter Elmar Schnee, dass man in einer solchen Situation gar nicht genug kommunizieren könne, um den Mitarbeitern die Unsicherheit zu nehmen, die sich selbst dann nicht verhindern lasse. Aus Sicht der Mitarbeiter hätte noch schneller Klarheit geschaffen werden sollen, zum Beispiel über künftige Zuständigkeiten. Die Society for Human Resource Management (SHRM) zeichnete das Unternehmen für die erfolgreiche Integration im September 2008 mit dem angesehenen „Human Capital Leadership Award“ aus.

3.3 Carve-out

3.3.1 Die Situation im Licht von Theorie und Praxis

3.1.1.1 Spezifika des Carve-out

Arbeitsdefinition Carve-out

Die Ausgliederung von Unternehmensteilen, mit dem englischen Carve-out etwas dramatischer als „Herausschneiden“ bezeichnet, schafft die Voraussetzungen für die künftige Eigenständigkeit eines Betriebsteils. Der Carve-out-Prozess umfasst dabei neben den gesellschaftsrechtlichen Maßnahmen und den betrieblich-operativen Vorbereitungen auch die Umsetzung von Restrukturierungsmaßnahmen, die im Vorfeld eines Verkaufs notwendig sind, um einen angemessenen Preis zu erzielen. Wenn keine Dritten beteiligt sind, der Unternehmensteil also gesellschafterseitig im Konzernverbund verbleibt, aber künftig eigenständig auftreten soll, wird oft auch vom Spin-out gesprochen. Die deutsche Bezeichnung Ausgründung ist hier doppeldeutig, weil sie auch für Management-Buy-outs ohne Konzernverflechtung verwendet wird.[15]

Motive des Carve-out

Motive für den Verkauf sind aus Verkäufersicht eigentümerspezifische Motive wie Nachfolgeregelung, Differenzen zwischen den Gesellschaftern, bessere alternative Investitionsmöglichkeiten, eine persönliche finanzielle Notlage, Cash-in oder auch unternehmensspezifische Motive wie fehlende Finanzmittel, Schuldenabbau, steuerliche Vorteile, Konzentration auf Kernkompetenzen und strategische Neuausrichtung.[16] Im Rahmen eines Carve-out ergeben sich dabei besondere Folgen gegenüber dem Komplettverkauf des gesamten Unternehmens – also einem Eigentümerübergang nicht nur eines herausgelösten Teils – und gegenüber dem Spin-out, bei dem die Integration in eine neue übergeordnete Gesellschaft entfällt.

Vergleich Carve-out versus Gesamtverkauf

Gegenüber dem Gesamtverkauf eines Unternehmens bedeutet der Carve-out für die Mitarbeiter und Kunden einen zusätzlichen Verlust an Kontinuität. Die Identifikationsmöglichkeit mit der bisherigen Hauptgesellschaft oder dem Konzernverbund entfällt. Je prägender Reputation und Kultur des Konzerns für die Wahrnehmung der Teileinheiten ist, desto bedrohlicher wirkt der Verlust der alten Identität für die Belegschaft und desto größer sind die potentiellen Auswirkungen auf den Kundenerfolg. Für die emotionale Akzeptanz auf Seiten der Mitarbeiter wirkt

---

[15] Für zahlreiche Ausführungen empfiehlt sich Cascorbi, A., Demerger-Management.

[16] Vgl. Wirtz, B. W., Mergers & Acquisitions Management, S. 73.

sich hemmend aus, dass der bisherige Verbund, deren Teil man bislang war, meist weiter existiert. Es kennzeichnet die Gefühlslage recht zutreffend, dass Arbeitnehmer und Betriebsräte in der Konfrontation mit Carve-out-Vorhaben häufig auf Metaphern aus dem Familienleben zurückgreifen: So wird gern von „Mutterpflichten“ oder dem „Ausstoßen aus dem Familienverbund“ gesprochen, um die Dramatik zu kennzeichnen: Beim Carve-out wird, um im Bild zu bleiben, nur eines von mehreren Geschwistern zur Adoption freigegeben, die anderen dürfen bei den Eltern bleiben – eine Situation, die gemeinhin als besonders belastend für den Betroffenen gilt. Für die Führungskräfte des auszugliedernden Unternehmens, besonders für das mittlere Management, bedeutet das Ausscheiden aus dem Konzernverbund potentielle Verschlechterungen bei den Aufstiegssaussichten: Zuvor mögliche Karrierepfade und -stufen können entfallen, weil im nunmehr kleineren Unternehmen „die Decke niedriger hängt“. Bei der Ausgliederung hin zur Eigenständigkeit – also dem Einstieg eines Finanzinvestors, dem keine Eingliederung in einen anderen Unternehmensverbund folgt – wird dies möglicherweise durch umfassendere Entscheidungsmöglichkeiten und Verantwortlichkeiten des Managements wettgemacht. Hier kann auch die Chance bestehen, dass durch eine verbesserte Kapitalausstattung neue Expansionsstrategien umgesetzt werden, statt das im Vorfeld eines Carve-outs oft verfolgte Downsizing weiterzuführen. Der Einstieg eines strategischen Investors, also die Übernahme durch ein anderes Unternehmens mit operativen Interessen, wird dagegen von den Führungskräften ebenso wie von den übrigen Arbeitnehmern meist als Bedrohung empfunden, die nicht durch mögliche positive Aspekte ausgeglichen wird: Das Unternehmens befindet sich zwangsläufig in einer Konkurrenzsituation zu den bestehenden Strukturen des strategischen Investors.

Phasen eines Carve-out

Eine Besonderheit von Carve-outs im zeitlichen Ablauf sind die im Vergleich zu anderen Veränderungsprojekten langen Unsicherheitsphasen: Üblicherweise steht beim Start anderer unternehmerischer Vorhaben bereits fest, welcher Zustand am Ende idealerweise erreicht sein wird. Die

Zielsituation und der notwendige Weg dorthin lassen sich gegenüber Mitarbeitern und Öffentlichkeit beschreiben und damit auch vermitteln. Dieser fest definierte Ablauf sorgt auch während der Veränderung für Orientierung, für relative Kontinuität und für Planbarkeit. Beim Carve-out ist dagegen nur die erste Umsetzungsphase anfänglich planbar: die Restrukturierungsphase, welche die Ausgliederbarkeit des Unternehmens überhaupt erst herstellt. Die nachfolgenden drei Phasen sind dagegen von der jeweils aktuellen und anfänglich nur selten abzusehenden Entwicklung abhängig: Die Verhandlungsphase und die Übergangsphase sind ebenso wie die abschließende Integrationsphase oder die erreichte Autonomie von der Art und den Absichten der Übernahmeinteressenten geprägt. Die folgende Abbildung zeigt die Phasen.

Phasen	Restrukturierung	Verhandlung	Übergang	Integration oder Autonomie
Ergebnisse	– Entwicklung von Ziel, Strategie und Maßnahmen – Rechtliche Ausgliederung – Operative Ausgliederung – Beseitigen von Sanierungsverzügen – Herstellen der Verkaufsfähigkeit	– Interessenten-ermittlung – Due Diligence – Verhandlungen – Einigung – Signing	– Kultur- und Vorgabenvakuum: Wegfall der bisherigen Strukturen ohne unmittelbaren Ersatz – Ggf. Weggang von Führungspersonal – Beginnende Kontakte zwischen Unternehmen und neuem Gesellschafter	– Wirksamkeit der neuen Strukturen – Etablierung der neuen Unternehmenskultur – Stabilisierte Wahrnehmung in der Öffentlichkeit

Abbildung 25: Phasen des Carve-out

Die Restrukturierungsphase schafft zum einen die praktischen Voraussetzungen für eine Übergabe oder Eigenständigkeit des Unternehmensteils. Dabei müssen gegebenenfalls operative Verflechtungen aufgelöst werden, gleichzeitig wird der gesellschaftsrechtliche Carve-out vollzogen. Zum anderen werden in der Restrukturierungsphase aber oft auch Maßnahmen umgesetzt, die den Wert und die Attraktivität des Unternehmens für Käufer erhöhen: Ertrags- und Effizienzhemmnisse müssen spätestens jetzt behoben werden, um sich nicht negativ im erzielbaren Kaufpreis niederzuschlagen. Die anschließende Verhandlungsphase mit Übernahmeinteressenten ist die sowohl aus Führungs- wie auch aus Kommunikationssicht schwierigste Phase: Wenn die beabsichtigte Ausgliederung nicht aus aktienrechtlichen Gründen ohnehin schon zu einem früheren Zeitpunkt bekannt gegeben werden musste, ist spätestens mit dem Start der Verhandlungen jederzeit mit Indiskretionen zu rechnen. Gleichzeitig erlauben die Abläufe in dieser – unter Umständen lang andauernden – Phase naturgemäß keine zuverlässigen Prognosen über das Ergebnis. Wenn eine Einigung und das Signing gesichert sind, bedeutet dies für Unternehmen und Mitarbeiter keinen Abschluss des Carve-out, sondern vielmehr eine Übergangsphase, die sich mehrere Monate und damit quälend lange hinziehen kann. Die bisherige Kultur, bewährte Regeln und eingespielte Abläufe verlieren an Legitimation, ohne dass sie durch ein neues Set an Vorgaben abgelöst werden. Erst die abschließende Integrationsphase in das neue Unternehmen oder die schließlich erreichte Autonomie mit nunmehr tatsächlicher funktionaler Eigenständigkeit schließt den Carve-out-Prozess ab.

3.3.1.2 Anforderungen an die Kommunikation im Carve-out

Stakeholder-Management im Carve-out

Beim Carve-out scheint es zunächst nur zwei Hauptbeteiligte zu geben: den Verkäufer und den Käufer. Tatsächlich ist aber eine Vielzahl von Interessengruppen zu berücksichtigen, die einen reibungslosen Ablauf des Prozesses möglicherweise fördern, mit höherer Wahrscheinlichkeit jedoch stören könnten. Die Kommunikation an diese Gruppen und innerhalb dieser Gruppen sollte im Detail berücksichtigt werden, um Konfliktpotenzial oder Negativauswirkungen zu reduzieren. Die Komplexität des notwendigen Zielgruppenmodells zeigt sich bereits bei der internen Kommunikation an die Mitarbeiter. Bei ihr sind nicht nur die verschiedenen Funktionsebenen innerhalb der auszugliedernden Gesellschaft gesondert zu berücksichtigen – Leitung, mittleres Management und breite Mitarbeiterschaft haben beim Carve-out, wie oben dargestellt, jeweils spezifische Fragen und Befürchtungen –, sondern auch die möglichen Rückwirkungen auf die im Konzern verbleibenden Unternehmen und deren Mitarbeiter. Das Beispiel Siemens - BenQ zeigt, dass Ausgliederungskonflikte erhebliche Folgen für Kultur und Reputation des Mutterkonzerns haben können. Diese Konflikte und die nachfolgende Medienberichterstattung können zur Einmischung einer weiteren Interessengruppe führen, die im ursprünglichen Kommunikationsplan unberücksichtigt geblieben ist: Politikvertreter auf lokaler bis hin zu nationaler Ebene, deren Äußerungen dann in der Regel kritisch ausfallen und von einem Hang zum Status quo gekennzeichnet sind. Weitere, oft nicht im nötigen Umfang eingebundene Gruppen sind Kunden und Lieferanten, für die der Carve-out erhebliche Unsicherheit bedeuten kann. Im Fall der Kunden kann diese Unsicherheit bei andauernden Umsetzungsproblemen den Markterfolg wahrnehmbar beeinträchtigen. Die Stakeholder zeigt das folgende Schaubild.

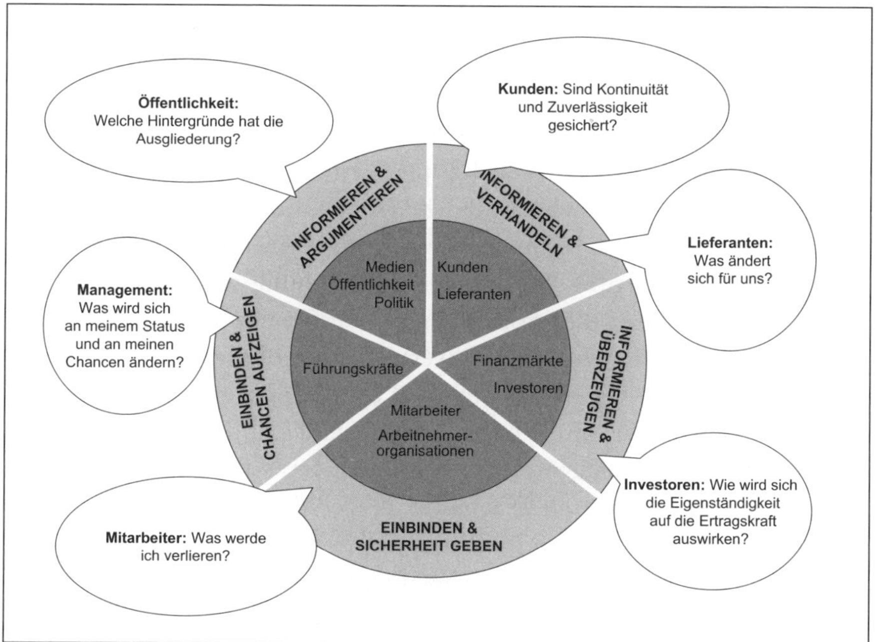

Abbildung 26: Stakeholder im Carve-out

3.3.1.3 Externe Kommunikation im Carve-out

Die Medienkommunikation im Carve-out steht vor dem Problem, dass zwischen Bekanntwerden des Ausgliederungsplans, also dem Beginn des Medieninteresses, und tatsächlich kommunizierbaren Ergebnissen ein längerer Zeitraum liegen kann. Besonders in der Verhandlungsphase kann das Unternehmen kaum aktiv gegenüber der Öffentlichkeit agieren, parallel dazu ist der Recherchedruck bei entsprechender Prominenz der beteiligten Firmen aber hoch. Die natürliche Folge fehlender offizieller Information sind Medienberichte, die auf Gerüchten, Spekulationen und Indiskretionen beruhen – oder auf der Argumentation einer widerstrebenden Arbeitnehmervertretung. Dieses Vertraulichkeitsdilemma wird sich kaum lösen lassen, weil die Verhandlungsparteien frühestens dann mit einer abgestimmten gemeinsamen Kommunikation an die Öffentlichkeit treten können, wenn die Einigung praktisch bereits erreicht ist. Ein gewisser Einfluss auf die Berichterstattung kann allenfalls über verdeckte Journalistenkontakte auf persönlicher Basis erreicht werden: Meldungen, die sich auf eine Quelle „aus Verhandlungskreisen" berufen, sind jedem Zeitungsleser geläufig und beruhen entweder auf echter Indiskretion (die tendenziell eher aus den Kreisen der potentiellen Käufer stammt, um den Verkaufsdruck zu erhöhen) oder eben auf verdeckten Informationen des Verkäufers, der damit Negativspekulationen abwehren will. Die Übergangsphase zwischen Einigung und tatsächlicher Integration öffnet dagegen Optionen. Meist wird die Einigung mit einer Pressekonferenz erklärt, der eine intensive Abstimmung der Unternehmen über die gemeinsamen Botschaften vorausgeht. Schwieriger wird es nach dieser anfänglichen Basismitteilung – nicht in inhaltlicher, aber in organisatorischer Hinsicht. Das Führungsvakuum, wenn die bisherige Weisungsstruktur nicht mehr gilt, die neue aber noch nicht eingeführt ist, lähmt besonders die Kommunikationsabteilungen. Sie sind auf klare Vorgaben zu den Botschaften angewiesen. Diese Vorgaben sind in der Übergangsphase aber oft nicht zu erlangen. In der Konsequenz verhalten sich die Kommunikatoren unter Umständen passiv, reichen Medienfragen an die neue Mutter durch, statt sie eigenständig zu beantworten, und geben damit ein Signal an die Medien, das unter Umständen genau entgegengesetzt zur definierten Botschaft ist: das Signal völliger Fremdsteuerung durch den neuen Eigentümer.

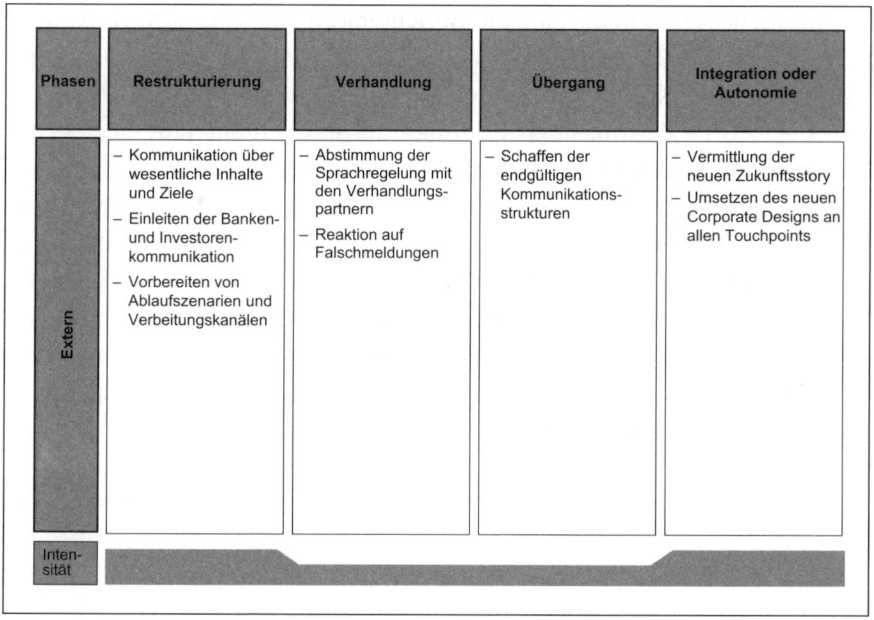

Abbildung 27: Externe Kommunikation im Carve-out

3.3.1.4 Interne Kommunikation im Carve-out

Die Kommunikation gegenüber den Mitarbeitern leidet im Carve-out vom ersten Moment an an einem unüberwindbaren Handicap: Die Kollegen wissen genau, was sie verlieren werden – aber über lange Zeit hinweg kann ihnen niemand sagen, was es zu gewinnen gibt. Die interne Kommunikation muss deshalb zwei Grundleistungen erfüllen: Sie muss informieren, um die Unsicherheiten so weit wie möglich abzubauen, und sie muss dazu motivieren, den Weg in die Eigenständigkeit oder in neue Gesellschafterverhältnisse mit positiver Grundhaltung und Leistungsbereitschaft mitzugehen. Die umfassende Information wird durch den bereits beschriebenen Mangel an belastbaren Fakten erschwert, der den Carve-out-Prozess über lange Phasen hinweg prägt. Allerdings bilden faktenorientierte Nachrichten nur einen Teil der möglichen Kommunikationsinhalte: Information ist auch, wenn Optionen dargestellt, Entscheidungsgrundlagen offengelegt oder Zwischenerkenntnisse mitgeteilt werden. Die Mitarbeiter erwarten nicht Endgültigkeit, sondern Offenheit und ein sichtbares Bekenntnis zur Transparenz. Dies kann dazu führen, dass sogar Nullmeldungen – also die Nachricht, dass es derzeit keine neuen Entwicklungen gebe – hilfreich sind: „Hier geschieht etwas hinter unserem Rücken", ist in Veränderungssituationen einer der häufigsten Vorwürfe der Mitarbeiter an die Führung. Wer sagt, dass es im Moment nichts zu sagen gibt, bekämpft erfolgreich die Befürchtungen über unveröffentlichte Geheimnisse.

Bei Maßnahmen zur Motivation der Mitarbeiter, die Veränderungen mitzutragen, wird das Fehlen gezielter Führungsmaßnahmen ebenfalls häufig mit der problematischen Zeitabfolge im Carve-out begründet. Einstimmung und Vorbereitung auf die künftige Unternehmensrealität werden nach dieser Sichtweise in die letzte Phase, die Integrationsphase, verschoben und damit über viele Monate hinweg vernachlässigt. Betrachtet man Partizipation als wichtige Basis für Motivation, gibt es für diesen Zeitverzug allerdings keinen Grund: ab Bekanntwerden des Vorhabens können Mitarbeiter gezielt eingebunden werden. Die gemeinsame Entwicklung von Leitideen und Stärkenprofilen für die Zeit außerhalb des gewohnten Verbunds ist in dieser Phase zwar unverbindlich, signalisiert aber trotzdem Beteiligungsmöglichkeit und erleichtert so die Loslösung.

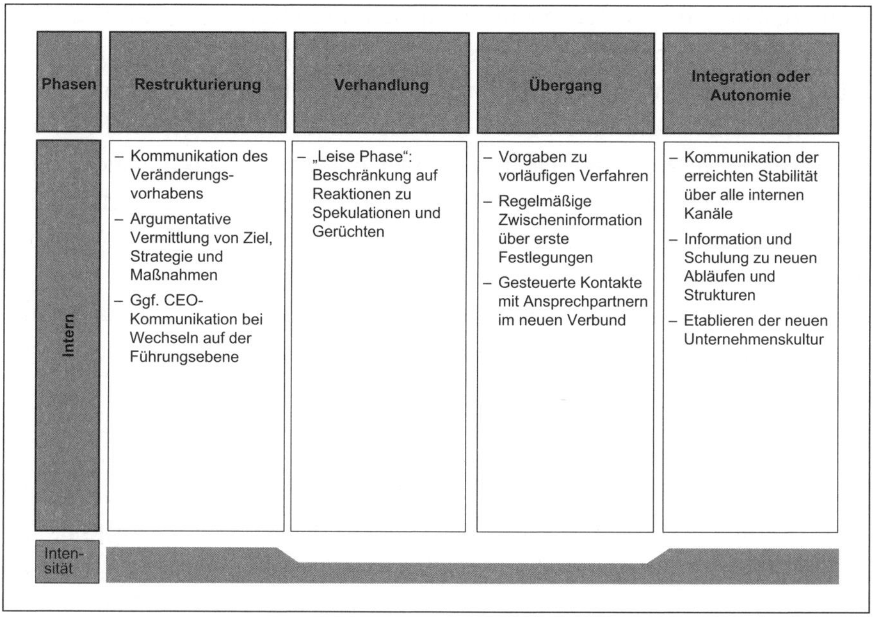

Abbildung 28: Interne Kommunikation im Carve-out

3.3.2 Ein Fallbeispiel: nora

Wenn unzureichende Kommunikation zu einer Blockadesituation zwischen Mitarbeitern und Unternehmensleitung geführt hat, hilft oft nur ein grundlegender Neustart des Vermittlungsprozesses. Beim Bauzulieferer nora gelang er durch manifestierte Offenheit und durch die persönliche Kommunikationsausrichtung des Geschäftsführers, die schließlich das Einvernehmen von Konzernführung und Belegschaft über den Carve-out und den Verkauf erreichte.

3.3.2.1 Das Unternehmen

Das Unternehmen nora systems ist ein traditionsreicher deutscher Hersteller von Fußbodenbelägen, die von rund 900 Mitarbeitern im württembergischen Weinheim produziert werden, weitere 200 Mitarbeiter in weltweit zwölf Niederlassungen unterstützen den Vertrieb in Europa, den USA und China. Bis 2006 war das Unternehmen ein Teil der Freudenberg-Gruppe, die den Standort als Arbeitgeber dominiert. Das Unternehmen nora selbst wurde 2006 eigenständig: Die Produktionsanlagen verblieben zwar im Weinheimer Freudenberg-Industriepark, die rechtliche Eigenständigkeit bereitete aber den 2007 vollzogenen Verkauf vor. Heute ist nora im Besitz von zwei Finanzinvestoren. Als Bauzulieferer ist nora durch die Spezialisierung auf Produkte auf der Basis von Naturkautschuk profiliert, die wegen der technischen Eigenschaften und des Preises vorzugsweise in öffentlichen Gebäuden eingesetzt werden. Bis heute bekanntestes Produkt ist dabei der Noppenboden, korrekt „norament 925“, der mit seinen Rundnoppen zur klassischen Ausstattung von Flughäfen oder Schulen zählt.

3.3.2.2 Die Ausgangssituation

Die nora-Produkte waren im Jahr 2005 nicht länger Teil der Freudenberg-Kerngeschäftsfelder, hinzu kam eine unbefriedigende Umsatz- und Ergebnisentwicklung: die klassische Grundlage für einen Carve-out, den Verkauf des Tochterunternehmens. Die Freudenberg-Führung war dabei offen für beide der üblichen Käufervarianten. Sowohl der Verkauf an einen Finanzinvestor mit der ertragsgerichteten Weiterführung als eigenständiges Unternehmen schien möglich wie auch die Übernahme durch einen strategischen Investor, der damit seine bestehenden Geschäftsfelder abrunden oder erweitern könnte. Im Lauf des Jahres 2006 wurden die Voraussetzungen für den Verkauf geschaffen. Ein neuer Geschäftsführer leitete ab Jahresmitte die notwendigen Restrukturierungsmaßnahmen in der Produktion ein, um die mehrjährige negative Entwicklung zu stoppen und die Werthaltigkeit des Unternehmens zu erhöhen. Gleichzeitig führte die Konzernführung Gespräche mit möglichen Käufern. Den Mitarbeitern war das Vorhaben in Grundzügen bekannt, ihre möglichen Bedenken wurden aber zunächst nicht systematisch oder in überzeugender Form adressiert. Ein Mangel, denn bereits in dieser Phase gab es Themen, über die man hätte sprechen können – und Sorgen der Belegschaft, die man hätte ansprechen müssen. Die Freudenberg-Gruppe – am bekanntesten durch die Vileda-Haushaltsprodukte, aber in zahlreichen weiteren Geschäftsbereichen engagiert – hat eine stolze Vergangenheit und eine überaus starke Unternehmenskultur. Trotz der weltweit mehr als 30.000 Mitarbeiter ist es ein Familienunternehmen mit rund 300 verwandtschaftlich verbundenen Eigentümern und einer ausgeprägten Identität, die von den Arbeitnehmern mitgetragen wird. Ein Carveout ist bei einer solchen Kulturbasis immer auch ein emotionales Thema: Das geplante Ausscheiden aus dem Freudenberg-Verbund war für die Mitarbeiter – unabhängig von allen praktischen Fragen – ein „Von-der-Mutter-verstoßen-Werden", ein grundsätzlicher Treuebruch, der als Verstoß gegen die Unternehmensleitsätze empfunden wurde:

> *Als Familienunternehmen fühlen wir uns dem Wohl unserer Mitarbeiter und ihrer persönlichen Entwicklung verpflichtet. Wir lehnen jede Form von Diskriminierung und persönlicher Herabsetzung ab. Wir zeigen und verlangen Verständnis und Respekt im Umgang miteinander.*

Und natürlich hatten die Arbeitnehmer auch ganz konkrete Sorgen: Freudenberg ist nicht nur größter Arbeitgeber in Weinheim, sondern auch ganz wörtlich ein großer Teil der Stadt, die vom 80 Hektar großen Freudenberg-Industriepark in jeder Hinsicht dominiert wird: Ein Wegzug von nora aus Weinheim, eine weitreichende Produktionsverlagerung, gehörte zu den Szenarien und Gerüchten, die Existenzangst auslösten und die zwar unrealistisch waren, aber gleichwohl nicht wirksam bekämpft wurden. Es war dem Management durch unzureichende Feedback-Mechanismen schlicht nicht gewärtig, wie groß der Druck in der Belegschaft bereits war. Bis es im Januar 2007 zur Explosion kam – aus unvorhersehbarem und letztlich nichtigem Anlass: Spontan, ungesteuert und voller Empörung besetzten die Mitarbeiter an diesem Tag das Werk, blockierten die Produktion und versetzten den gesamten Standort in einen emotionalen Ausnahmezustand. Der Auslöser der Werksbesetzung, über die schließlich der gesamte Verkaufsprozess stolpern sollte, war eine Petitesse: Bis zu diesem Tag im Januar waren die Verkaufsbemühungen aus der Sicht des Managements und seiner Berater überaus erfreulich verlaufen, die Einigung mit einem internationalen Branchenunternehmen, für den noras Kautschuk-Schwerpunkt eine interessante Ergänzung wäre, stand kurz bevor. Offiziell wurde das – wie immer – gegenüber den Medien und – wie weniger häufig – gegenüber den Mitarbeitern noch nicht bekannt gegeben. Aber in München lief in diesen Tagen die zentrale Fachmesse des Bauwesens, Treffpunkt der gesamten Branche und in diesem Jahr zwangsläufig auch von Mitarbeitern des Übernehmenden mit den künftigen Kollegen des bald Übernommenen. Was während der fünftägigen Messe zwischen den beiden Gruppen genau gesagt wurde ist, lässt sich nicht exakt rekonstruieren. Jedenfalls wussten die Mitarbeiter des künftigen Mutterkonzerns mehr als die nora-Vertreter und teilten diesen die Pläne und ihre Prognosen, vielleicht auch nur ihre Spekulationen, freizügig mit. Niemand lässt sich vom Konkurrenten gerne über das eigene Unternehmen belehren, noch weniger, wenn die Belehrung mit Siegerspott gewürzt wird, wenn man mangels eigener Information nichts entgegnen kann, wenn einem die eigene berufliche Zukunft oder die von nahen Kollegen düster ausgemalt wird. Der Effekt überrascht nicht: Die Nachrichten (und auch die Emotionen) sprangen sofort von München nach Weinheim, verbreiteten sich dort rasch und zwei Tage später war das Werk besetzt und die Belegschaft einig mit ihrer Forderung: Kein Verkauf! Nicht an diesen Käufer. Eine Werksbesetzung aus spontaner Empörung, basierend auf tiefsitzenden Ängsten, bedeutete in dieser Situation keine kurzzeitige Protestaktion, sondern den möglichen Auftakt zu erbittertem Widerstand mit Ausstrahlung auf den gesamten Konzern. Vor dem Hintergrund der etablierten Unternehmenskultur war der Verkauf in dieser Situation nicht mehr erfolgreich durchzusetzen.

3.3.2.3 Der Plan

Für den operativen Geschäftsführer von nora, der sechs Monate zuvor in das Unternehmen eingetreten war, bedeutete der dramatisch eskalierte Konflikt zwischen seinen Mitarbeitern und der Konzernführung auch eine Gefahr für die eben erfolgreich gestarteten Restrukturierungsmaßnahmen. Deren störungsfreie und vor allem schnelle Umsetzung konnte nur gelingen, wenn durch persönliches Vertrauen auch unpopuläre Entscheidungen im Konsens durchgesetzt werden konnten. Dieses Vertrauen war durch die Krise zwischen Belegschaft und Konzernführung vorerst verloren.

Der Geschäftsführer in Vermittlerposition

In seiner Lageanalyse war ihm allerdings klar, dass der typische Zweierkonflikt Arbeitnehmer versus Unternehmen hier durch eine dritte Komponente beeinflussbar war: durch ihn selbst. Wegen der kurzen Unternehmenszugehörigkeit wurde er von den Mitarbeitern nicht zwangsläufig mit der Konzernführung assoziiert. Als Geschäftsführer von nora, nicht als Vertreter der Freudenberg-Gesellschafter konnte er sich in eine Vermittlerrolle begeben. Ob dies glaubwürdig und damit wirksam gelingen würde, hing dabei vor allem von seinem ganz persönlichen Verhalten während dieser kritischen ersten Konflikttage ab: Absolutes Misstrauen einer emotional blockierten Belegschaft in Gesprächsbereitschaft zu verwandeln, würde ein außergewöhnliches Auftreten erfordern. Die Kommunikationsbereitschaft der Mitarbeiter war in dieser akuten Phase so gering, dass Standardkommunikation nicht mehr ankommen konnte. Als ersten Schritt musste der nora-Geschäftsführer Heinz Futscher also die Aufmerksamkeit und Aufnahmebereitschaft der Mitarbeiter erreichen. Erst danach konnte in einer zweiten Phase auf Information und Argumentation gesetzt werden. Und schließlich musste er sicherstellen, dass nicht nur die Restrukturierung weiterhin von den Arbeitnehmern mitgetragen würde, sondern auch ein Verkauf. Die wichtigsten Ereignisse zeigt die folgende Abbildung.

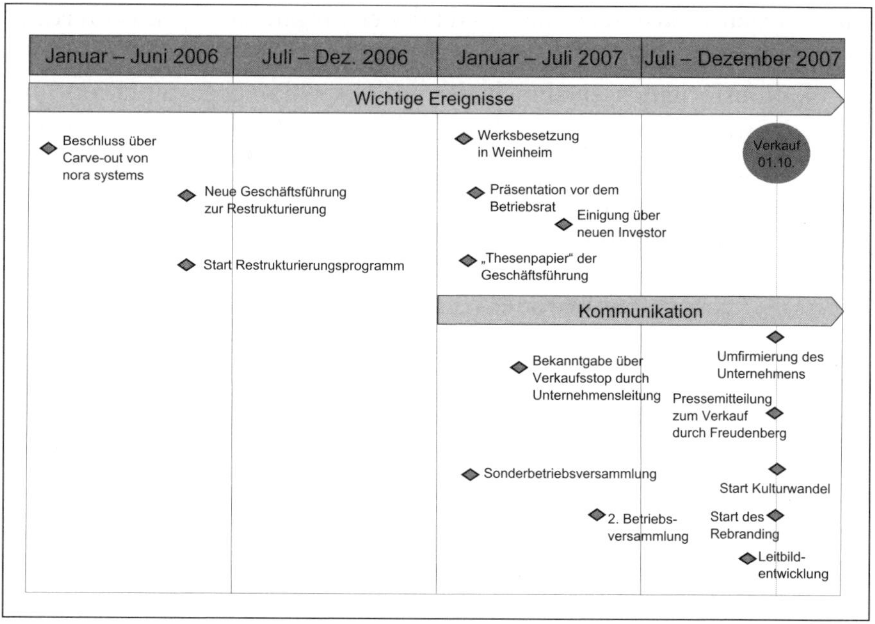

Abbildung 29: Die Ereignisse bei nora im Überblick

3.3.2.4 Die Maßnahmen

Die Werksbesetzung und die eskalierte Situation erforderten eine grundsätzliche Reaktion von Heinz Futscher. Um im ersten Schritt überhaupt erst Kommunikationsbereitschaft – in diesem Fall also echte Dialogbereitschaft – der Mitarbeiter zu erreichen, erwirkte er einen sofortigen Stopp der Verkaufsverhandlungen mit dem strategischen Investor. Und er holte nach, was in den Monaten zuvor kaum geschehen war: eine umfassende, transparente Darlegung der Situation und der Optionen gegenüber den Mitarbeitern. Er wählte hierfür eine ungewöhnliche Form: Er schrieb ein sechsseitiges Grundsatzdokument und übergab es den protestierenden Mitarbeitern als Manuskript – persönlich verfasst, von Hand geschrieben, vielleicht nicht ganz einfach zu lesen, aber von anders unerreichbarer Authentizität. Futscher gesteht bis heute nicht ein, ob die Wahl dieser Form intuitiv oder aus taktischen Wirkungsüberlegungen entstand: „Sie müssen Ihre Intuition so lange schulen, bis Sie sich bewusst darauf verlassen können“, sagt der Manager. Aber er traf in jedem Fall den Punkt: Der Bruch mit den üblichen innerbetrieblichen Kommunikationsformaten entsprach der außergewöhnlichen Situation; die handschriftliche Form warf seine persönliche Glaubwürdigkeit in den Ring; die grundsätzliche Behandlung der zentralen Fragestellungen lag exakt auf der von den Mitarbeitern erwarteten Themenebene. Die folgende Abbildung zeigt dieses Grundsatzpapier.

8.2.07
Freudenberg Bausysteme KG
Ziel: Evaluieren der optimalen Strategie zur Zukunftssicherung der "Freudenberg Bausysteme"
Handlungsoptionen:
• Verkauf/Kooperation an/mit einem "Stategischen Partner"
• Eigenständigkeit, Eigentümer Freudenberg und/oder Finanzinvestor
Vorgabe: "Rahmenbedingungen der UL"
• Verkauf/Kooperation "Strategischer Partner" an/mit einem Partner aus den Marktsegment "Elastische Fußbodenbeläge"
– einen Konkurrenten d.h. "Gleiches Marktsegment und Produkt"
– einen Mitwettbewerber "Gleiches Marktsegment mit einem alternativen Produkt"
-2-
an/mit einem Partner mit komplementären Produkten, bevorzugt aus den Bereichen "Fußböden, Innenausbau"
mit Synergien in den Bereichen "Vertrieb und/oder Technik/Einkauf"
– einem deckungsgleichen Vertriebsnetz "Gleiche Entscheidungsträger und Prozesse"
– ähnliche Produktionsverfahren "In der Entwicklung/Anlagennutzung und/oder Rohstoffbasis"
• Eigenständigkeit
– Eigentümer stellt 'keine' zusätzlichen Mittel zur Zukunftssicherung zur Verfügung "Expansion muß aus dem 'Cash-Flow' finanziert werden"
– Eigentümer stellt zusätzliche Mittel zur Zukunftssicherung zur Verfügung "Zusätzlicher Mittelzufluß zur Expansion"
Bei allen Handlungsoptionen sind "Synergien in Verwaltung und oder Logistik vorhanden"
-3-
Verkauf/Kooperation
– an/mit einen Konkurrenten
⇒ Synergien in · Vertrieb · Technik/Fertigung · Einkauf/Rohstoffbasis vorhanden.
⇒ Erstellen einer Checkliste in die die Vorgaben der UL eingearbeitet werden. "Bewertung der möglichen Partner"
– an/mit einen Mitwettbewerber
⇒ Synergien in · Technik/Fertigung · Einkauf/Rohstoffbasis nicht vorhanden.
⇒ Vertrieb: Kautschuk "Premiumprodukt" d.h. Entscheidungsträger z.B. Architekten, Eigentümer müssen überzeugt werden, dass es für sie wirtschaftlicher ist, mehr als den doppelten Preis gegenüber dem 'Mitwettbewerber' auszugeben.

Abbildung 30: Die ersten Seiten des Grundsatzdokuments

War die relativ kurze Betriebszugehörigkeit und die dadurch mögliche Vermittlerrolle der erste Glücksfall, so waren Futschers persönliche Merkmale, die sich in seiner „Manuskript-Aktion“ niederschlugen, ein zweiter, vielleicht entscheidender Positivfaktor: Der 67-jährige Österreicher hat nicht nur ausführliche Erfahrungen mit den konsensorientierten Restrukturierungsabläufen in der Montanindustrie seines Heimatlandes gesammelt, er konnte mit seiner beruflichen Doppelqualifikation als Kaufmann wie als Ingenieur auch tiefe Kenntnis der Belange aller Abteilungen des Unternehmens einsetzen. Und schließlich lebt der seniore Manager einen Führungsstil, der nicht weit von der patriarchalischen Kulturgeschichte der Freudenberg-Unternehmen entfernt ist. Für die Mitarbeiter, die Verlässlichkeit und Orientierung verlangten, war die von Futscher ausgestrahlte Wertemischung aus Autorität und Nähe, Disziplin und Pragmatismus sehr hilfreich für eine Konfliktlösung. Futscher selbst erklärt es so:

> *„In dieser Situation war die wichtigste Frage: Wie fängt man die Belegschaft wieder ein? Die Mitarbeiter brauchen in solchen Situationen nicht unverbindliches Verständnis, sondern etwas, woran sie sich festhalten können. Hier geht es auch darum, emotionale Strömungen aufzunehmen. Und man muss dabei bereit sein, Wanderprediger zu spielen: Wenn etwas zehnmal gesagt wurde und es reicht noch nicht, dann sagt man es eben zum elften Mal.“*

Das mit dem ersten Dokument abgegebene Versprechen der Transparenz und Offenheit musste in den Folgemonaten, der zweiten Phase des Konsensprozesses, von Heinz Futscher eingelöst werden. Dies geschah durch eine nun tatsächlich kontinuierliche Information über den weiteren Fortschritt der Verkaufsbemühungen: nicht durch schriftliche Mitarbeiterinformationen, sondern meist im zweistufigen Informationsfluss, von der Geschäftsführung persönlich an das mittlere Management und von dort wieder persönlich weiter an die Mitarbeiter. Die Erläuterungen des Verhandlungsstands und der Optionen griffen dabei immer wieder auf das ursprüngliche Manuskript zurück: So spontan und situationsgebunden es anfangs angelegt war, so langfristig diente es doch als Symbol und Fundament eines nun konsensorientierten Verkaufsprozesses.

3.3.2.5 Das Ergebnis

Durch den anfänglichen Vertrauensverlust des strategischen Investors und die absehbar negativen Konsequenzen für die weitere Entwicklung von nora am traditionellen Standort war in einem konsensorientieren weiteren Ablauf realistischerweise keine Einigung auf diesen Interessenten zu erwarten. Dank des Erfolgs der – von Betriebsrat und Gewerkschaft konsequent mitgetragenen – Restrukturierungsmaßnahmen zeichnete sich aber noch während der erneuten Investorensuche eine so erhebliche Ergebnisverbesserung bei nora ab, dass der Einstieg auch für reine Finanzinvestoren attraktiv wurde.

Nur sechs Monate nach der spontanen Werksbesetzung war erneut der Punkt erreicht, dass zwei aussichtsreiche Kaufinteressenten präsentiert werden konnten. Der Betriebsrat, der in den gesamten Prozess intensiv eingebunden worden war, bezeichnete in seiner abschließenden Stellungnahme beide Interessenten als willkommen. Ein Konsens, der ohne die erfolgreiche Kommunikation der vergangenen Monate unvorstellbar gewesen wäre: Die endgültige Auswahl, welcher der beiden Investoren zum Zuge kommen solle, wurde vertrauensvoll der Geschäftsführung und den Gesellschaftern überlassen.

3.4 Insolvenz

3.4.1 Die Situation im Licht von Wissenschaft und Praxis

3.4.1.1 Spezifika der Insolvenz

Arbeitsdefinition Insolvenz

Wie definiert die deutsche Insolvenzordnung eine Insolvenz? Gar nicht – oder jedenfalls nur über Umwege: Die einschlägigen Rechtsvorschriften beschäftigen sich immer nur mit dem Insolvenz*verfahren* und lassen eine Definition nur über den Rückschluss aus den drei Eröffnungsgründen für das Verfahren zu: Akute Zahlungsunfähigkeit, drohende Zahlungsfähigkeit oder Überschuldung. Insolvenz wird häufig mit Zahlungsunfähigkeit gleichgesetzt. Die frühere Bezeichnung Konkurs ist in Deutschland seit 1999 nicht mehr aktuell, in Österreich und der Schweiz gilt sie weiterhin.

Die Wirtschaftskrise als Treiber vieler Insolvenzen

Dass sich der neue Begriff nach einem schweren Start mittlerweile auch in der breiten Öffentlichkeit durchgesetzt hat, liegt an der unerfreulichen Tatsache, dass immer häufiger über Insolvenzen zu lesen ist. Die Zahl der Unternehmensinsolvenzen ist laut Creditreform 2009 um rund

16 Prozent gestiegen, rund 35.000 Firmen waren betroffen. In der Industrie allein nahmen die Insolvenzanträge um 40 Prozent auf 3.500 Firmen zu. Dabei ist es nicht nur die Zahl, sondern vor allem die Größe oder Bekanntheit der betroffenen Unternehmen, die für Schlagzeilen sorgt: Wegen der Insolvenzen von Großunternehmen wie Arcandor oder Woolworth stiegen die Schäden aus Insolvenzen 2009 um zwei Drittel auf 48,6 Mrd. Euro. Das Gros der Firmenpleiten entfällt aber weiter auf Kleinstunternehmen: So sind mehr als eine halbe Million Arbeitnehmer betroffen.

Gründe für die Insolvenz

Zahlungsunfähigkeit nach § 17 InsO heißt, dass ein Unternehmen nicht mehr in der Lage ist, die fälligen Zahlungsverpflichtungen zu erfüllen. Insolvenzrechtliche Zahlungsunfähigkeit liegt nach der sehr strengen Rechtsprechung des Bundesgerichtshofs bereits dann vor, wenn das Unternehmen nicht in der Lage ist, mindestens 90 Prozent seiner fälligen Verbindlichkeiten in einem Zeitraum von höchstens drei Wochen auszugleichen. Drohende Zahlungsunfähigkeit nach § 18 InsO bedeutet, dass der Schuldner voraussichtlich nicht in der Lage sein wird, seinen Zahlungsverpflichtungen nachzukommen. Hier ist also eine Prognose notwendig. Überschuldung nach § 19 InsO ist gegeben, wenn das Vermögen des Unternehmens die bestehenden Verbindlichkeiten nicht mehr deckt. Zur Ermittlung dieser insolvenzrechtlichen Überschuldung sind alle Aktivwerte allen Verbindlichkeiten bei ordnungsgemäßer Bewertung gegenüberzustellen. Zahlungsunfähigkeit und Überschuldung verpflichten zwingend zum Insolvenzantrag. Die drohende Zahlungsunfähigkeit eröffnet einem Unternehmen hingegen die Möglichkeit, Insolvenz zu beantragen, um eine mögliche Sanierung anzustreben.

Insolvenzverfahren

Ziel des Insolvenzverfahrens ist die bestmögliche und gleichmäßige Befriedigung der Gläubiger[17]. Sollten Sanierungsmaßnahmen gescheitert

[17] Vgl. Schulz, D. u.a., Handbuch Insolvenz für mehr Details, ebenso www.förderland.de.

sein, besteht entweder eine gesetzliche Verpflichtung zur Einleitung eines Insolvenzverfahrens oder das Insolvenzverfahren selbst eröffnet die Möglichkeit einer Sanierung. Durch das Gesamtvollstreckungsverfahren der Insolvenz leitet der Insolvenzverwalter das Geschick des Unternehmens, wünschenswerter- und idealerweise immer in enger Kooperation mit dem Unternehmensinhaber. Die Regelungen der InsO eröffnen einem Insolvenzverwalter dabei einen sehr großen Handlungsspielraum. Das Verfahren lässt sich in drei wesentliche Abschnitte einteilen: Antrag und Eröffnungsverfahren, Berichts- und Prüfungstermin sowie Abwicklung und Beendigung des Insolvenzverfahrens.

Antrag und Eröffnungsverfahren

Die Durchführung eines Insolvenzverfahrens setzt immer einen Antrag voraus: das kann sowohl ein Eigenantrag des Unternehmers als auch ein Fremdantrag eines Gläubigers sein. Der zuständige Insolvenzrichter ordnet in der Regel ein vorläufiges Insolvenzverfahren an und setzt hier bereits einen vorläufigen Insolvenzverwalter ein. Der vorläufige Insolvenzverwalter hat zunächst die wirtschaftliche und rechtliche Situation des Unternehmens zu prüfen und darauf zu achten, dass ein Betrieb weiterläuft, soweit dies wirtschaftlich möglich ist und den Gläubigerinteressen entspricht. Die Möglichkeit der Inanspruchnahme von Insolvenzausfallgeld gibt dem Unternehmen und dem Insolvenzverwalter die Gelegenheit, den Betrieb ohne Personalkosten für einen Zeitraum von bis zu drei Monaten fortzuführen. Der vorläufige Insolvenzverwalter, der in der Regel gleichzeitig auch als Sachverständiger vom Gericht eingesetzt wird, hat nach Beendigung seiner Prüfungen ein Gutachten einzureichen, in dem er sich neben der rechtlichen und wirtschaftlichen Situation des Unternehmens insbesondere auch zu der Frage einer Betriebsfortführung und Sanierung äußern muss.

Berichts- und Prüfungstermin

Mit der Insolvenzeröffnung legt das Gericht einen Berichtstermin (erste Gläubigerversammlung) sowie einen Prüfungstermin fest. In der Gläubigerversammlung wird unter anderem der endgültige Insolvenzverwalter gewählt, entschieden, ob ein Gläubigerausschuss eingesetzt wird, ob das Unternehmen fortgeführt werden kann. Im Prüfungstermin werden vom Insolvenzverwalter die Forderungen der Gläubiger geprüft. Die Durchführung dieser Termine ist nicht öffentlich, also nur für Gläubiger, Unternehmer (ab der Antragsphase bereits Schuldner genannt), den Insolvenzverwalter, einen Betriebsrat (soweit vorhanden) sowie Juristen und Richter zugänglich. Hingegen wird die Tatsache der Insolvenz als solche öffentlich publik gemacht, regelmäßig in der lokalen Presse, darüber hinaus im Bundesanzeiger und bei zahlreichen Internetadressen. Nach der Gläubigerversammlung hat der Insolvenzverwalter die weiteren Geschicke des Unternehmens zu leiten. Dies kann in einer Sanierung, einer sogenannten übertragenden Sanierung (Verkauf der wesentlichen Unternehmenswerte) oder auch einer Zerschlagung und Verwertung des Unternehmens münden. Alternativ kann ein Insolvenzplanverfahren die Aufrechterhaltung des Betriebes mit seiner Entschuldung darstellen, wenn gewisse Voraussetzungen erfüllt werden.

Abwicklung und Beendigung des Insolvenzverfahrens

Wenn der Insolvenzverwalter das Unternehmen saniert, übertragen oder möglicherweise liquidiert hat und alle angemeldeten Forderungen der Gläubiger abschließend geprüft wurden, wird er dies dem Gericht mitteilen (selbstverständlich neben regelmäßigen aktuellen Sachstandsberichten, die jeder Gläubiger einsehen und anfordern kann) und die Beendigung des Verfahrens anregen. Sobald der Insolvenzverwalter Schlussrechnung und Schlussverzeichnis eingereicht hat, die bei Gericht von jedem Gläubiger eingesehen werden können, wird das Verfahren nach Abhaltung eines Schlusstermins aufgehoben und ist beendet. Die Gläubiger erhalten ihre Quote. Die durchschnittliche Dauer mittlerer und größerer Unternehmensinsolvenzen beträgt vier bis acht Jahre. Die folgende Abbildung zeigt den Verlauf einer Insolvenz.

Phasen	Liquiditätskrise	Insolvenz-eröffnung	Sanierung oder Liquidierung	Abschluss
Ergebnisse	– Rettungsversuche durch das Management – Handlungs-orientierung kurzfristig – Gerüchte und spekulative Medienberichte – Konflikte im Gesellschafterkreis	– Übergang von Verantwortlichkeit – Inhaltliche Unsicherheit, aber geregelte Abläufe – Hohes Medieninteresse – Öffentliche Überbewertung von Einzelereignissen	– Bewertung und Prüfung von Optionen – Differenzierung nach Geschäftsbereichen – Gesonderte Betrachtung von Marke und Marktstellung – Erhalt der Marktchancen – Koordination mit möglichen Investoren	– Erneuter Übergang von Verantwortlich-keit – Rückführung in den Regelbetrieb – Stabilisierung der neuen Strukturen – Ggf. Integration in anderes Unternehmen

Abbildung 31: Phasen der Insolvenz

3.4.1.2 Anforderungen an die Kommunikation in der Insolvenz

Insolvenz und Reputation des Unternehmens

Die Insolvenzwelle hat zu dem Wahrnehmungswandel in der Gesellschaft geführt, der von Insolvenz- und Sanierungsspezialisten lange erhofft worden war: Die Insolvenzeröffnung gilt nicht mehr als das Ende eines Unternehmens, sondern wird zunehmend auch mit Rettungsbemühungen und -chancen assoziiert. Das Interesse der Öffentlichkeit bezieht sich dabei naturgemäß weniger auf die Befriedigung der Gläubiger, die eigentlich im Zentrum des Verfahrens liegt, sondern vielmehr auf die von außen wahrnehmbaren Auswirkungen oder Nebenwirkungen: Das Schicksal der Arbeitnehmer, die Garantieansprüche von Kunden oder gestrandeten Urlaubern, der Tod von Traditionsmarken, ein mögliches Eingreifen des Staates oder die Beteiligung prominenter Persönlichkeiten sind Themen, welche die eigentliche Insolvenzabwicklung in den Medien überlagern. Dabei bedroht allein schon die Nachricht über eine Insolvenz den Wert des Unternehmens: Die Marke, oft erst durch langjährige, erhebliche Werbe- und Kommunikationsaufwendungen etabliert, erleidet einen Reputationsschaden, der den Vertriebserfolg vor allem bei Consumer-Produkten erheblich beeinflussen kann: Der fehlende wirtschaftliche Erfolg des Unternehmens wird vom potentiellen Kunden auf das Produktimage übertragen, eine „Verlierermarke“ droht zu entstehen. Bei Ausrüstungsgütern im B2B-Bereich und bei technischen Produkten generell ist zudem das Vertrauen in die Zukunftssicherheit von Investitionen verloren, wenn keine entgegengesetzten Botschaften transportiert und etabliert werden können. Diese unmittelbar mit der Insolvenznachricht verbundenen Negativwirkungen verschärfen nicht nur eine bestehende Absatzkrise, sondern erschweren mittelfristig auch die Umsetzung von Sanierungsoptionen, weil potentielle Investoren den verringerten Markenwert berücksichtigen werden. Die beeinträchtigte Kommunikationsfähigkeit trifft auf eine eingespielte Dramaturgie der Medienberichterstattung: Durch die Taktung und Aktualitätsorientierung der Medien fällt die Hauptzeit der Berichterstattung in jene Anfangsphase des Insolvenzverfahrens, in der Unternehmen und Insolvenzverwalter kaum inhaltlich reagieren können. Die Sanierungsphase mit Positivbotschaften liegt dagegen so versetzt, dass das dann themenbedingt ohnehin verringerte Medieninteresse auch zeitlich bereits abgeflaut ist.

Die Kommunikation im Verlauf einer Unternehmensinsolvenz wird zum einen von rechtlichen Mitteilungs- und Veröffentlichungspflichten geprägt. In der Praxis beschränkt sich die Kommunikationstätigkeit des Insolvenzverwalters und des Unternehmens häufig auf die reine Wahrnehmung dieser Pflichten, wie sie unter anderem in der Insolvenzordnung vorgegeben sind. Bei ausschließlich abwicklungsorientierten Verfahren, wenn der Fortbestand des Unternehmens ohnehin nicht zu erreichen ist, scheint diese Orientierung an den Mindestanforderungen durchaus zweckmäßig – obwohl der Aufwand für zusätzliche Kommunikationsmaßnahmen auch in diesen Fällen durch einen effizienteren Ablauf des Verfahrens wettgemacht werden kann. Bei der Planinsolvenz, einer sanierungsgerichteten Strategie des Insolvenzverwalters oder einer Eigenverwaltung, ist eine Begleitung durch gezielte Kommunikationsmaßnahmen dagegen stets unverzichtbar. Die interne Kommunikation gegenüber Mitarbeitern und die externe Kommunikation an die Öffentlichkeit – also sowohl Gläubiger und Lieferanten als direkt betroffene Kreise als auch Kunden, Branche oder Politik – trifft in der Insolvenzphase auf ein naturgemäß erhöhtes Interesse bei gleichzeitig verringerter Kommunikationsfähigkeit. Im Normalfall folgt die Kommunikation einer auf Basis der Positionierung definierten Strategie und verbreitet ebenso definierte Botschaften nach einer planmäßigen Agenda. Alle diese Elemente verlieren durch die Insolvenz ihre Gültigkeit, gleichzeitig sind auch die eingespielten organisatorischen Abläufe gestört.

Die Kommunikatoren sind mit situativen Vorgaben konfrontiert, die sie nicht beeinflussen können und die gleichzeitig ihre Aufgabenwahrnehmung erschweren. Mit der Kommunikationsabteilung oder dem Pressesprecher ist in den meisten Unternehmen das fachliche und organisatorische Potential für die Kommunikationsarbeit bereits vorhanden. Ob es auch in der Insolvenz- und Sanierungsphase eingesetzt werden kann, bedarf einer raschen Entscheidung im Einzelfall: Die Mitarbeiter der Kommunikationsabteilung werden im Regelfall von der Insolvenz emotional ebenso getroffen wie die restliche Belegschaft und müssen dennoch in der Lage und willens sein, alle vorgegebenen Botschaften glaubwürdig zu vermitteln und loyal zu vertreten. Das Vertrauensverhältnis zwischen Kommunikationsverantwortlichem und Unternehmensführung ist nicht in jedem Fall auf die Zusammenarbeit mit dem Insolvenzverwalter übertragbar. Gleichzeitig wird die Kommunikation aber nur erfolgreich sein, wenn die Kommunikationsspezialisten eng in den Gesamtprozess eingebunden sind.

Vorbereitung der Kommunikation im Vorfeld des Insolvenzantrags

Der Insolvenzverwalter ist im Vorfeld des Insolvenzantrages noch gar nicht im Spiel und die Unternehmensführung hat dringliche andere Prioritäten – insofern findet selten Vorbereitung statt. Während des laufenden Verfahrens wird bei Fällen mit hohem Medieninteresse – das sich an der Unternehmensgröße und am „Story-Potential" orientiert, das die Medien erkennen – eine Konzentration auf die wichtigsten Medienzielgruppen notwendig sein: die überregionale Tages- und Wirtschaftspresse wegen ihrer Reichweite und ihres meinungsbildenden Einflusses, die Branchen- und Fachmedien wegen ihrer Informationsfunktion gegenüber den Kundenzielgruppen und nicht zuletzt die Lokal- und Regionalmedien an den Standorten des Unternehmens: Häufig sind es gerade diese Lokalmedien, die sich durch die engen Kontakte bis in das Unternehmen hinein als besonders problematisch erweisen und in ihrer Detailkenntnis den Berichterstattungstenor der übrigen Mediengattungen mitprägen. Die folgende Abbildung zeigt die wesentlichen Stakeholder.

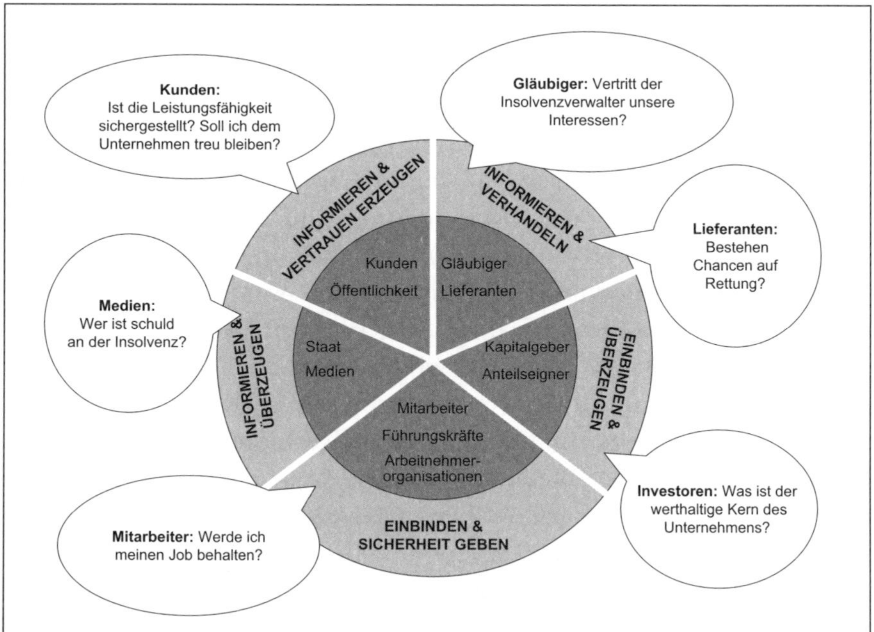

Abbildung 32: Stakeholder in der Insolvenz

3.4.1.3 Externe Kommunikation in der Insolvenz

Die klassische und durch das Insolvenzrecht bestimmte gläubigerzentrierte Kommunikation ist notwendig, aber alleine nicht hinreichend für den Erfolg der Sanierungsanstrengungen. Die Rettung des Unternehmens kann nur gelingen, wenn auch der Markterfolg gesichert oder erneut erreicht wird. Die Kanäle der Kundenkommunikation sind im

Unternehmen meist bereits eingerichtet. Die Bandbreite reicht hier vom persönlichen Kontakt durch einen Außendienst bis hin zur Ansprache eines Massenpublikums durch Werbeträger. Da Funktionsfähigkeit in der Insolvenz wegen der fehlenden Mittel oder der Unsicherheit über Inhalte und Prozesse häufig nicht mehr gegeben ist, setzen der Insolvenzverwalter oder die Unternehmensführung meistens auf die indirekte Verbreitung ihrer Botschaften durch Medienarbeit und redaktionelle Berichterstattung. Damit geht die unmittelbare Hoheit über die Kommunikationsinhalte verloren – anders als bei einem Kundenrundbrief oder einer vertrauensgerichteten Anzeigenkampagne transportieren die Journalisten die Botschaften nicht unverändert oder unkommentiert. Bei fehlendem direkten Endkundenzugang sind die Medien der einzige wirksame Kanal zur Kundenansprache: ihr Vorzug ist die breite Abdeckung aller relevanten Zielgruppen: Sie nehmen meinungsbildenden Einfluss auf die Gläubiger ebenso wie auf Kunden, Mitarbeiter, mögliche Kapitalgeber und nicht zuletzt auf die Politik, deren gegebenenfalls notwendiges Engagement damit maßgeblich befördert werden kann. Die übliche Themensetzung der Medien entspricht dabei nur selten dem, was aus Unternehmenssicht wünschenswert wäre. Dominierend sind hier meist die Bedeutung der Insolvenz für die Mitarbeiter, die Zuweisung von Verantwortlichkeit und der mögliche Bruch von Kontinuität. Diese nahezu ritualisierte Abhandlung von Insolvenzfällen wird durch eine defensive Kommunikationspolitik gefördert: Je weniger Vertiefung und Erläuterung vom Unternehmen oder vom Insolvenzverwalter angeboten werden, desto eher werden die Spalten durch journalistische Interpretationen gefüllt. Für die Kommunikationsinhalte des Unternehmens bedeutet dies, in jeder Medieninformation nicht nur die anlassgebenden Fakten, sondern stets alle definierten Botschaften zu kommunizieren. Die folgende Abbildung zeigt die wesentlichen externen Kommunikationsmaßnahmen.

Phasen	Liquiditätskrise	Insolvenzeröffnung	Sanierung oder Liquidierung	Abschluss
Extern	– Beschränkung auf reagierende Kommunikation: Abwehr von Falschmeldungen, aber Verzicht auf haftungsrelevante Aussagen – Erklärung der Krise	– Medienmitteilung über Verfahrenseröffnung und Auswirkungen auf Geschäftsbetrieb und Kunden – Identifizierung der Key-Journalisten und erste Kontaktaufnahme – Aufrechterhalten der Kommunikationsfähigkeit – Direkte Kunden- und Lieferantenkommunikation	– Informationen zur Sanierung, Verkauf, Liquidierung – Erklärung der Krise – Kommunikation der Erfolge – Kommunikation der Kontinuität der Umsetzung – Investoren- und Bankenkommunikation	– Deutliches Signal an die Kommunikationszielgruppen Kunden und Lieferanten – Mediengespräche auch mit Fachmedien zur künftigen Strategie – Darstellung der Bilanz des Verwalters, der eigenen Leistung
Intensität				

Abbildung 33: Externe Kommunikation in der Insolvenz

3.4.1.4 Interne Kommunikation in der Insolvenz

Den Mitarbeitern kommt beim Erfolg der Sanierung eine der zentralen Rollen zu: Zum einen, weil deren Motivation und Leistungsbereitschaft direkten Einfluss auf die Produktivität hat, zum anderen aber auch, weil sie durch ihre Außenkontakte wesentlichen Einfluss auf die externe Einschätzung der Zukunftschancen des Unternehmens haben. Nach außen sichtbarer und durch die Medien verbreiteter Widerstand gegen Sanierungsmaßnahmen ist eigentlich der extremste Fall misslungener interner Kommunikation. So ist bei der Information der Mitarbeiter über die Lage des Unternehmens und den Sanierungsplan durch die zwangsläufige Einbindung des Betriebsrats ein Kommunikationsfluss zwar automatisch gegeben – der Betriebsrat verfolgt aber im Zusammenwirken mit Gewerkschaftsvertretern auch in der Krisensituation eine eigene Agenda, deren Ziele sich nicht mit denen der Unternehmensführung decken. Ähnlich riskant kann es sein, bei der Kommunikation gegenüber den

Mitarbeitern allein auf die stufenweise Top-down-Kommunikation entlang der Berichtslinien zu setzen. Die Vermittlung von Vorgaben und die Begründung der Maßnahmen ist zwar Aufgabe des mittleren Managements, die loyale und zweckgetreue Wahrnehmung dieser Aufgabe ist aber gerade in der Insolvenzsituation nicht mehr garantiert: Unsicherheit, emotionale Belastung und Distanzierung vom Unternehmen gefährden auch die Leistungsbereitschaft der Führungskräfte und damit ihre Kommunikationsaufgaben. Zu empfehlen ist die direkte und zeitgleiche Information aller Mitarbeiter durch die Unternehmensführung – das ist durch Intranet und Online-Übertragungsmöglichkeiten auch in solchen Unternehmen möglich geworden, deren Größe keine zentrale Mitarbeiterveranstaltung zulässt. Das Intranet erleichtert die effektive interne Kommunikation auch im Hinblick auf die Geschwindigkeit der Information – relevant auch für die notwendige zeitliche Koordination von interner und externer Kommunikation bei aktuellen Nachrichten – und bei der Einrichtung des „Rückkanals“ für Fragen und Rückmeldungen der Mitarbeiter.

Phasen	Liquiditätskrise	Insolvenzeröffnung	Sanierung oder Liquidierung	Abschluss
Intern	- Kommunikation der notwendigen Maßnahmen - Information zur Unterbindung von rechtlich problematischen Handlungen	- Einbinden von Betriebsrat und Gewerkschaft - Grundinformation der Mitarbeiter über Bedeutung der Insolvenz - Basisinformation des vorläufigen Verwalters zur Strategie	- Regelmäßige Statusinformation - Informelle Vorgaben zu Sprachregelungen gegenüber Kunden - ggf. Einbindung der der Agentur für Arbeit	- Kommunikation der erreichten Stabilität über alle internen Kanäle - Mitarbeiterveranstaltung - Führungskräfteveranstaltung
Intensität				

Abbildung 34: Interne Kommunikation in der Insolvenz

3.4.2 Ein Fallbeispiel: PIN Group

Die Insolvenz des Postdienstleisters PIN im Jahr 2008 war aus PR-Sicht eines der anspruchsvollsten Insolvenzverfahren der Nachkriegszeit. In der überwiegenden öffentlichen Wahrnehmung hatte der Mindestlohn – eines der Renommierprojekte der Großen Koalition – die Insolvenz verursacht. Die Folge waren sowohl fortgesetzte politische Debatten mit entsprechender Medienbegleitung als auch die Schilderung von Einzelschicksalen derjenigen, die arbeitslos geworden waren. Hinzu kam, dass der Springer-Verlag durch sein Engagement über 600 Millionen Euro verloren hatte. Insbesondere der Springer-Vorstandsvorsitzende Mathias Döpfner geriet ins Kreuzfeuer der Kritik. So stand der Prozess der Käufersuche über mehrere Monate unter schärfster Beobachtung regionaler, nationaler und internationaler Medien: Schließlich waren in ganz Deutschland 90 regionale Unternehmen der Gruppe betroffen, daher war auch das Interesse der regionalen Medien groß. Der Schwerpunkt der folgenden Ausführungen liegt auf der externen Kommunikation.

3.4.2.1 Das Unternehmen

Mit der schrittweisen Liberalisierung des Marktes für Briefpost seit 2005 konnten erstmals private Anbieter der Deutschen Post Konkurrenz machen. Zum Hauptakteur dieses neuen Marktes entwickelte sich schnell die 2005 gegründete PIN-Gruppe mit zuletzt mehr als 11.000 Mitarbeitern. Das Wachstum der Gruppe erfolgte nahezu ausschließlich durch den Ankauf von in Deutschland bereits bestehenden regionalen privaten Zustellern, deren Eigner oft Verlage waren. Gründer der PIN-Gruppe war Günter Thiel. Es gelang ihm kurzfristig, namhafte Investoren für die in Luxemburg angesiedelte Holdinggesellschaft „PIN Group AG S.A." als Gesellschafter zu gewinnen, darunter den Axel Springer-Verlag, die Verlagsgruppe Holtzbrinck, die WAZ-Gruppe und die Verlagsgruppe Madsack.

3.4.2.2 Die Ausgangssituation

Am 14. Dezember 2007 beschloss der deutsche Bundestag mit großer Mehrheit einen Mindestlohn für Briefträger in Höhe von knapp zehn Euro pro Stunde. Dies geschah nicht zuletzt auf politischen Druck der Gewerkschaft ver.di und der Post AG. Daraufhin gab der Springer-Verlag bekannt, dass er sein Engagement bei PIN beenden und keine neuen Finanzmittel mehr zur Verfügung stellen werde. PIN befand sich zu dieser Zeit noch in der Aufbauphase und machte erhebliche Verluste. Eine Erhöhung der Personalkosten drohte das Geschäftsmodell scheitern zu lassen. Ob der Grund für die späteren Insolvenzen die Einführung des Mindestlohns war oder ob das ganze Geschäftsmodell nicht tragfähig war, blieb lange Gegenstand von Debatten.

Nach dem Springer-Rückzug wurde einige Tage lang versucht, eine neue Finanzierung aufzubauen, was aber scheiterte. Schon zwei Wochen zuvor hatte das PIN-Management um Günter Thiel seinen Rücktritt erklärt. Die Gesellschafter setzten daraufhin am 19. Dezember 2007 die erfahrenen Sanierer Horst Piepenburg und Hans-Joachim Ziems als neue delegierte „Verwaltungsräte“ der luxemburgischen Holding ein. Ihre Aufgabe war, „alle Optionen einer Fortführung der Unternehmensgruppe prüfen“, was darauf hinauslief, einen Investor für die Gruppe zu finden. Favorisiert wurde dabei die „große Lösung“, also der Verkauf der Gruppe als Ganzes. Piepenburg und Ziems nahmen mit einer Reihe von Interessenten Verhandlungen auf. Parallel begann der neue Vorstand, eine Sanierung der Gruppe zu versuchen und zugleich neue Kunden zu gewinnen, um den Geschäftsbetrieb zu stabilisieren. Von Anfang an war eine Insolvenz der Holding als ein möglicher Sanierungsweg in der Diskussion. Die Situation verschlechterte sich. Mehr und mehr operative Regionalgesellschaften mussten Insolvenz anmelden, Mitte Februar waren es fast 40. Am 25. Januar 2008 musste auch die Holding entgegen der Planung, sie als Zentrale des Restrukturierungsprozesses aus der Insolvenz herauszuhalten, den Gang zum Insolvenzrichter antreten. Das Amtsgericht Köln bestellte Dr. Bruno M. Kübler zum vorläufigen Insolvenzverwalter. Der Gründer und Seniorpartner der auf Insolvenzverwaltung spezialisierten Kanzlei KÜBLER gilt als einer der renommiertesten deutschen Insolvenzverwalter.

3.4.2.3 Der Plan

Aufgrund des massiven Medieninteresses war von Beginn an für das Insolvenzverfahren strategisch gelenkte Kommunikation notwendig. Im Zentrum der insolvenzbegleitenden Pressearbeit standen die Ziele, zum einen den Verlust der Kunden zu vermeiden, um die Stabilisierung des Geschäftsbetriebs nach Insolvenzanmeldung nicht zu gefährden, und zum anderen ein realistisches Bild der Lage zu vermitteln, um nicht durch falsche Berichterstattung potenzielle Investoren zu verschrecken. Gleichzeitig galt es die Motivation der Mitarbeiter zu erhalten, durch Transparenz ein Vertrauensverhältnis zu den Medien zu etablieren und eine klare Positionierung des Insolvenzverwalters als neutraler Sanierer und Aufklärer zu erreichen, um ihm den Rücken freizuhalten und ihn aus der ideologisch geführten Mindestlohndebatte heraushalten. Die folgende Abbildung zeigt den Ablauf.

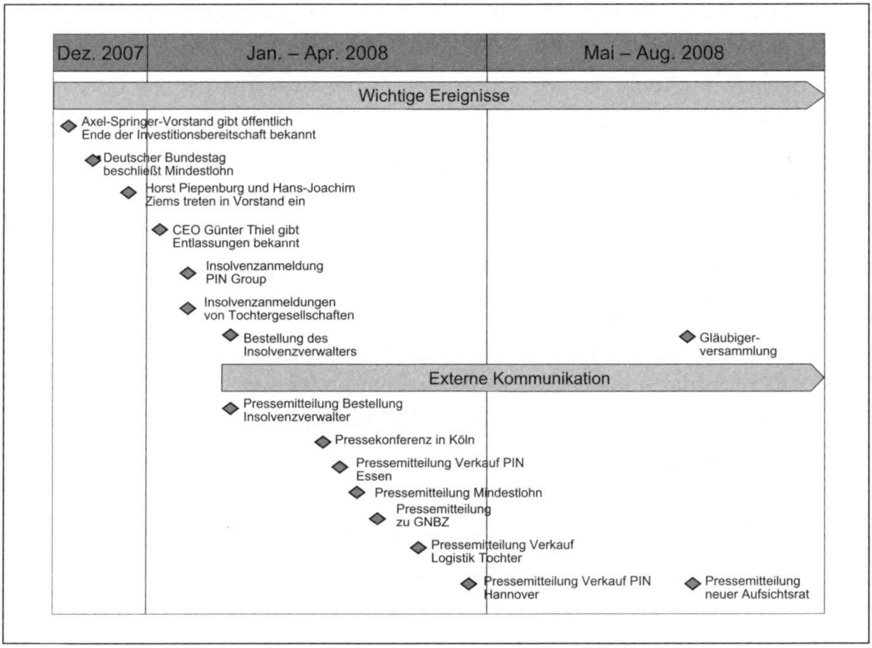

Abbildung 35: Die Ereignisse bei PIN im Überblick

3.4.2.4 Die Maßnahmen

Pressemitteilung und Pressekonferenz

Zunächst ging es Bruno Kübler darum, die nach jeder Insolvenzanmeldung entstehende Unruhe weitgehend zu beenden. Nur wenige Tage nach seinem Amtsantritt gab er deshalb eine Pressemitteilung heraus, die klarstellte, dass der Geschäftsbetrieb fortgeführt werden sollte und damit die flächendeckende Versorgung durch PIN sichergestellt war. Gleichzeitig unterstrich Kübler, dass er weiterhin die Sanierung der Gruppe über eine „große Lösung" anstrebte, also den Erhalt des PIN-Netzwerks als Ganzes. Ein Auszug aus dieser Pressemitteilung:

> *Mein Ziel ist es, dazu beizutragen, dass große Teile der Gruppe und des Netzwerks erhalten bleiben, um sowohl die Gläubiger zu befriedigen als auch möglichst viele Arbeitsplätze zu erhalten.*

Dazu werde ich das Unternehmen in enger Zusammenarbeit mit dem Verwaltungsrat (Vorstand) fortführen.

Diese Pressemitteilung wurde von allen deutschen Medien aufgenommen. Die folgende Abbildung zeigt sie.

KÜBLER

Rechtsanwälte
Insolvenzverwalter
Wirtschaftsprüfer
Steuerberater

Gesellschaft
bürgerlichen Rechts

PRESSEMITTEILUNG

PIN-Holding: Gläubigerversammlung beschließt Fortführung

Köln, 26. Mai 2008. Der Insolvenzverwalter der „PIN Group AG S.A.", Bruno M. Kübler, ist weiter zuversichtlich, bald einen Investor für die rund 50 nicht insolventen Gesellschaften der PIN-Gruppe zu finden. Für den Fall, dass nicht der erwartete Kaufpreis geboten wird, hat die Gläubigerversammlung der PIN-Holding am vergangenen Freitag in Köln beschlossen, dass die PIN-Gruppe unter Führung von Kübler weiter fortgeführt wird.

Kübler betonte, dass nach wie vor mit drei nachhaltigen Interessenten verhandelt wird. „Das jetzt noch vorhandene überregionale Zustellnetz ist immer noch das größte neben dem der Deutschen Post AG", sagte der Insolvenzverwalter. „Zusammen mit den Kooperationspartnern deckt PIN weiterhin rund 60% der deutschen Haushalte ab." Hierbei handelt es sich insbesondere um den Großraum Berlin, die neuen Bundesländer und die Region um Freiburg. Kübler weiter: „Die PIN-Gruppe mit ihren jetzt rund 4.000 Mitarbeitern ist ein unverändert interessantes Investitionsobjekt." Die Verkaufsgespräche seien nunmehr weit fortgeschritten.

So sei weiterhin eine „größere Lösung" – also der Verkauf weiter Teile der PIN-Gruppe – möglich. Allerdings habe das Ziel nicht weiterverfolgt werden können, das gesamte bundesweite Zustellnetz der PIN-Gruppe unter Aufrechterhaltung einer weitgehenden Flächendeckung zu verkaufen. Aussichtsreichster Bieter dafür war die französische Post „La Poste" gewesen, die sich jedoch Ende März als Bewerber zurückgezogen hatte.

Allerdings bestehe für die Insolvenzmasse kein Zeitdruck. „Die verbliebenen rund 50 solventen operativen PIN-Gesellschaften tragen sich derzeit aus dem Cash flow", so Kübler. Auch nimmt die Insolvenzmasse kein Massedarlehen in Anspruch.

Für den Fall, dass sich der angestrebte Kaufpreis für den Rest der PIN-Gruppe nicht realisieren lassen sollte, hat die Gläubigerversammlung Kübler ermächtigt, die PIN-Gesellschaften ohne zeitliche Begrenzung operativ weiter zu betreiben, bis sich die Voraussetzungen für einen Verkauf der Gruppe verbessert haben. „Insbesondere die Berliner PIN Mail AG steht auf wirtschaftlich soliden Füßen und ist in der Lage, im Verbund mit den Ostgesellschaften der PIN-Gruppe weiter zu wachsen und positive Erträge zu erwirtschaften", unterstrich der Insolvenzverwalter. Kübler und die Holding-Verwaltungsräte Piepenburg und Ziems wurden zwischenzeitlich auch als Aufsichtsräte der PIN Mail AG bestellt.

Kübler erläuterte ausführlich die rechtlichen und wirtschaftlichen Verhältnisse der PIN-Holding und äußerte sich auch zu den Ursachen der Insolvenz. Allein die Einführung des Mindestlohns habe für die gesamte PIN-Gruppe ab 2008 eine Erhöhung der Personalkosten um jährlich rund 38 Mio. Euro bedeutet. Zusätzlich war das Geschäftsergebnis 2007 erheblich hinter den Erwartungen zurück geblieben. Statt eines geplanten Jahresumsatzes von 346 Mio. Euro wurde nur ein Jahresumsatz in Höhe von 278 Mio. Euro erzielt. Das prognostizierte Ergebnis (EBIT) von minus 10 Mio. Euro betrug tatsächlich rd. minus 68 Mio. Euro. Grund hierfür waren insbesondere Verzögerungen bei der Akquisition und Integration neuer Gesellschaften.

Abbildung 36: Pressemitteilung zur Gläubigerversammlung

Nur einige Tage später, am 3. März 2008, lud Kübler die Medien zu einer Pressekonferenz nach Köln. Die Pressekonferenz wurde von rund 40 Journalisten besucht, darunter alle wichtigen deutschen TV- und Radiosender. Neben Bruno Kübler saßen auch Andreas Ringstmeier, Verwalter der mittlerweile 39 insolventen Regionalgesellschaften, und Horst Piepenburg (der weiterhin zusammen mit Hans-Joachim Ziems in der

Einleitungsphase des Insolvenzverfahrens als Vorstand fungierte und Kübler bei den Investorengesprächen unterstützte) auf dem Podium. Die Botschaft: PIN kann gerettet werden. Bruno Kübler wörtlich:

> *Das Briefgeschäft in Deutschland ist außerordentlich lukrativ: Man spricht von einem Marktvolumen von elf Milliarden Euro und derzeitigen Gewinnen von zwei Milliarden Euro. Dieser Markt ist bei weitem groß genug für einen wirtschaftlich solide aufgestellten Post-Konkurrenten, zu dem ein Investor die PIN-Gruppe wieder machen soll.*

Der Insolvenzverwalter verfolgte dabei einen klaren Kurs: Konzentration auf das Verfahren zur Rettung der Gruppe und möglichst vieler Arbeitsplätze. Er vermied es, sich an den öffentlichen Diskussionen über Themen wie Mindestlohn, Insolvenzursachen und Springer-Verlag zu beteiligen. Nach diesen beiden Maßnahmen trat erst einmal eine Phase relativer Ruhe ein – wobei das Insolvenzverfahren und seine Vorgeschichte aus den oben genannten Gründen täglich Nachrichten produzierte. Nur die Intensität der Berichterstattung verlief – wie so oft – in Wellen.

Fortlaufende Transparenz

Doch mit der Ruhe war es schnell vorbei. Mit Beginn der Mindestlohndebatte hatte sich mit der „Gewerkschaft Neue Brief- und Zustelldienste“ (GNBZ) eine Organisation gegründet, die mit den privaten Briefunternehmen geringere Stundenlöhne vereinbart hatte. Als dann Anfang März 2008 die Gewerkschaft ver.di Vorwürfe gegen das alte PIN-Management erhob, dieses habe die GNBZ finanziert, um geringere Löhne zu erreichen, veranlasste Bruno Kübler eine Überprüfung im Hause PIN. Und tatsächlich stellte sich heraus, dass diese Vorwürfe zutreffend waren. Es fanden sich Rechnungen eines Mittelsmannes, über den sechsstellige Zuwendungen an die GNBZ geflossen waren. Kübler entschied, diese Unterlagen unverzüglich der Kölner Staatsanwaltschaft zu übergeben, bei der ver.di inzwischen gegen die GNBZ Strafanzeige wegen des

Anfangsverdachtes der Bestechung gestellt hatte. Es bestand jedoch die berechtigte Sorge, dass der daraus zwangsläufig entstehende Eklat die inzwischen auf Hochtouren laufenden Investorengespräche stören könnte. Es musste also ein Weg gefunden werden, diese Störungen so gering wie möglich zu halten. Kübler wählte deshalb den Weg größtmöglicher Transparenz: Er offenbarte der Öffentlichkeit den ganzen Fall. Am 20. März 2008 versandte Kübler eine Pressemitteilung, in der er detailliert seine Erkenntnisse veröffentlichte und zugleich alle gefundenen Unterlagen an die Kölner Staatsanwaltschaft weitergab. Dies löste erwartungsgemäß ein mittelschweres Beben aus; selbst die 20-Uhr-Ausgabe der Tagesschau brachte zu den Enthüllungen ein Interview mit Kübler als Aufmacher. Er stand weiter für alle Presseanfragen zur Verfügung, wurde aber selbst nicht zur Zielscheibe, da eindeutig das seit Wochen nicht mehr amtierende alte Management der PIN-Holding für die Zahlungen verantwortlich war und Kübler schließlich aktiv die Aufklärung vorangetrieben hatte. Der Sturm legte sich nach wenigen Tagen, weil keine neuen Enthüllungen hinzukamen. Weitergehende Anfragen musste der Insolvenzprofi unter Hinweis auf die laufenden Vermittlungen an die Staatsanwaltschaft verweisen; er konnte sich wieder dem Insolvenzverfahren widmen. Die Kölner Staatsanwaltschaft stellte dann nach wenigen Monaten die Ermittlungen ein, da die Zahlung von Geld an Gewerkschaften durch Arbeitgeber nach deutschem Recht nicht strafbar sei.

Klare externe Kommunikation

In den folgenden Wochen waren die Verkaufsgespräche das bestimmende Thema in den Medien. Vor allem die überregionale Wirtschaftspresse war auf der ständigen Suche nach Indizien, die belegen sollten, dass die „große Lösung" nicht machbar sei. Zugleich hatte ein regelrechter Wettbewerb eingesetzt, die vertraulich gehaltenen Interessenten herauszufinden. Die Spekulationen schossen ins Kraut. Daraus erwuchs in zweierlei Richtungen Gefahr: Zum einen bestand das Risiko, dass die fortgesetzten Gerüchte über das Scheitern der „großen Lösung" die Kunden verunsicherten. Zum anderen gefährdeten die Spekulationen über die Interessenten den Erfolg der laufenden Gespräche. Im Mittelpunkt der

Kommunikation stand deshalb, Indiskretionen über die Verhandlungen zu vermeiden und entsprechende Gerüchte mit hoher kommunikativer Disziplin nicht noch weiter zu befeuern. Außerdem galt es immer wieder den Fortbestand des PIN-Netzes zu betonen. Dies wurde umso dringlicher, als zunehmend insolvente Einzelgesellschaften entweder verkauft oder gar liquidiert wurden. Zudem verkaufte Bruno Kübler im April die nicht insolventen Essener und Düsseldorfer PIN-Töchter aus der Insolvenzmasse der Holding. Die Investorenverhandlungen dauerten – wie fast immer – deutlich länger als gedacht. Aussichtsreiche Interessenten wie die staatliche französische Post („La Poste") sprangen ab. Die „große Lösung" war kaum mehr glaubwürdig zu vermitteln. Kübler reagierte: Ab Mai nannte er neben der „großen Lösung" (Verkauf der Gruppe als Ganzes) auch die „größere Lösung" (den Verkauf wesentlicher, systemrelevanter Teile der Gruppe) öffentlich als Option. Wichtiges Ziel blieb der Erhalt einer weitgehend flächendeckenden Versorgung privater Postdienstleistungen. Dies ließ sich jedoch auch mit einem Netzwerk aus regionalen Unternehmen mit zentralen Verteilzentren realisieren. Zugleich machte der Insolvenzverwalter klar, dass er nicht um jeden Preis verkaufen und notfalls das Unternehmen über einen längeren Zeitraum selbst fortführen werde, bis sich geeignete Käufer fänden.

3.4.2.5 Das Ergebnis

Im September 2009 konnte Bruno Kübler mit der Holtzbrinck-Gruppe einen starken Investor vorweisen, der wesentliche Teile der PIN-Gruppe übernahm. Holtzbrinck wurde dadurch mit einem Schlag wichtigster Post-Konkurrent im Großraum Berlin, den neuen Ländern, in Unterfranken und im Raum Freiburg. Im Verbund mit den Kooperationspartnern deckten diese Gesellschaften weiterhin rund 60 Prozent der deutschen Haushalte ab und stellten bundesweit zu. Dr. Kübler erklärte dazu:

> *Mit dem Verkauf an die Holtzbrinck-Gruppe ist es gelungen, einen beachtlichen Teil des PIN-Netzwerks zu erhalten. Wir haben damit unser wichtigstes Ziel erreicht, dem privaten Briefmarkt in Deutschland und damit den Beschäftigen der nun verkauften Un-*

ternehmen eine Erfolg versprechende Zukunftsperspektive zu eröffnen. Mit der Holtzbrinck-Gruppe haben wir einen starken Investor gefunden, der über langen Atem verfügt und bereit und in der Lage ist, die notwendigen Investitionen vorzunehmen.

Dieser Verkauf fand ein breites Echo, nachdem in den Monaten zuvor das Interesse am Schicksal der PIN-Gruppe deutlich nachgelassen hatte. Als dann im April 2009 Dr. Kübler schließlich die letzten beiden operativen PIN-Gesellschaften verkaufen konnte, war das Medieninteresse nur noch gering. Es war gelungen, rund die Hälfte aller Arbeitsplätze zu erhalten.

3.5 Wechsel des CEO

3.5.1 Die Situation im Licht von Theorie und Praxis

3.5.1.1 Spezifika des CEO-Wechsels

Arbeitsdefinition CEO-Wechsel

Mit CEO-Wechsel ist in diesem Buch die planmäßige Nachfolge des Vorstandsvorsitzenden oder Chief Executive Officer (CEO) gemeint. CEO ist die im englischsprachigen Raum übliche Bezeichnung für den Vorsitzenden der Geschäftsführung oder des Vorstands, die auch von Organisationen im deutschsprachigen Raum immer häufiger verwendet wird. Grundsätzlich gibt es fünf Arten des Umsattelns, die auch in der Kommunikation eine große Rolle spielen werden: Die Ernennung aus den eigenen Reihen, also aus dem Unternehmen selbst kommend versus Einstieg von außen. Die Reputation bzw. wahrgenommene Größe des Nachfolgers: der kleine Nachfolger versus den großen Nachfolger, der Brancheninsider versus den Branchenfremden. Der Wechsel vom Mittelstand zum Konzern oder umgekehrt und der sanfte Übergang versus den abrupten Wechsel. Firmenchefs werden im deutschsprachigen Raum häufiger ausgetauscht als in der restlichen Welt.[18] 2008 musste jeder sechste CEO hierzulande gehen. Die Hälfte dieser Wechsel war geplant, 15 Prozent auf Akquisitionen zurückzuführen, ein Drittel erzwungen. 67 Prozent der neuen Chefs werden intern rekrutiert, weltweit sind es 77 Prozent.

Spezifika des CEO-Wechsels

Der CEO-Wechsel markiert in einem Unternehmen meistens eine allerorts wahrgenommene Umbruchsituation, denn mit dem CEO geht die Orientierung und kommt die Verunsicherung. Die Karten im Unternehmen werden neu gemischt: Wer wird im neuen Chef einen Befürworter finden, wer wird um seine berufliche Laufbahn fürchten müssen? Es entstehen Ängste vor antizipiertem Statusverlust und auch Hoffnungen auf neue Profilierungschancen oder neue Projekte. Es ist die beste Zeit für politische Spiele und Ränke, um schnellstmöglich die eigenen Pfründe zu sichern. Der Wechsel bringt auch Unsicherheit: Was wird anders, worauf legt der Neue Wert, wie ist sein Führungsstil und welche Strategie will er verfolgen? Der neue CEO steht unter ständiger und genauester Beobachtung, damit man ihn möglichst schnell verstehen und einschätzen kann: Wie geht er mit seiner Sekretärin um, was für ein Auto fährt er eigentlich, wie spricht er über seinen Vorgänger und was sind seine ersten „Amtshandlungen“? Den vielen Fragen aus den Reihen der Truppe stehen aber auch viele Erwartungen gegenüber. Wertschätzung soll er aufbringen gegenüber dem bisher Erreichten und die richtigen Fragen stellen: Gibt es denn Gelegenheit zum Dialog und hört der neue Chef zu? Zudem erwartet man Kontinuität, wenn man sich erfolgreich gefühlt hat, und Wandel bitte nur, wenn man nicht so ganz erfolgreich gewesen zu sein glaubt. In dieser Welt prallen intensive Beobachtung und hohe Erwartungen von beiden Seiten aufeinander. Auch in der Öffentlichkeit ist man gespannt und die Medien gieren nach ersten Informationen über den Neuen. Auch hier wird nicht gespart mit Vorbehalten, wenn der Vorgänger stark war oder das Unternehmen angeschlagen ist.

---

[18] Vgl. Terpitz, K., Wechsel an der Unternehmensspitze, Handelsblatt 12.05.2009 und die Booz-CEO-Nachfolge-Studie 2008, für die Booz die 2.500 weltgrößten börsennotierten Unternehmen analysiert hat.

Grundlagen erfolgreichen Wechsels

Zu diesem Thema gibt es erstaunlich wenig Literatur. Peter Fischer gibt sieben Empfehlungen für einen erfolgreichen Wechsel[19]: Den Erwartungen offensiv begegnen, Schlüsselbeziehungen entwickeln, die Ausgangssituation konstruktiv analysieren, eine motivierende Ziellandschaft für das Unternehmen entwickeln, ein positives Veränderungsklima erzeugen, Veränderungen wirkungsvoll initiieren und Symbole sowie Rituale nutzen.

Phasen eines CEO-Wechsels

Der CEO-Wechsel verläuft nach Gabarro[20] in vier Phasen, über die ersten 100 Tage bis hin zur Stabilisierung. Der Phasenverlauf wird in der folgenden Darstellung veranschaulicht.

Phasen	Die ersten 100 Tage	Vertiefung & Wandel	Regeneration	Verfeinerung & Stabilisierung
Ergebnisse	– Kennenlernen der Organisation – Kennenlernen der Schlüsselpersonen – Zuhören und Situationsanalyse – Bildung von Allianzen – Definition der Handlungsfelder – Richtungsvorgaben – Lösung kritischer Probleme	– Überprüfung erster Annahmen – Strategie und Umsetzung notwendiger Veränderungen – Entwicklung eines Langfristplans – Konfliktlösung – Ausbau der Machtbasis – Ausweitung des Netzwerks – Ggf. Austausch von Schlüsselpersonen	– Rückmeldungen von außen – Detailanalyse ungelöster Probleme – Korrektivmaßnahmen, Prozessanpassungen – Konsolidierung des Erreichten – Übergang zum Normalbetrieb	– Wertschätzung der Erfolge – Suche nach neuen Möglichkeiten – Stabilität der Führungsstrukturen – Feinjustierung – Business as Usual – Vorbereitung auf Änderungen von außen

Abbildung 37: Phasen des CEO-Wechsels

---

19 Vgl. Fischer, P., Neu auf dem Chefsessel, S. 19 ff.

20 Vgl. Gabarro, J., When a Manager takes charge, S. 1 ff.

3.5.1.2 Anforderungen an die Kommunikation bei dem CEO-Wechsel

Die Kardinalfehler und ihre Vermeidung

Der neue CEO ist der Shootingstar seiner Organisation. Die Mitarbeiter erwarten geradezu die Inszenierung seiner Macht und seines Anspruchs, aber auch seiner Stärke und seiner Fürsorge für das Unternehmen. Schließlich ist er der Kulminationspunkt für Hoffnungen und Ängste und das personifizierte Sprachrohr des Unternehmens – ob er will oder nicht, ob er nun eher öffentlichkeitsscheu und zurückhaltend ist oder rhetorisch gewandt und mitreißend. Folgende Kardinalfehler gibt es beim Wechsel, die im Rahmen der Kommunikationsplanung berücksichtigt werden müssen: vorschnelle Versprechungen oder Ankündigungen, geäußertes Bevorzugen externer gegenüber internen Zielgruppen und damit Zurücksetzung der Belegschaft, mangelnde Würdigung und Achtung vergangener Leistungen, starke Abgrenzung gegenüber Vorgängern („Wir bei …"), zu viel Artikulation der eigenen Erfahrungen, mangelnde Berücksichtigung des Informationsbedarfs, Unterschätzung der Symbolwirkung des eigenen Handelns, auch nonverbaler Kommunikation, kommunikative Isolation im Elfenbeinturm der Chefetage und verbales Einzelkämpfertum.

Der Einfluss der Ausgangskonstellation

Die Ausgangssituation determiniert in hohem Maße Form und Inhalt der Kommunikation. Die Ernennung aus den eigenen Reihen ist oftmals problematisch: Viele Ex-Kollegen tun sich schwer mit dem hierarchischen Wechsel und verweigern dem ehemaligen Teammitglied anfangs den Respekt. Hier muss die Kommunikation klare Signale des Macht- und Herrschaftsanspruchs senden. Aber auch der Ruf, der dem Neuen vorauseilt, sollte berücksichtigt werden. Branchenfremde CEOs werden darüber hinaus vor allem die Vorteile darstellen müssen, die aus ihrem „Quereinstieg" resultieren. Sie sind in der neuen Organisation per se sehr kritisch gesehen – schließlich „sind sie ja nicht vom Fach" – und müssen früh Know-how und inhaltliche Stärke demonstrieren. Auch der Wechsel vom Mittelstand zum Konzern oder umgekehrt bedeutet einen erheblichen Kulturschock – hier muss der Neue sehr sensibel mit seinen nonverbalen Botschaften sein, um nicht ungewollt beispielsweise eine starke Mittelstandskultur in eine Konzernarbeitsweise mutieren zu lassen, die von den Mitarbeitern als erwünscht interpretiert worden ist. Bei abruptem Wechsel ist es erste Aufgabe der Kommunikation, den neuen CEO vom Verdacht des Königsmordes zu befreien. Und schließlich ist es für den CEO eminent wichtig, eine grundlegende Entscheidung über die eigene Rolle zu treffen, auf der die gesamte Kommunikationsarbeit im Tagesgeschäft fußt: Definiere ich mich als Bewahrer oder als Veränderer? Der Bewahrer wird Kontinuität untermauern, der Veränderer muss bewusst mit Traditionen brechen, um Raum für das Neue zu schaffen – und das fängt bereits in der Kommunikation an.

Den Erwartungen offensiv begegnen

Der CEO sollte in seiner Kommunikation deutlich machen, dass er Wert darauf legt, die Erwartungen an ihn kennenzulernen und zu verstehen. Er kann aber auch Formate schaffen, die den Dialog fördern und persönliche Kommunikation und Feedback initiieren, formell oder informell. CEO-Breakfast bietet sich ebenso an wie Management by walking around, Fabrik- und Standortbesuche mit Get-together im Anschluss ebenso wie Online-Kanäle im Intranet.

Schlüsselbeziehungen entwickeln

Gerade Menschen in seiner Umgebung, die emotional oder sachlich vom Wechsel besonders betroffen sind, sollte der Neue für sich zu gewinnen trachten, denn genau diese Mitarbeiter können harte Widersacher und erbitterte Feinde werden. Was Kommunikation hier leisten muss und kann, ist die Überzeugung und positive Beeinflussung der Umgebung.

Ausgangssituation konstruktiv analysieren

Die Analyse der Kultur, Themen, Fakten und Ressourcen setzt den Input voraus – und den kann sich der neue CEO am besten durch direkte und persönliche Kommunikation holen. Flankierende Kommunikationsmaßnahmen unterstützen ihn dabei, unterrichten die Organisation über seinen Informationsbedarf, signalisieren seine Bereitschaft, zuzuhören, und ermöglichen Tools und Formate, die diesen Input kanalisieren.

Motivierende Ziellandschaft für das Unternehmen entwickeln

In diesem Punkt ist die Kommunikation sicherlich die Königsdisziplin: Nur durch performante Szenarien in Bildern werden sich Vision und Zielsetzung so skizzieren lassen, dass sie zu lohnenden Zielen für eine ganze Organisation werden. Und man wird es anfangs nicht oft genug wiederholen können.

Positives Veränderungsklima erzeugen

Menschen müssen bei dem neuen CEO lernen, dass ihre Veränderungsbereitschaft geschätzt wird. Entsprechend sind Belohnungsmechanismen von lobenden Worten bis hin zur Darstellung als Vorbild effektvoll, um das, was neu politisch korrekt ist, anschaulich darzulegen, ohne pädagogischen Überschwall zu erzeugen. Wenn genügend Mitarbeiter mit Neuerungsideen motiviert werden, wächst die kritische Masse, die das positive Veränderungsklima trägt.

Veränderungen wirkungsvoll initiieren und für kontinuierlichen Fortschritt sorgen

Die Kommunikation über Veränderungsziele und -projekte verstärkt den Wandel. Die kontinuierliche Kommunikation der Fortschritte motiviert und zeigt, dass man auf dem richtigen Weg ist. Veränderung ohne Kommunikation ist schlicht nicht möglich, da verstanden werden muss, was anders werden soll, wie es werden soll und warum. Und nicht zuletzt geht es hier auch darum, Erfolge des neuen CEO sichtbar zu machen und somit wiederum Gefolgschaft zu erzeugen.

Symbole und Rituale nutzen

Ein neuer Chef, der unbekannt ist, steht unter besonderer Beobachtung. Die Folge: Der Symbolgehalt seiner Handlungen steigt. Dieser Tatsache muss sich ein neuer CEO bei seiner gesamten verbalen und nonverbalen Kommunikation stets bewusst sein.

Stakeholder-Management im CEO-Wechsel

Die folgende Abbildung zeigt, was die wichtigsten Anspruchsgruppen in dieser Sondersituation bewegt.

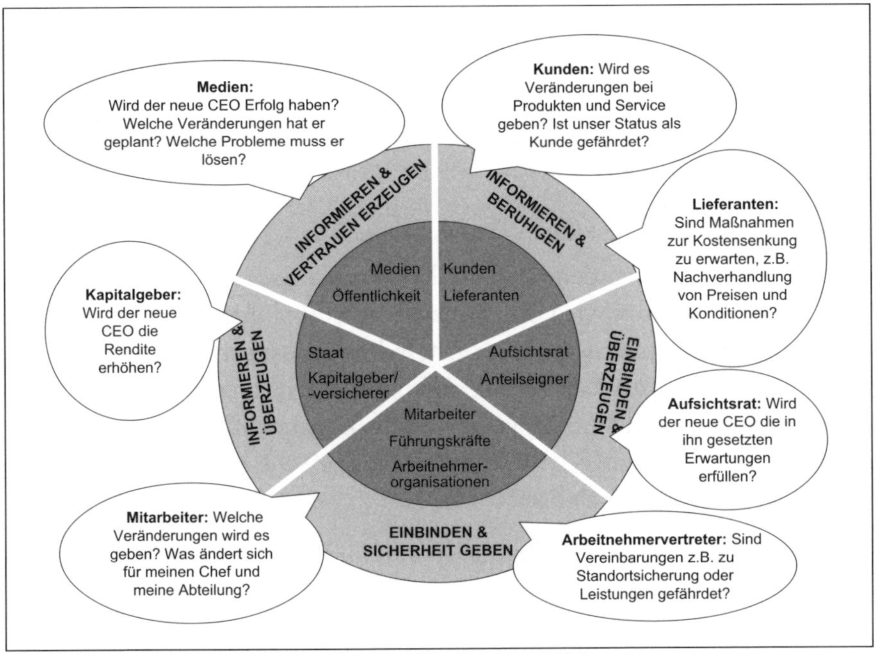

Abbildung 38: Stakeholder im CEO-Wechsel

3.5.1.3 Externe Kommunikation beim CEO-Wechsel

Aus externer Sicht gibt es einige wichtige Themen, die von Anfang an berücksichtigt werden müssen. Zum einen die klare Positionierung: Wofür steht der neue CEO? Nicht weniger wichtig ist es aber auch, dass man seine Scheu überwindet (insbesondere im deutschen Kulturkreis), die zufriedenstellenden Ergebnisse und die Entwicklung des Unternehmens beständig zu vermarkten: der Verkauf der eigenen Managementleistung und der Teamerfolge ist kriegsentscheidend. Aber auch wichtige Kundenbeziehungen sind aufzubauen und dabei muss die Kommunikation helfen. Die Medien sind extrem wichtig in dieser Sondersituation, denn ein positiv gesonnenes Umfeld schafft in der Öffentlichkeit eine belastbare Beziehung, wenn später auch einmal unschöne Nachrichten auf den Tisch kommen. Und das Initiieren vertrauensfördernder Maßnahmen mit Investoren und Kapitalgebern ist gleichfalls durch Veranstaltungen und Roadshows zu unterstützen. Die externe Kommunikation startet in der Regel mit Ad-hoc-Meldung und Pressemitteilung, idealerweise gefolgt von persönlichen Gesprächen mit den wichtigsten Medien. Parallel ist Kundenkommunikation jetzt äußerst bedeutsam und selbstverständlich sind auch alle anderen externen Stakeholder zu kontaktieren. Persönliche Portraits und Interviews sollten folgen. Je weiter die Zeit voranschreitet, desto wichtiger wird es, von den persönlichen Botschaften zu den strategischen zu wechseln und schließlich zu den ergebnisorientierten Inhalten. Die folgende Abbildung zeigt die Schwerpunkte gemäß den Phasen.

Phasen	Die ersten 100 Tage	Vertiefung & Wandel	Regeneration	Verfeinerung & Stabilisierung
Extern	– Vorstellung Person und Persönlichkeit – Bekanntgabe des neuen CEO durch Pressemitteilung – Kontaktaufbau zu Medien (Roadshow) – Information an wichtige Kunden, Lieferanten und Kundenantrittsbesuche – Artikel im Kundenmagazin, Information im Internet	– Bekanntgabe der Strategie: was ändert sich, was bleibt – Personality Kommunikation in den Medien – Externe Kommunikation von Quick Wins – Positionierung der (neuen) Schlüsselpersonen in den Medien – Kommunikation symbolischer Aktionen	– Vorstellung Ergebnisse der Veränderungen, des Change Programmes – Positionierung des CEOs als Veränderer oder Bewahrer, Sprecher der Branche – Übergang zur Regelkommunikation	– Darstellung der Erfolge – Kommunikativer Regelbetrieb der externen Kommunikation
Intensität				

Abbildung 39: Externe Kommunikation im CEO-Wechsel

3.5.1.4 Interne Kommunikation beim CEO-Wechsel

In der internen Kommunikation geht es insbesondere darum, Vorbehalte abzubauen und die Organisation für den Wechsel zu gewinnen. Auch hier muss der inhaltliche Fokus im Zeitablauf vom Persönlichen zum Strategischen übergehen, allerdings mit deutlich appellativem Charakter in den mittleren Phasen, um Veränderungen voranzubringen. Neuerungen und Erfolge neu initiierter Maßnahmen sollten intern propagiert werden. Auch hier ist die persönliche Kommunikation unersetzbar und damit unverzichtbar, da es sich um extrem personengebundene Kommunikation handelt. Die Schwerpunkte zeigt das folgende Schaubild detaillierter.

Phasen	Die ersten 100 Tage	Vertiefung & Wandel	Regeneration	Verfeinerung & Stabilisierung
Intern	– Vorstellung Person und Führungsprinzipien über die internen Medien – Wertschätzen des Vorgefundenen – Teaming up Führungsteam – Bekanntgabe akuter Vorhaben, der Vision – Kommunikation von Quick Wins am Ende der Phase	– Bekanntgabe der Strategie und Veränderungen (ggf. Change Programm) – Roadmap der Veränderung, konkretes Zielbild – Positionierung der (neuen) Schlüsselpersonen – Darstellung Teamorientierung – Dialog mit Führungskräften und Mitarbeitern – Symbolische Aktionen	– Vorstellung Ergebnisse der Veränderungen, des Change Programmes – Vorgehen zur Behandlung ungelöster Probleme – Wertschätzung der Bemühungen – Konsolidierung des Erreichten – Regelmäßige CEO-Kommunikation	– Darstellung und Wertschätzung der Erfolge – Mobilisierung für weitere Veränderungen – Kommunikativer Regelbetrieb der internen Kommunikation
Intensität				

Abbildung 40: Interne Kommunikation im CEO-Wechsel

3.5.2 Ein Fallbeispiel: Loewe

3.5.2.1 Das Unternehmen

Bekannt ist die Premium-Marke Loewe für hochwertige TV-Produkte in ausgezeichnetem Design – und für eine erstaunliche Geschichte von Fall und Wiederaufstieg: Anfang 2006 hatte das Unternehmen aus dem fränkischen Kronach eine tiefe Krise überwunden. Als im Markt für Fernsehgeräte der Technologiesprung von herkömmlichen Kathodenstrahlröhren zu LCD-Fernsehern um sich griff, beschlossen die Käufer zu warten, bis Flachbildschirme erschwinglich werden. Sie kauften einfach keine herkömmlichen Fernsehgeräte mehr; binnen zweier Jahre war so der für Loewe relevante Markt um fast die Hälfte eingebrochen. Mit einem Stellenabbau und Gehaltsverzicht per Sanierungstarifvertrag sowie einer konsequenten Neuausrichtung des Produktangebots gelang bis 2007 die Rückkehr in die Gewinnzone und die Neupositionierung der Premium-Marke. Im Geschäftsjahr 2008 erwirtschaftete Loewe mit knapp 1.000 Mitarbeitern einen Umsatz von 374 Millionen Euro und erzielte einen Vorsteuergewinn in Höhe von 28,5 Millionen. Durch die Krise geführt hatte das Unternehmen der langjährige Vorstandsvorsitzende Dr. Rainer Hecker.

3.5.2.2 Die Ausgangssituation

Als der Vorstandsvorsitzende nach überwundener Krise beschloss, sich von seiner Aufgabe zurückzuziehen und die Suche nach einem Nachfolger aufzunehmen, war klar, dass der Wechsel nicht einfach sein würde – der Kommunikationschef von Loewe, Dr. Roland Raithel, formuliert das so:

> *Dr. Hecker war und ist eine prägende Gestalt für das Unternehmen Loewe und die gesamte Branche der Unterhaltungselektronik. Da ist ein Wechsel vom Chefsessel an die Spitze des Aufsichtsrats schon eine gewaltige Umbruchssituation.*

3.5.2.3 Der Plan

Rund drei Jahre vor dem Wechsel an der Spitze kündigte Dr. Rainer Hecker bereits an, dass er sich demnächst von der Führungsposition verabschieden wolle und man sich deshalb nun – ohne Hast und mit Augenmaß – auf die Suche nach einem geeigneten Nachfolger begeben werde. „Ich habe keinen Anschluss-Auftrag“, betonte Hecker wiederholt, um keinen Verdacht aufkommen zu lassen, dass man jetzt mit einem abrupten Wechsel zu rechnen habe. Schon hier wird deutlich, dass Loewe bei seinem jüngsten CEO-Wechsel aus einer privilegierten Ausnahmestellung heraus agieren konnte: der Plan- und Vorhersehbarkeit. Ende 2007 war der richtige Nachfolger gefunden: Frieder C. Löhrer. Loewe machte gleich zu Beginn deutlich, dass Löhrer bei der sorgfältig gestalteten Stabübergabe ausreichend Zeit zum Kennenlernen, zur Einarbeitung und für die Integration bei Loewe erhalten würde. Die folgende Abbildung stellt den zeitlichen Ablauf des Wechsels und der begleitenden Kommunikation in der Übersicht dar.

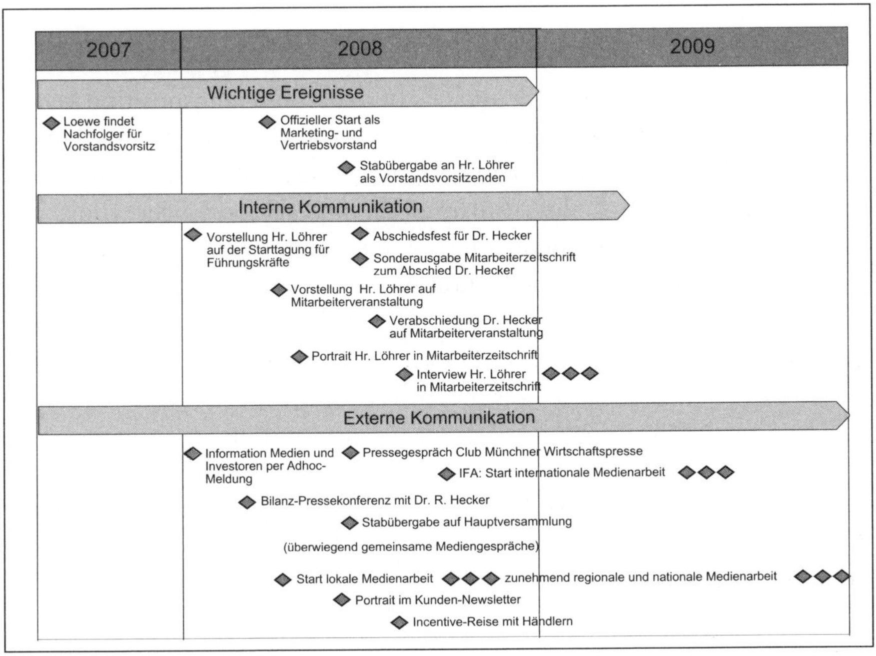

Abbildung 41: Die Ereignisse bei Loewe im Überblick

3.5.2.4 Die Maßnahmen

Bereits mehrere Wochen vor seinem offiziellen Start stellte sich der neue Chef auf der Starttagung Ende Januar 2008 den rund 100 leitenden Angestellten der ersten bis dritten Ebene vor. Der amtierende Vorstandsvorsitzende Dr. Hecker gab einen Rück- und Ausblick zur Lage des Unternehmens und stellte seinen Nachfolger vor – am Abend wurden Gelegenheiten zum persönlichen Kennenlernen in zwangloser Atmosphäre geschaffen. Am gleichen Tag gab das Unternehmen in einer Ad-hoc-Meldung nach § 15 des Wertpapier-Handelsgesetzes die geplante Personalie bekannt.

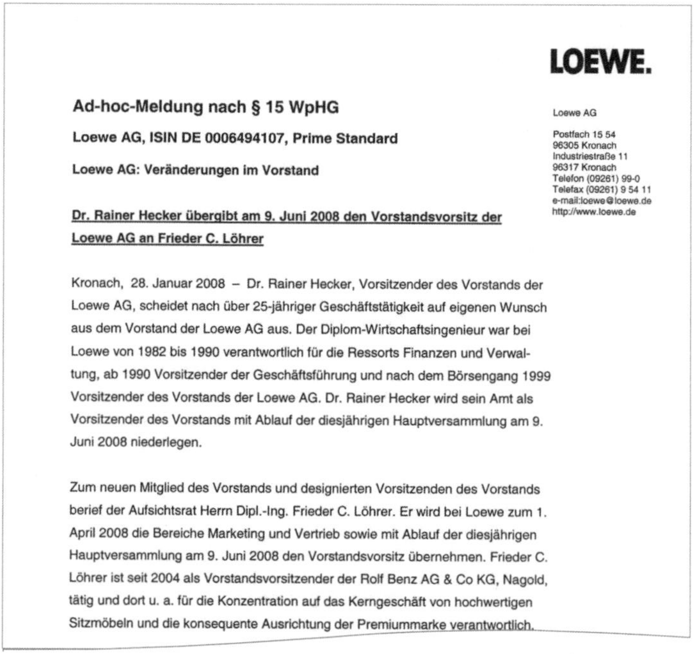

LOEWE.

Ad-hoc-Meldung nach § 15 WpHG

Loewe AG, ISIN DE 0006494107, Prime Standard

Loewe AG: Veränderungen im Vorstand

Loewe AG

Postfach 15 54
96305 Kronach
Industriestraße 11
96317 Kronach
Telefon (09261) 99-0
Telefax (09261) 9 54 11
e-mail:loewe@loewe.de
http://www.loewe.de

Dr. Rainer Hecker übergibt am 9. Juni 2008 den Vorstandsvorsitz der Loewe AG an Frieder C. Löhrer

Kronach, 28. Januar 2008 – Dr. Rainer Hecker, Vorsitzender des Vorstands der Loewe AG, scheidet nach über 25-jähriger Geschäftstätigkeit auf eigenen Wunsch aus dem Vorstand der Loewe AG aus. Der Diplom-Wirtschaftsingenieur war bei Loewe von 1982 bis 1990 verantwortlich für die Ressorts Finanzen und Verwaltung, ab 1990 Vorsitzender der Geschäftsführung und nach dem Börsengang 1999 Vorsitzender des Vorstands der Loewe AG. Dr. Rainer Hecker wird sein Amt als Vorsitzender des Vorstands mit Ablauf der diesjährigen Hauptversammlung am 9. Juni 2008 niederlegen.

Zum neuen Mitglied des Vorstands und designierten Vorsitzenden des Vorstands berief der Aufsichtsrat Herrn Dipl.-Ing. Frieder C. Löhrer. Er wird bei Loewe zum 1. April 2008 die Bereiche Marketing und Vertrieb sowie mit Ablauf der diesjährigen Hauptversammlung am 9. Juni 2008 den Vorstandsvorsitz übernehmen. Frieder C. Löhrer ist seit 2004 als Vorstandsvorsitzender der Rolf Benz AG & Co KG, Nagold, tätig und dort u. a. für die Konzentration auf das Kerngeschäft von hochwertigen Sitzmöbeln und die konsequente Ausrichtung der Premiummarke verantwortlich.

Abbildung 42: Ad-hoc-Meldung vom 28. Januar 2008

Die Bilanz-Pressekonferenz im März leitete noch Dr. Hecker, doch bereits wenige Tage später, am 1. April 2008, fiel der offizielle Startschuss für Löhrer. In der Übergabezeit bis zum Juni hatte der Vorstand – wie vor der ersten großen Krise – wieder vier Vorstandsmitglieder; Hecker und Löhrer arbeiteten in direkt nebeneinander liegenden Büros, folgten dabei einer Politik der „offenen Tür", teilten sich ein Sekretariat und gaben erste gemeinsame Interviews.

Den Mitarbeitern stellte Hecker seinen Nachfolger auf einer Betriebsversammlung vor – parallel erschien ein erstes Porträt von Löhrer in der Mitarbeiterzeitschrift. Zunächst wurde der designierte Vorstandsvorsitzende zum regulären Mitglied des Vorstands berufen, verantwortlich für die Ressorts Vertrieb und Marketing. Erst drei Monate später würde Löhrer zur Jahreshauptversammlung 2008 der Aktiengesellschaft den Vorstandsvorsitz übernehmen, konnten die Mitarbeiter in der Mitarbeiterzeitschrift „Monitor" vom Mai 2008 lesen:

> *... Wie seit längerem angekündigt, übergibt Dr. Rainer Hecker mit Ablauf der diesjährigen Hauptversammlung am 9. Juni 2008 auf eigenen Wunsch den Vorstandsvorsitz der Loewe AG. (...) Zum neuen Mitglied des Vorstands und designierten Vorsitzenden berief der Aufsichtsrat Frieder C. Löhrer. Er hat bei Loewe zum 1. April 2008 die Bereiche Marketing und Vertrieb übernommen. Mit Ablauf der Hauptversammlung am 9. Juni 2008 wird er der neue Vorstandsvorsitzende. (...) Seine langjährigen Erfahrungen im Bereich Markenführung und Distribution stellen eine konsequente Fortführung der Loewe Strategie der Höherpositionierung und des profitablen Wachstums sicher. „Wir sind überzeugt, dass das erfahrene Loewe-Team zusammen mit Frieder C. Löhrer den eingeschlagenen Weg konsequent weitergeht", betont Dr. Hecker ...*

Mit der offiziellen Stabübergabe von Hecker an Löhrer suchte Loewe nun den intensiven Kontakt zu den Medien, um das neue Gesicht an der Unternehmensspitze bekannt zu machen. Kunden und Handel wurden zunächst durch den Newsletter „Inside" informiert – die wichtigsten Händler schließlich persönlich auf einer Incentive-Reise, die Hecker und Löhrer begleiteten. Zur offiziellen Amtseinführung auf der Hauptversammlung am 9. Juni 2008 präsentierte Dr. Hecker seinen Nachfolger und dieser hielt eine programmatische Rede, in der er Kontinuität und Evolution in der Unternehmensentwicklung von Loewe thematisierte:

> *Den Weg, den Loewe in den letzten Jahren zurückgelegt hat, halte ich für vorbildlich. Ich stehe deshalb auch persönlich für Kontinuität. Wir müssen gemeinsam den eingeschlagenen Weg weiter ausbauen, dann haben wir beste Erfolgsaussichten. (...) Unsere zentrale Aufgabenstellung für die nächsten Jahre ist es, den Premium-*

charakter der Marke weiter zu schärfen sowie gleichzeitig das Unternehmen noch internationaler auszurichten und damit zu wachsen.

Im Vorfeld hatte er darüber bereits mit den Journalisten der nationalen Wirtschaftspresse gesprochen. Die folgende Abbildung zeigt einen Auszug aus dem Pressegespräch.

Rede von Frieder C. Löhrer, Vorstand Marketing und Vertrieb der Loewe AG, für das Pressegespräch im Vorfeld der Hauptversammlung am 9. Juni 2008

Meine sehr geehrten Damen und Herren,

ein herzliches Willkommen im Vorfeld unserer diesjährigen Hauptversammlung. Mein Name ist Frieder C. Löhrer. Ich bin der Neue bei Loewe. Seit April diesen Jahres bin ich im Vorstand der Loewe AG verantwortlich für die Bereiche Marketing und Vertrieb. Mit Ablauf der heutigen Hauptversammlung werde ich von Dr. Hecker den Vorstandsvorsitz übernehmen. Loewe ist ein ganz herausragendes Unternehmen der Unterhaltungselektronik, ja in der deutschen Wirtschaft insgesamt. Das hatte ich vor meiner Loewe Zeit immer wieder in den Medien lesen können. Seit April kann ich es täglich erleben: Die Premiummarke fasziniert nicht nur viele Kunden, sondern auch alle, die die Marke aktiv voranbringen. Ich freue mich deshalb sehr darauf, dieses Unternehmen künftig als Vorstandsvorsitzender zu führen.

Wer steht vor Ihnen? – Ich bin 52 Jahre alt, verheiratet und Vater von vier Kindern. Nach Stationen bei Thyssen, der Wacker Chemie und der Zumtobel AG war ich von 1998 bis 2004 bei der Rodenstock-Gruppe aktiv. Zunächst als Geschäftsführer verschiedener Tochtergesellschaften war ich schließlich in der Konzernleitung für den Verkauf weltweit mit 14 eigenständigen Ländergesellschaften in Europa, den USA und Japan verantwortlich. Seit 2004 war ich Vorstandsvorsitzender der Rolf Benz AG in Nagold. Dort habe ich mich besonders auf die Ausrichtung der Marke auf den Premium-Bereich und die Intensivierung des Exportgeschäftes konzentriert. Sie sehen, diese auch für Loewe zentralen Themen standen schon immer im Mittelpunkt meines Wirkens.

Abbildung 43: Auszug der Rede des Loewe-CEO beim Pressegespräch

Den Wechsel an der Spitze begleitete erneut ein ausführlicher Artikel in der Mitarbeiterzeitschrift mit einem Interview des „Neuen“. Und als einige Wochen später der scheidende Chef von rund 200 Ehrengästen mit einer Abschiedsparty gefeiert wurde, erschien eine zehnseitige Sonderausgabe des „Monitor“, in der sich die Mitarbeiter in Wort und Bild verabschieden konnten. Die wichtige Einführung in die Branche der Unterhaltungselektronik fand schließlich Anfang September 2008 auf deren bedeutendster Messe statt, der Internationalen Funkausstellung IFA in

Berlin. Zur Pressekonferenz erschienen rund 250 Journalisten, insgesamt kam der neue Loewe-Chef mit vielen Journalisten in Kontakt und schloss auf den zahlreichen Veranstaltungen rundherum Kontakte zu Branchenvertretern aus aller Welt.

Das gesamte folgende Jahr über betrieb Loewe weiterhin intensive Presse- und Öffentlichkeitsarbeit, um den neuen Mann an der Spitze medial zu positionieren und als neues Gesicht des Unternehmens bekannt zu machen. Wandel, vor allem aber auch Kontinuität waren für die Loewe AG die zentralen Themen bei diesem Chef-Wechsel. Dem neuen Vorstandsvorsitzenden war ein harmonischer Übergang wichtig, ohne Bruch in der Unternehmensphilosophie und -kultur oder dem Führungsstil des Hauses:

> *Das Unternehmen LOEWE war richtig aufgestellt, eine tiefgreifende Veränderung war bei meinem Start nicht erforderlich. Vor allem bei starken Marken ist Kontinuität existenziell. In so einem Fall ist es erst recht nicht sinnvoll, beim Wechsel an der Unternehmensspitze nur um der Veränderung willen zu verändern. Viele Spitzenmanager haben ein starkes Sendungsbewusstsein; die wichtigste Fähigkeit beim Wechsel an der Spitze ist aber das Zuhören. Ich habe bei der Internationalisierung und der Kundenbindung Impulse geben, unter Beibehaltung der grundsätzlichen Richtung.*

Nach seinen ersten hundert Tagen veröffentlichte Loewe im Mitarbeitermagazin vom Oktober 2008 ein Interview, das genau diese Botschaft transportierte: Der Neue wird nicht alles anders machen, nur um etwas anders zu machen. Er setzt auf das Bewährte und auf eine Weiterentwicklung in den Feldern, in denen Verbesserung für den Erfolg unabdingbar ist.

Erste Porträts erschienen in den regionalen Zeitungen – dann zunehmend auch überregional und national. In der Übergangsphase stellten sich Hecker und Löhrer meist gemeinsam dem Gespräch. Personality-Geschichten waren auch im folgenden Jahr wichtig – und Löhrer bot dafür geeignete Ansatzpunkte: als Musikliebhaber, als Familienmensch und durch seine Bereitschaft zu persönlichem Engagement. Im Sommer 2009 zog der neue Vorstandsvorsitzende mit seiner Familie ins fränkische Kronach, symbolträchtig sogar in das Haus, in dem zuvor Hecker mit seiner Familie gewohnt hatte. Er engagierte sich in der und für die Region – und so gelang es ihm schließlich auch, die Befürchtungen der Lokalpresse zur Standortpolitik zu zerstreuen. Auch in der Kommunikation mit der wichtigsten Kundengruppe – den Händlern – wurde die Übergabe an den neuen Chef sorgfältig inszeniert: Die wichtigsten Abnehmer aus den Kernmärkten von Loewe erhielten die Gelegenheit, die Übergabe von Hecker an Löhrer auf einer Incentive-Reise hautnah mitzuerleben. Beide Manager begleiteten die Händler und boten hier Gelegenheit zum Kennenlerngespräch. Die kleineren Händler im In- und Ausland wurden im Oktober über den Kunden-Newsletter informiert:

03|08
International

inside.

Loewe Newsletter

Loewe consistently extends its lead as innovator in the premium market | Another jump in earnings for Loewe | New Loewe Distributor for Australia and New Zealand

Controlled lust for attack – Loewe about to enter international markets

Ladies and gentlemen,

my name is Frieder C. Löhrer. I'm the "new boy" at Loewe. Since April this year, I have been the board member responsible for marketing and sales at Loewe AG. On conclusion of 2008s annual general meeting, I took over the position of chief executive officer from Dr. Hecker. Loewe is a really outstanding company in the consumer electronics sector. This is a fact that I frequently read in the media before joining Loewe. Since April, I've been experiencing it on a daily basis. Our premium brand is admired not only by many customers, but also by all of those who actively promote the brand. That is why I am looking forward immensely to leading this company in the future as its CEO.

My vision is to make Loewe the most important international premium brand for home entertainment systems. We have made significant progress here over the last few years. Our core task for the coming years is to further define the premium character of our brand whilst at the same time orientating the business at a more international level, allowing it to grow. In all key European markets – and in major international cities – Loewe must take on the outstanding role that we currently have in Germany and several core European markets.

Our strategy is clear: first of all, we must further develop the large European core markets – in particular Italy, France, Great Britain and Switzerland. We see the greatest potential here. Secondly, in each of these countries we have to establish beacons in the form of flagship stores which present the brand to end customers in an ideal way, yet which also show other retailers how the brand is developing in a profitable way.

Thirdly, using a major-city strategy, we have to open up international centres outside the core European countries – for example, in the Middle East or Asia – where we can selectively establish the Loewe premium brand. The international elite expect to encounter a brand such as Loewe at outstanding locations in the world's hotspots, always with the same level of premium presentation. Furthermore, fourthly we will take advantage of the opportunities offered by the international hotel industry in future, on the one hand to bring discerning hotel customers into contact with the brand, and on the other, to tap into additional sales potential.

The success of our brand at the 'qualifying' – IFA 2008 – resulted in a pole position for Loewe. Now we have to be keen to win the race.

Yours
Frieder C. Löhrer

LOEWE.

Abbildung 44: Vorstellung von Frieder C. Löhrer im Kunden-Newsletter „Inside"

3.5.2.5 Das Ergebnis

Der Manager und Mensch Frieder C. Löhrer hat intensiv um das Vertrauen der Anspruchsgruppen geworben. Und die Reaktionen zeigen, dass ihm dies gelungen ist. Inzwischen ist Löhrer angekommen, akzeptiert und respektiert. Die Mitarbeiter sprechen nicht mehr den Aufsichtsratsvorsitzenden Hecker mit „Chef“ an, sondern ihren neuen CEO: ein kleines, aber deutliches Zeichen. Die Berichterstattung der lokalen, regionalen und überregionalen Presse, die Wirtschaftsberichterstattung sowie die Äußerungen von Anteilseignern, Marktbeobachtern, Mitarbeitern und Kunden sind durchgehend von Wohlwollen getragen – auch wenn zunächst immer wieder die Vermutung geäußert wurde, dass Löhrer angesichts der Popularität seines Vorgängers ein schweres Erbe anzutreten habe. Auch die Botschaft der Kontinuität trotz des Wechsels an der Spitze scheint angekommen zu sein – wie ein Blick in die Medienberichte vom 10. Juni 2008 zeigt.

Das neue Gesicht von Loewe

Frieder Löhrer führt jetzt die Luxusmarke aus Kronach. Er treibt beim TV-Gerätehersteller vor allem das Auslandsgeschäft voran.

JOACHIM HOFER | MÜNCHEN

Was denn die größte Schwäche von Loewe sei, will ein Reporter vom neuen Vorstandschef Frieder Löhrer wissen. Eine Fangfrage, sitzt doch mit Rainer Hecker jener Mann direkt neben Löhrer, der den fränkischen TV-Gerätehersteller 18 Jahre lang geführt hat. Doch der gebürtige Aachener zieht sich beim Pressegespräch vor der gestrigen Hauptversammlung geschickt aus der Affäre: Der schwerwiegendste Fehler der Nobelmarke sei, dass sie noch so viel ungenutztes Potenzial habe.

Eine diplomatische Antwort, die ein Lächeln über Heckers Gesicht huschen lässt. Dass Löhrer seinen Vorgänger nicht kritisieren würde, war klar. Denn der Ex-Chef der Möbelmarke Rolf Benz wird auch in Zukunft an dem 64-jährigen Elsässer nicht vorbeikommen: Hecker hat mit Ablauf der Hauptversammlung den Aufsichtsratsvorsitz übernommen. In das Kontrollgremium ziehe er nicht nur ein, weil er das Unternehmen wie seine Westentasche kenne, sagt Hecker: „Ich wechsle als einer der größten Gesellschafter.“ Er und seine Familie halten knapp 14 Prozent der Aktien. Seinen Nachfolger lobt Hecker in den höchsten Tönen: „Er hat Erfahrung in der strategischen Markenführung und im internationalen Geschäft.“

Ein Strategieschwenk ist nicht zu erwarten. „Ich stehe für Kontinuität. Zum eingeschlagenen Weg gibt es keine Alternativen“, sagte der 52-jährige Löhrer. Für einen Kurswechsel gibt es momentan keinen Grund. Der Umsatz stieg im ersten Quartal um zehn Prozent auf 90 Millionen Euro, der Gewinn vor Zinsen und Steuern (Ebit) kletterte um knapp ein Drittel auf 6,3 Millionen Euro. Ganz anders dagegen der Rivale Bang & Olufsen. Dort brach der Vorsteuergewinn zu Jahresbeginn um 78 Prozent auf 3,5 Millionen Euro ein. Im Januar musste bereits der Vorstandschef abtreten.

Mit solchen Problemen muss sich Löhrer, der in Aachen Maschinenbau studierte, nicht herumschlagen. Der Musikliebhaber, er selbst spielt zahlreiche Instrumente, verspricht den Aktionären eine höhere Rendite. Vergangenes Jahr ist die Ebit-Marge bereits von 3,9 Prozent auf 5,7 Prozent geklettert – doch Löhrer hält auch sieben Prozent und mehr für möglich.

Wie viel Zeit er dafür braucht? Löhrer plant langfristig und ist dafür bereit, seinen Wohnsitz in München aufzugeben und sich in der Nähe des Loewe-Hauptquartiers in Oberfranken niederzulassen. „Ich werde mit der Familie im Sommer 2009 nach Kronach ziehen,“ sagte der verheiratete Vater von vier Kindern. An der Kreisstadt im Norden Bayerns schätzt er vor allem die Bodenständigkeit und die Kompetenz der Mitarbeiter.

Auf die weite Welt muss er trotzdem nicht verzichten: Ganz oben auf seiner Agenda steht das Ausland. So soll der Umsatzanteil aus dem Export von 50 auf 60 Prozent steigen.

Noch lächelt Frieder Löhrer – aber er muss mit seinem Vorgänger klarkommen, der ihn kontrolliert.

Neuer Loewe-Chef hält an Strategie fest

Vorstandswechsel im Branchenaufschwung · Sportjahr 2008 gibt Impulse · Auslandsanteil soll steigen

Abbildung 45: Handelsblatt und FTD

Die Anteilseigner, zu denen auch die Familie des früheren Vorstandsvorsitzenden und jetzigen Aufsichtsratsvorsitzenden Hecker mit 13,8 Prozent der Unternehmensanteile zählt, sind zufrieden und selbst die Vertreter der Kleinanleger sind mit dem Wechsel einverstanden – sogar damit, dass der ehemalige Unternehmenslenker künftig an der Spitze des Aufsichtsrates sitzt, schreibt die Süddeutsche Zeitung vom 10. Juni 2008. Der neue Mann an der Unternehmensspitze ist sich dessen bewusst, dass sein Start geglückt ist – was er vor allem auf die Weitsicht seines Vorgängers und des Aufsichtsrates zurückführt, die besonders umsichtig vorgegangen sind. Eineinhalb Jahre nach seinem Start bei Loewe fällt der Rückblick des Vorstandsvorsitzenden positiv aus:

> *Besonders gelungen war für mich, dass der Übergang bei Loewe mit Weitsicht und Augenmaß vorbereitet war. Dass in diesem Wechsel Wert auf Kontinuität gelegt wurde, war gut für das Unternehmen, denn das Empfindlichste an so einem Unternehmen ist die Marke.*

3.6 Neuausrichtung

3.6.1 Die Situation im Licht von Theorie und Praxis

3.6.1.1 Spezifika der Neuausrichtung

Arbeitsdefinition Neuausrichtung

Strategisches Management in einem Unternehmen bedeutet, im Rahmen des umfassenden Managementprozesses eines Unternehmens bewusst, geplant und gewollt strategische Optionen zu definieren, zu prüfen und zu verfolgen, sich also festzulegen. Die Optionen ergeben sich aus den eigenen Stärken, der Wettbewerbsposition, den Differenzierungsmöglichkeiten am Markt, den Kundenbedürfnissen, den eigenen Produkten, dem gesamten Marktumfeld, den finanziellen Ressourcen und dem erhofften Marktpotential. Eine Neuausrichtung ist eine Änderung der Strategie, also die Wahl einer anderen strategischen Option. Mit diesem Kurswechsel verbunden ist oftmals eine alle Funktionsbereiche, alle Strukturen, alle Prozesse erfassende Veränderungsnotwendigkeit – dadurch ist eine Neuausrichtung in der Regel ein profundes

Veränderungsprogramm für ein Unternehmen.[21] Neuausrichtungen zielen als unternehmensweite Initiativen immer auf das Ergreifen großer unternehmerischer Chancen oder auf das Einschränken von (weiteren) Risiken und Entwicklungen, die ohne Festlegung auf eine andere strategische Option zu einer Gefährdung des Unternehmens führen. Motive für Neuausrichtung sind häufig tiefgreifender Strukturwandel einer Branche, gravierende Veränderungen in der Bedürfnisstruktur der Kunden, bedeutsame Innovationen oder massive Veränderungen im Wettbewerbsumfeld, die eine bisherige Strategie obsolet werden lassen und die Festlegung auf eine neue Option notwendig machen: weil sich die eigene Wettbewerbsposition verschlechtert hat, weil Ertrags und Margen sinken, weil der wirtschaftliche Erfolg des Unternehmens gefährdet ist. Begleiterscheinungen der Neuausrichtung als Initiative und Prozess sind – für das Management ebenso wie für die Mitarbeiter – Überforderung, Überlastung und Zeitdruck, einhergehend mit der Notwendigkeit, neue Fertigkeiten zu erwerben und neue Aufgaben zu übernehmen, ohne den Markt und die Kunden dabei zu vernachlässigen: Man wechselt die Pferde im Galopp. Die vorherrschende Unternehmenskultur bestimmt Bereitschaft und Geschwindigkeit solcher Transformationsprozesse. Nicht selten sind daher Neuausrichtungsprogramme gekoppelt mit Culture-Change-Programmen.

Grundlegende Möglichkeiten der Neuausrichtung

Grundsätzlich lassen sich Marktdurchdringungs-, Marktentwicklungs-, Produktentwicklungs- und Diversifikationsstrategien unterscheiden, sowohl als Optionen der strategischen Wahl als auch als Optionen der Neuausrichtung. Leker unterscheidet vier verschiedene Realtypen strategischer Neuausrichtungen: den Expandierer, den Innovierer, den Transferierer und den Fokussierer.[22] Die Unterschiede beziehen sich insbesondere auf die Motive, auf die betroffenen Objekte der Neuausrichtung und auf die Kernaktivitäten. Darüber hinaus gibt es Neuausrichtungen,

---

[21] Vgl. zu strategischen Optionen: Steinmann, H., Schreyögg, G., Management, S. 219 ff.

[22] Vgl. Leker, J., Die Neuausrichtung der Unternehmensstrategie, S. 255 ff.

die tendenziell evolutionärer, und andere, die eher revolutionär verfolgt werden.

Herausforderungen der Neuausrichtung

Oft scheitern strategische Neuausrichtungen daran, dass bei Beginn des Transformationsprozesses nicht genügend Funktionsbereiche erfasst und einbezogen werden. Zudem wird die Notwendigkeit der Bereitschaft der Mitarbeiter und Führungskräfte ebenso unterschätzt wie die Kultur, derer es bedarf, um neben strikter Leistungsbereitschaft auch Veränderungswillen und Lernbemühungen einer ganzen Organisation zu fordern und zu fördern. Der Kommunikation kommt in Neuausrichtungen eine wesentliche Bedeutung zu, um diese Risiken zu minimieren. In Summe gilt, dass strategische Neuausrichtungen sehr komplexe Transformationsprozesse darstellen, von der Suche nach der richtigen Option über die Umsetzung bis hin zur Sicherstellung der erwünschten Nachhaltigkeit. Es geht also nicht darum, leichtfertig neue Wege einzuschlagen, sondern das ganze Unternehmen beharrlich und konsequent auf einen neuen Weg auszurichten. Angesichts der zunehmenden Diskontinuitäten in Märkten werden immer mehr Unternehmen vor der Herausforderung stehen, die Fähigkeit zur Neuausrichtung fest in der Unternehmenskultur zu verankern.

Phasen einer Neuausrichtung

Der Prozess der Neuausrichtung erstreckt sich von der Analyse der strategischen Situation und der Ableitung von strategischen Optionen und strategischen Zielen über die Entscheidung für eine Option und die Umsetzung der Strategien in funktionale und bereichsbezogene Teilstrategien und operative Handlungsprogramme bis hin zur strategische Kontrolle[23]. Die nachfolgende Abbildung zeigt die Eckpunkte der Phasen einer Neuausrichtung.

---

[23] Zum praktischen Vorgehen der Auswahl der Option der Neuausrichtung vgl. Leupin, U., Turnaround von Unternehmen, S. 235 ff.

Phasen	Analyse	Entwicklung der Strategie und Neuausrichtung	Umsetzungs-vorbereitung	Umsetzung
Ergebnisse	– Analyse des Marktumfeldes – Analyse der Unter-nehmens-gegebenheiten – Analyse der Kunden, der Nachfrage, des bestehenden Angebots, der Wettbewerber	– Entwicklung strate-gischer Optionen, Auswahl der Option und Formulierung – Planung der Unternehmens-entwicklung – Planung von Organisation, Personal, Vertrieb etc. – Entwicklung der Argumentations-linie für die Neu-ausrichtung nach innen und außen	– Erarbeitung detaillierter Um-setzungskonzepte für alle Unter-nehmensbereiche – Formulierung aller Meilensteine – Vorbereitung der Organisation, Klärung der Ver-antwortlichkeiten – Erarbeitung der Kommunikations-strategie	– Projektmanagement zur Implementierung aller Maßnahmen – Kommunikation nach innen und außen und Motivation der Organisation – Umsetzung des gesamten Kommunikations-fahrplans – Umsetzungs-controlling

Abbildung 46: Phasen der Neuausrichtung

3.6.1.2 Anforderungen an die Kommunikation in der Neuausrichtung

Grundsätzlich gelten für die sehr umfassende Neuausrichtung je nach weiteren eingeplanten Sondersituationen – oftmals sind dies Restrukturierung, Neupositionierung oder Rebranding – alle entsprechenden Kapitel in diesem Buch. Insofern soll hier nur auf das Bezug genommen werden, was zusätzlich und spezifisch für die Neuausrichtung bedeutsam ist.

Die Herausforderung der Sinnstiftung

In der Neuausrichtung ist die vielleicht wichtigste Frage: Warum ist diese Option die richtige Option, vielleicht sogar die einzig richtige Option für die zukünftige Existenz- und Erfolgssicherung des Unternehmens? Dazu gehört eine Beurteilung, inwieweit dieser Weg Chancen des externen Umfeldes ausnutzt oder die Risiken vermeidet bzw. abschwächt, die Stärken und Kernkompetenzen des Unternehmens nutzt, seine Schwächen umgeht oder reduziert und nicht zuletzt auch die kulturelle und politische Situation des Unternehmen berücksichtigt. Es geht anfänglich also in erster Linie um die Vermittlung der Sinnhaftigkeit nach innen und außen: Die Neuausrichtung ist notwendig, zielführend und machbar.

Die Herausforderung der Information und Motivation

Im Anschluss daran hat die Kommunikation intern schwerpunktmäßig die Aufgabe, die Bedeutung und Ziele der Einzelmaßnahmen zu vermitteln, über Änderungen zu informieren und Führungskräfte und Mitarbeiter für den Transformationsprozess so zu motivieren, dass der Organisation auf der langen Strecke der Veränderung nicht der Atem für die konsequente Umsetzung ausgeht. Das klingt ganz leicht – die Schwierigkeit liegt aber in einer disziplinierten und kontinuierlichen Kommunikation.

Die Herausforderung des Change Managements

Zu großen Teilen geht es in der Neuausrichtung auch um Change Management und die Entwicklung der Fähigkeit, mit Veränderungen aktiv, zielstrebig und umsetzungsorientiert umzugehen. In Veränderungsprozessen ist Kommunikation der entscheidende Ansatz, um Ängste zu adressieren, die notwendigen Veränderungen wiederholt klarzustellen, Transparenz und Vorhersehbarkeit herzustellen und diese vor allem herunterzubrechen auf die Ebene der Alltagsarbeit eines jeden Mitarbeiters. Nur so kann jedem Einzelnen klar werden, was morgen anders sein soll als gestern. Und nur so kann die Summe aller Veränderungen überzeugend und mit einer Stimme nach außen vermittelt werden[24]. Darüber hinaus brauchen die Mitarbeiter das Gefühl, Einfluss nehmen zu können: Interaktive Formate zur Einbindung und Partizipation sind erfolgskritisch. Insofern greifen die wesentlichen Erfolgskriterien der Neuausrichtung die Erfolgskriterien der Kommunikation in Veränderung auf.

---

[24] Erfolgsfaktoren von Veränderungsprozessen in der einschlägigen Literatur liefert neben Kotter, J.P., Leading Change, S. 59 ff. auch Doppler, K., Lauterbach, C., Change-Management, S. 95–107, eine Übersicht liefert Frey, D., Gerkhardt, M., Erfolgsfaktoren und psychologische Hintergründe in Veränderungsprozessen, S. 50, eine knappe Darstellung der psychologischen Erfolgsfaktoren Enderli, L., Psychologische Erfolgsfaktoren, S. 20 ff.

Kernaufgaben der Kommunikation

Neben dem Meistern dieser Herausforderungen muss die Kommunikation in der Neuausrichtung auch ihr Grundhandwerk beherrschen: Bedingt durch die strategische Neuausrichtung sind Leitbild, also Vision, Mission und Werte zu überarbeiten und entsprechend nach innen und außen zu kommunizieren. Die Unternehmenskultur muss angepasst werden: durch indirekte Maßnahmen ebenso wie durch klare Proklamation der Zielkultur. Der Außen- und Innenauftritt muss entsprechend den Neuerungen überarbeitet werden.

Stakeholder-Management in der Neuausrichtung

Das Thema Sinnstiftung spiegelt sich auch in den Kernfragen der unterschiedlichen Stakeholder wider. Die folgende Abbildung zeigt die wichtigsten Fragen, die im Rahmen der Kommunikationsmaßnahmen adressiert werden müssen.

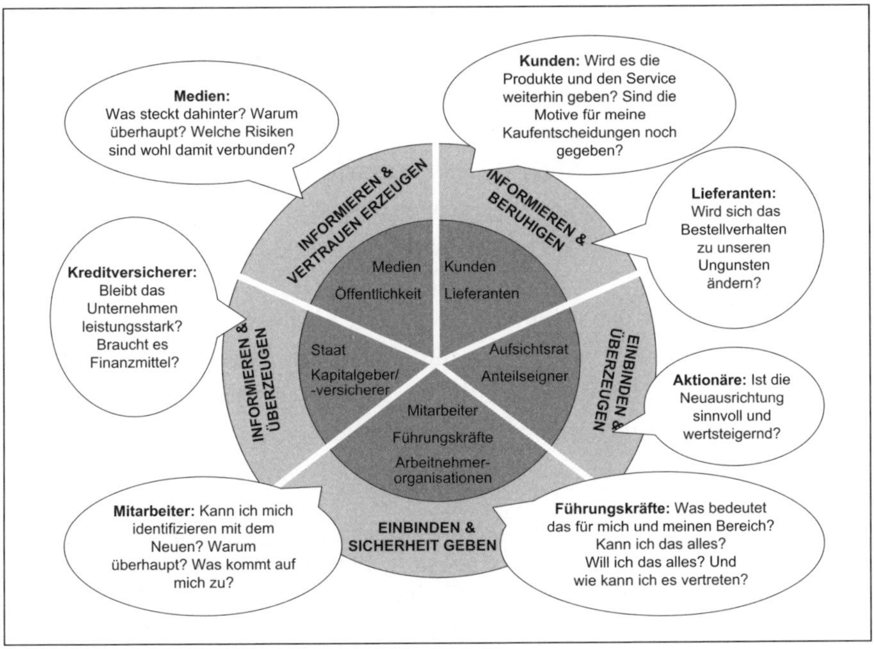

Abbildung 47: Stakeholder in der Neuausrichtung

3.6.1.3 Externe Kommunikation in der Neuausrichtung

Medienarbeit hat in dieser Sondersituation erst Sinn, wenn genug Klarheit gewonnen wurde über die geplante Neuausrichtung, den Prozess und wenn klar ist, welche Änderungen sich ganz konkret für die externen Zielgruppen ergeben werden. Deutlich früher kann die Kommunikationsarbeit im Hintergrund ansetzen, zum Beispiel, wenn das neue äußere Erscheinungsbild entworfen wird. Dessen Präsentation sollte dann zeitlich mit der ersten Pressemeldung über die Neuausrichtung koordiniert werden. Der Vertrieb als neuralgischer Punkt des Unternehmens wird die Neuausrichtung sinnvollerweise frühzeitig argumentieren und vermarkten. Sind die ersten Erfolge im Prozess deutlich, sichtbar und werthaltig für die Außenwelt, kann die Kommunikation breiter werden. Was so manches Unternehmen ungenügend würdigt: Alles, was ein Unternehmen in dieser Zeit nach außen verlautbart, sollte immer wieder als Beleg für die Neuausrichtung dargestellt werden, um die Kernbotschaft der Veränderung zu untermauern und eine neue Kontinuität aufzubauen. Die folgende Darstellung zeigt zusammenfassend die wichtigsten Schritte in der externen Kommunikationsarbeit.

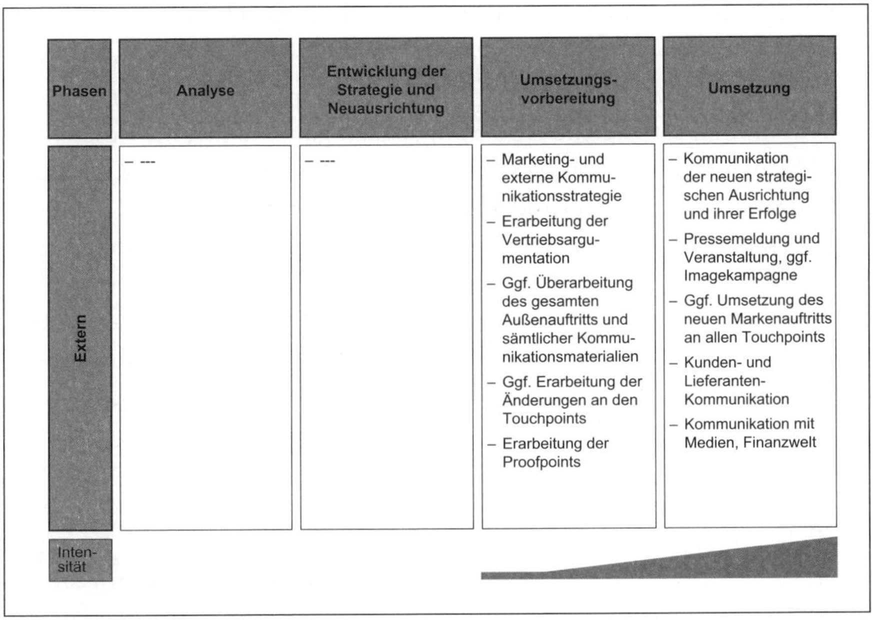

Abbildung 48: Externe Kommunikation in der Neuausrichtung

3.6.1.4 Interne Kommunikation in der Neuausrichtung

Immer wieder wird in der internen Kommunikation fälschlicherweise getan, was in der externen Kommunikation absolut richtig ist: Nur Ergebnisse und Erfolge werden kommuniziert – mitunter einer der häufigsten Fehler in der Neuausrichtung. Wie auch beispielsweise in der Repositionierung wird man anfangs verstärkt über das Vorhaben und seine Notwendigkeit sprechen müssen, später über die betroffenen Bereiche, Prozesse und Strukturen, dann über die Vielzahl der konkreten Veränderungen und noch später erst über erste Ergebnisse. Parallel dazu muss von Anfang an massiv und nachhaltig auf Veränderungskommunikation im klassischen Sinn gesetzt werden, um die Mitarbeiter inhaltlich aus- und mental aufzurüsten. Die folgende Abbildung zeigt die Zusammenhänge.

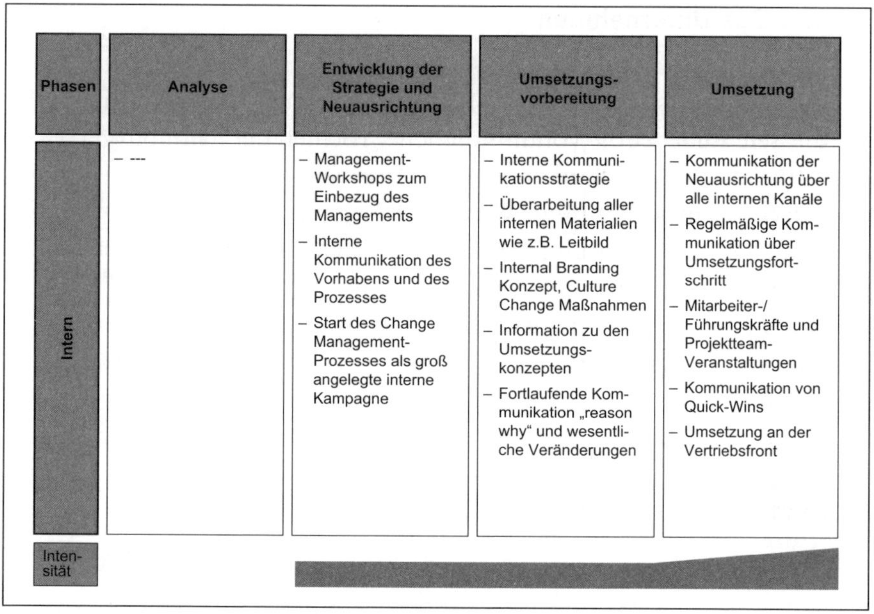

Abbildung 49: Interne Kommunikation in der Neuausrichtung

3.6.2 Ein Fallbeispiel: Reuschel & Co.

Die Immobilienkrise in den USA, die üblichen Provisionsgeschäfte, die Zins- und Zinseszins-Mentalität, „vergiftete" Wertpapiere, das Investmentgeschäft. Was letzten Endes zur aktuellen Weltwirtschaftskrise geführt hat, ist für die Meinung der breiten Öffentlichkeit unerheblich. Fakt ist, dass die gesamte Bankenbranche einen immensen Imageschaden erlitten hat. Fakt ist auch, dass die gesamte Branche vor einem strukturellen Umbruch steht. Das folgende Kapitel berichtet von Reuschel & Co. Privatbankiers, die durch vorausschauendes Handeln und eine konsequente Neuausrichtung auf Kundenorientierung nicht nur die Finanzkrise bislang unbeschadet überstanden, sondern auch eine Antwort auf den sich anbahnenden Strukturwandel gefunden haben.

3.6.2.1 Das Unternehmen

1947 gegründet, zählt Reuschel & Co. heute zu den führenden Privatbanken in Deutschland. Als Münchner Traditionsunternehmen bietet die seit Ende 2009 vollumfängliche Tochter der Hamburger Conrad Hinrich Donner Bank mit 426 Mitarbeitern und Spezialisten für Private & Business Banking, Wealth Management und Stiftungsbetreuung ganzheitliche Beratung für anspruchsvolle Privatkunden, Freiberufler, leitende Angestellte und den unternehmerischen Mittelstand in sämtlichen Finanzfragen. Trotz der schwierigen Rahmenbedingungen erzielte Reuschel & Co. 2008 erneut ein solides positives Ergebnis in Höhe von 8,8 Millionen Euro. Der Zusammenschluss mit der Hamburger Conrad Hinrich Donner Bank Ende 2009 ermöglichte beiden Privatbanken eine Ausweitung ihrer Geschäftsaktivitäten auf das gesamte Bundesgebiet und eröffnet damit zusätzliche Wachstumschancen.

3.6.2.2 Die Ausgangssituation

Im Zuge einer umfangreichen Restrukturierung, die den sozial verträglichen Abbau von rund 20 Prozent der Mitarbeiter beinhaltete, musste Reuschel & Co. 2005 erstmals seit der Gründung vor knapp 60 Jahren einen Verlust hinnehmen. Auch wenn ein nicht unerheblicher Teil dieses Verlustes durch die anfänglichen Kosten der Restrukturierung selbst hervorgerufen wurde, stand das neu installierte Management-Team, seit 2006 unter der Leitung von Sprecher Patrick Tessmann, vor der Herausforderung, die Bank für die Zukunft fit zu machen und sie auf Augenhöhe führender Privatbanken zu bringen. Und das mit einer Belegschaft, die durch die vorangegangene Restrukturierung verunsichert war und sich nicht auf dem Höhepunkt ihrer Leistungsfähigkeit befand – nicht zuletzt auch deshalb, weil einige Leistungsträger das Unternehmen verlassen hatten. Patrick Tessmann erinnert sich an diese Zeit:

> *Als ich 2006 als neuer Sprecher der Geschäftsleitung ins Unternehmen kam, war die Restrukturierung bereits angelaufen, aber noch ohne klares Zielbild in Bezug auf Vision, Strategie und die zukünftige Marktausschöpfung. Reuschel war nicht konsequent*

auf Kundenorientierung ausgerichtet, es gab keinen stringenten Beratungsprozess, und ebenso fehlte ein klarer Vertriebsfokus – also wesentliche Elemente des Kerngeschäfts einer Privatbank. Hinzu kam eine Unternehmenskultur, die noch stark in traditionellen Werten verhaftet war. Sicher – auch das ist Teil von Reuschel und soll es auch sein. Aber wir brauchten auch neue Werte und Verhaltensweisen, um in diesem stark umkämpften Markt zu bestehen und uns von der Konkurrenz abzuheben.

3.6.2.3 Der Plan

Maximale Einbindung aller Betroffenen

„Bitte keine One-Man-Show!", sagt Patrick Tessmann und meint es auch so. In den Jahren der strategischen Neuausrichtung hat er durchgehend auf die maximale Einbindung aller Betroffenen gesetzt. Er erläutert:

> *Aufgrund der Verunsicherung im Unternehmen, dass niemand wusste, wo es hingeht, war mir klar, dass ich mit allen kommunizieren und viel mehr Informationen liefern muss. Besonders wichtig: einen Prozess aufzusetzen, der kontinuierlich läuft, der die Mitarbeiter bei den anstehenden Veränderungen mitnimmt und sie an der strategischen Neuausrichtung von Reuschel aktiv mitgestalten lässt. Für die externe Kommunikation wollte ich ein neues Branding, um Kunden, Mitarbeiter und Führungskräfte davon zu überzeugen: Das ist eine neue Bank! Die Entscheidung für das neue Logo fällten dann die Kunden in einer Befragung. Entscheidendes Thema war, Kommunikation als stringenten und kontinuierlichen Prozess zu verstehen und nicht als Ad-hoc-Ansatz.*

Kommunikation als kontinuierlicher Prozess – in die gleiche Kerbe schlug das Excellence-Projekt, das 2006/2007 durch die Muttergesellschaft Allianz aufgesetzt wurde und an dem sich alle Einzelgesellschaften beteiligen konnten. Das Programm war offen gestaltet, denn die weltweit verstreuten Einheiten mussten sehr unterschiedliche Herausforderungen bewältigen. Gemeinsames Ziel war, eine Ergebnisverbesserung insbesondere durch die Veränderung „weicher Faktoren“ zu erzielen, wie beispielsweise der Kommunikation und der Unternehmenskultur. Reuschel & Co. nutzte dieses Programm für die eigene Herausforderung der strategischen Neuausrichtung und konnte durch seinen umfassenden Maßnahmenkatalog eine Vorreiterrolle einnehmen: aktive Kommunikation und Einbindung beispielsweise durch die Umsetzung von Mitarbeiterideen – beides zentrale Grundsätze, die Reuschel verfolgt.

Kommunikationsplan

Alle wesentlichen Maßnahmen über einen Zeitraum von vier Jahren, über die die verschiedenen Stakeholder aktiv in den Veränderungsprozess eingebunden wurden, sind in folgender Roadmap dargestellt.

2006	2007	2008	2009
Analyse, Strategie	Mobilisierung, Umsetzung	Umsetzung	Weiterentwicklung
Interne Kommunikation			
▶ SWOT-Analyse ▶ Einzelgespräche mit allen Führungskräften ▶ Führungskräftetagung (FKT) zu Vision, Strategie, Beratungsstrategie ▶ Roadshow durch alle Abteilungen ▶ Kommunikation via Intranet ▶ Implementierung Sitzungskultur ▶ Implementierung Vertriebsmanagementrunden ▶ Implementierung Risiko- und Vertriebssitzung ▶ Jährliche Beurteilung und Potentialrunden ▶ Kommunikation Board Agenda der Geschäftsleitung	▶ Vertriebsmanagementrunde: Entwicklung neuer Vertriebsideen (monatlich) ▶ Vertriebsrunde: Diskussion Vertriebsideen, -strategie ▶ Jourfixe Vertriebs-Abteilungsleiter (wöchentlich) ▶ Geschäftsleitungs-Sitzung ▶ Top-Management-Workshop Umsetzung Beratungsprozess ▶ Zwei FKTs: „Pro Exzellenz“, "Von der Vision zur Aktion" ▶ Vertiebsnewsletter intern ▶ Kapitalmarktnewsletter intern ▶ Kommunikation Board Agenda der Geschäftsleitung ▶ Definition Führungsstandards ▶ Start Projekt "Excellence" ▶ Town Hall-Veranstaltung	▶ Neuer Intranet-Auftritt ▶ Interner Newsletter zu Stil und Etikette, Lifestyle ▶ Projekthaus: Übersicht aller Projekte inkl. Status, regelmäßige Sitzungen ▶ Definition Projektschwerpunkt Excellence auf Basis der ersten Town Hall-Ergebnisse ▶ Zweite Town Hall-Veranstaltung ▶ FKT „Teamspirit für eine erfolgreiche Privatbank“	▶ Neuer Projektschwerpunkt Excellence auf Basis der zweiten Town Hall-Ergebnisse ▶ Mitarbeiterkommunikation Merger ▶ FKT „Motivation in schwierigen Zeiten“ ▶ Regelmäßige Informationen über Merger an Führungskräfte und Gremien ▶ Aufbau eines gemeinsamen Extranets mit Donner ▶ Aufbau eines gemeinsamen Newsletters mit Donner
Interne Kommunikation			
▶ Aufbau Außenauftritt und Kommunikation ▶ Definition von Beratungsstandards	▶ Implementierung Beratungsprozess, Schulung Berater ▶ Pitchbooks, Präsentationen, Kundenbriefe ▶ Style Guide ▶ Neuer Markenauftritt ▶ Kapitalmarktnewsletter extern ▶ Konzept Kundenevents	▶ Neuer Internet-Auftritt ▶ Verstärkte Öffentlichkeitsarbeit ▶ Aktive Kommunikation in der Finanzmarktkrise ▶ Positionierung als solides Bankhaus	▶ Kundeninformation zum Verkauf an Donner

Abbildung 50: Die Ereignisse bei Reuschel im Überblick

3.6.2.4 Die Maßnahmen

Im folgenden Abschnitt werden zentrale Kommunikationselemente näher beschrieben. Das soll die Bedeutung der Einzelmaßnahmen nicht schmälern, denn es ist die Summe aller Einzelteile, die eine strategische Neuausrichtung erfolgreich macht und mit der ein ganzes Unternehmen konsequent auf einen neuen Weg ausgerichtet wird.

Sinnstiftung, Information, Motivation: Roadshow der Geschäftsleitung

Nicht nur, dass Manager im persönlichen Kontakt nahbarer werden – wer könnte eine glaubwürdigere Antwort auf die zentrale Frage der Neuausrichtung geben als die Geschäftsleitung? Reuschel & Co. will eine der führenden Privatbanken Deutschlands werden, mit klarem Kundenfokus und Beratungsansatz. Eine umfangreiche SWOT-Analyse ergab zahlreiche Stärken, die zukünftig klarer positioniert, sowie Schwächen, die kontinuierlich verringert werden sollten. Dazu sollte eine neue Leistungskultur etabliert werden. Diese Botschaft verkündete die Geschäftsleitung in über zwanzig Abteilungen. Die Roadshow wurde gelebte Führungskultur: Die Geschäftsleitung trat nicht nur zu Beginn der Neuausrichtung die Reise an, sondern berichtete auch im Rahmen des Excellence-Projekts später erneut persönlich über Einzelmaßnahmen, Fortschritt und Ergebnisse. Ziel war es, Vorbehalte abzubauen und die Akzeptanz für den Veränderungsprozess zu erhöhen.

Betroffene zu Beteiligten machen: Townhall-Meetings 2007 und 2008

Nach dem Motto „Die Mitarbeiter gestalten die Bank!" wurden die Townhall-Meetings Ausdruck der maximalen Einbindung von Mitarbeitern in die Neuausrichtung eines Unternehmens. Im Juli 2007 kamen in der Münchener Reithalle erstmals alle 426 Mitarbeiter zusammen, um an einem Freitagnachmittag die „Ten Golden Rules" zu diskutieren, die sich das Unternehmen auferlegt hatte, um die gemeinsame Vision Wirklichkeit werden zu lassen. Aus einem umfassenden Stimmungsbild und rund 900 eingefangenen Meinungen wurden 35 konkrete Einzelmaßnahmen abgeleitet und so die Vision mit konkreten Projekten verknüpft: Maßnahmen zu Kommunikation, Verhalten und Kultur über

Kundenorientierung, Produkt- und Prozessverbesserungen bis hin zu sozialer Verantwortung. Das Townhall-Meeting im Folgejahr 2008 ging noch einen Schritt weiter. In Workshops erarbeiteten die Mitarbeiter entlang provokanter Thesen konkrete Ideen zu fünf operativen Themenbereichen, um Reuschel & Co. an den Qualitätsstandards der Besten im Private Banking auszurichten: Beschwerde- und Ideenmanagement, Beratungsstandards, Marke und Kundenbeziehung. Und jeder definierte seinen persönlichen Beitrag, den er für Reuschel leisten wollte. Die „Ten Golden Rules" zeigt die folgende Abbildung.

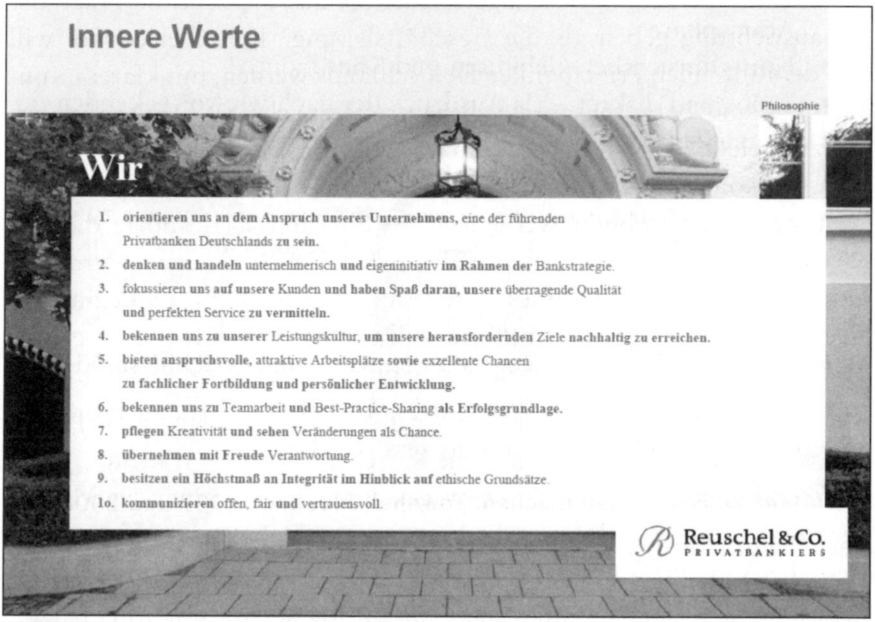

Abbildung 51: „Ten Golden Rules"

Sichtbare Neuausrichtung: Neuer Markenauftritt

Sichtbarer Ausdruck der Neuausrichtung ist der Außenauftritt. Änderungen des Außenauftritts können deshalb gut dazu genutzt werden, Veränderungen der Vision, der Strategie, der Werte zu signalisieren und zu verdeutlichen: Das ist ein neues Unternehmen! Anfang 2008 führte Reuschel deshalb folgenden Slogan ein: „Exzellent beraten." – er ist Ergebnis eines Markenworkshops von Geschäftsleitung, Marketing und Vertrieb und verdichtet Markenattribute und die neue Strategie. Der Slogan ist Programm und Anspruch zugleich. In der Reuschel-eigenen Loge der Allianzarena wurde erarbeitet, was Essenz des Unternehmens ist und sich heute in allen Marketingmaßnahmen wiederfindet:

- Exzellent – als Hauptattribut und Ausdruck des eigenen Anspruchs, eine Privatbank mit bestem Service und bester Beratung zu sein
- Persönlich und individuell – in Bezug auf Beratung, Betreuung, Atmosphäre
- Fair – hinsichtlich Gebühren und Konditionen
- Seriös und diskret – als Ausdruck der nach wie vor geltenden traditionellen Reuschel-Werte wie Ehrlichkeit, Aufrichtigkeit, Diskretion, Verlässlichkeit
- Lokal verwurzelt und umfassend vernetzt – der Spagat zwischen Individualität einer Privatbank und Know-how eines weltweiten Experten-Netzwerks
- Erfolgreich – im Sinne der Geschäftsentwicklung
- Solidität – bezüglich Kapitalausstattung und Geschäftsmodell.

Ein Beispiel für die Umsetzung der neuen Markenattribute ist das Pressefrühstück. Reuschel traf bewusst die Entscheidung für eine kleine, intime Veranstaltung, damit alle fünfzehn geladenen Journalisten der Münchner Lokalpresse sowie nationaler Finanzzeitungen an einem Tisch in der Reuschel-Villa Platz finden. Das Frühstück ist eingedeckt, stilvoller Blumenschmuck ziert den Raum. Man fühlt sich gleich wie zu Hause, eingeladen im privaten Rahmen. Die neue Vision, eine der führenden Privatbanken Deutschlands zu sein, mit bestem Service und bester Beratung, ist hautnah spürbar.

Kontinuierliche Information und Identifikation: Umfassendes Maßnahmenpaket

„Wir kommunizieren offen, fair und vertrauensvoll." So steht es in den „Ten Golden Rules". Bei Reuschel & Co. wird gelebt, was oftmals leere Hülle ist. Rundschreiben, Vertriebsticker, Geschäftsleitungs-Mails, Newsletter, Betriebsversammlungen, Führungskräftetagungen, Town Hall Meeting, Roadshow der Geschäftsleitung, eine Microsite zum Excellence-Programm sowie ein Download-Bereich im Intranet und nicht zuletzt das Reuschelpedia stellen mit festgelegter Regelmäßigkeit den Kommunikationsfluss im Unternehmen sicher. Ein ähnliches Maßnahmenset gibt es für die externe Kommunikation. Darüber hinaus tragen weitere Maßnahmen aus dem Excellence-Projekt dazu bei, die Mitarbeiter zu eigenverantwortlichem Handeln im Sinne des Unternehmens zu befähigen: angefangen bei einem Prozess für die Abfrage und Umsetzung von Mitarbeiterideen über ein web-based Training für Stil und Etikette, dem Onboarding neuer Mitarbeiter („Mitarbeiter einreuscheln"), bis hin zu einem Tag, der dem Treffen mit einem Kunden gewidmet ist. Eine Maßnahme für alle Mitarbeiter, egal ob sie im Kundenkontakt stehen oder nicht, und die das Verständnis für die eigenen Zielgruppen und letzten Endes die Kundenorientierung im Unternehmen fördern soll.

Besonderen Anklang fanden bei den Mitarbeitern der 2008 eingeführte Reuschel-Newsletter und die regelmäßige Kommunikation bankstrategischer Themen. Bei einer Kurzumfrage unter allen Mitarbeitern erhielten beide Themen große Zustimmung. Heute ist der Newsletter aus dem Unternehmen nicht mehr wegzudenken: Einmal monatlich gehen Neues zur Strategie, aktuelle Zahlen, Positives wie Negatives sowie ein Status-Update zum Excellence- Projekt und neuen Ideen per E-Mail an alle Mitarbeiter. Der sogenannte High Class Newsletter ergänzt diese Informationen und hält die Mitarbeiter auf dem neuesten Stand – mit Fakten und Hintergrundinformationen aus Gesellschaft, Lebensart, Sport, Stil und den Hotspots in München und Hamburg. Die folgende Abbildung zeigt Newsletter und Etikette.

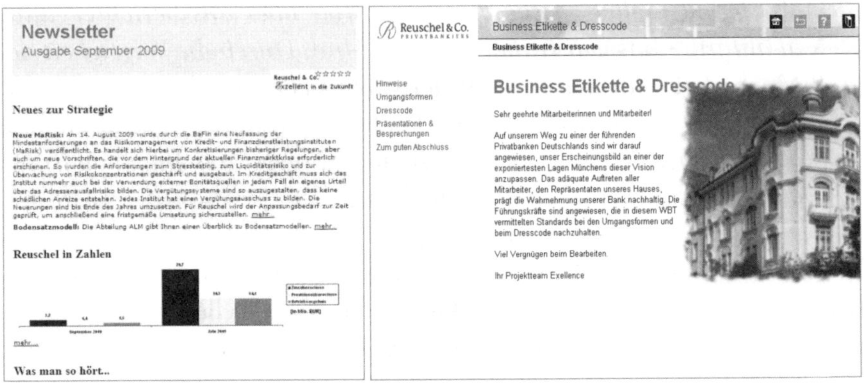

Abbildung 52: „Newsletter" und „Web-based Training Business Etikette"

3.6.2.5 Das Ergebnis

Die konkreten Ergebnisse der Kommunikations- und Mobilisierungsmaßnahmen liegen für Patrick Tessmann auf der Hand:

> *Wir haben keinen Leistungsträger mehr verloren, auch nicht in der Phase des Mergers. Wir haben durchgehend konstante Ergebnisse erzielt, auch in der Phase der Finanzmarktkrise haben wir Geld verdient. Wir haben eine hohe Kundenbindung. Die Kunden sind mit ihrem Vermögen bei uns geblieben, obwohl 2008 für die Finanzmarktindustrie das totale Desaster gewesen ist. Und wir haben eine hohe Mitarbeiterloyalität und die Bereitschaft, Veränderungen mitzugehen. Es hat sich gewandelt vom Zuhören, Verstehen zum Aktiv-mitgestalten-Wollen. Am meisten hat mich überzeugt, dass die Mitarbeiter von selbst Projekte und Initiativen gestartet haben: Letzten Endes haben wir den gesamten Prozess alleine bewältigt – mit den Ideen und dem Engagement unserer Mitarbeiter.*

Und Stefan Blaukat, Leiter Marketing und Vertrieb, ergänzt:

> *Reuschel wird als Marke wahrgenommen. 2006 war es für uns noch mit Kosten verbunden, unsere Marke zu platzieren. Heute werden wir angefragt, ob wir unsere Marke für Co-Brandings zur*

Verfügung stellen. Insgesamt wird öfter über uns berichtet, auch qualitativ – das war früher nicht so. Und: Durch die Wertigkeit der Marke liegt das Schiff auch bei stürmischer See besser im Wind. Wir haben in der Krise keinen Vertrauensverlust erlitten, wie z.B. die Großbanken, und die Mitarbeiter haben durch die neue Brand wieder mehr Selbstbewusstsein getankt.

Dass sie das meiste wieder genauso machen würden – darin sind sich Patrick Tessmann und Robert Greska, Leiter des Excellence-Projekts, einig. Was Patrick Tessmann anderen CEOs in vergleichbarer Lage raten würde? Er habe die hochrangigsten Führungskräfte manchmal vernachlässigt, habe gedacht, sie würden sich seiner Meinung schon anschließen, die Dinge so sehen wie er. Aber es war ein Prozess, bis sich das Führungsteam zu einer Sicht durchgerungen hatte. Heute sehe er das anders: von Anfang an das Topmanagement intensiv einbeziehen – und dadurch eine eingeschworene Gemeinschaft werden für die Neuausrichtung, für den Erfolg.

Die Fakten sprechen für sich: Reuschel & Co. konnte 2008 einen zweistelligen Millionenbetrag als Betriebsergebnis erzielen. Die Anzahl der Kundenbeschwerden ging um 30 Prozent zurück. Die Mitarbeiter glauben an Reuschel & Co. Das haben die Feedbacks im Rahmen verschiedener interner Erhebungen gezeigt. Auch die Mitarbeiterbeteiligung hat stark zugenommen: Musste vor ein paar Jahren eine freiwillige Veranstaltung noch aufgrund mangelnder Teilnahme abgesagt werden, liegt heute die Beteiligung konstant bei über 80 Prozent. Nicht zuletzt erreichte das Bankhaus beim renommierten Fuchsbriefe-Ranking aktuell Platz sieben in der ewigen Bestenliste der Vermögensmanager und eine Top-Ten-Platzierung in der Stiftungsvermögensbetreuung – und das im deutschlandweiten Vergleich.

3.7 Repositionierung

3.7.1 Die Situation im Licht von Theorie und Praxis

3.7.1.1 Spezifika der Repositionierung

Arbeitsdefinition Repositionierung

Die Positionierung ist die gezielte, langfristige und planmäßige Schaffung und Herausstellung von Stärken und Qualitäten, die für Kunden relevant und attraktiv sind, eine Abgrenzung vom Wettbewerb ermöglichen und zu einer Kaufpräferenz auf Seiten der Kunden führen sollen.[25] Eine Positionierung ist in vier Handlungsfeldern denkbar: Profilierung, Festigung, Erneuerung und Wahrung. Repositionierung meint die Erneuerung. Unter Repositionierung wird in diesem Buch die bewusste Anpassung der bisherigen Positionierung eines Unternehmens an eine veränderte Unternehmensstrategie verstanden[26]. Die „Änderung der Unternehmensstrategie“ wiederum kann notwendig geworden sein durch veränderte Marktbedingungen bezüglich Wettbewerbern oder Kunden und reicht von stagnierenden Märkten über veränderte Anforderungen der Kunden bis hin zu Preiskämpfen oder Globalisierung.

Gedankliches Modell der Repositionierung

Positionierung oder Repositionierung bedeutet, eine erdachte Differenzierung bis zur konkreten Botschaft zu entwickeln und voranzutreiben: Von der Strategie bis zum Wording muss sich alles dieser Botschaft unterordnen, Ziel ist Verkaufsförderung und damit gesteigerter Umsatz. Repositionierung mündet fast immer in eine Anpassung der Marke und damit des Markenauftritts. Sie ist per se durch erhebliche kommunikative Anstrengungen gekennzeichnet, denn die veränderte Positionierung muss nach innen und außen vermittelt werden, wenn sie wahrgenommen werden und zu einer verbesserten Wettbewerbsposition führen soll. Repositionierung kostet Zeit, soll sie gelingen. Im Gegensatz zu den meis-

---

25 Vgl. Kotler, P. u.a., Marketing-Management, S. 423.
26 Vgl. Meffert, M. u.a., Marketing, S. 376.

ten anderen Sondersituationen ist Kommunikation Hauptbestandteil der Umsetzung einer Repositionierung. Gedanklich ist zu unterscheiden zwischen Hygienefaktoren – Anforderungen, die erfüllt sein müssen, um das allgemeine Anspruchsniveau des Marktes zu erreichen – und Differenzierungsfaktoren, die eine Unterscheidung von der Konkurrenz ermöglichen und vereinfachen. Das folgende Schaubild zeigt schematisch diese gedankliche Trennung.

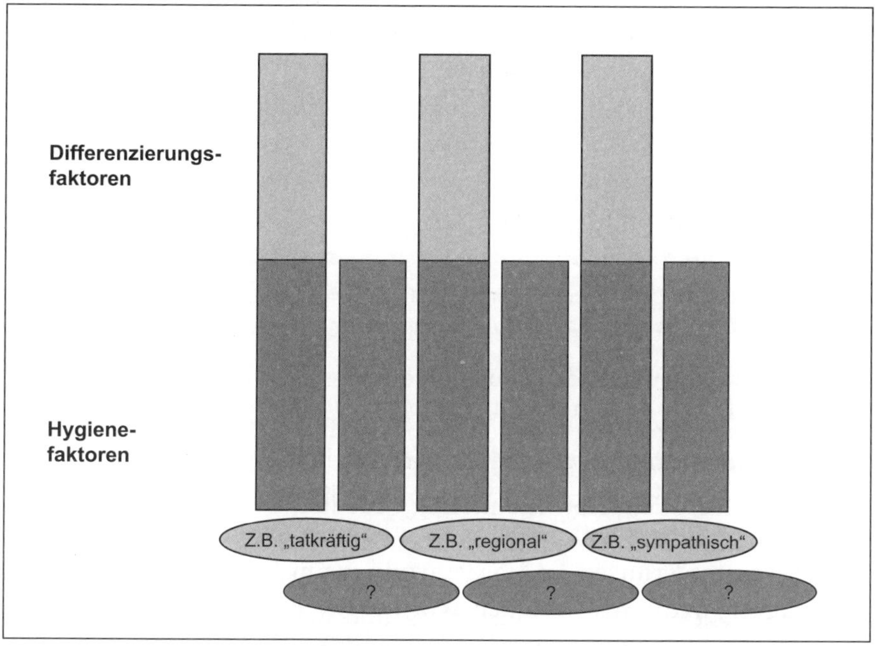

Abbildung 53: Hygiene- und Differenzierungsfaktoren in der Positionierung

Phasen einer Repositionierung

Die Phasen dieser Sondersituation sind in der folgenden Abbildung dargestellt und untergliedern sich im Wesentlichen in die Planung der Strategie und ihre Umsetzung. Der Prozess der Positionierung schließt somit eine Implementierungslücke zwischen Konzept und Wahrnehmung im Markt.

Phasen	Marktanalyse	Formulierung der Strategie und Position	Überführung in Kommunikationsstrategie	Kommunikation nach innen und außen
Ergebnisse	– Analyse veränderter Marktgegebenheiten – Analyse der Unternehmensgegebenheiten – Analyse der Kunden, der Nachfrage, des bestehenden Angebots, der Wettbewerber	– Formulierung der (Re-)Positionierungsstrategie – Ermittlung der relevanten Bewertungsdimensionen – Definition der Veränderungen – Formulierung der Positionierung im Markt und des USP	– Überführung von USP und Positionierung in die Kommunikationsstrategie – Überprüfung ggf. Überarbeitung Markensteuerrad, Markenauftritt, Corporate Identity – Planung des Roll-out der neuen Positionierung nach innen und außen	– Umsetzung des gesamten Kommunikationsfahrplans – Ggf. Kommunikation und Umsetzung des neuen Markenauftritts – Laufende Kontrolle

Abbildung 54: Phasen der Repositionierung

Herausforderungen bei der Repositionierung

Kommunikation zur Positionierung oder Repositionierung bedeutet immer eine Konzentration auf einige wesentliche Botschaften, denn mehr wird man sich in der externen Welt, in der die Positionierung zur Kaufentscheidung führen soll, nicht merken können und wollen. Hier stehen drei Herausforderungen im Vordergrund. Zum Ersten geht es um Differenzierung und Klarheit in den Worten: Die Botschaften müssen konsequent und klar an allen Berührungspunkten eines Kunden mit Marke und Unternehmen und über alle Kommunikationskanäle hinweg die Gleichen sein. Das gilt für die Service-Hotline nicht weniger als für den Produktvertrieb. Zweitens ist Glaubwürdigkeit essentiell: Worten müssen Taten folgen – das Unternehmen muss an allen Touchpoints[27] genau den Anspruch erfüllen, den es selbst postuliert. Das Touchpoint-Ma-

[27] Vgl. Spengler, Ch., Wirth, W., Die Wirkung von Marketing- und Vertriebsmaßnahmen maximieren, S. 46 ff.

nagement ist als multidisziplinärer, strategischer Ansatz zu verstehen, der in allen internen und marktorientierten Managementbereichen die gemeinsame Ausrichtung verfolgt. Unternehmen managen ihre Touchpoints häufig in verschiedenen Ressorts oder Abteilungen wie Marketing, Vertrieb, Kommunikation, Service, Public Relations, Investor Relations oder Personalwesen. Über all diese Abteilungsgrenzen hinweg sind Touchpoints so auszugestalten, dass die Marke und das Kundenerlebnis als konsistent erlebt werden und das Markenversprechen erfüllt wird. Für eine wirkungsvolle und konsistente Markenführung und den Aufbau einer unverwechselbaren Brand Experience ist es entscheidend, die kommunikativen Aktivitäten formal, inhaltlich und zeitlich aufeinander abzustimmen bzw. zu integrieren. Und zum Dritten spielt Wahrnehmung eine entscheidende Rolle: Wie kann alles, was ein Unternehmen kommuniziert (wie beispielsweise eine Corporate-Social-Responsibility-Initiative oder einen neuen Produktlaunch) wiederum einzahlen auf die eigene Positionierung, als „Proof Point" – in Analogie zu „Touchpoints" – für die Positionierung? Und wie kann die gesamte Positionierung so massiv stattfinden, dass sie das Grundrauschen der Branche übertönt? Mit anderen Worten: Ohne eiserne Disziplin in allen Kanälen, in allen Inhalten und an allen tatsächlichen Berührungspunkten mit der Marke bleibt die Idee von der klaren Vorstellung der Kunden, was das Angebot ausmacht, ein Wunschtraum.

3.7.1.2 Anforderungen an die Kommunikation in der Repositionierung

Vorgehensweise für die Kommunikationsplanung

Die Phase der Überführung der Repositionierung in die Kommunikationsstrategie und damit in ein umsetzungsfähiges Konzept sollte sechs Schritte enthalten: Als Erstes die Bestandsaufnahme über Medienresonanzanalyse der bisherigen Berichterstattung, Stakeholder-Analyse (qualitative Leitfaden-Interviews mit Vertretern der wichtigsten Anspruchsgruppen und Auswertung der Kommunikationsaktivitäten) – als Zweites eine Analyse aller vergangenen und bestehenden Aktivitäten und ihrer kommunikativen Effekte sowie drittens Formulierung erster Eckpunkte eines Kommunikationskonzepts – als Viertes ein Management-Workshop zur Überprüfung bzw. Konkretisierung der Positionierung „Wofür will das Unternehmen zukünftig stehen?“ und Überprüfung und gegebenenfalls Anpassung des Markensteuerrades und anschließend als Fünftes Audit der vorhandenen Medien und Maßnahmen vor dem Hintergrund der angepassten Positionierung (z.B.: Überprüfung Inhalte, Tonalität und Anmutung) – abschließend sechstens Formulierung des Kommunikationskonzept: Festlegung der Ziele, Definition der Zielgruppen, Auswahl und Konzeption der Medien und Maßnahmen, Priorisierung und Erarbeitung der Roadmap, Aufwandschätzung und Budgetplanung. Um im Rahmen der Repositionierung einen massiven und fokussierten Transformationsprozess von der alten zur neuen Position bewältigen zu können, müssen alle kommunikativen Disziplinen gebündelt werden: Marketing, interne und externe Kommunikation, Sponsoring und Vertriebsunterstützung.

Positionierung leben und umsetzen

Führungskräfte und Mitarbeiter sollten Botschafter des Neuen werden: Entwicklung und Implementierung einer Positionierung beginnen von innen heraus. Die Führungskräfte und Mitarbeiter sollten die neue Positionierung kennen, ihre Notwendigkeit und Bedeutung für Business, Prozesse, Vertrieb und Kultur verstehen. Nur so können sie ihre Vorbildfunktion wahrnehmen und als wichtige Kommunikatoren die interne Implementierung der neuen Positionierung vorantreiben. Die Vertriebsmitarbeiter sollten Überzeugungstäter werden: Sie wollen verstehen, wie sich die Repositionierung auf ihre tägliche Arbeit auswirkt, denn ihr Selbstverständnis, ihr Vorgehen, die Prozesse, und die Argumentation gegenüber dem Kunden werden sich – vielleicht sogar grundlegend – ändern. Ist der Vertrieb (als Markenbotschafter im Direktkontakt mit dem Kunden) in der Lage, die neue Positionierung kompetent und glaubhaft zu vermitteln, hat das Unternehmen den Krieg fast schon gewonnen, angepasste Verkaufsargumente und Materialien sind gegeben.

Positionierung proklamieren und stützen

Jetzt gilt es Aufmerksamkeit zu generieren: Die Kernzielgruppe – die Kunden – nimmt den Wandel wahr und merkt sich die Kernbotschaft der neuen Position, des neuen Image. Sie ist interessiert, das umfassendere Angebot des Unternehmens kennenzulernen. Jetzt kann der Verkauf beginnen, jetzt wird die Kluft zwischen Idee und Umsetzung geschlossen, was sich hoffentlich in Umsatz und Ergebnis manifestiert. Und nun muss Reputation und damit Glaubwürdigkeit erzielt werden: Die Position in der Kernzielgruppe und bei den Medien ist gesetzt, Zweifel an der neuen Richtung sind ausgeräumt. Die Medien akzeptieren das Unternehmen in seiner Position in der gesamten Branche – das ist der gewünschte Endzustand einer jeden Repositionierung.

Stakeholder-Management in der Repositionierung

Ein Blick auf die Anspruchsgruppen zeigt, dass es darum gehen wird, die Unterschiede zwischen der bisherigen und der neuen Position aufzuzeigen.

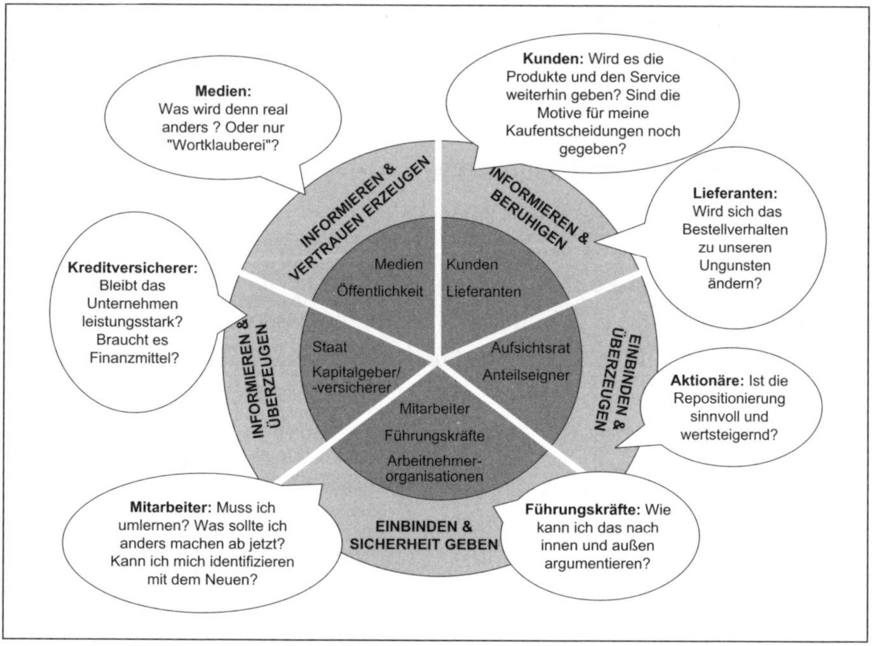

Abbildung 55: Stakeholder in der Repositionierung

3.7.1.3 Externe Kommunikation in der Repositionierung

In der externen Kommunikation ist es nicht ganz so einfach, Informationen zur Repositionierung zu transportieren: im Gegensatz zu den Medien möchte ein Unternehmen – sobald der Kommunikationsplan steht – gerne damit in die Öffentlichkeit, aber es läuft dem Medieninteresse voraus: die Presse möchte schließlich keine Willensbekundung abdrucken, sondern Geschichten. Insofern wird die Medienarbeit deutlich leichter, sobald sich die ersten Erfolgsmeldungen generieren lassen bzw. sobald das Unternehmen mit klaren Beweisen antreten kann, idealerweise im Gegensatz zum Wettbewerb. Vorsichtige Unternehmenslenker zögern oftmals auch von sich aus, eine Positionierung zu stark zu proklamieren, ohne das entsprechende Rückgrat aufgebaut zu haben. Zu empfehlen ist aber eine progressive Kommunikationspolitik, die bereits von Anfang an die Proklamierung mit konkreten Beispielen in der Umsetzung an den Touchpoints flankiert. Zudem sollte der Vertrieb zu diesem Zeitpunkt bereits mehr als auskunftsfähig sein. Gleichzeitig müssen alle Kommunikationsmittel überprüft und gegebenenfalls überarbeitet werden, um Konsistenz in der Außendarstellung sicherzustellen. Die folgende Darstellung zeigt zusammenfassend die wichtigsten Schritte in der externen Kommunikationsarbeit.

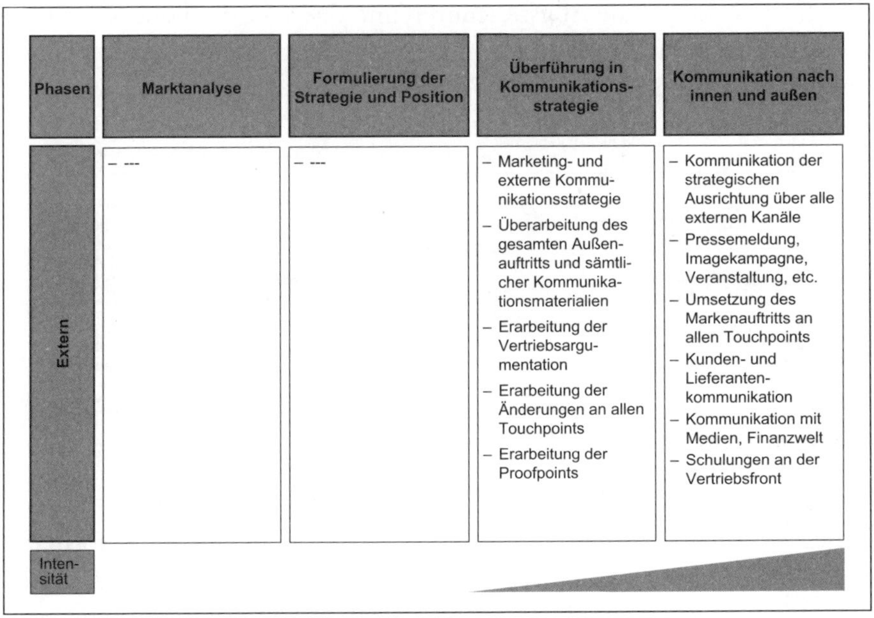

Abbildung 56: Externe Kommunikation in der Repositionierung

3.7.1.4 Interne Kommunikation in der Repositionierung

In der internen Kommunikation geht im Wesentlichen darum, Menschen zu Botschaftern der Erneuerung zu machen. Anfangs wird man mehr über das Vorhaben an sich und die Intention berichten können, später über erste Ergebnisse. Ohnehin ist es nicht hilfreich, die interne und externe Kommunikation in Bezug auf die Inhalte nicht zu synchronisieren: was innen berichtet wird, dringt schnell unkontrolliert nach außen und verhindert den „Big Bang", also den geballten Auftakt für die Repositionierung. Schulungen und Workshops für alle Abteilungen, die

Touchpoints für Kunden darstellen, sind äußerst sinnvoll, um persönliche Information, Verständnis und Engagement sicherzustellen. Ebenso hilfreich ist eine klare interne Kommunikation der Unterschiede zum Wettbewerb. Insgesamt muss die Kommunikationsarbeit relativ massiv ansetzen im Unternehmen, um die Veränderung der zentralen Positionierungsbotschaften Wirklichkeit werden zu lassen, denn im Gegensatz zu Sondersituationen, die Ängste schüren und durch eine erhöhte Alarmbereitschaft auch die Aufnahmefähigkeit steigern, geht es bei Repositionierungen oft primär darum, die Trägheit der Masse zu überwinden. Die folgende Abbildung zeigt die Zusammenhänge.

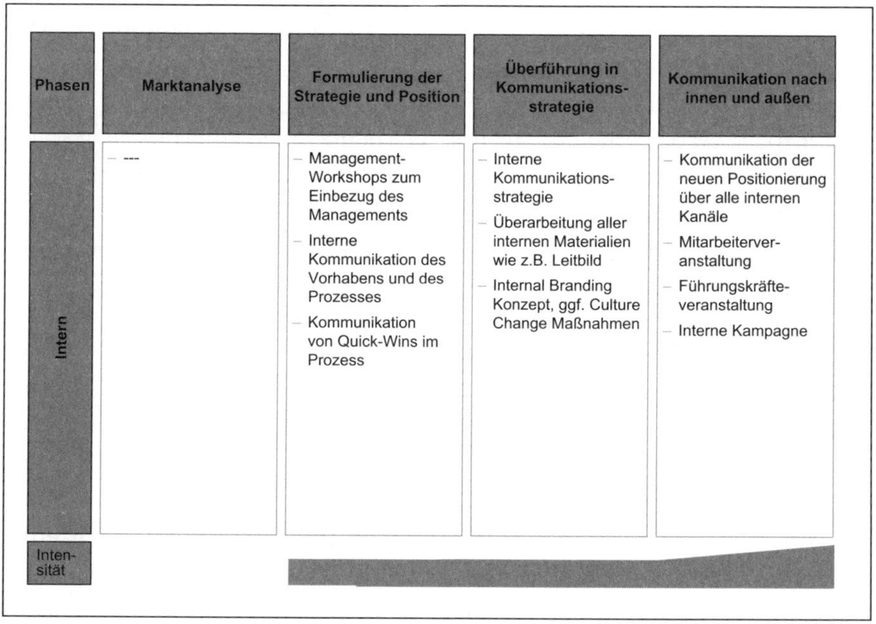

Abbildung 57: Interne Kommunikation in der Repositionierung

3.7.2 Ein Fallbeispiel: manroland

Nach mehr als 160 bewegten Jahren sorgte bei manroland ein Besitzerwechsel für Handlungsbedarf bei Vorstand, Führungskräften, Marketing, interner und externer Kommunikation sowie der Personalentwicklung. Die notwendige Neupositionierung und das Renaming wurden für einen Kulturwandel und ein Rebranding genutzt.

3.7.2.1 Das Unternehmen

Das Unternehmen manroland ist ein bedeutender Hersteller von Bogen- und Rollenoffset-Drucksystemen – Weltmarktführer im Rollenoffset, starker Zweiter im Bogenoffset. Das Unternehmen verfügt über ein weltweites Netz von Niederlassungen sowie Vertriebs- und Servicepartnern. Die Zentrale ist in Offenbach, Produktionsstandorte findet man in Augsburg, Offenbach und Plauen. 2008 machte manroland gut 1,7 Milliarden Euro Umsatz mit Drucksystemen und Lösungen für Werbe-, Verlags- und Verpackungsdruck. Die innovative Drucktechnologie wird regelmäßig prämiert, allerdings treffen die Wirtschaftskrise und der Strukturwandel in der grafischen Industrie das Unternehmen massiv: Kurzarbeit, Arbeitsplatzabbau und Gerüchte über eine mögliche Fusion mit einem Wettbewerber bestimmten 2009 die Schlagzeilen. Das Unternehmen manroland beschäftigt rund 8.000 Mitarbeiter, davon 2.000 außerhalb Deutschlands. Im Druckmaschinenbau betätigt sich das Unternehmen seit 1845.

3.7.2.2 Die Ausgangssituation

Die MAN AG hatte 2006 ihr Kerngeschäft neu bestimmt – Druckmaschinen gehörten danach nicht mehr dazu: Die Konzerntochter wurde ausgegliedert und an einen Investor verkauft; die Private-Equity-Gesellschaft Allianz Capital Partners übernahm rund 65 Prozent der Anteile. Die Selbständigkeit war beschlossene Sache – aus der Einheit eines Großunternehmens sollte ein eigenständiger Mittelständler werden. Das Unternehmen stand gut da, dennoch saß der Schock tief bei den Mitarbeitern: Für sie kam die Ankündigung aus heiterem Himmel. Gerd Finkbeiner, Vorsitzender des Vorstandes von manroland, hat Verständnis für die anfängliche Unsicherheit:

> *In dieser Entwicklung liegt eine hervorragende Perspektive für unser Unternehmen: Wir können in der Eigenständigkeit schneller*

und zielgerichteter unser Geschäft nach vorne bringen. Gleichzeitig tauchten in der Übergangszeit der Entflechtung durch die vielen großen und kleinen Veränderungen natürlich offene Fragen und Verunsicherungen auf.

3.7.2.3 Der Plan

Am 16. März 2006 fiel die Entscheidung im MAN-Aufsichtsrat: Der Druckbereich sollte aus dem MAN-Konzern herausgelöst werden. Zuerst galt es die Entscheidung zu erläutern. Für die breite Öffentlichkeit gab es nur eine kurze Meldung, der Schwerpunkt der Kommunikation war klar nach innen gerichtet: Innerhalb von fünf Tagen fanden an den deutschen Produktionsstandorten Sonderbetriebsversammlungen statt. Finkbeiner erklärte die Entscheidung und die Hintergründe, schilderte die Ziele, Chancen und Herausforderungen. Zugute kam ihm dabei, dass er als Mitglied des MAN-Vorstandes diese Entscheidung mit gefällt hatte und somit gleichermaßen überzeugt und auskunftsfähig war. In den nächsten Wochen und Monaten kehrte das Unternehmen zu einer oberflächlichen Normalität zurück, während die Firma – noch unter dem bisherigen Namen und Logo – die Abnabelung vom Mutterkonzern vorantrieb und die Repositionierung vorbereitete: Veränderung als Chance, Neupositionierung durch Fortführen des Bewährten, Wahrung der Identität, Mut zur Innovation – das waren die Leitlinien des Prozesses. Die folgende Abbildung zeigt die wesentlichen Ereignisse.

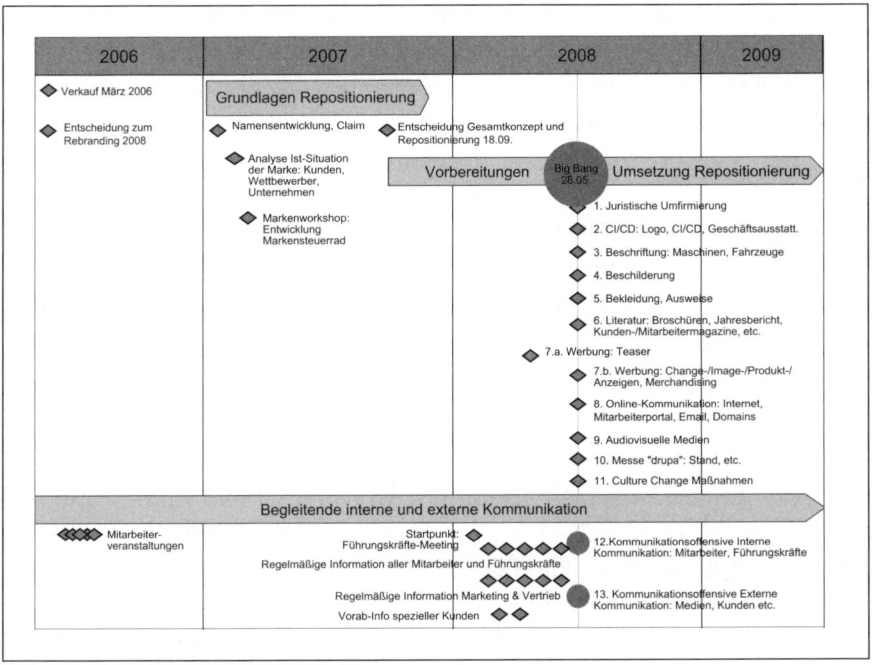

Abbildung 58: Die Ereignisse bei manroland im Überblick

Die Herausforderung

Zwar hätte das bisherige Logo noch bis 2009 genutzt werden können, den Effekt, auf der Leitmesse der Branche, der drupa 2008, mit neuem Namen und eigenständigem Erscheinungsbild aufzutreten, wollte man aber nicht verschenken. Es galt also drei große Projekte zu stemmen: den Messeauftritt, die umfassende Repositionierung mit Rebranding und die Initiierung eines Kulturwandels. Marketing und Kommunikation arbeiteten Hand in Hand, aber auch die Personalentwicklung wurde früh ins Boot geholt, um Mitarbeiter zu Markenbotschaftern machen zu können.

2/2007 bis 12/2007 Vorbereitung von Naming, Rebranding und Positionierung

Der bereits 2004 für die Drucksparte entwickelte Claim „WE ARE PRINT" erwies sich im Repositionierungs- und Rebranding-Prozess als so stark, dass er unverändert übernommen wurde. Einen unverwechselbaren Namen zu finden, war nicht ganz so einfach: Die vier Markensäulen von MAN Roland und ihre Historie sollten mit einbezogen werden; der Name sollte das Dach über der Marken- und Produktstruktur verkörpern und das Bewusstsein einer starken Marke transportieren. Künstliche bzw. angloamerikanische Begriffe waren von vornherein unerwünscht. So wurde MAN Roland zu manroland – zur Freude aller englischsprachigen Kunden und Partner, die immer schon „mänroländ" gesagt hatten. Das neue Logo präsentiert sich modern und frisch, das „o" erinnert in seiner Anmutung an einen Druckzylinder. Zur Bestimmung der Ist-Situation wurden alle Analysen und Befragungen der jüngeren Vergangenheit herangezogen: Leserbefragungen der Kunden- und Mitarbeiterpublikationen, Kunden- und Positionierungsstudien sowie die MAN-Markenwert-Analyse, die auch nach Geschäftsfeldern differenzierte. Die herausdestillierten Markenattribute wurden in einem Workshop synoptisch betrachtet. Zum Markenkern wurde „Der leistungsstarke Geschäftspartner", hinzu kamen die Markenwerte „zuverlässig", „wegweisend", „entschlossen" und „motivierend". Nach Analyse von Unternehmen und Wettbewerb folgten intensive Diskussionen zur Neupositionierung. Während der Wettbewerb primär technologieorientiert gesehen wird, hat sich manroland eher kundenorientiert als Berater und Begleiter und Partner des Kunden positioniert. Die Positionierung zeigt das folgende Schaubild.

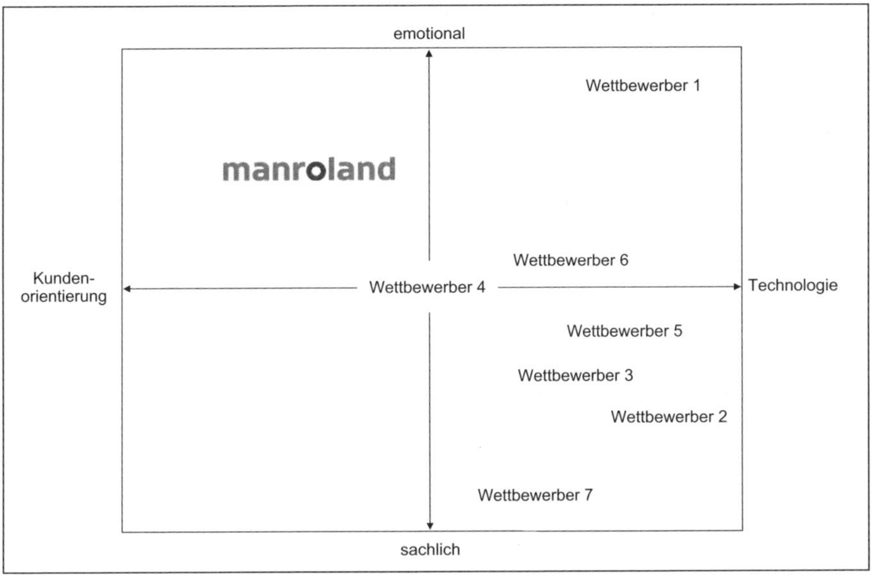

Abbildung 59: Positionierung des neuen Unternehmens

Die Vorarbeiten waren geleistet – jetzt musste der Kommunikations- und Culture-Change-Plan entwickelt werden. Alle Maßnahmen wurden aufeinander abgestimmt: Dreizehn Handlungsfelder wurden identifiziert – vom juristisch erforderlichen Umfirmierungsprozess über Corporate Design, die Beschriftung von Produkten und Fahrzeugen, der Arbeitskleidung bis zu den großen Blöcken der internen und externen Kommunikation. Jedes Aufgabenfeld wurde detailliert spezifiziert, Zeit-, Ressourcenbedarf und Verantwortlichkeiten wurden geklärt. Am 18. September 2007 verabschiedete der Vorstand das Gesamtkonzept: Dabei wurde der Big Bang auf den 28. Mai 2008 gelegt, den Vorabend der drupa. Der Plan: Die vierzehntägige Messezeit sichert dem Unternehmen die maximale Aufmerksamkeit von Kunden, Partnern und Öffentlichkeit und überzeugt sie von manroland als eigenständiger Marke. Das gesteigerte Interesse der Branche und die Qualität des neuen Auftritts begeistern auch die eigenen Messe-Mitarbeiter, die so zu Markenbotschaftern, zu Promotoren im Unternehmen werden.

Die Zeit bis zum Big Bang: Mehr Beteiligte

Zum Kernteam stießen immer mehr Fachleute und Mitarbeiterteams – an den Produktionsstandorten wie in der Marktorganisation weltweit. Schließlich galt es eine Fülle von Aufgaben zu erledigen: Alles, was einen Firmenschriftzug trug oder im Unternehmensdesign gestaltet war, musste ausgetauscht werden – zum selben Termin. Ein Mammutprojekt, aber die Teams konnten ihre Zeitpläne einhalten. Bis zum Big Bang war alles vorbereitet, gedruckt, produziert und am Einsatzort eingelagert; Mitarbeiter und Dienstleister waren informiert, geschult, motiviert und auf das große Ziel eingeschworen – ohne dass die Öffentlichkeit von der neuen Marke Wind bekommen hatte.

3.7.2.4 Die Maßnahmen

Die Maßnahmen waren festgelegt, der Plan verabschiedet. Jetzt galt es ihn mit Disziplin systematisch umzusetzen. Die folgende Abbildung zeigt die Bandbreite der Handlungsfelder, in der manroland bis zum Big Bang vor der drupa tätig werden musste.

Legal	Juristische Basis sind die Einträge in den Handelsregistern von rund 100 Ländern, Geheimhaltungserklärung	Online	Internet, Mitarbeiterportal, Extranet-Plattformen, Marketing Mall mit Online-Shop
Corporate Design	Logo, Corporate Design und Identity, Designworkshops, Geschäftspapiere, Visitenkarten, Powerpoint-Templates	Audiovisuelle Medien	Unternehmensfilm, 3D-Animation zur Simulation von Druckprozessen
Beschriftungen	Firmenfahrzeuge, Produkte etc.	Messen/ „drupa"	Standlayout, Außenwerbung, Hostessen-Bekleidung etc.
Beschilde-rungen	Leitsysteme, Außenbeschilderungen, interne Werksbeschilderung, Fahnen, Großdrucke, Leuchtmittel	Externe Kommunikation	Wirtschafts- und Fachpresse-meldungen, Pressekonferenzen
Bekleidung	Arbeitskleidung, Corporate Clothing, Ausweise	Kunden und Geschäftspartner	Musterbriefe für Kunden, Partner und Lieferanten
Print	Kundenzeitschriften, Jahresbericht, Success Stories, Produkt-/ Bereichsbroschüren, Datenblätter, Mitarbeiterzeitschrift	Interne Kommunikation	Brand- & Kommunikations-Kit, Meeting-Kaskade, Medien und Tools
Werbung	Teaser-Kampagne, Change- und Image-Anzeigen, Mailings, Merchandising	Culture Change	Change Management Konzept, Mitarbeiteraktionen, Workshops

Abbildung 60: Handlungsfelder und Maßnahmen

Change Management

Der Change-Prozess konzentrierte sich zunächst auf das Standpersonal für die drupa. In intensiven Schulungen wurde es befähigt, die neue Zielkultur in konkrete Handlungen zu übersetzen. Zum Big Bang begannen die Mitarbeiteraktionen. Der kaskadenförmige Informations-, Kommunikations-, Motivations- und Involvementprozess wurde erst im Anschluss an die Messe gestartet, eng verzahnt mit Mitarbeiterkommunikation und Human Resources.

Interne Kommunikation

Ende Januar 2008 wurden den Führungskräften auf ihrem jährlichen Manager Meeting der neue Name und das Logo vorgestellt. Zeitgleich erhielten die Mitarbeiter eine erste Mail zum Thema: Klar und offen wurde kommuniziert, was künftig von ihnen erwartet wird – die Werte, der Zeitplan bis zur drupa und die jeweiligen Hintergründe wurden erläutert. Im weiteren Verlauf wurden die Mitarbeiter über die Standardkanäle informiert – Mitarbeiterzeitschrift, Mitarbeiterportal, Aushang. Die Führungskräfte erhielten früh die Präsentation „Markenwerte“. Einen Monat später folgte der dann monatlich erscheinende Online-Newsletter „marcomtalk“. Beide dienten der Befähigung der Führungskräfte, die Werte und den Stand des Projekts an die beteiligten Mitarbeiter zu vermitteln. Am 7. April – mit dem Start der drupa-Roadshow – ging der Infobrief „Rebranding“ an alle Führungskräfte und Marketingfachleute, kurz vor der Messe erhielten sie ein Communications-Kit zum Rebranding mit Argumentationskette, Briefvorlagen, Questions & Answers sowie der Presseinformation für die lokale Presse – außerdem den Unternehmensfilm: „Wir sind manroland“.

28. Mai 2008: Vortag der drupa – The Big Bang

Seit wenigen Tagen lief die Anzeigenkampagne zur drupa, seit dem Vortag wiesen riesige Poster auf den Big Bang hin. Ab 5:30 Uhr verteilten Azubis an den Produktionsstandorten Infos und Give-Aways an die ankommenden Mitarbeiter. Weltweit wurde ein Vorstandsbrief an alle Mitarbeiter verteilt. Die neuen manroland-Fahnen wurden gehisst, die neuen Leuchtschriftzüge montiert. Um 10:30 Uhr begann auf der drupa die internationale Pressekonferenz. Das Presse-Echo war durchweg positiv: Der Repositionierung wurden gute Chancen eingeräumt. Der neue Name und das neue Erscheinungsbild kamen gut an – Mitarbeiter, Kunden, Partner und Messebesucher waren beeindruckt. Inzwischen waren schon viele Schilder ausgetauscht, Pylonen aufgestellt, Parkplatz- und Hinweisschilder montiert. Geschäftspapiere wurden ausgegeben, ein manroland-Pin fordert zum Bekenntnis auf: Wir sind manroland. Das Mitarbeiterportal war online und bot Gelegenheit, Fragen zu stellen und das neue Unternehmen zu kommentieren – Kommunikation ist schließlich keine Einbahnstraße. Für den weltweiten Vertrieb und für die Messe lagen gut zwei Dutzend Broschüren in sechs Sprachen vor. Der Internetauftritt präsentierte sich im neuen Design – optimiert in der Struktur, benutzerfreundlicher und dialogorientierter. Rückblickend betont der Marketing- und Kommunikationschef Thomas Hauser Umfang und Ausmaß des Projekts:

Vergleichbar tief ins Selbstverständnis des Unternehmens eingreifende Veränderungen zum gleichen Zeitpunkt: Das war neu für uns. Wir haben bereits schwierige Zeiten gemeistert mit Restrukturierungen und Arbeitsplatzabbau, aber hier ging es um nicht weniger als die Schaffung einer neuen Unternehmensidentität.

3.7.2.5 Das Ergebnis

Wie immer nach einem Big Bang wurde zunächst Bilanz gezogen, dann nach vorn geblickt: Hauptaugenmerk lag jetzt auf der verstärkten Integration von Marke und Markenwerten mit der Unternehmenskultur: dem Denken, Kommunizieren und Verhalten von Führungskräften und Mitarbeitern sowie den Regeln und Tools des Personalwesens. Eine Workshop-Kaskade ermöglichte den direkten Austausch von Informationen, Argumenten und Ansichten. Die Marke wurde zum Leitstern des Personalentwicklungsprozesses und sollte in naher Zukunft auch die Verbindlichkeit von Zielvereinbarungen in Mitarbeitergespräche prägen. Zusätzlich fanden Workshops für das Top- und Mittelmanagement statt. Über Entwicklungsrunden der Führungskräfte bekamen die Themen Marke, Markenwerte, Kultur und Change den entsprechenden Stellenwert. Der Normalbetrieb hatte begonnen – mit Controlling und gelegentlichem Nachjustieren. Für den CEO von manroland, Gerd Finkbeiner, waren insbesondere drei Faktoren für den Erfolg ausschlaggebend:

Drei Faktoren haben sich als wesentlich erwiesen: Offene Kommunikation, intern vor extern, konsequentes und diszipliniertes Umsetzen der beschlossenen Maßnahmen sowie ein straffes Projektmanagement.

3.8 Rebranding

3.8.1 Die Situation im Licht von Theorie und Praxis

3.8.1.1 Spezifika des Rebranding

Arbeitsdefinition Marke

Eine Marke ist ein mentales Konstrukt oder Vorstellungsbild von einem Produkt, einer Dienstleistung, eines Unternehmens, das prägnant und klar die Einzigartigkeit der Leistung und den überzeugenden Mehrwert nachhaltig herausstellt – und somit die Differenzierung vom Wettbewerb erleichtert. Sie soll Loyalität und Kaufabsicht erzeugen. Die Marke basiert auf einem zentralen Gedanken, ist konsequent und durchgängig in der Ausgestaltung aller Brand Touchpoints, also überall dort, wo interne und externe Anspruchsgruppen mit der Marke in Berührung kommen. Markenführung ist ein zentraler Bestandteil der Unternehmensführung. Unternehmen, die eine starke Marke sind, können sich wesentlich besser am Markt differenzieren: durch eine klare Positionierung, ein präzises Leistungsversprechen und ein unverkennbares Profil – vorausgesetzt, der Markenbegriff wird nicht auf Corporate Design reduziert, sondern als Kern der Identität und Darstellung eines Unternehmens nach innen und außen verstanden. Die folgende Abbildung zeigt die Anforderungen, die an erfolgreiche Marken gestellt sind.

Differenzierung	Eine starke Marke entsteht erst durch seine Abgrenzung zu konkurrierenden Leistungsangeboten, durch die Einzigartigkeit wesentlicher Identitätsmerkmale. Erkennt der Kunde den Unterschied zum Wettbewerb und schätzt er ihn wert?
Konsistenz	Eine Marke ist nur dann glaubhaft, wenn sie an allen Customer Touchpoints widerspruchsfrei ist – vom Markenauftritt über den Point of Sale bis zum Mitarbeiter- und Führungskräfteverhalten. Werden die Erwartungen des Kunden immer wieder erfüllt?
Kontinuität	Identität setzt Bestand über den Zeitverlauf hinaus, Glaubwürdigkeit und Vertrauen in eine Marke müssen gelernt werden durch immer wiederkehrende Erfahrungen mit der Marke. Vermittelt die Marke Sicherheit und Beständigkeit und gibt Orientierung für die Kaufentscheidung?
Interaktion	Eine Marke entsteht erst durch die Wechselwirkung, die Interaktion mit den Stakeholdern. Sie ist das Ergebnis jeder einzelnen Erfahrung mit den Mitarbeitern, Produkten und Dienstleistungen. Wie fühlt sich der Kunde bei der Kaufberatung, nachdem er das Produkt das erste Mal benutzt hat oder nach seinem Telefonat mit der Servicehotline?

Abbildung 61: Anforderungen an Markenbildung und -pflege

Erscheinungsbild einer Marke

Eine Marke manifestiert sich in unterschiedlichen Ausdrucksformen oder Brand Touchpoints: vom Namen und Logo über den Corporate Claim (der Claim erscheint zumeist in Verbindung mit dem Logo und bringt die spezifische Unternehmensleistung – den Nutzen – in knapper und einprägsamer Form auf den Punkt), die Positionierung/Corporate Mission, das Leitbild, die Unternehmensphilosophie, die Unternehmenswerte, das Corporate Wording (Keywords, die den Kundenutzen beschreiben/Kernbotschaften), das Corporate Design, die Geschäftsausstattung, die Geschäftsgrundsätze bis hin zum Arbeitsumfeld, der Einrichtung, der Produktverpackung, der Werbung und der Kommunikation.

Nutzen einer Marke

Aus Kundensicht liefert eine starke Marke Informationen und erzeugt eine klare Vorstellung vom Angebot[28]. Dadurch verringert sich das wahrgenommene Entscheidungsrisiko und erleichtert dem Käufer die Auswahl aus einer Vielzahl von Angeboten. Darüber hinaus erzeugt die Marke beim Kunden ein Zugehörigkeitsgefühl zu einer bestimmten Gruppe oder Schicht. Aus Unternehmenssicht steigert eine starke Marke den Unternehmenswert, erleichtert die Differenzierung des eigenen Angebots und unterstützt Umsatzentwicklung und Wachstum. Außerdem verhilft eine starke Marke zu höherer Kundenloyalität und -bindung, bietet eine Plattform für weitere Produkte und baut Wettbewerbsbarrieren auf.

Arbeitsdefinition Rebranding

Branding umfasst alle Zielsetzungen, Prozesse und Maßnahmen eines Unternehmens zum Aufbau seiner Marke. Rebranding meint den Prozess der Überprüfung einer Marke mit dem Ergebnis einer Änderung der Markenstrategie und ihrer Umsetzung. Mögliche Änderungen reichen von Markendehnungen über Markenkonsolidierungen bis hin zum Neuaufbau einer Marke. Nötig werden kann dies unter anderem durch Unternehmensfusionen und -aufkäufe, Internationalisierung, Innovation, Repositionierung, Erschließung weiterer Geschäftsfelder oder Neupositionierung[29].

Phasen des Rebranding

Grundlage ist eine umfassende Analyse von Unternehmen und Umfeld: die Notwendigkeiten ergeben sich aus den Bedürfnissen der Kunden, die Risiken aus der Positionierung der Wettbewerber, das Potential aus der eigenen Zieldefinition in Abstimmung mit dem Marktpotential, die Grenzen aus dem eigenen Know-how und Budget und schließlich die Glaubwürdigkeit aus den handelnden Personen und der Historie des Un-

28 Vgl. Meffert, M., Markenmanagement, S. 10 ff.
29 In Anlehnung an Esch, F.-R., Strategie und Technik der Markenführung, S. 204.

ternehmens. Aufbauend auf der Entwicklung der konkreten Markenstrategie werden Name und Erscheinungsbild festgelegt. Dem schließt sich die Umsetzung an, von der Produktion sämtlicher Materialien bis hin zur internen und externen Kommunikation der neuen Brand. Die folgende Abbildung zeigt den Ablauf des Rebranding.

Phasen	Situationsanalyse	Formulierung der Markenstrategie	Überführung in Kommunikationsstrategie	Kommunikation nach innen und außen
Ergebnisse	– Analyse veränderter Marktgegebenheiten – Analyse der Unternehmensgegebenheiten – Analyse Kunden, der Nachfrage, des bestehenden Angebots, der Wettbewerber	– Markenidee, Namensideen und Claim – Evaluation der Namensalternativen inkl. Testing – Erarbeitung der Differenzierung zum Wettbewerb – Erarbeitung des Markensteuerrads	– Überführung des Markensteuerrads in die Kommunikationsstrategie – Erarbeitung des Markenauftritts, der Corporate Identity – Planung des Roll-out der neuen Marke nach innen und außen	– Umsetzung des gesamten Kommunikationsfahrplans und des Markenauftritts – Externe Inszenierung der Marke – Interne intensive Kommunikation – Laufende Kontrolle

Abbildung 62: Phasen des Rebranding

Naming

Zentral für das Gelingen des Rebranding ist der richtige Name. Hilfreich ist ein Name, der einen inhaltlichen Bezug zum Produkt oder seinem Nutzen ermöglicht, oder ein eigener Bedeutungsgehalt sowie die Fähigkeit, positive Assoziationen hervorzurufen und Sympathien zu erzeugen. Zudem sollte der Name leicht erinnerbar und aussprechbar und dadurch leicht erlernbar sein, keine Ähnlichkeit mit anderen bekannten Marken haben und individuell sein, also nicht austauschbar. Insbesondere die Kunden sollten dem Namen etwas abgewinnen können, das die Kaufentscheidung fördert. Im internationalen Sprach- und Kulturkontext ist darauf zu achten, dass der Name keine ungewollten Assoziationen erweckt. Aber auch die eigenen Mitarbeiter sollten sich mit dem neuen Namen anfreunden können.

Stakeholder im Rebranding

In dieser Sondersituation werden die Stakeholder mit Änderungen konfrontiert, die Befürchtungen wecken, dass die Stärken der bisherigen Marke verloren gehen könnten und somit ein mühevoller Prozess vergebens gewesen sein könnte für zukünftige Erträge und Umsätze[30]. Die Abbildung zeigt Fragen, die das Rebranding aufwirft.

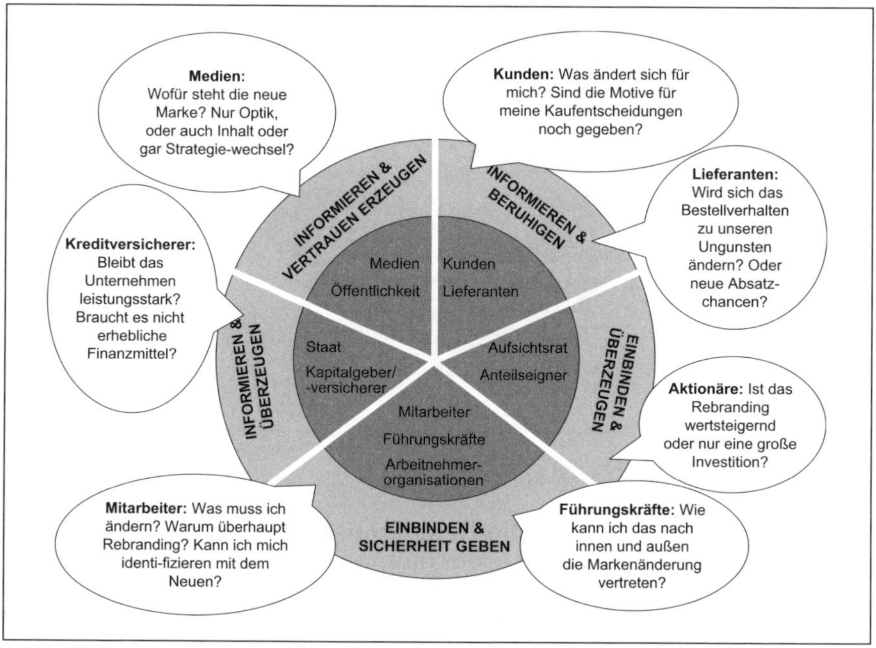

Abbildung 63: Stakeholder im Rebranding

Das Markensteuerrad

Das Markensteuerrad ist – mit seinen vier Feldern Markenkompetenz, Markennutzen, Markentonalität und Markenikonographie – ein be-

[30] Eine gute Übersicht liefert auch Esch, F.-R., Strategie und Technik der Markenführung, S. 101 ff.

sonders geeignetes Instrument, um effizient und klar die wesentlichen Eckpfeiler des Rebranding festzulegen und im Kontext der Gesamtmarkenbildung zu verstehen.[31] Die folgende Prinzipdarstellung zeigt das icon-Markensteuerrad.

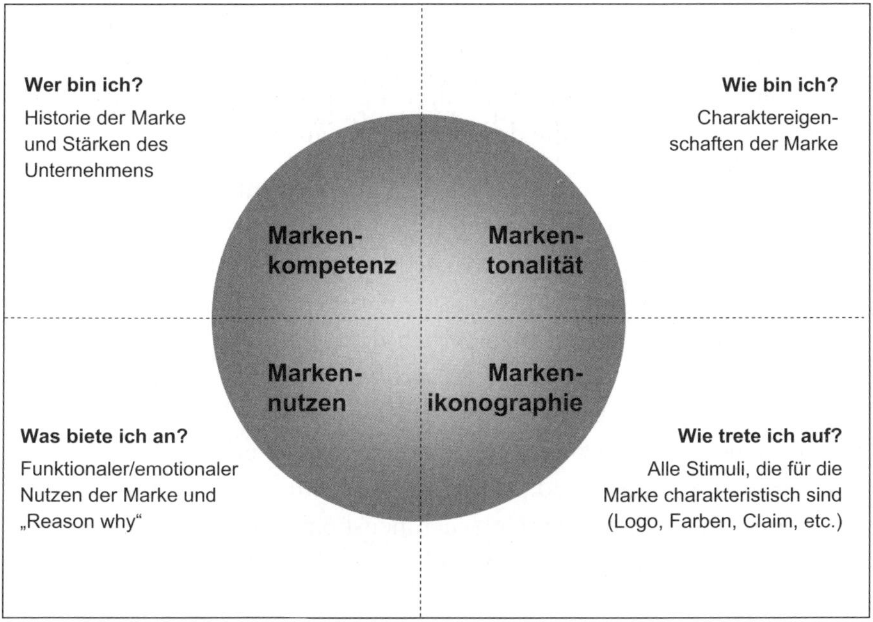

Abbildung 64: Das Markensteuerrad

3.8.1.2 Anforderungen an die Kommunikation im Rebranding

Markenkommunikation umfasst in dieser Sondersituation drei Dimensionen: das Kommunizieren des Rebranding, das Umsetzen der neuen Marke in allen Kommunikationsformaten und -tools sowie das Managen der gesamten Palette der nonverbalen Kommunikation, also aller Erfahrungen der potentiellen Kunden vor, während und nach dem Kauf. Und alle drei Dimensionen sollten das neue Markenbild inhaltlich und optisch einheitlich, klar und zielorientiert erlebbar machen.

[31] Vgl. für weitere Details auch Esch u.a., Corporate Brand Management, S. 63 ff.

Berührungspunkte mit der neuen Marke

Eine Marke muss operationalisiert werden: Ihr Selbstverständnis muss sich ausdrücken und umsetzen lassen in der täglichen Arbeit der Mitarbeiter. Differenzierung, also Abgrenzung vom Wettbewerb, funktioniert gerade in Märkten mit fast austauschbaren Angeboten – neben ausgewiesener Branchenvorreiterschaft – primär über Emotionen, also erwarteten Zusatznutzen. Die Kommunikation selbst muss emotional sein, die Marke muss inszeniert werden, um Emotionen transportieren zu können. Rebrandingprozesse bedürfen intensiver kommunikativer Maßnahmen, um intern und extern neue Identifikation aufzubauen zu können. Je stärker die Bindung zur vorherigen Brand war, desto intensiver muss der Kommunikationsaufwand für die neue Brand ausfallen. Die folgende Darstellung zeigt beispielhaft wichtige Berührungspunkte mit der Marke. Sie sind zu priorisieren hinsichtlich ihrer Relevanz für die Kaufentscheidung der Zielgruppe, ihrer Steuerbarkeit und der notwendigen Investitionen für ihre Ausrichtung.[32] Die Konsequenz aus dieser Sichtweise auf Markenbildung und -führung ist allerdings ein erheblicher Aufwand in der Koordination interdisziplinärer Zusammenarbeit zwischen Geschäftsführung, Marketing, Unternehmenskommunikation, Kundenservice, Shoporganisation, Vertrieb und Finanz/Controlling.

---

[32] Eine gute Darstellung eines 360-Grad-Toupoint-Universums liefert Spengler, Ch., Wirth, W., Die Wirkung von Marketing- und Vertriebsmaßnahmen maximieren, S. 48.

Touchpoints Vor-Kauf-Erfahrungen	Touchpoints Kauf-Erfahrungen	Touchpoints Nach-Kauf-Erfahrungen
– Geschäft (Einrichtung, Lage, Auslagen, Design) – Verkaufspersonal – Werbung, Hochschulmarketing – Katalog und Prospekt – Website, Imagebroschüre – Presseberichte über Sponsoring, Social Responsibility – Erfahrungen von Testimonials (andere Kunden, Mitarbeiter des Unternehmens) – Eigene Erfahrungen als Mitarbeiter, Praktikant, Aushilfskraft, Werkstudent	– Produktnutzen – Preis-Leistungsverhältnis – Empfundener Zusatznutzen – Verpackung – Rechnung – Gebrauchsanweisung – Kommentare von Testimonials (Familie, Freunde, relevante Gruppen, Mitarbeiter des Unternehmens)	– Geschwindigkeit in der grundsätzlichen Behandlung von Kundenanfragen – Geschwindigkeit in der Problemlösung im Kundendienstprozess – Umgang mit Beschwerden – Instandhaltungs- und Reparaturpreis – Verhalten der Servicemitarbeiter – Bedienungsfreundlichkeit der Hotline

Abbildung 65: Beispielhafte Touchpoints im Erleben des Rebranding

3.8.1.3 Externe Kommunikation im Rebranding

In der externen Kommunikation des Rebranding ist die Grundsatzentscheidung zu treffen, ob die neue Marke sukzessiv oder mit einem „Big Bang“ kommuniziert werden soll. Effektvoller und kostengünstiger ist meist letztere Alternative. Alle Kommunikationsmedien und -formate sind strengstens zu koordinieren und aufeinander aufbauend abzustimmen, um die größtmögliche Aufmerksamkeit zu erzielen. Die Inhalte müssen exakt zusammenpassen und Vieldeutigkeit und Varianzen in der Ausdrucksweise vermeiden, um leichtere Erinnerbarkeit zu gewährleisten. Ziel ist der schnellstmögliche Aufbau von Markenbekanntheit und Markenimage. Die folgende Abbildung zeigt die wesentlichen Aktionen der externen Kommunikation.

Phasen	Situationsanalyse	Formulierung der Markenstrategie	Überführung in Kommunikationsstrategie	Kommunikation nach innen und außen
Extern	– Ankündigung der Rebranding-Initiative im Kontext der strategischen Ausrichtung des Unternehmens	– Hintergrundgespräche in den Medien – Analyse der Kunden und Wettbewerbsbotschaften – Formulierung der Kernbotschaften	– Marketing- und externe Kommunikationsstrategie – Überarbeitung des gesamten Außenauftritts und sämtlicher Kommunikationsmaterialien – Erarbeitung der Vertriebsargumentation – Erarbeitung der Änderungen an allen Touchpoints – Erarbeitung der Proofpoints	– Kommunikation der neuen Marke über alle externen Kanäle – PR, Pressekonferenz, Roadshows – Umsetzung des Markenauftritts an allen Touchpoints – Kunden- und Lieferantenkommunikation – Kommunikation mit Medien und Finanzwelt – Umsetzung an der Vertriebsfront
Intensität				

Abbildung 66: Externe Kommunikation im Rebranding

3.8.1.4 Interne Kommunikation im Rebranding

Je frühzeitiger und umfangreicher die Mitarbeiter durch einen sog. „Brand Engagement Process“ einbezogen werden, desto einfacher wird es sein, Identifikation und Begeisterung zu wecken, und desto bereitwilliger und glaubhafter werden die Mitarbeiter als Markenbotschafter agieren. Die Führungskräfte – als Vorbild in Sachen Markenidentität – sind extrem wichtig. Sie spielen im Engagement Process eine tragende Rolle. Daher ist es nicht nur notwendig, ihnen die neue Marke inhaltlich zu vermitteln, sondern auch ihre eigene Wichtigkeit für den Gesamtprozess zu vergegenwärtigen.[33] Hier bieten sich Wokshops, Trainings, New-Brand-Material-Packages und Auftaktveranstaltungen ebenso an wie dreidimensionale Erlebnisräume der neuen Marke oder ein überraschender Austausch aller Arbeitsmaterialien inklusive Bildschirmscho-

[33] Vgl. auch Esch, F.-R., Strategie und Technik der Markenführung, S. 124 ff.

nern über Nacht. Die folgende Abbildung zeigt die Maßnahmen im Zeitverlauf.

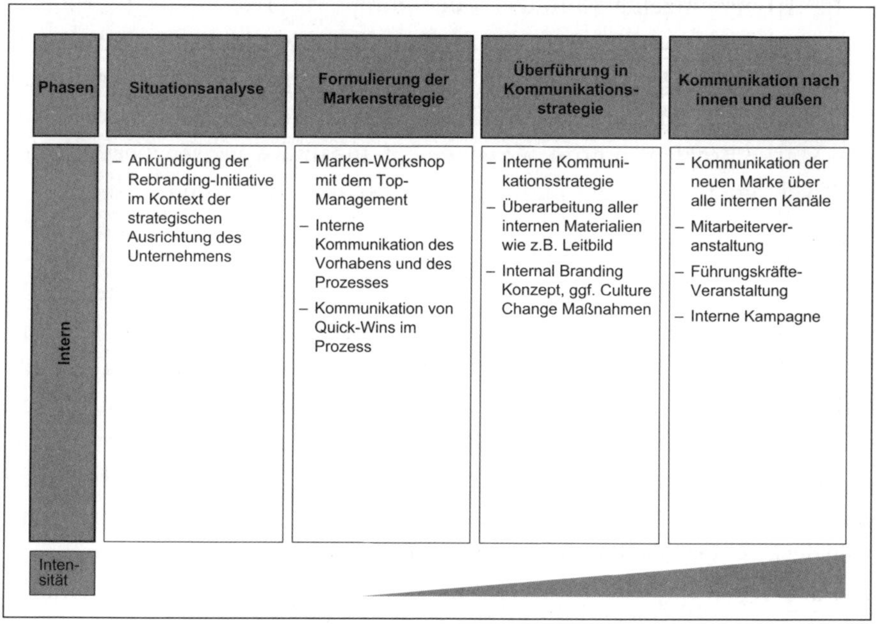

Abbildung 67: Interne Kommunikation im Rebranding

3.8.2 Ein Fallbeispiel: Atreus

Das Beispiel Atreus zeigt vor allem eines: Ein umfassendes Rebranding kann in sechs Monaten gelingen – wenn das Unternehmen dieses Ziel mit Überzeugung, Disziplin und konsequentem Projektmanagement verfolgt. Es ist eine Erfolgsgeschichte in Sachen Branding: Bereits nach einem halben Jahr hat die neue Marke die größte ungestützte Bekanntheit unter sämtlichen Marktteilnehmern.

3.8.2.1 Das Unternehmen

Atreus Interim Management ist deutscher Marktführer und weltweiter Player im Interim-Management-Dienstleistungsmarkt. Das partnergeführte Unternehmen mit Sitz in München und Bad Homburg unterstützt

Unternehmen mit erfahrenen Managern, wenn spezielle Kompetenzen zeitlich befristet oder besonders schnell benötigt werden. Je nach Bedarf stellt Atreus einzelne Manager oder komplette Teams zur Verfügung und begleitet deren Einsatz. Das Unternehmen wird von neun Partnern geführt, die von 25 Mitarbeitern bei ihrer Vermittlungs- und Beratungstätigkeit unterstützt werden. Bis Ende 2008 trat das Unternehmen unter der Marke Boyden Interim Management auf und war assoziiert mit der weltweit agierenden Personalberatungsgesellschaft Boyden.

3.8.2.2 Die Ausgangssituation

Atreus Interim Management ist eine Erfolgsgeschichte: Zwischen 2005 und 2008 verdoppelte das Unternehmen seinen Umsatz jährlich und wuchs damit noch deutlich schneller als der mit etwa 20 % wachsende Markt. 2008 erwirtschaftete Atreus einen Umsatz von 15,2 Millionen Euro. Neben dem Kerngeschäft – der Bereitstellung von Interim-Managern – wuchs dabei auch die Nachfrage nach Managementressourcen mit längerfristiger Bindung an die Kunden. Um dieses Wachstumspotential optimal erschließen zu können, trennte sich das Unternehmen von der deutschen Executive-Search-Sparte Boydens und entwickelte eine eigene Unternehmensmarke. Harald Linné, Managing Partner von Atreus, über das eigentliche Risiko der Umfirmierung:

> *Uns war bewusst, dass das Rebranding ein Risiko birgt – immerhin trennten wir uns von einer international bekannten und angesehenen Marke, mit der auch wir am Markt assoziiert wurden.*

Die Umstellung wurde auf den Jahreswechsel 2008/2009 terminiert. Auf die Frage nach der größten Herausforderung erklärte Rainer Nagel, Managing Partner von Atreus:

> *Die größte Herausforderung war der Faktor Zeit. Wir konnten nicht sequentiell eines nach dem anderen abarbeiten, sondern mussten alles gleichzeitig anpacken – dabei durfte das Rebranding das Management nur so wenig wie möglich vom operativen Ge-*

schäft abhalten: Eigentlich die Quadratur des Kreises, wenn man bedenkt, dass Marke ja eine Managementaufgabe ist.

3.8.2.3 Der Plan

Grundlage für das Rebranding war die Definition der Anforderungen an die neue Marke, die sich aus der Unternehmensstrategie und der gewünschten Positionierung ergaben: Die neue Marke sollte Bekanntheit und Reputation, die mit dem bestehenden Namen verbunden waren, erhalten: Erfahrung, Professionalität und Größe. Sie sollte auch auf die Vision von Atreus einzahlen: „Alle Unternehmen mit einem Umsatz von über 100 Millionen Euro setzen Interim-Management selbstverständlich als Instrument zum Lösen ihrer Umsetzungsprobleme ein. Atreus ist der bevorzugte Partner." Die neue Brand sollte die Unique Selling Proposition ausdrücken, die mit der Neuausrichtung weiterhin bestehen bleiben würde: Schnelligkeit, Passgenauigkeit, Umsetzungsstärke und Wertsteigerung. Name, Markenidentität und Markendesign mussten aufgrund des straffen Zeitplans zügig erarbeitet und verabschiedet werden. Voraussetzungen dafür waren eine saubere Planung und ein konsequentes Projektmanagement, wie es die folgende Darstellung zeigt.

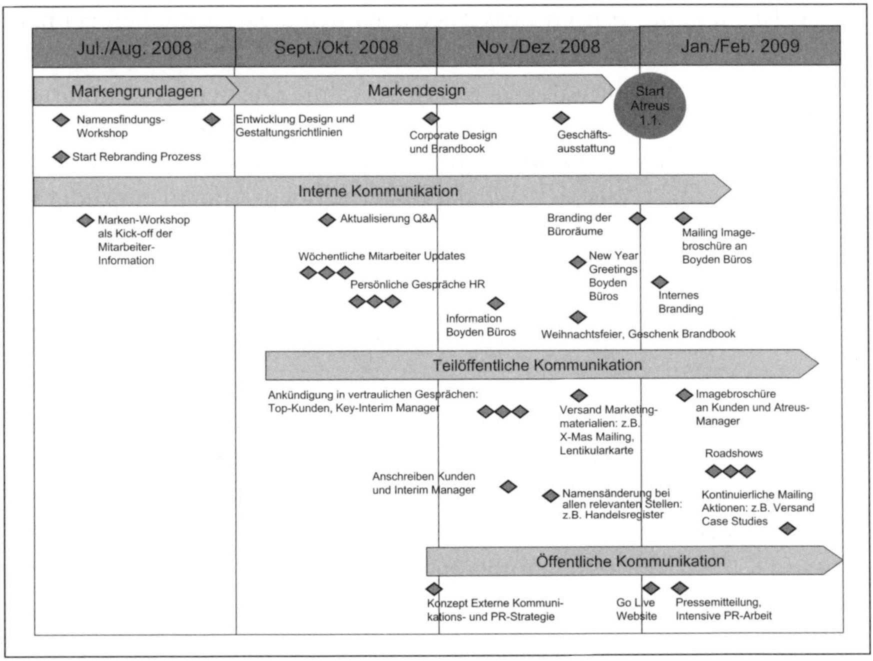

Abbildung 68: Die Ereignisse bei Atreus im Überblick

Namensfindung Atreus

Die Namensfindung für Atreus dauerte vier Wochen. Dazu wurden zunächst die Kriterien definiert. Ein interner Wettbewerb unter Mitarbeitern und Partnern brachte das gewünschte Problembewusstsein sowie eine emotionale Auseinandersetzung mit der neuen Marke. Ein Kreativ-Workshop führte zu zehn Namensvorschlägen. Die favorisierten Namen wurden bei Vertretern der künftigen Zielgruppe auf Assoziationen und Anmutung getestet. Am Ende erfüllten fünf Namen die definierten Anforderungen: Einprägsamkeit, Unverwechselbarkeit und Passgenauigkeit zu Unternehmen und Branche. Mit Blick auf die Ergebnisse der SWOT-Analyse, die die Vor- und Nachteile der Namen aus Kommunikations- und Marketingsicht offensichtlich machte, traf das Management eine Entscheidung: Die Wahl fiel auf den Namen Atreus – Heldengestalt der griechischen Mythologie und erster Interimherrscher: Er regierte Mykene, das Reich seines Neffen Eurystheus, als sich dieser auf einen Feldzug begab. Nach der erfolgreichen Vertretung seines Neffen wurde Atreus dann selbst zum rechtmäßigen König gewählt. Die seriöse Anmutung und die inhaltlich perfekte Analogie zum Business-Modell des Unternehmens gaben den Ausschlag für die Entscheidung und überzeugten auch die Teilnehmer des qualitativen Wirkungstests, wie die folgende Zitatsammlung zeigt:

Assoziationen der Befragten zum Namen „Atreus"

- „Dieser klingt für mich stark, souverän, gestanden – Atreus ist ein starker Name." (ein Associated Partner von Atreus)
- „Der Name ist kurz und knackig und bringt es phonetisch auf den Punkt. Der Name hat ein Ende, er macht einen Punkt. Das gefällt mir." (ein Kommunikationsexperte)
- „Er klingt mystisch, heldenhaft, nach Leader. Ich finde, er wirkt sehr emotional – im guten Sinn. Er klingt nach jemandem, der alles kann." (ein Vorstand)
- „Ist Atreus ein Kunstname? Er klingt klug und nobel. Und die Geschichte dazu ist spannend." (ein Unternehmensberater)
- „Ja, der Name passt. Atreus und die Geschichte ist niveauvoll und wir sind auch eine niveauvolle Truppe." (ein weiterer Associated Partner von Atreus)

Abbildung 69: Auszug der Ergebnisse des Wirkungstests vom Juli 2008

Markenidentität

Aber der Name allein macht noch keine Persönlichkeit. In einem moderierten Marken-Workshop wurde das Markensteuerrad erarbeitet. Das Management erarbeitete Markenkompetenzen und Markennutzen, während die Mitarbeiter Markentonalität und Markenikonographie diskutierten. Das Ergebnis: Atreus sollte schnell, kraftvoll, leidenschaftlich und seriös sein, außerdem erfahren und partnerschaftlich und seinen Kunden strategische und operative Problemlösung bieten. Diese Ansprüche spiegeln sich auch im Marken-Claim „Wir gestalten Erfolg" wider. Er entstand während der Nachbereitung des Workshops und repräsentiert das Kundenversprechen von Atreus: „Wir" – das sind die Mitarbeiter und Atreus-Manager, „gestalten“ – indem wir uns persönlich zuständig und verantwortlich fühlen, „Erfolg“ – das einzige für uns akzeptable Ergebnis.

Markendesign

Nächster Schritt war die Entwicklung eines Corporate Designs, das die Kernmarkenwerte und die Professionalität von Atreus visualisiert: Logo und Farben, Materialien und Stilelemente, Bildsprache und Schrift wurden festgelegt und aufeinander abgestimmt, um einen möglichst hohen Wiedererkennungseffekt bei allen Stakeholdern zu garantieren. Gemeinsam mit den im Markensteuerrad festgelegten inhaltlichen Komponenten waren so die Grundsteine gelegt für die neue Unternehmensidentität. Die Gestaltungsrichtlinien wurden in einem Brandbook verbindlich festgehalten, um eine disziplinierte Umsetzung und Anwendung im Tagesgeschäft sicherzustellen – eine zwingende Voraussetzung für eine erfolgreiche Marke. Das Atreus-Logo und das „A“ als vorherrschendes Stilelement drücken Atreus aus und stehen für das Leistungsversprechen gegenüber Kunden und Managern. Der Cyan-Farbton ist Primärfarbe. Er steht für Beständigkeit, Glaubwürdigkeit, Stabilität und Vertrauen; Silber als dominante Sekundärfarbe steht für Erfahrung, Sachlichkeit, Hochwertigkeit. Als Dienstleistungsunternehmen ist das Image von Atreus eng verknüpft mit den handelnden Personen, deshalb produzierte Atreus eigenes Bildmaterial der Kollegen. Unkonventionelle und unerwartete Perspektiven, kräftige Farben und bewusste Unschärfe sollen die Attribute von Atreus inszenieren: schnell, kraftvoll, leidenschaftlich und seriös.

Kommunikationskonzept

Die professionelle Markenkonzeption ist nur der Anfang, dem zwingend eine nicht minder professionelle Markenkommunikation folgen muss: Um die neue Marke bei allen Anspruchsgruppen rechtzeitig bekannt zu machen und von Anfang an positive Markenassoziationen zu erzeugen, erarbeitete Atreus ein auf der Marken- und Unternehmensstrategie basierendes Kommunikationskonzept. Viel Wert legte Atreus dabei auf die

Einbeziehung der Mitarbeiter und Interim-Manager. In ihnen sieht Rainer Nagel die wichtigsten Multiplikatoren:

> *Unsere Mitarbeiter und unsere Interim-Manager prägen unser Image – mehr als jede Imagebroschüre –, sie sind der alltägliche Kontakt unserer Klienten mit unserer Marke, mit unserem Unternehmen. Deshalb sollten auch unsere Mitarbeiter am Marken-Workshop teilnehmen – um mit zu entscheiden. Und das haben sie gern getan: Sie waren aktiv an der Grundsteinlegung beteiligt und das hat schon am ersten Tag dazu geführt, dass sie sich mit der Marke Atreus identifizierten, Spaß mit ihr hatten, von ihr begeistert waren.*

3.8.2.4 Die Maßnahmen

Markenauftritt

Das neue Corporate Design wurde an allen Touchpoints konsequent umgesetzt: Geschäftsausstattung, Büro- und Kommunikationsmaterialien, PR-Materialien und sogar die Büroräume gestaltete Atreus im neuen Corporate Design. Die folgenden Abbildungen zeigen einige dieser neu gestalteten Materialien.

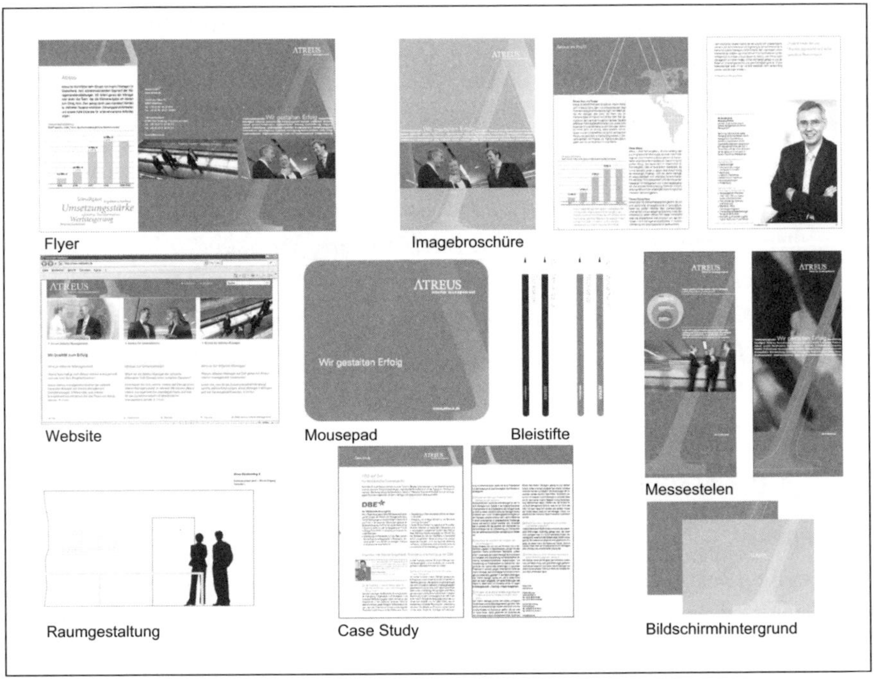

Abbildung 70: Übersicht Markenauftritt Atreus

Markenkommunikation

Wie kann einer möglichen Verunsicherung der Kunden vorgebeugt werden? Wie lassen sich die Interim-Manager zu echten Markenbotschaftern machen? Wie können Identifikation und Motivation der Mitarbeiter verankert werden? Und wie können die Medien genutzt werden, um die Bekanntheit der Marke bei den Zielgruppen zu steigern? Mit diesen Fragen beschäftigte sich der stufenweise Kommunikationsprozess. Die Mitarbeiter wurden kontinuierlich informiert, zum Fortschritt des Branding-Prozesses. Sprachregelungen garantierten dabei widerspruchsfreie Aussagen. In einem nächsten Schritt wurde ein enger Kreis an Interim-Managern und Kunden im vertraulichen Gespräch vorab informiert: Die Umfirmierung wurde angekündigt, die Beweggründe wurden erläutert, Name und Erscheinung der neuen Marke blieben jedoch noch geheim. Der verbleibende – größere – Teil der Interim-Manager und Kunden wurde – zeitlich leicht versetzt – schriftlich über die bevorstehende Trennung von Boyden vorbereitet. Auch ihnen wurden dabei weder der Name noch andere Details verraten. Auf diese Weise vermied Atreus bis zum Schluss, dass der neue Name vor der offiziellen Bekanntgabe kurz vor Weihnachten durchsickerte. Zusammen mit einer Atreus-Weihnachtskarte verschickte das Unternehmen an seine Kunden und Interim-Manager eine Lentikularkarte, die den neuen Namen des Unternehmens und den Zeitpunkt der Umstellung preisgab. Das Management übergab den Mitarbeitern auf der Weihnachtsfeier das 65-seitige Brandbook. Der öffentliche Big Bang erfolgte schließlich pünktlich zum Jahreswechsel: Am 1. Januar 2009 ging die neue Website online und auch in den Büroräumen erinnerte nichts mehr an die alte Marke: Firmenschild, Türschilder, Bildschirmschoner, Screensaver, Mousepads, Stifte, Schreibblöcke, Marketing- und Vertriebsmaterialien, Visitenkarten, Wände, Tassen, Briefpapier, E-Mail-Signaturen, Outlook vCard, Stempel – einfach alles war zwischen den Jahren ausgetauscht worden. In der Folgewoche ging die Mitteilung an die Presse hinaus und wenige Tage später folgte der Versand der neuen Imagebroschüre, gemeinsam mit der Einladung zur Roadshow – an 10.000 Kunden und Interim-Manager. Ende Januar starteten dann die deutschlandweiten Launch-Roadshows. Über 800 Interim-Manager nutzten die Gelegenheit, in Düsseldorf, München und Hamburg mehr über die neue Marke zu erfahren.

3.8.2.5 Das Ergebnis

Seit Januar 2009 tritt Atreus als neue, eigenständige Marke auf – und das mit Erfolg, der sich bereits im ersten Quartal 2009 mit einem Rekordergebnis abzeichnete. Harald Linné kommentiert dies folgendermaßen:

> *Das erste Quartal war das Beste in unserer Unternehmensgeschichte. Das zeigt, dass unser Rebranding ohne größere Reibungsverluste geglückt ist.*

Und Rainer Nagel berichtet über das Feedback, dass er seit dem Relaunch bekommen hat – in zahlreichen E-Mails, vor allem aber in persönlichen Gesprächen mit Kunden und Interim-Managern während der Launch-Roadshows:

> *Wir haben eine zukunftsfähige Marke geschaffen, die unser Angebot auf dem Markt eindeutig identifizierbar macht. Unsere Kunden sind überzeugt. Unsere Interim-Manager finden unseren neuen Auftritt professionell und unsere klare Positionierung lohnend. Und wir selbst sind begeistert von Atreus.*

Atreus hat sich also in kürzester Zeit einen Namen gemacht, wie auch die Ergebnisse der aktuellsten Lünendonk-Trendstudie 2009[34] zeigen: Auf die Bitte, die drei wichtigsten Wettbewerber in freier Assoziation zu nennen, nannten die teilnehmenden Unternehmen mit deutlichem Abstand Atreus am häufigsten. Die Studie selbst bewertet dieses Ergebnis so:

> *Interessant in diesem Zusammenhang ist auch, dass der alte Firmenname lediglich zweimal erwähnt wurde. Angesichts der Tatsache, dass der Anbieter erst seit Beginn des Jahres 2009 unter der Marke Atreus am Markt auftritt, ist diese geringe „Restwahrnehmung" der alten Marke ein echter Erfolg für die Markeneinführung.*

[34] Lünendonk GmbH, Lünendonk-Trendstudie 2009: Der Markt für Interim Management in Deutschland, Kaufbeuren 2009.

3.9 Konsolidierung

3.9.1 Die Situation im Licht von Theorie und Praxis

3.9.1.1 Spezifika der Konsolidierung

Arbeitsdefinition Konsolidierung

Die Begriffe „Konsolidierung" bzw. „konsolidieren" sind auf das lateinische „consolidare" zurückzuführen und bedeuten „in seinem Bestand sichern, festigen". Obwohl das Wort „Konsolidierung" aus den deutschsprachigen Medien nicht mehr wegzudenken ist, wird der Begriff unterschiedlich verwendet. Gemein ist allen die Erläuterung eines Prozesses oder einer Aktion des Zusammenlegens und Zusammenfassens. Im Folgenden wird unter „Konsolidierung" eines Unternehmens der Prozess des Zusammenwachsens der zusammengeschlossenen Einzelunternehmen, also der Zusammenschluss mehrerer kleiner Einheiten zu einem neuen, verhältnismäßig größeren Unternehmen verstanden. Im Rahmen von sogenannten Buy&Build-Strategien werden ganze Branchen und Märkte konsolidiert mit dem Ziel, Wert zu steigern und Größeneffekte zu realisieren.

Herausforderungen in der Konsolidierung

Unternehmenszusammenschlüsse sind immer eine große Herausforderung – in gut zwei Drittel der Fälle sind Fusionen und Übernahmen für Aktionäre wertvernichtend. Fünf allgemeine Grundsätze führt Wildemann[35] für den Erfolg von Integrationsprojekten an: Hohe hierarchische Aufhängung der Integration, Berücksichtigung unterschiedlicher Unternehmenskulturen und Entwicklung einer gemeinsamen Vision, Nutzung der Fusion zur allgemeinen Verbesserung des Unternehmens, Schnelligkeit bei der Umsetzung und offene, zügige Kommunikation der Ziele, Maßnahmen und Ergebnisse. Bei der Konsolidierung kommen zu den üblichen Herausforderungen für die Post-Merger-Integration (siehe auch

---

35 Vgl. Wildemann, H., Effiziente Unternehmensfusionen: Eine erprobte Vorgehensweise, http://www.tcw.de/news/view/121.

Kapitel 3.2) noch drei weitere hinzu, die im Folgenden erläutert werden.

Die multiple Integration

Konsolidierungsprojekte zeichnen sich durch eine immense Komplexität aus. Durch den Zusammenschluss vieler Einzelunternehmen muss nicht lediglich ein IT-System in ein anderes überführt werden, sondern mehrere. Nicht die Prozesse zweier Unternehmen müssen vereinheitlicht werden, sondern die Prozesse mehrerer vormals unabhängiger Einzelunternehmen. Nicht nur zwei unternehmensstrategische Absichten müssen – inklusive aller persönlichen Befindlichkeiten, Überzeugungen und Eigeninteressen der verantwortlichen Personen – konsolidiert werden, sondern viele. Und nicht zu vergessen: die große Herausforderung der Integration des Personals und der unterschiedlichen Unternehmenskulturen zu einer neuen Gesamtheit mit gemeinsamer neuer Vision und gemeinsamer neuer Identität.

Vom Einzelunternehmen zum Konzern – im Schnelldurchlauf

Abhängig von ihrer Größe müssen Unternehmen mit unterschiedlichen Stärken und Schwächen umgehen: Kleinunternehmen oder der Mittelstand haben oftmals noch den Vorteil, dynamischer, flexibler, kurz: schneller zu sein – sei es bei Entscheidungsprozessen, Innovationen oder der Reaktionsfähigkeit auf geänderte Marktgegebenheiten – als ihre großen, gern als schwerfällig bezeichneten Kollegen. Die wiederum haben meist nicht mehr mit den typischen Kinderkrankheiten zu kämpfen, zeichnen sich aus durch funktionierende Prozesse und eine Belegschaft, die einigermaßen selbstbewusst in die Zukunft blickt – schließlich erfreut sich ihr Arbeitgeber großer Bekanntheit und ist ein nicht unbedeutender Player am Markt. Konsolidierte Unternehmen können sich nicht schrittweise an die geänderten Anforderungen oder Bedingungen anpassen, sondern sehen sich innerhalb eines oft recht begrenzten Zeitrahmens vom Kleinunternehmen zum Konzern gewachsen. Jetzt gilt es sich die Stärken der Einzelunternehmungen zu bewahren und gleichzeitig sich in Professionalität, Prozessen, Systemen, Strukturen und Marktauftritt an die Anforderungen eines Großkonzerns anzupassen – meist einhergehend mit einem für alle Beteiligten immer wieder schmerzhaften Prozess der Restrukturierung (s. auch Kapitel 3.1).

Die Helden werden müde

Durch den permanenten Zukauf und die immer wiederkehrende Aufgabe der Integration eines weiteren Unternehmens befinden und empfinden sich die Menschen in einem Dauerzustand der Sondersituation: Die Organisation zeigt gewisse Ermüdungserscheinungen. Die enormen Anstrengungen durch die Integration belasten nicht nur die Führungskräfte, sondern die gesamte Belegschaft. Die beständige Unsicherheit – schließlich sind Unternehmenszusammenschlüsse meist auch mit Personalmaßnahmen verbunden – zermürbt. Insofern kommt der Schnelligkeit bei der Umsetzung einer Konsolidierung eine besondere Bedeutung zu, genau wie adäquater Motivationsarbeit.

Phasen einer Konsolidierung

Die Konsolidierung von mehreren Einzelunternehmen erstreckt sich in der Regel über einen längeren Zeitraum. Gleichzeitig oder in aufeinander folgenden Wellen wird eine Vielzahl von Unternehmen akquiriert und zu einem neuen Unternehmen zusammengeschlossen – beginnend mit einer Strategie- und Entscheidungsfindungsphase, gefolgt von der Anbahnung der Transaktion, über eine mehr oder weniger ausführliche Due Diligence bis zum Abschluss der Transaktion und endend mit der Integration aller akquirierten Unternehmen, die sich über mehrere Jahre erstrecken kann. In mehreren Wellen mit n Wiederholungen muss das Unternehmen immer wieder durch den Prozess von Akquisition, Integration und oftmals auch Restrukturierung. Der Kommunikation kommt gerade in dieser Phase eine entscheidende Rolle zu. Die erhöhte Komplexität, die sich durch mehrere Wellen der Konsolidierung ergibt, kann auch der Laie erahnen. Die folgende Abbildung verdeutlicht die wesentlichen Aufgaben in der Phase der Integration.

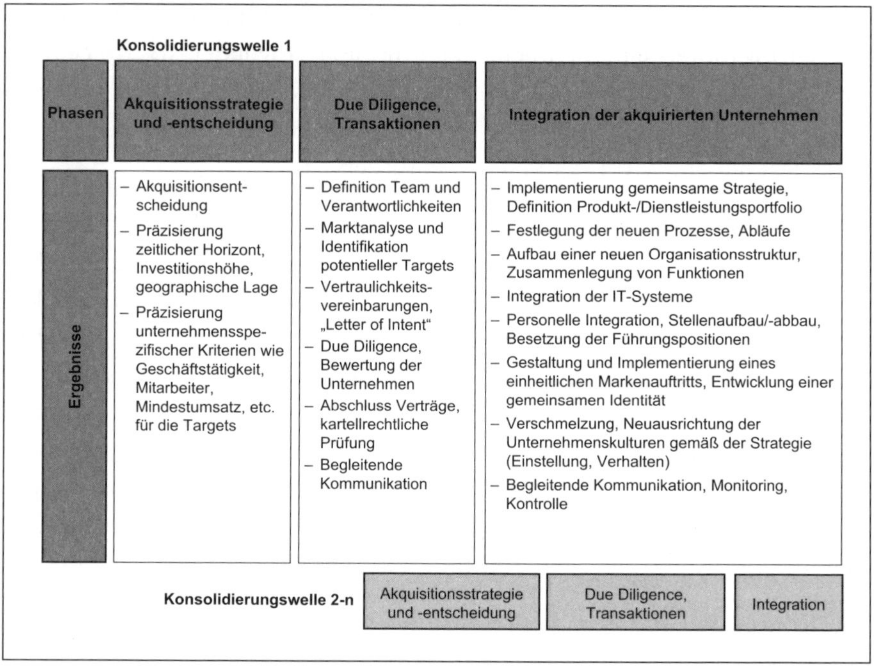

Abbildung 71: Phasen der Konsolidierung

3.9.1.2 Anforderungen an die Kommunikation in der Konsolidierung

Die Kommunikation spielt für alle Dimensionen der Integration (von Strategie über Strukturen bis Personen und Kulturen) eine entscheidende Rolle. Dabei hat sie eine zweifache Funktion inne, eine begleitende und eine direkt unterstützende. Im Folgenden wird insbesondere auf die Aspekte näher eingegangen, die – verglichen mit der klassischen Post-Merger-Integration – für Konsolidierungsprojekte zusätzlich oder aber in besonderem Maße relevant sind. Neben den bereits genannten Aufgaben der Kommunikation in der Post-Merger-Integration kommen der Kommunikation in Konsolidierungsprojekten noch weitere Aufgaben zu: die Reduktion der Komplexität, die Unterstützung des Wachstums und der Professionalisierung vom Einzelunternehmen zum Konzern und die Aufrechterhaltung der Motivation trotz Ermüdungserscheinungen. Auch bei der Entwicklung einer gemeinsamen Identität können verstärkt Anstrengungen vonnöten sein, denn eine Vielzahl von Einzelidentitäten, die sich über Jahre in Strukturen, Prozessen, Einstellungen und Verhaltensweisen und – nach außen sichtbar – über die unterschiedlichen Marken manifestiert haben, wirkt dem Neuen entgegen.

Komplexität reduzieren

Um Komplexität zu reduzieren und die Organisation nicht zu überfordern, ist geplante Weiterentwicklung statt Aktionismus gefragt. Die Menschen brauchen den großen logischen Zusammenhang („big picture"), in den sie sich und alle im Unternehmen laufenden Aktivitäten einordnen können. Das Unternehmen hingegen benötigt das Gesamtbild, um alle Aktivitäten in geregelte Bahnen zu lenken – damit am Ende alle am gleichen Strang ziehen und am Erfolg des neuen Unternehmens tatkräftig mitarbeiten – und zwar in die von der Unternehmensführung gewünschte Richtung. Den Kulminationspunkt bildet das gemeinsame Leitbild mit Vision, Zielen, Strategie, Werten und Handlungsleitlinien. Es ist wichtigster Orientierungspunkt für sämtliches Handeln in der Organisation und bewirkt, dass Mitarbeiter und Führungskräfte bei allem, was sie tun, das neue Gesamtunternehmen im Blick haben und so auch die gemeinsame Kraft entwickeln, die für die Umsetzung und die Geschwindigkeit des Konsolidierungsprojekts vonnöten ist. Erreicht werden Engagement und Verinnerlichung durch Beteiligung, Einbindung und Kommunikation. Beispiele sind Management-Workshops zur Erarbeitung des Leitbilds oder auch Aktionen, an denen die Mitarbeiter aktiv an der Gestaltung der Leitbildbroschüre oder an der Operationalisierung des Leitbilds für die einzelnen Unternehmensbereiche mitarbeiten können. Erfolgskritisch ist in diesem Zusammenhang auch ein Gleichklang des Managementteams – erforderlich sind eine einheitliche Sprache und Botschaft quer durch die gesamte Organisation, angefangen beim CEO als Führungspersönlichkeit, als Leitfigur, als Verdichtung des konsolidierten Unternehmens.

Der Anspruch: Vom Einzelunternehmen zum Konzern

Ein Unternehmen, das wachsen will – vom Einzelunternehmen zum Konzern –, muss seinen neuen Anspruch in allen Dimensionen vorleben, angefangen bei der Kommunikation auf oberster Ebene: Auch sie muss Größe vermitteln und Wachstumsambitionen demonstrieren. Nicht selten sind in konsolidierten Unternehmen noch die Gepflogenheiten und der Kommunikationsstil vorzufinden, die einem kleinen bis mittelständischen Unternehmen entsprechen, nicht aber einem Konzern. Beispielsweise kommunizieren CEO und oberstes Führungsgremium auch noch solche Themen persönlich, die ihrer Position im Großunternehmen gar nicht mehr angemessen sind. Was vormals vielleicht noch passend war, führt nun zu Irritation – denn nun wird nicht mehr verstanden, warum der Vorstand die Einführung einer neuen Faxvorlage bekannt gibt und im gleichen Atemzug weitreichende strategische Änderungen für einen eventuell weltweit agierenden Konzern. Im Zweifel wissen die Mitarbeiter nicht mehr, welche Botschaft nun von Bedeutung ist und für das Fortbestehen des Unternehmens ausschlaggebend. Unabhängig davon werden Autorität und Ernsthaftigkeit des Vorstands im Laufe der Zeit angezweifelt werden, wenn auch weniger bedeutsame Änderungen vom CEO persönlich kommuniziert werden. Beides wird dem konsolidierten Unternehmen nicht helfen, den Sprung von der Regional- in die Bundesliga zu schaffen.

Aufrechterhaltung der Motivation

Durch die permanente Veränderung, die Angst um den Arbeitsplatz und die zeit- und kraftintensive und immer wiederkehrende Integrationsarbeit, die die Konsolidierung mit sich bringt, sind viele Mitarbeiter ausgepowert. Die Motivation ist angeschlagen, Engagement und Produktivität sinken. Der Belastung durch die Fusionsprozesse muss Begeisterung für das Neue entgegengesetzt werden. Dies erfordert intensive kommunikative Maßnahmen – umso mehr, je stärker die Ermüdungserscheinungen sind und je mehr die Mitarbeiter sich mit den „Altgesellschaften" emotional verbunden fühlen. Die Trauer um den verlorenen ehemaligen Arbeitgeber ist oft unerwartet groß und die Mitarbeiter hängen der

Vergangenheit nach – den Trennungsschmerz müssen die Menschen erst verarbeiten. Gerade in kleineren Unternehmen ist die Mitarbeiteridentifikation oftmals sehr hoch. Emotionen können nicht im Umfeld ausschließlich sachlicher Kommunikation entstehen. Emotionen erzeugt man durch persönliche, direkte Kommunikation, beispielsweise im Rahmen von Veranstaltungen. Durch emotionale Bilder, Filme, durch Aktionen, die – gerne auch mit einem Augenzwinkern – die Mitarbeiter in ihrem Innersten berühren. Und durch Glaubwürdigkeit und Menschlichkeit. Durch Verständlichkeit. Durch Wertschätzung und Würdigung des bisher Erreichten. Durch eine greifbare und zugleich herausfordernde Vision, die Begeisterung für das Neue weckt. Und durch Spaß und Freude an der Mitgestaltung. Natürlich geht nicht Emotion um der Emotion willen oder Spaß um des Spaßes willen. Im Gegenteil: Spaß, Emotion und Motivation müssen im Zusammenhang mit harten inhaltlichen Fakten und Botschaften erzeugt werden. Kommunikation braucht im Businessumfeld den konkreten Bezug zum Geschäftserfolg. Das gilt auch für Mitarbeiterveranstaltungen, denn die Mitarbeiter haben feine Antennen, wofür Geld ausgegeben wird – gerade in kostensensiblen Zeiten, wie sie Sondersituationen häufig mit sich bringen. Die folgende Abbildung zeigt typische (reale) Aussagen von Mitarbeitern in einer Befragung mitten im Umbruch einer Konsolidierung von mittelständischen Unternehmen.

Starke Identifikation mit den Altgesellschaften	Ermüdungserscheinungen
– „Wir gehören nicht zur Mutter, nur zu unserer Region!“ – „Manche trauern schon den alten Zeiten nach.“ – „Wir haben T-Shirts gedruckt: Unser Unternehmen darf nicht sterben!“ – „Bei unserer früheren Gesellschaft hatten wir diesen Smiley, mit dem sich die Leute identifiziert haben.“ – „Früher hatte ich immer einen Vertrag im Auto, um Freunde und Bekannte zu werben, und den Aufkleber unserer Firma auf dem Auto. Jetzt? Das hätte ich gerne wieder.“ – „Man hat uns die neue Farbe übergestülpt, einfach eine andere Farbe hingeknallt, das war dann die neue Firma.“ – „Ich identifiziere mich mit der Region statt mit der Firma – das Zusammengehörigkeitsgefühl fehlt.“	– „Das Feuer spürst du nicht mehr.“ – „Die Mitarbeiter sind speziell in unserer Historie durch eine harte Schule der mehrstufigen „Mergerei“ durchgegangen. Die sind da relativ wund geschossen.“ – „Unsere Zuversicht endet mit unserem Investor. Werden wir vielleicht wieder mal weitergereicht?“ – „Es weiß jeder, dass wir früher oder später wieder verkauft werden.“ – „Bei uns denkt jeder nur an die nächsten ein, zwei Jahre – wir haben schon so viel hinnehmen müssen.“ – „Wir fragen uns, wann werden wir denn wohl dieses Jahr wieder verkauft.“ – „Es geht darum, zu überleben – mit allen Mitteln.“

Abbildung 72: Beispielhafte Aussagen von Mitarbeitern in der Konsolidierung

Entwicklung einer gemeinsamen Identität

Sichtbarstes Element bzw. deutlichste Projektion der Unternehmensidentität nach außen ist die Marke bzw. der Außenauftritt. Gleichzeitig ist die Marke nicht nur Ausdruck von Veränderung, sondern auch Treiber solch weitreichender Umwälzungsprozesse wie der Konsolidierung. Änderungen des Markenauftritts oder gar eine neue Marke können vortrefflich dazu genutzt werden, den grundlegenden Veränderungen, der neuen Strategie oder den gemeinsamen Werten sichtbar Ausdruck zu verleihen. Eine gemeinsame Identität meint auch die kollektive Identifikation mit dem Unternehmen. Sie muss sich in konsolidierten Unternehmen erst neu herausbilden. Das konsolidierte Unternehmen scheint – nach innen wie nach außen – ein Sammelsurium vieler Einzelgesellschaften mit spezifischem Eigenleben zu sein: eigenem Auftritt, eigenen Strukturen, eigenen Produkten, eigenem – typischem – Verhalten, einer eigenen Unternehmenskultur, kurzum einer eigenen Identität. Die Vereinheitlichung von Design ist noch relativ einfach. Schwieriger wird es, die verschiedenen Kulturen unter einen Hut zu bringen. Da hilft ein einheitlicher Innen- und Außenauftritt, optisch wie inhaltlich – um ein Zusammengehörigkeitsgefühl zu erzeugen, ein „Wir“ und nicht ein „Ihr“. Die Weichen müssen konsequent in Richtung neue Zeit gestellt werden: Das beginnt beim neuen Erscheinungsbild der Zentrale und der Geschäftseinheiten, bei einer einheitlichen Website, einem gemeinsamen Intranet und reicht über einen Gleichklang der Hotline-Ansagen bis hin zu einer gemeinsamen Mitarbeiterzeitschrift, die das konsolidierte Unternehmen verkörpert. Aber es gehört noch mehr dazu: eine Führungspersönlichkeit, der man bereit ist Vertrauen zu schenken und zu folgen. Die wichtigsten Fragen, die sich die Anspruchsgruppen in der Konsolidierung stellen, sind in der folgenden Abbildung zusammengestellt.

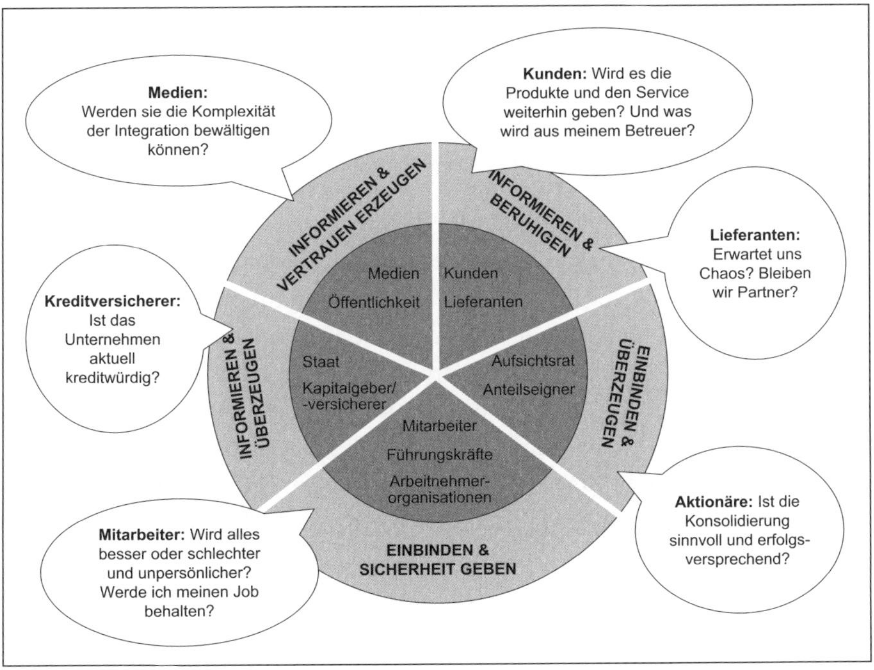

Abbildung 73: Stakeholder in der Konsolidierung

3.9.1.3 Externe Kommunikation in der Konsolidierung

Für die externe Kommunikation sind grundsätzlich dieselben Empfehlungen relevant wie bei der Sondersituation Post-Merger-Integration: die Kommunikation der Funktionsfähigkeit trotz der immensen Herausforderung der Integration sowie der verbesserten Chancen für Marktposition und langfristige Wettbewerbsfähigkeit durch die Konsolidierung. Die neue Positionierung am Markt zu kommunizieren, den gesamten Außenauftritt möglichst rasch zu harmonisieren und die einzelnen Interessengruppen von den Vorteilen der Konsolidierung zu überzeugen, ist wichtig. Den geänderten Ansprüchen und Anforderungen eines größeren Unternehmens gerecht zu werden – wie beispielsweise ein Vielfaches an Presseanfragen oder Zwei- und Dreisprachigkeit. Für die externe Kommunikation in der Konsolidierung heißt das aber auch, als Einheit zu kommunizieren und nicht den Befindlichkeiten der Einzelgesellschaften zu sehr Rechnung zu tragen, wenn sie sich daran gewöhnen müssen, dass es nun eine Zentralfunktion gibt, die gewisse Standards und Botschaftensets vorgibt und eine steuernde und kontrollierende Funktion übernimmt. Die folgende Abbildung zeigt die Schwerpunkte der externen Kommunikation.

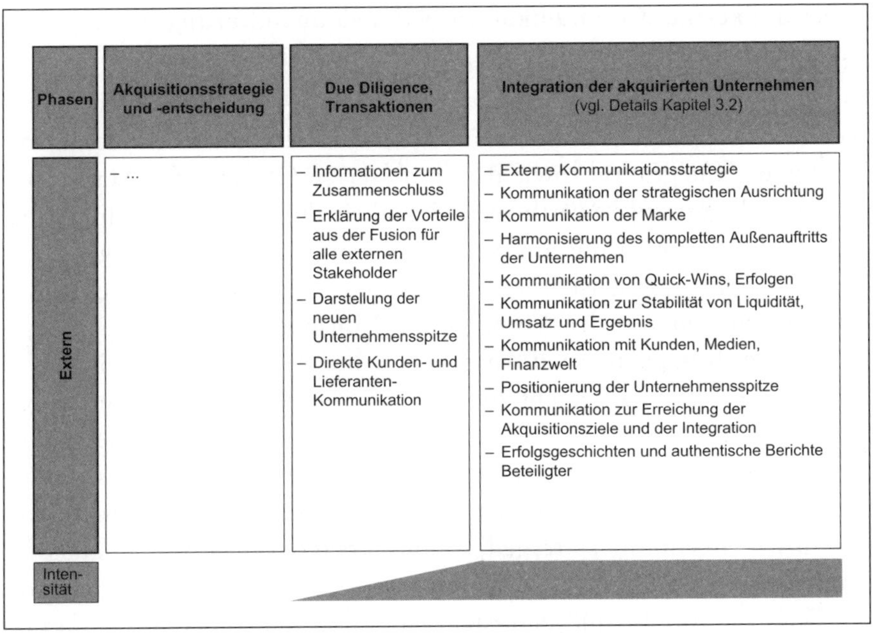

Abbildung 74: Externe Kommunikation in der Konsolidierung

3.9.1.4 Interne Kommunikation in der Konsolidierung

In der internen Kommunikation geht es während der Konsolidierung primär darum, Einheit herzustellen, Motivation und Begeisterung für das Neue, Gemeinsame zu erzeugen, aber auch die zwangsläufig entstehenden Unsicherheiten zu reduzieren. Eine intensive Kommunikation der obersten Unternehmensführung über Fortschritte, erste Ergebnisse, Veränderungen und ein lohnendes Zielbild ist deshalb unabdingbar. In Konsolidierungsprojekten kommt hinzu, dass das Leitbild mit jeder Akquisition erneut einer kurzen Überprüfung auf seine Gültigkeit unterzogen werden muss – schließlich ändern sich die Parameter mit jedem neuen Unternehmensanschluss. Und: ein gewisser Aufwand muss betrieben werden, um die neu hinzu kommenden Mitarbeiter vom gemeinsamen Leitbild zu überzeugen. Dieser Aufwand wird besonders zu Beginn einer Konsolidierungsserie hoch sein, dann aber von Konsolidierung zu Konsolidierung abnehmen, denn: Je stärker das Leitbild bereits im Unternehmen verankert und je ausgeprägter die gemeinsame Unternehmenskultur ist, desto schneller werden die hinzukommenden Einheiten die Gepflogenheiten des Unternehmens übernehmen. Nichtsdestoweniger ist das Etablieren einer gemeinsamen Unternehmenskultur und -identität eine Geduldsprobe für das Management. Das Schaubild zeigt die Schwerpunkte der internen Kommunikation.

Phasen	Akquisitionsstrategie und -entscheidung	Due Diligence, Transaktionen	Integration der akquirierten Unternehmen (vgl. Details Kapitel 3.2)
Intern	– …	– Informationen zum Zusammenschluss – Erklärung der Vorteile für alle internen Stake-holder – Darstellung der neuen Unternehmensspitze – Direkte Mitarbeiter und Führungskräftekommunikation zum Marktstart des konsolidierten Unternehmens	– Interne Kommunikationsstrategie – Kommunikation und Verankerung neues Leitbild und strategische Ausrichtung – Interne Inszenierung der Marke – Begleitung Kulturintegrationsprozess – Kommunikation von Quick-Wins – Massive interne Kommunikation über Neuerungen – Motivationsveranstaltung – Kommunikation zur Erreichung der Akquisitionsziele und der Integration – Erfolgsgeschichten und authentische Berichte von Mitarbeitern – Fortlaufende Kommunikation zum Prozess und zu Neuerungen
Intensität			

Abbildung 75: Interne Kommunikation in der Konsolidierung

3.9.2 Ein Fallbeispiel: Versatel

Nur in wenigen Branchen hat die Konsolidierung in den letzten zehn Jahren eine derart bedeutende und beständige Rolle gespielt wie im deutschen Telekommunikationsmarkt. Obwohl bereits einige Player wieder von der Bildfläche verschwunden sind, tummeln sich in kaum einem anderen europäischen Land so viele Unternehmen wie in Deutschland in diesem Revier. Das folgende Kapitel erzählt von der Versatel AG, die von

1999 bis heute eine wichtige Rolle in der Konsolidierung des deutschen Telekommunikationsmarktes gespielt hat.

3.9.2.1 Das Unternehmen

Die Versatel AG ist einer der größten Anbieter von Sprach-, Internet- und Datendiensten für Privat- und Geschäftskunden auf dem deutschen Markt. Sie verfügt über ein hochmodernes und leistungsfähiges Glasfasernetz mit einer Gesamtlänge von über 38.000 Kilometern in ganz Deutschland. In zwölf der 16 Bundesländer sowie in 32 der 50 größten Städte ist Versatel mit einem eigenen Netz vertreten und damit der einzige Telekommunikationsanbieter neben der Deutschen Telekom, der über eine derart umfangreiche Stadtnetzinfrastruktur verfügt. Das Unternehmen erzielte 2008 einen Umsatz von über 760 Millionen Euro, hat mittlerweile 710.000 Breitbandkunden und ca. 70.000 Geschäftskunden unter Vertrag und beschäftigt an neun Standorten rund 1.300 Mitarbeiter

3.9.2.2 Die Ausgangssituation

Zusammenschluss zahlreicher City- und Regional-Carrier

Der Startschuss für die Versatel AG fiel 1999 mit der Liberalisierung des deutschen Telekommunikationsmarktes und dem Markteintritt von Versatel in Deutschland. Apax hatte Versatel 2006 erworben. Seitdem hat der Telekommunikationskonzern zahlreiche Regional- und Stadtnetzbetreiber, die über ein eigenes Netz verfügen, gekauft und integriert und sich so als erfolgreiche Konsolidierungsplattform im deutschen Telekommunikations- und Kabelmarkt einen Namen gemacht. Wesentlicher Meilenstein war 2006 der Zusammenschluss mit der Tropolys-Gruppe, einem Verbund von insgesamt 14 City- und Regio-Carriern – Teil der Buy&Build-Strategie von Private-Equity-Investor Apax und zugleich Mehrheitsanteilseigner von Tropolys. Dem Zusammenschluss vorausgegangen waren auch auf Versatel-Seite bereits mehrere Fusionen, die sich über ganz Deutschland erstreckten. Grundidee war, möglichst viele City Carrier unter einem Dach zu bündeln, die einen abgegrenzten regionalen Markt bedienen, nicht im Wettbewerb zueinander stehen, aber alle für sich betrachtet einen großen Wettbewerbsvorteil mit sich bringen:

das eigene Netz. Den Verlauf der Konsolidierung zeigt die folgende Darstellung.

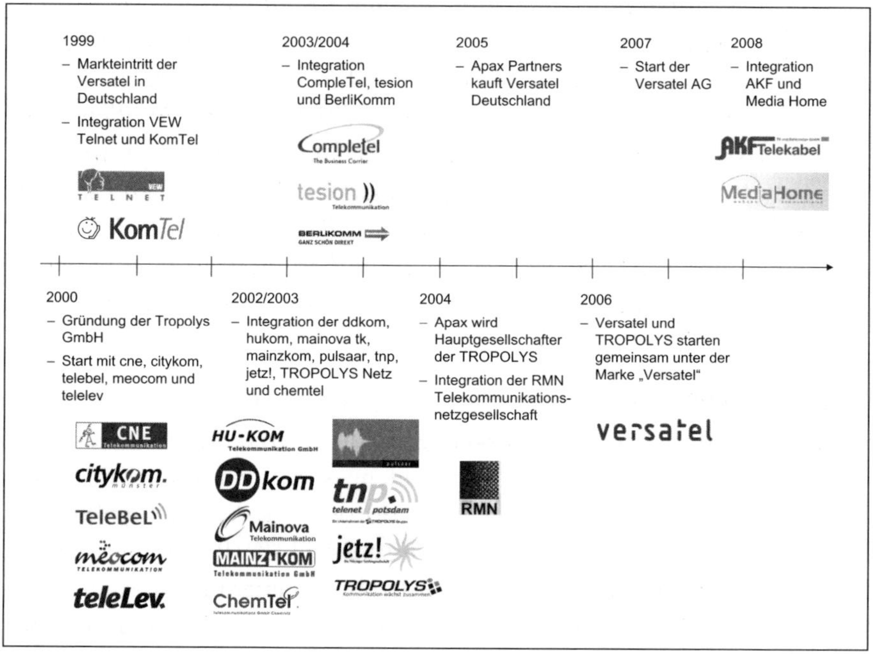

Abbildung 76: Die Historie der Versatel AG 2000 bis 2009

Über die größten Herausforderungen in diesem Konsolidierungsprojekt sagt Peer Knauer, damaliger Vorsitzender des Vorstandes von Versatel:

> *Mit dem Zusammenschluss von Versatel und TROPOLYS wurden die gut messbaren Kostensynergien konsequent realisiert. Alle Kostenpositionen wurden dabei auf den Prüfstand gestellt. Hierzu gehörten u.a. die Personalkosten durch die Abschaffung von Redundanzen und die Marketingkosten durch die Einführung einer einheitlichen Marke. Die Firmen hatten in den Jahren zuvor natürlicherweise ein Eigenleben entwickelt und damit auch den Anspruch, vieles selbst machen zu wollen. Plötzlich mussten sie damit*

umgehen, dass dieses Eigenleben mit sämtlichen Zentralfunktionen in einem Konzern aufging – angefangen beim Billing über die Strategieabteilung bis hin zum eigenen Branding. Integration ist ja noch relativ einfach, wenn man über gemeinsame vertriebliche Aktivitäten spricht oder wenn man der Einzelgesellschaft die Unterstützung durch eine Zentralfunktion beispielsweise in allen regulatorischen Angelegenheiten anbietet – also überall dort, wo dem City Carrier der Mehrwert sofort ersichtlich ist. Schwerer wird es und größer sind die Widerstände bei allen Themen des Marktangangs, der Marke selbst, der Kommunikationsstrategie und bei allen Themen, die sich nicht monetär messen lassen, wie beispielsweise die Identifikation der Mitarbeiter.

Ehrgeizige Ziele für 2007

Für 2007 hatte sich Versatel ehrgeizige Ziele gesetzt: Stärkung der Position im Markt, Wachstum im Neukundengeschäft, Erhöhung der Kundenzufriedenheit und nicht zuletzt den Börsengang. Versatel wollte weiter wachsen – organisch und anorganisch. Um die Positionierung der Marke zu schärfen, die Identifikation der Mitarbeiter mit Versatel zu erhöhen und die Kundenorientierung in den Prozessen, Strukturen, aber auch in den Köpfen der Führungskräfte und Mitarbeiter nachhaltig zu verankern im Unternehmensverbund, lancierte Versatel ein unternehmensweites Programm. Peer Knauer beschreibt die größten Herausforderungen:

Wenn man in dieser Konstellation eines Unternehmensverbundes wachsen will, braucht man eine klare Positionierung, eine starke Marke und die volle Identifikation und Motivation der Menschen – gerade in den Topkundensegmenten, wo Vertrauen und Größe eine wichtige Rolle spielen. Im Privatkundensegment kommt es hingegen auf stark standardisierte Prozesse sowie auf konsequenten Vertrieb und Marketing an. Sicherlich hatten die Gesellschaften zum Teil auch Erfolg als Einzelgesellschaft, aber als Einzelgesellschaft mit einem regional begrenzten Absatzgebiet hat man auch eine Wachstumsgrenze. Dieses Verständnis muss man bei den Mitarbeitern erst erzeugen – das war uns bis dahin nur teilweise gelungen.

3.9.2.3 Der Plan

Umfassende Bestandsaufnahme

Mitarbeiter und Führungskräfte, Kunden, Medienvertreter und Anteilseigner wurden befragt zu Erwartungen und Befindlichkeiten, Strategie und Marke, Unternehmen und Führung. Die bestehenden Kommunikationsmittel und -tools wurden analysiert, der Auftritt am Markt und an den Standorten begutachtet und auch die bestehenden Kommunikationsprozesse unter die Lupe genommen. Aus den gewonnenen Erkenntnissen wurde ein Maßnahmenkatalog erarbeitet. Peer Knauer legte zusammen mit dem gesamten Vorstand die Prioritäten für die nächsten Monate fest. Um das Buy-in des Topmanagements sicherzustellen, wurde der Führungskreis bereits von Beginn an in das Programm eingebunden. Der CEO informiert den gesamten Bereichsleiterkreis von Anfang an: über die Ergebnisse der Analyse, Ziele und Maßnahmen. Alle wussten: Versatel sollte fit gemacht werden für die anstehenden Herausforderungen und das übergeordnete Ziel der Konsolidierung: weiteres Wachstum.

Kommunikationsplan

Die Maßnahmen im ersten Halbjahr nach Start des Kommunikationsprogramms zeigt die Roadmap des Programms.

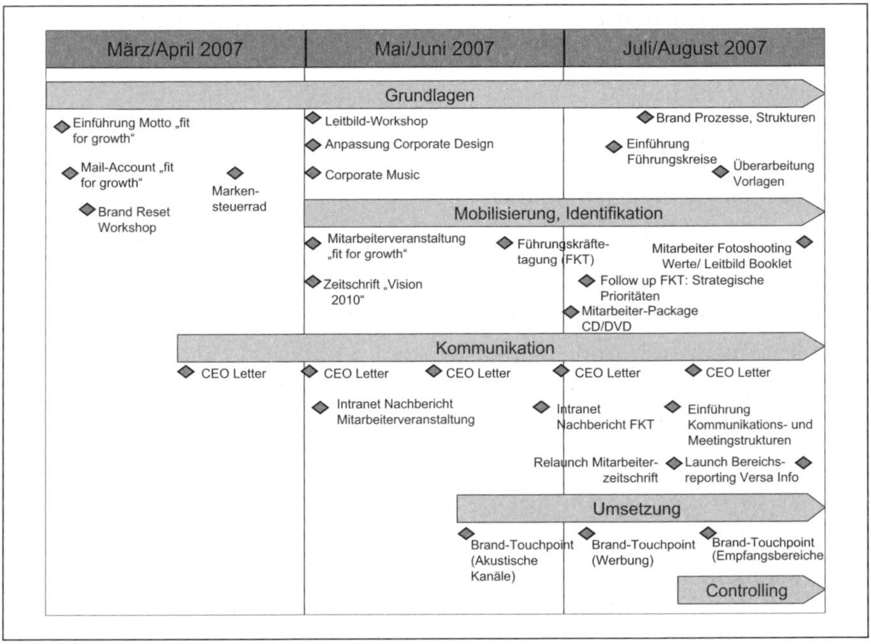

Abbildung 77: Die Ereignisse bei Versatel im Überblick

3.9.2.4 Die Maßnahmen

Die Basis legen: Markensteuerrad und Unternehmensleitbild

Startpunkt war ein Workshop mit dem Vorstand und weiteren Schlüsselpersonen aus dem Unternehmen. Das Ziel: gemeinsam ein Markensteuerrad erarbeiten und verabschieden, das Leitlinie für alle zukünftigen strategischen und operativen Entscheidungen rund um die Marke sein sollte. Zentrale Ergebnisse waren Markenkompetenz, Markenbenefit und die Markenwerte: sympathisch, einfallsreich, tatkräftig, zuverlässig, selbstbewusst. Dass der bisherige Markenauftritt nicht mehr so richtig dazupassen wollte und einer Generalüberholung bedurfte, war offensichtlich. An der ursprünglichen Galionsfigur der Marke, dem sogenannten Flatrater, hielt zu diesem Zeitpunkt niemand mehr fest. Ein weiterer Workshop zum Thema Unternehmensleitbild folgte, um neben der Marke auch die Positionierung und Zielrichtung klar zu fassen: ein

Leitbild, das die Unternehmensentwicklung, die Unternehmenskultur, die Führungsphilosophie und somit die Marke Versatel nachhaltig prägen sollte. Vision und Mission wurden in mehreren Iterationsschritten von dem gleichen Team aus Vorständen und Bereichsleitern erarbeitet und in eine für alle Mitarbeiter verständliche Botschaft gefasst: „Wir sind der stärkste Telekommunikationsanbieter in unseren Regionen. Wir ermöglichen unseren Kunden den Zugang zur Welt – durch bedarfsorientierte Lösungen, direkt vor Ort und mit dem besten Preis-Leistungs-Verhältnis am Markt."

Mitarbeiterveranstaltung: Aufbruchstimmung und Motivation erzeugen

Die Zeit drängte, der Börsengang stand bevor. Unter Berücksichtigung des neuen Markensteuerrads und der Markenwerte wurden viele Einzelprojekte auf den Weg gebracht, um extern schnell sichtbare Erfolge zu erzielen und intern die Mitarbeiter mit auf den Weg zu nehmen. Als eine der ersten Maßnahmen wurde die bevorstehende Mitarbeiterveranstaltung im Sinne der neuen Markenwerte gestaltet und die Agenda um einen ausführlichen inhaltlichen Part ergänzt. Die Mitarbeiter erwartete bei ihrer Ankunft eine bis ins letzte Detail gestaltete Halle im neuen Versatel-Design: So konnten sie erstmals im Mai 2007 in Düsseldorf, dem Hauptsitz von Versatel, die „neue" Marke Versatel – ihre gemeinsame Zukunft – hautnah erleben. Peer Knauer erläuterte, was bislang erreicht wurde, wo noch Handlungsbedarf bestünde und wie die zukünftige Strategie sowie konkrete Maßnahmen aussehen würden. Im Zuge dessen sprach der CEO auch über die Integration, den bevorstehenden Börsengang sowie das neue Leitbild – und was sich Versatel davon erwarten würde. Abschluss der Rede bildete ein emotionaler Film, der die Botschaften des CEO nochmals zusammenfasste. Die Mitarbeiter waren sichtlich bewegt. Auch Kunden kamen zu Wort und Peer Knauer erläuterte allen Mitarbeitern das Leitbild, die neue Marke, den neuen Zusammenhaltsgedanken und die Wichtigkeit eines geschlossenen Auftretens. Der Grundstein für eine gemeinsame Identität war gelegt: man wollte dazu gehören und Stolz und Freude, dabei zu sein, machten sich breit.

Die Stimme des Kunden

Ein Filmteam verbrachte einen ganzen Tag vor den Versatel-Shops und befragte Kunden vor und nach ihrem Shop-Besuch. Die Statements wurden per Kamera aufgezeichnet und den Führungskräften im Rahmen der Vorstellung der Ergebnisse der Ist-Analyse und den Mitarbeitern auf der Mitarbeiterveranstaltung präsentiert. Die O-Töne der Kunden erzeugten ein tiefes Verständnis für die eigene Zielgruppe und ihre persönlichen Erfahrungen mit Versatel. Das, worüber oft nur spekuliert wird und was in Form aufbereiteter und unpersönlicher Ergebnisse einer Kundenbefragung oft nur einem kleinen Kreis vermittelt wird, wird plötzlich anfassbar und macht betroffen.

Zentrale Kommunikationsinstrumente Versa Tell, Versa Talk, Versa Info

Um die Integration der 20 Einzelunternehmen weiter voranzubringen, den Informationsfluss nicht abreißen zu lassen und die Mitarbeiter auch über die Mitarbeiterveranstaltung hinaus motiviert zu halten, wurde auch die interne Kommunikation weiter ausgebaut und professionalisiert. Der Vorstand achtete darauf, dass bei allen offiziellen internen und externen Kommunikationsmaßnahmen den neuen Markenwerten ebenso wie den höheren Ansprüchen an einen Konzern Rechnung getragen wurde. Zentrale Bestandteile waren – neben Veranstaltungen und Intranet – die drei Corporate-Publishing-Instrumente Versa Info (ein bereichsübergreifendes Reporting), Versa Talk (ein Führungskräfte-Newsletter als Basis für den Dialog mit den Mitarbeitern) und Versa Tell (die neue Mitarbeiterzeitschrift).

Harmonisierung der Touchpoints

Die Aufgabe der Vereinheitlichung der Marke gewann zusätzlich an Brisanz durch den bevorstehenden Börsengang. Harmonisiert wurden nach Programmstart alle akustischen Kanäle (Hotline- und Standortansagen), der Werbeauftritt, die Versatel-Shops, die Empfangsbereiche sowie wesentliche Dokumente (z.B. Unternehmenspräsentationen). Die Anpassung der Touchpoints wurde fortgesetzt, bis zum Verhalten und zur Einstellung der Mitarbeiter. Der Vorstand und Instanzen wie Brand

Management, Kommunikation, Corporate Development und Human Resources unterstützen die Umsetzung – mit Kommunikation, Incentives, mit der Implementierung in Prozesse und Systeme (z.B. Führungsgrundsätze, Recruiting-Instrumente, Balanced Scorecards) und nicht zuletzt auch mit Kontrolle.

Vereinheitlichung der Touchpoints: Beispiel Hotline- und Standortansagen

„Hallo und herzlich willkommen bei der Versatel.“, „Guten Tag und willkommen bei der Versatel, Ihrem Spezialisten für Telefon und Internet.“, „Guten Tag, Sie sind mit dem Netzbetriebszentrum der Versatel verbunden.“ Was auf den ersten Blick vielleicht unproblematisch erscheinen mag, entpuppt sich bei genauerem Hinsehen beziehungsweise Hinhören als nicht akzeptable Inkonsistenz im Außenauftritt: Unzählige Männerstimmen, Frauenstimmen, der „Flatrater“, mit Musik, ohne – annähernd 50 verschiedene Nummern, Ansagetexte, Ansagestimmen, Ansagemelodien. Nicht weiter verwunderlich bei ehemals 20 unabhängigen Einzelunternehmen, die – alle für sich betrachtet – das Richtige getan hatten: den alten Namen gegen „Versatel“ auszutauschen. Zur Vereinheitlichung aller Ansagen wurde neben der Corporate Music, die auch schon auf der Mitarbeiterveranstaltung lief, ein Sprecher ausgewählt, stimmlich zu den neuen Werten passend, der sämtliche Textbausteine einsprach. Ein ähnlich heterogenes Bild zeigten die Empfangsbereiche der einzelnen Standorte, die Shops sowie der Werbeauftritt. Nicht überall, wo Versatel draufstand, war Versatel schon drin. Durch den Zusammenschluss von 20 Stadtnetzbetreibern waren auch die Geschäfte bei Projektstart regional noch sehr verschieden. Im Verlauf des Projekts veranlasste die Firmenleitung, dass sukzessive alle Verkaufsflächen vereinheitlicht wurden.

3.9.2.5 Das Ergebnis

Nach wie vor ist der Telekommunikationsmarkt in Deutschland umkämpft: zahlreiche Wettbewerber, wachsender Preiskampf, sinkende Wachstumsraten und hohe Investitionen. Eine Studie von Booz & Company von 2008[36] prognostiziert einen Margenverfall von 25 % und eine Konsolidierung auf nur wenige Wettbewerber bis 2012. OC&C Strategy Consultants und Sal. Oppenheim sagen ebenfalls eine erhebliche Konsolidierung im deutschen DSL- und Kabelmarkt voraus.[37] „Wer die Komplexität der Integration und Konsolidierung als Erster bewältigt, sichert sich einen langfristigen Wettbewerbsvorteil", konstatiert Booz & Company.

Welche konkrete Rolle Versatel darin spielen wird, wird sich zeigen – Tatsache ist jedenfalls, dass sich das Düsseldorfer Unternehmen gut darauf vorbereitet und wesentliche Grundsteine gelegt hat, um weiterhin eine aktive Rolle in der Konsolidierung des deutschen Telekommunikationsmarktes zu spielen und die Komplexität weiterer Zusammenschlüsse zu meistern:

- Eine tragfähige Vision, die über mehrere Jahre Bestand hat
- Eine Markenpositionierung und ein Unternehmensleitbild, das für den Kunden klar erlebbar ist und sich vom Wettbewerb differenziert
- Ein auf Topmanagement-Ebene ansetzendes Markendenken zusammen mit einem institutionalisierten Brand Management, das die Integration aller zukünftigen Akquiseobjekte in den Versatel-Markenauftritt sicherstellen kann
- Ein etabliertes Toolset der internen Kommunikation, das den Bedürfnissen aller Hierarchieebenen, der Unternehmensstruktur und den Spezifika eines konsolidierten Unternehmens Rechnung trägt – um Motivation und Produktivität aufrechtzuerhalten, auch bei der nächsten Konsolidierungsaufgabe

---

36 Vgl. Booz & Company, Telekommunikationsmarkt vor umfassender Konsolidierung, http://www.booz.com/de/home/Presse/Pressemitteilungen.

37 Vgl. OC&C Strategy Consultants und Sal. Oppenheim, Anschluss gesucht – Konsolidierung im deutschen Breitbandmarkt, http://www.portel.de/uploads/media/OCC-SalOpp-Studie-Konsolidierung-10-2009.PDF.

- Mitarbeiter und Führungskräfte, die sich mit dem Unternehmen identifizieren und dadurch überzeugend an der Kundenfront agieren.

Auf die Frage nach den Lessons Learnt antwortete Peer Knauer, er würde alles wieder genauso machen:

> *Ich glaube, wenn man über Kommunikation spricht, ist das für viele ein Punkt, den sie wenig greifen können. Man kann diese Dinge nicht unmittelbar in Umsatz oder Gewinn rechnen. Zunächst einmal kostet Kommunikation! Viele sträuben sich gegen diese Kosten. In unserem Fall war es aber ganz entscheidend, dass wir diesen Weg gegangen sind. Unser Vorgehen hat massiv unseren Erfolgskurs gestützt, keine Frage.*

Nur früher damit starten würde er, sagt er, und noch mehr Ressourcen auf das Projekt packen – auch in Zeiten, in denen ein besonderes Augenmerk auf den Kosten liegt.

3.10 Internationalisierung

3.10.1 Die Situation im Licht von Theorie und Praxis

3.10.1.1 Spezifika der Internationalisierung

Arbeitsdefinition Internationalisierung

Mit Internationalisierung ist im Rahmen der Wachstumsstrategie der Prozess gemeint, in Märkten anderer Nationen tätig zu werden, also die Erschließung neuer Märkte durch das Angebot in Ländern, die nicht zum Heimmarkt gehören.[38] Bei mikroökonomischer Betrachtung beinhaltet die Bearbeitung unterschiedlicher Lände zentral die Frage, ob nationale Märkte mit einer einheitlichen Strategie bearbeitet werden oder im sog. fragmentierten Ansatz, in dem nationale Märkte unterschiedlich

[38] Vgl. Steinmann, H., Schreyögg, G., Management, S. 251 ff.

adressiert und bearbeitet werden. Der Einfachheit halber werden keine sukzessiven Internationalisierungsprozesse behandelt – sie ändern nichts an den grundsätzlichen kommunikativen Herausforderungen. Globalisierung eines Unternehmens ist die weitreichendste Form der Internationalisierung mit weltweiten Unternehmensaktivitäten.[39] Die Anlässe für Internationalisierung reichen von Ersatz für gesättigte Heimatmärkte, Senkung der Produktionskosten, Sicherung der Rohstoffbasis, Wiederverwendung von Fertigungstechnologien bis hin zur Globalisierung des nationalen Marktes.

Internationalisierungsstrategien und -phasen

In der Regel lassen sich drei Ansätze für Internationalisierungsstrategien unterscheiden, die jeweils ganz unterschiedliche kommunikative Konsequenzen haben: zum einen übernational – also wenige Länder und Segmente mit direktem Export und Vertriebsgesellschaften, zum anderen multinational – also viele Länder und Segmente, mit differenziertem, fragmentiertem Ansatz und internationalen Filialen und Tochtergesellschaften, und zum Dritten global – viele Länder und Segmente mit standardisiertem Ansatz und internationalen Filialen und Tochtergesellschaften. Für diese drei Ansätze gibt es unterschiedliche Wege der Umsetzung, die jeweils eine weitere Ausbaustufe in der internationalen Verflechtung eines Unternehmens darstellen: Export, Lizenzvergabe, Franchising, Direktinvestition und Akquisition. Das Ausmaß der Internationalisierung eines Einzelunternehmens zeigt sich bei diesen Optionen insbesondere im Grad der Betroffenheit aller Unternehmensbereiche (von Marketing, Kommunikation und Absatz bis hin zu Produktion, Personal, Forschung, Beschaffung, Finanzierung und Controlling), der Kontrollmechanismen der Aktivitäten der Länder und der Art der Kooperation und Zusammenarbeit unter den Ländern und zwischen Ländern und Zentrale. Der eigentlichen Internationalisierung vorgelagert erfolgt die Analyse der eigenen Kompetenzen und der Märkte (Vergleich alternativer Ländermärkte), ebenso die Festlegung der Ziele und der Ge-

---

[39] Vgl. Krystek, U., Zur, B., Handbuch Internationalisierung, S. 5 ff.

samtstrategie. Darauf fußen dann die Umsetzungsmaßnahmen für Zentrale und Zielländer. Die folgende Abbildung zeigt den schematischen Ablauf.

Phasen	Analyse der Märkte	Festlegung der Internationalisierungsstrategie	Planung der Operationalisierung	Umsetzung
Ergebnisse	– Definition der internationalen Wachstumsziele – Analyse unterschiedlicher nationaler Märkte – Analyse der eigenen Kompetenzen und des Wettbewerbs	– Formulierung der Gesamtstrategie (Stufenplan, Fragmentierung) – Prüfung aller Optionen pro Land und Auswahl der Eintrittsalternative pro Land – Planung der Länderumsetzung, Businesspläne für Länder (nationale Roadmaps)	– Überführung der Gesamtstrategie in Funktionalstrategien (Einkauf, Produktion, Vertrieb, etc.) – Personalplanung im In- und Ausland – Planung von Strukturen und Prozessen	– Umsetzung gemäß Stufenplan in den Ländern – Umsetzung bezüglich Strukturen, Prozessen, Menschen – Laufendes Controlling zur Zielerreichung der Internationalisierungsstrategie

Abbildung 78: Phasen der Internationalisierung

Herausforderungen[40]

Internationalisierungsstrategien und ihre erfolgreiche Umsetzung sind an manageralem Anspruch kaum zu überbieten, denn hier spitzt sich das Geschehen im Umfeld des Chefsessels zu: Die unternehmerischen Entscheidungen sind von hohen Risiko/Chancen-Potentialen geprägt, allzu oft ist eine Vielzahl an Unternehmensbereichen mit ihren Prozessen und Strukturen betroffen und zu guter Letzt addiert sich zum erforderlichen landesspezifischen Know-how auch noch die interkulturelle Sozialkompetenz, die den Erfolg einer Internationalisierungsbemühung maßgeblich beeinflusst. Wie viel des gesammelten Wissens und der erworbenen Erfahrungen um den Mechanismus des Marktes und die Bedürfnisse

[40] Vgl. Krystek, U., Zur, B., Handbuch Internationalisierung, S. 13 ff.

der Kunden ist transferierbar? Und wie viel interkulturelle Gültigkeit ist wirklich gegeben?

3.10.1.2 Anforderungen an die Kommunikation in der Internationalisierung

Logistik, Kosten, Technik und Funktionsweise von Kommunikationstools

Die Internationalisierung als Prozess und die Internationalität als Ergebnis addieren für die Kommunikationsarbeit erhebliche Komplexität. Funktioniert das Intranet länderübergreifend? Gibt es verschiedene Sprachversionen für den Internetauftritt? Lässt die Programmierung das zu? Will sich das Unternehmen überhaupt bilingual präsentieren? Oder sogar dreisprachig? Und gilt das dann auch für Kundenbroschüren? Sollen Pressemitteilungen künftig mehrsprachig über einen internationalen Verteiler gestreut werden? Oder gehen nur landesrelevante Neuigkeiten an die jeweilige Presse? Diese beispielhaften Fragen deuten bereits an, dass in der Internationalisierung alles, was bislang einfach funktioniert hat, überdacht und notfalls angepasst werden muss, vom Flyer bis zum Internetauftritt. Die Kostenschätzungen sind dabei schwierig, denn die Preise unterscheiden sich in den einzelnen Ländern. Trotzdem müssen sämtliche Kommunikationsmittel länderübergreifend aufeinander abgestimmt und den neuen Ansprüchen entsprechend modifiziert werden. Gegebenenfalls müssen auch neue Tools implementiert werden, die die internationalen Abstimmungen unterstützen. Dabei ist nicht zuletzt auf die Kommunikationsgewohnheiten der verschiedenen Nationen zu achten.

Angst vor den Auswirkungen der Internationalisierung

Die Umsetzung einer Internationalisierungsstrategie bedeutet für Zentrale und Länder oft massive Arbeitsplatzänderungen. Die Standortentscheidungen determinieren die internen Strukturveränderungen. Die folgende Abbildung illustriert den Grad der Betroffenheit der Belegschaft in der deutschen Zentrale und den deutschen Standorten.[41] Die Diagonale trennt positive und negative Auswirkungen auf die Arbeitsplätze.

---

41 In Anlehnung an Krystek, U., Zur, B., Handbuch Internationalisierung, S. 256.

Arbeitsplätze Inland / Arbeitsplätze Ausland	+	0	–
+	Kollektivgewinne: Wachstumsbedingter Aufbau von Arbeitsplätzen im In- und Ausland	Schrumpfungsverluste: Arbeitsplätze, die im Ausland hätten wegfallen können, werden in Deutschland eingespart	Transferverluste: unmittelbare Verlagerung deutscher Arbeitsplätze
0	Schrumpfungsgewinne: Arbeitsplätze, die in Deutschland hätten wegfallen können, werden im Ausland eingespart	Neutral aus in- und ausländischer Sicht	Potenzialverluste: Arbeitplätze, die in Deutschland hätten entstehen können, werden im Ausland geschaffen
–	Transfergewinne: Zentralisierung von Funktionen führt zu Verlagerung nationaler Arbeitsplätze in die Zentrale nach Deutschland	Potenzialgewinne: Arbeitsplätze, die im Ausland hätten entstehen können, werden in Deutschland geschaffen	Kollektivverluste: in Deutschland und im Ausland wird abgebaut

Abbildung 79: Standortwahl und ihre Auswirkung auf Arbeitsplätze

Der Stelleninhaber muss den Ansprüchen gewachsen sein, die die Internationalität an ihn stellt: Seine Aufgaben werden komplexer, internationale Abstimmungen erfordern Fremdsprachenkenntnisse und interkulturelle Kompetenz. Arbeitsplätze werden aufgebaut, ausgebaut, umgebaut – und leider auch abgebaut. Die Belegschaft teilt sich in Gewinner und Verlierer. Insbesondere im Inland haben die Mitarbeiter – nicht zu Unrecht – Angst um ihren Arbeitsplatz, da Standortverlagerungen zum Beispiel in den Osten Europas kostensparend wirken. Die Öffentlichkeit im Land verfolgt mit Argusaugen, ob es sich um eine Invasion ausländischer Truppen oder um den Aufbau von Arbeitsplätzen und die Entwicklung von Knowhow im eigenen Land handelt, und kommentiert entsprechend mit Wohlwollen oder harscher Kritik. Die Medien im Inland werden nicht müde, das Unternehmen, das Standortvorteile zu Ungunsten der einheimischen Belegschaft umsetzen will, an den Pranger zu stellen. Das alles zerrt nicht nur an den Nerven, sondern gefährdet auch Produktivität und Ergebnisorientierung intern sowie Image und Umsatzpotential extern. In der Kommunikationsarbeit gibt es hier viel zu tun.

Interkultureller Kontext: Abgrenzung, Intoleranz und Nationalismus

Mit interkultureller Kommunikation ist die Interaktion von Menschen aus unterschiedlichen Kulturen gemeint. Die Besonderheit liegt in der hohen Wahrscheinlichkeit von Missverständnissen durch die unterschiedliche Interpretation von Ausdrucks-, Darstellungs- und Handlungsweisen wie Lautstärke, Tonfall, Mimik, Gestik[42]. Diese wiederum haben ihren Ursprung in gravierenden kulturellen Unterschieden zwischen Nationen. Menschen und Völker suchen ihre Abgrenzung, um sich ihrer Individualität zu vergewissern. Nicht selten mündet dieses natürliche Bedürfnis in Intoleranz und Nationalismus, der einem zielorientierten und ergebnisstarken Miteinander über Landesgrenzen im Wege steht. Hier muss die Kommunikation entschärfen, verbinden und eine Kultur der Vielfalt unterstützen. Die folgende Abbildung zeigt die vielen kulturellen Ebenen, auf denen Individuen agieren und kommunizieren. Die gute Nachricht vorweg: Allen Unterschieden zum Trotz verbindet in der Regel mehr als eine Ebene: die unternehmensinterne oder zumindest die berufliche.

[42] Eine gute Einführung in den gesamten Kontext gibt Thomas, A., Kinast, E.-U., Schroll-Machl, S., Handbuch Interkulturelle Kommunikation und Kooperation oder auch Meckel, M., Die globale Agenda.

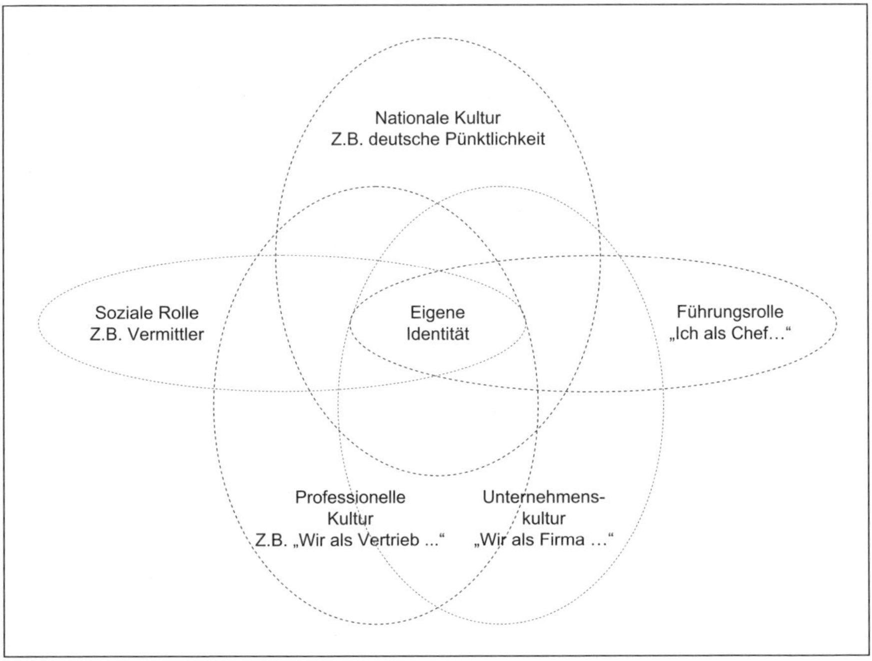

Abbildung 80: Kulturelle Ebenen in der internationalen Kommunikation

Mehrsprachigkeit und Verständnisprobleme

Aber auch auf der schlichten Sachebene kommt es zu Schwierigkeiten. Die einfache Änderung der Firmensprache ins Englische bringt viele Mitarbeiter an die Grenzen ihrer persönlichen kommunikativen Leistungsfähigkeit. Wer in internationalen Meetings schon einmal stumm blieb, weil ihm – ob der Geschwindigkeit des argumentativen Schlagabtausches – schlicht die Worte fehlten, weiß um die Unzulänglichkeiten, die hier einer ganzen Firmenorganisation drohen. Machtgefüge, Reputation in der Firma und Anerkennung sind neuen Mechanismen unterworfen: Strahlender Sieger ist nun, wer flüssig und redegewandt mehrere Sprachen beherrscht. Management und Kommunikatoren müssen jetzt von Fall zu Fall sauber abwägen, wie viel Inhalt und Emotion sich in der übergeordneten Firmensprache transportieren lässt und wo die Landessprache unumgänglich ist, um die beabsichtigte Wirkung zu erzielen.

Verschiedenheit der Ausgangssituationen und Rahmenbedingungen

Kommunikation dient intern der Sinnvermittlung und extern der Daseinsvermittlung. Sie muss sich hier der Verschiedenheit der Situation und Rahmenbedingungen je Land stellen: Befindlichkeiten, Grad der Veränderungen, Anpassungen von Strategie und Vertriebsarbeit im Land können erheblich voneinander abweichen. Inhalte und Formate der Kommunikation sind darauf abzustimmen, um Belegschaften und Öffentlichkeiten in ihren jeweiligen Informationsständen und psychologischen Verfassungen adäquat adressieren zu können.

Die Brand und ihre Übertragbarkeit

Selbst bei fragmentierter Strategie in vielen unterschiedlichen Märkten und heterogenen Diversifikationsfeldern gibt es in der Regel eine übergreifende Kernkompetenz des Unternehmens und damit einen stabilen Markenkern. Kernkompetenzen sind das „übergreifende Fähigkeitspotential“[43] eines Unternehmens, das den Aufbau von Wettbewerbsvorteilen ermöglicht. Die Marketingmaterialien sind bezüglich Inhalten und Gestaltungsoptionen in zwei Extremen denkbar: landesangepasst oder landesunabhängig. Grundsätzlich gilt: Je weniger Länderspezifika rund um den Markenkern, desto einfacher und durchschlagender die Kommunikationsarbeit. Denn die Realisierung eines insgesamt harmonischen Marktauftritts reduziert Komplexität: Die Erfolgskontrolle bei gleichen Kommunikationsaktivitäten wird einfacher, ebenso der Wissens- und Erfahrungstransfer, und positive Ausstrahlungseffekte von Image und Reputation werden nutzbar. Allerdings kann es für bestimmte Produkte oder Dienstleistungen unumgänglich sein, die Differenzierung sehr ernst zu nehmen, um überhaupt am nationalen Markt Fuß fassen zu können. Sollte das Angebot aber eine einheitliche Nutzenargumentation zulassen, liegen die Vorteile für die Kommunikation auf der Hand.

[43] Vgl. Steinmann, H., Schreyögg, G., Management, S. 257.

Durchgriff und Kontrolle – Macht und Konkurrenz

Je nach Regelwerk des Governance-Modells sind Durchgriff – also die direkte Weisungsbefugnis – und Kontrolle effektiv. Der Partizipationsgrad hängt in der Regel direkt mit den Freiheitsgraden für lokale Anpassungen zusammen, die in den nationalen Märkten benötigten werden: Je mehr Verantwortung das Land vor Ort für Umsatz und Ergebnis übernehmen soll, desto mehr Entscheidungskompetenzen müssen ihm übertragen werden, denn man kann nur in letzter Konsequenz verantworten, was man selbst entschieden hat. Je partizipativer die Zusammenarbeit zwischen Zentrale und Tochtergesellschaften geregelt ist, desto mehr Bedeutung werden Motivation und die Akzeptanz zentraler Vorgaben gewinnen – und desto mehr wird das Topmanagement Enablement und Empowerment vorleben und die Kommunikation entsprechende Mechanismen, Formate und Inhalte bemühen müssen. Die Kommunikation ist Abbild der unternehmensinternen Realität. Auch sie benötigt Prozesse und Strukturen, die Abstimmungen ermöglichen. Beispiele sind internationale Telefonkonferenzen mit fester Agenda ebenso wie Satellitenmitarbeiter in den jeweiligen Ländern, die fachlich an die zentrale Kommunikation berichten und gleichzeitig ihrer Heimatlandgesellschaft so verbunden sind, dass sie vor Ort auch zu Botschaftern zentraler Strategien und Vorgaben aus der Zentrale werden können. Kundengremien vor Ort können als Sounding Board zur Überprüfung von Anpassungsformen der zentralen Maßnahmen genutzt werden. Nicht auszuschließen sind auch Machtkämpfe und Konkurrenzgebaren zwischen den Ländern bzw. Ländern und Zentrale. Die Kommunikation kann dem entgegenwirken, indem sie verstärkt solche Erfolgsmeldungen in die Breite trägt, die Kooperation, Beteiligung und Engagement als Erfolgsfaktoren ausweisen. Das Topmanagement hat in dieser Sondersituation in hohem Maße erzieherische Aufgaben wahrzunehmen – und die Kommunikation darf nicht müde werden, diese Botschaften verbal und nonverbal zu transportieren.

Stakeholder-Management in der Internationalisierung

Das folgende Schaubild fasst die Fragen der unterschiedlichen Anspruchsgruppen in der Internationalisierung zusammen. Zu trennen sind in dieser Sondersituation insbesondere die Perspektiven der Länder und die der Zentrale.

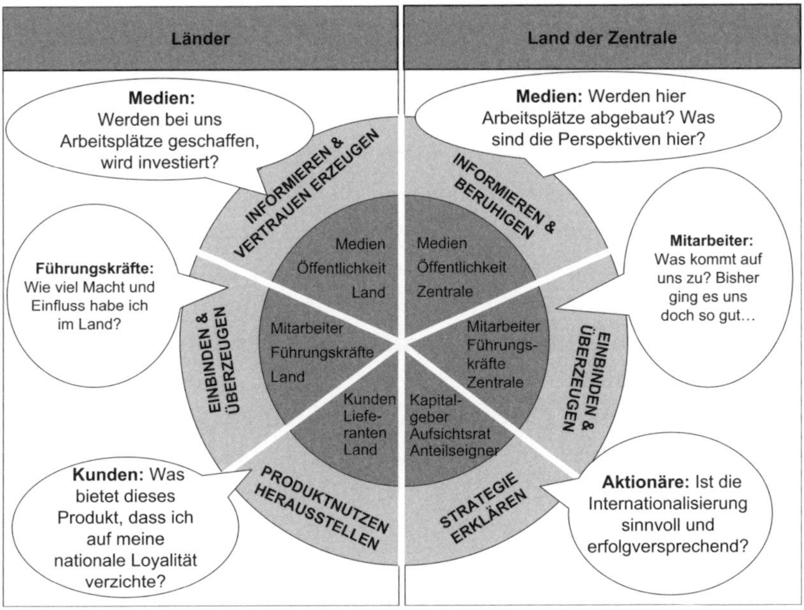

Abbildung 81: Stakeholder in der Internationalisierung

Integrierte Kommunikation als Effizienzhebel

Gesamthaft betrachtet ist Effizienz in der Kommunikation das höchste Gebot – mit anderen Worten: Integrierte Kommunikation ist die erste Wahl[44]. Und integrierte Kommunikation meint hier die Verknüpfung der kommunikativen Disziplinen Marketing, externe Kommunikation und interne Kommunikation – von der Konzeption und Planung über die

44 Eine aktuelle Übersicht über Forschung und Empirie bietet Kirchner, K., Integrierte Unternehmenskommunikation.

Umsetzung bis hin zur Erfolgskontrolle. Selten genug wird in Unternehmen an dieser Stelle wirklich interdisziplinär gearbeitet. Denn so klein der Wirkungskreis des Einzelnen auch sein mag: Der Wunsch nach Abgrenzung und Machtterritorien ist hier nicht weniger präsent als auf dem internationalen Parkett. Dabei ist der integrierte Ansatz unbedingt empfehlenswert, denn er garantiert in einem hochkomplexen Umfeld die einfachste Handhabung mit dem bestmöglichen Ergebnis. Zugleich sichert er die Möglichkeit einer stringenten internationalen Markenbildung.

3.10.1.3 Externe Kommunikation in der Internationalisierung

Die Corporate Identity einschließlich Unternehmenskultur und -philosophie hat in der Internationalisierung die größte Bedeutung für die externe Kommunikation.[45] Sie muss von der Zentrale definiert und mit den Ländern an lokale Gegebenheiten angepasst werden. Aber auch die Anforderungen an die Rechnungslegung und Publizität internationaler Unternehmen sind zu berücksichtigen[46]. Der Umgang mit der lokalen Financial Community muss vorbereitet werden. In den Ländern selbst läuft die Vorbereitung gleichfalls auf Hochtouren: Die lokale Medienarbeit muss die kritische(n) Öffentlichkeit(en) überzeugen. Die Medienarbeit auf nationaler Ebene ist in hohem Maße auf lokale Anforderungen zuzuschneiden. Man muss akzeptieren, dass die Mentalitäten der Medien und Öffentlichkeiten – und mit ihnen die Interpretationen ein und desselben Ereignisses – von Land zu Land stark divergieren können. Auch das Selbstverständnis der Presse unterscheidet sich von Land zu Land wesentlich, von den unterschiedlichen Zeitzonen für globale Pressemitteilungen ganz zu schweigen. Empfehlenswert ist anfangs viel persönliche Kommunikation mit den Medien, aber auch die internationale Unternehmenspräsentation ist unter Umständen auf Landesbedarf anzupassen. Der globale Auftritt im Netz und die lokalen Internetseiten müssen konsistent sein. Viele Unternehmen gehen nach wie vor lieblos mit

[45] Als ergänzende Lektüre für die pragmatische Umsetzung empfiehlt sich Herbst, D., Internationale Werbung und PR.

[46] Vgl. Krystek, U., Zur, B., Handbuch Internationalisierung, S. 361 ff.

ihren lokalen Internetpräsenzen um und signalisieren damit Öffentlichkeit und Kunden im Land Desinteresse. Nicht in Landessprache verfasst und nur mit Basisinformationen versehen, kann eine lokale Internetpräsenz nicht leisten, was in der Internationalisierung ganz wesentlich ist: die Abwehrhaltung der Kunden in Ländern mit starkem Nationalgefühl aufzuweichen. Nationales Wohlwollen entsteht aus dem Gefühl der Ernsthaftigkeit der Investition, des Respekts des Landes und der Überlegenheit des Angebots. Die folgende Abbildung zeigt zusammengefasst die einzelnen Etappen in der externen Kommunikation.

Phasen	Analyse der Märkte	Festlegung der Internationalisierungsstrategie	Planung der Operationalisierung	Umsetzung
Extern	– Ankündigungen der Internationalisierungsbemühungen im Kontext der strategischen Ausrichtung des Unternehmens	– Hintergrundgespräche in den Medien – Recherchen zur Marke, zum Image, zur Reputation – Analyse der Kunden und Zielgruppen – Formulierung der Kernbotschaften – Überprüfung Markenauftritt	– Marketing- und externe Kommunikationsstrategie – Internationalisierung der Marke – Überarbeitung der Kommunikationsmaterialien im Inland, Anpassungen für die Länder – Erarbeitung der Vertriebsargumentation	– Kommunikation der internationalen Positionierung über alle externen Kanäle – PR, Roadshows in den Ländern – Kunden- und Lieferantenkommunikation – Kontinuierliche Kommunikation mit Medien und Finanzwelt – Schulungen an der Vertriebsfront
Intensität				

Abbildung 82: Externe Kommunikation in der Internationalisierung

3.10.1.4 Interne Kommunikation in der Internationalisierung

Im Inland geht es vor allem darum, die Unternehmensentwicklung zu erklären und Überzeugungsarbeit zu leisten. Auch hier steht das Thema Corporate Identity einschließlich Unternehmenskultur und -philosophie ganz oben auf der Agenda. Dennoch wird das Managementteam lokale Identität zulassen müssen: Nichts ist einem Mitarbeiter so nah im

Unternehmen wie sein eigener Chef – und der sitzt nun einmal normalerweise im eigenen Land. Die Art der Orientierung hat auch ihre Vorteile, denn im Tagesgeschäft möchte der CEO auch nicht, dass das Land auf die Anweisungen zur Akquise aus der Zentrale wartet. In den Ländern muss Vertrauen wachsen, und das ist die Aufgabe aller Kollegen aus dem Headquarter, die mit den Ländern zusammenarbeiten. Interkulturelle Trainings können hier gute Dienste leisten. Grundsätzlich muss die zentrale interne Kommunikation Richtungsweisungen aus der Zentrale transportieren, Unterschiede überbrücken, die Zusammenarbeit stärken und Modi der Konfliktbewältigung entwickeln. Eines der wichtigsten Tools ist eine internationale Mitarbeiterzeitung, die regelmäßig über internationale Projekte, wichtige nationale Neuheiten und bedeutsame globale Rahmeninhalte wie Strategie und Unternehmensentwicklung berichtet. Das Intranet ist auszubauen zu einem internationalen Arbeits- und Know-how-Management-System. Aber auch der Einsatz von Projekt-Wikis unterstützt die Kooperation. Internationale Veranstaltungen stärken das Zusammengehörigkeitsgefühl und Corporate Videos sorgen für einheitliche Botschaften des Topmanagements rund um den Globus. Die folgende Abbildung zeigt die Schwerpunkte der internen Kommunikation in den einzelnen Phasen der Internationalisierung.

Phasen	Analyse der Märkte	Festlegung der Internationalisierungsstrategie	Planung der Operationalisierung	Umsetzung
Intern	– Ankündigung der Internationalisierungsbemühungen im Kontext der strategischen Ausrichtung des Unternehmens	– Management-Workshops zum Einbezug des Managements – Interne Kommunikation des Vorhabens und des Prozesses – Trainings zur interkulturellen Zusammenarbeit	– Interne Kommunikationsstrategie – Überarbeitung aller internen Materialien wie z.B. Leitbild – Vorbereitung der Kommunikation für veränderte Prozesse und Strukturen – Internationale Teamveranstaltungen	– Kommunikation der internationalen Positionierung über alle internen Kanäle – Mitarbeiterveranstaltungen – Führungskräfteveranstaltungen – Interne Kampagnen
Intensität				

Abbildung 83: Interne Kommunikation in der Internationalisierung

3.10.2 Ein Fallbeispiel: Messe Frankfurt

Das Fallbeispiel der Messe Frankfurt zeigt, wie ein Unternehmen seine Internationalisierungsstrategie festigt: durch die Definition des eigenen Selbstverständnisses, durch den Einbezug der Mitarbeiter weltweit und durch die konsequente Nutzung integrierter Kommunikation für eine breite interne und öffentliche Wahrnehmung und Akzeptanz.

3.10.2.1 Das Unternehmen

Die Messe Frankfurt ist ein internationaler Konzern mit knapp 1.600 Mitarbeitern und einem Umsatz von rund 425 Millionen Euro im Jahr 2009. In den vergangenen Jahren verfolgte die Messe Frankfurt eine konsequente Expansionspolitik. So konnte der Umsatz seit 1999 verdoppelt werden. Motor dieser Entwicklung war das Auslandsgeschäft: Da der Markt in Deutschland größtenteils als gesättigt galt, setzte die Messe Frankfurt auf Internationalisierung. Inzwischen führt das Unternehmen fast 100 Messen weltweit pro Jahr durch -- und nur noch jede dritte Messe findet am Stammsitz in Frankfurt statt. Die Messe Frankfurt hat mit 28 Tochtergesellschaften, fünf Niederlassungen und 52 Vertriebspartnern ein weltumspannendes Netz geknüpft. Kerngeschäft ist die Durchführung eigener Messen, vor allem für Konsumgüter, Textilien, Technik und Automotive.

3.10.2.2 Die Ausgangssituation

Die Messe Frankfurt hat sich in den vergangenen gut zwei Jahrzehnten vom regionalen Unternehmen zur weltweit agierenden Unternehmensgruppe entwickelt, deren Tochtergesellschaften führende Rollen in ihren Marktsegmenten einnehmen. Der Stammsitz wurde im Zuge dieses Wachstums aufgespalten: Der Teilkonzern „Exhibition" organisiert und realisiert die Messen, der Teilkonzern „Venue" bewirtschaftet das Gelände und verantwortet die Services vom Catering bis zum Standbau und der Teilkonzern „Holding" übernimmt die Zentralfunktionen und die konzernweite Steuerung. Die folgende Abbildung zeigt die Globalisierung der Messe Frankfurt.

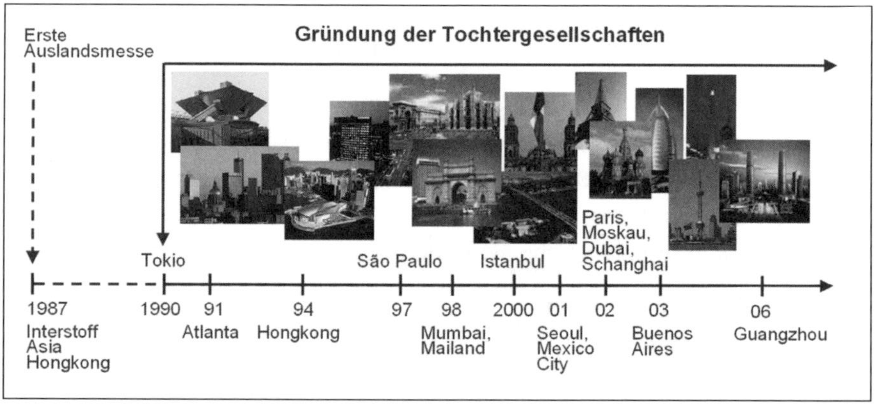

Abbildung 84: Der Internationalisierungsprozess der Messe Frankfurt

Nach den enormen Wachstumsschüben stand 2007 neben der Konsolidierung der geschaffenen Strukturen ein weiteres Thema auf der Agenda: Es bedurfte einer globalen inhaltlichen Klammer um den internationalen Unternehmens-Verbund. Mitarbeiterbefragungen hatten gezeigt, dass die Mitarbeiter dem Unternehmen zwar nach wie vor in hoher Loyalität und mit großer Einsatzbereitschaft gegenüberstanden, das kollektive „Wir-Gefühl" jedoch in mehrere Identitäten zu zerfallen drohte: So waren sich die Mitarbeiter in Frankfurt der Tatsache nur in Teilen bewusst, welche Bedeutung das Geschäft außerhalb von Frankfurt mittlerweile für den Gesamtkonzern hat. Gleichzeitig fühlten sich die Mitarbeiter der Tochtergesellschaften und Auslandsniederlassung nicht primär der Messe Frankfurt zugehörig, sondern ihren jeweiligen Niederlassungen vor Ort. Michael von Zitzewitz, Vorsitzender der Geschäftsführung der Messe Frankfurt, sieht darin eine klare Folge der Internationalisierung, aber auch der zyklischen Belastungsschwankungen des Messegeschäfts:

> *Während sich die einen Kollegen gerade von der Messe erholen, sind die anderen unter Strom, weil an einem anderen Standort gerade eine Messe beginnt oder mit gleichem Engagement für einen Gastveranstalter gearbeitet wird. Nehmen Sie dann noch die Kollegen, die – wieder in ihrem eigenen Rhythmus – Zentralfunktionen wie Finanzen oder Controlling bearbeiten. Und unser internationaler Expansionskurs entwickelt darüber hinaus zusätzlich Kräfte in einzelnen Standorten, die auseinandertreiben aus dem gemeinsamen Verbund. Wir sind ein Unternehmen, das in Summe dadurch nur sehr schwer einen gemeinsamen Rhythmus, eine gemeinsame Identität und Kultur und damit auch Vermarktungsidentität finden und leben kann.*

3.10.2.3 Der Plan

Ein Jahr gab sich der Konzern auf dem Weg zur gemeinsamen Identität. Dazu wurde ein Drei-Phasen-Plan aufgesetzt. In Phase 1 sollte ein fundiertes Bild der momentanen Markenidentität entstehen: Mittels eines quantitativen Fragebogens wurden über 50 Mitarbeiter aller Managementebenen aus Holding und Tochtergesellschaften befragt, außerdem über 70 ausgewählte Kunden und Stakeholder. Die Mitarbeiter wurden gefragt: Wie sehen wir uns – in unserer jeweiligen Fachverantwortung, aber auch als Teil des Ganzen? Und: Was wollen wir als Messe Frankfurt zukünftig erreichen? Auch die Kunden wurden gefragt: Wie nehmen Sie uns wahr? Und: Was erwarten Sie künftig von uns? Ergänzend wurden Wettbewerbsposition, Unternehmensstrategie und Branchen-Entwicklungstendenzen analysiert. Die folgende Abbildung veranschaulicht den Ablauf.

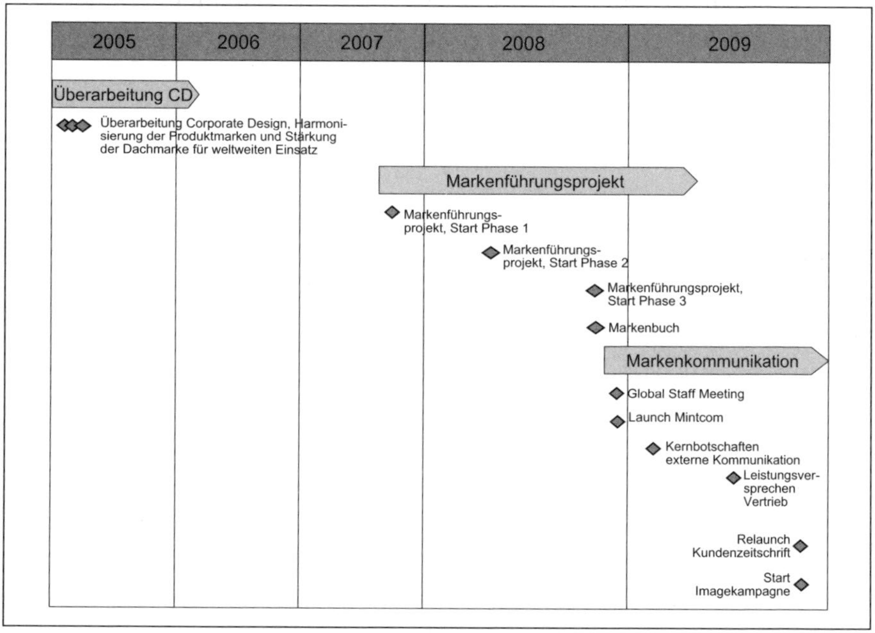

Abbildung 85: Die Ereignisse bei Messe Frankfurt im Überblick

In Phase 2 wurden die Ergebnisse der Brand-Research-Phase dann in Management-Workshops konsolidiert: Zweimal setzten sich die Geschäftsführung, die Chefs der Auslandstöchter, die Chefs der zweiten Frankfurter Führungsebene und die Kommunikationsabteilung zusammen, um eine internationale Markenidentität und Markenführungsstrategie zu konzipieren. Michael von Zitzewitz fasst die Ergebnisse der Workshops zusammen:

Am Ende hatten wir es geschafft, die aus der Internationalität und Vielschichtigkeit unserer Marke resultierende Komplexität zu reduzieren und Zentrale und Töchter auf einen gemeinsamen Nenner zu bringen, mit dem sich der gesamte internationale Verbund identifizieren konnte.

In Phase 3 galt und gilt es nun die entwickelte Marke vom Strategiechart zunächst in die Organisation zu tragen und weiter in die Öffentlichkeit. Dazu wurden Kernbotschaften definiert, die eine weltweit einheitliche Markenkommunikation sicherstellen sollten.

3.10.2.4 Die Maßnahmen

Das Markenbuch

Das Markenbuch diente vor allem den Führungskräften als Arbeitsmittel. Es fasst die gesamte Identität und Marke auf 80 Seiten zusammen: vom Markenumfeld über das neue Markenverständnis – Vision, Markenkern, Primäreigenschaften, Markenstrategie, -positionierung, -architektur – bis hin zum Markendesign. Das Markenbuch profitierte dabei von einer schon seit 2005 geleisteten gestalterischen Arbeit durch das Corporate-Design-Team der Messe Frankfurt – der weltweiten Adaption des Außenauftritts von den Logos aller Produkt- und Servicemarken bis zu den Geschäfts- und Marketingmaterialien. Zwei Dinge waren Kai Hattendorf, der als Bereichsleiter Unternehmenskommunikation die Markenidentität des Konzerns verantwortet, bei der Produktion des Markenbuchs besonders wichtig: Unmissverständlich deutlich sollte werden: Der visuelle Markenauftritt – das Corporate Design – und die Markeninhalte hängen unmittelbar zusammen. Und: Diese Marke wurde nicht auf dem Reißbrett entworfen, sondern ist Ergebnis eines bereits andauernden Prozesses, der zudem auch noch lange nicht beendet ist – und die aktive Mitarbeit aller erfordert.

Global Staff Meeting

Zum Auftakt der internen Kommunikation der neuen Markenidentität lud die Messe Frankfurt im Dezember 2008 die Mitarbeiter aller Standorte zu einem Global Staff Meeting nach Frankfurt. Unter dem Motto „Let's grow together" installierte man ein Veranstaltungskonzept mit dem Ziel, zusammenzuwachsen, um Wachstum zu generieren, gegenseitiges Verständnis zu fördern und Grundlagen für eine gemeinsame Arbeit über kulturelle Grenzen hinweg zu schaffen. Von Zitzewitz beschreibt die grundlegende Idee des Global Staff Meetings:

> *Ziel war es, das Wir-Gefühl neu zu beleben. Wir wollten einen Zustand überwinden, in dem sich die Frankfurter Kollegen und die Kollegen im Ausland eher kritisch gegenüberstehen, statt eng zusammenzuarbeiten. Wir wollten klarmachen: Die Welt der Messe Frankfurt endet nicht am Geländeausgang. Und wir wollten zeigen, dass die Zentrale nicht nur aus Verwaltern besteht.*

Angekündigt wurde das Global Staff Meeting während einer Mitarbeiterveranstaltung in Frankfurt im Juni und zeitgleich durch ein Vorstands-E-Mail an alle Mitarbeiter weltweit. Zusätzlich wurde eine Delegation von 14 Mitarbeitern der Frankfurter Zentrale als Botschafter zu den Tochtergesellschaften gesandt, um den dortigen Mitarbeitern die Einladungen persönlich zu übergeben und mit ihnen Präsentationen für das Global Staff Meeting vorzubereiten. Um allen das Datum präsent zu halten und Vorfreude zu schüren, verschickte der Vorstand regelmäßig weitere E-Mails, in denen er über Programmpunkte und Planungsstand informierte. Zusätzlich produzierte man, „Save-the-Date"-Leuchtwürfel, Count-down-Clocks und Poster. Am 12.12.2008 traf sich die „Messefamilie" dann zur Feier im Kongresszentrum der Messe Frankfurt. Ziel des Global Staff Meetings war es, Gemeinsamkeiten erlebbar zu machen und emotionale Momente zu teilen. Themenstände der einzelnen Bereiche und Tochtergesellschaften machten dabei die verschiedenen Facetten des Konzerns sichtbar. Aber auch die Stadt Frankfurt wurde den Mitarbeitern der Töchter vorgestellt: Die Botschafter hatten eigens auf „ihre" Tochtergesellschaften abgestimmte Stadtführungen und Programme organisiert. Um das Event unvergesslich zu machen, wurde der Januar-Ausgabe des Mitarbeitermagazins „Agora" schließlich eine DVD beigelegt, die Szenen der Eröffnungsfeier und Highlights des gesamten Tages zeigte.

Mintcom

Eigens zum Global Staff Meeting wurde die messeinterne Kommunikationsplattform Mintcom gelauncht. Die Online-Community ist vergleichbar mit offenen Netzwerkangeboten wie Xing oder Linkedin und bietet jedem Mitarbeiter die Möglichkeit, sich über Zeitzonen und Organisationseinheiten hinweg informell mit Kollegen zu vernetzen. So sollten neu geknüpfte Kontakte gepflegt und das neue Wir-Gefühl konserviert werden. Das Konzept ging auf: Bereits ein Jahr nach dem Start nutzte die Mehrheit der Konzernmitarbeiter mint.com sowohl geschäftlich als auch privat. Die folgende Abbildung zeigt die Mintcom-Oberfläche.

Abbildung 86: Das internationale interne Online-Netzwerk

Neuordnung der externen Kommunikation

Auf Basis der in Phase 2 definierten Markenidentität wurden zentrale Unternehmensbotschaften für die externe Kommunikation formuliert und in einer Botschaftenpyramide strukturiert und priorisiert. So entstand ein Fundus von Aussagen, der sicherstellt, dass die Botschaften, die die verschiedenen Häuser verlassen, über alle Kanäle und Landesgrenzen hinweg stimmig bleiben. Dies ist umso wichtiger, da die Messe Frankfurt für ihre externe Kommunikationsarbeit verschiedenste Formate nützt: Pressemitteilungen, Kundenmagazine, Fachvorträge, Social Media etc.

Leistungsversprechen für Vertriebsarbeit und Kundenkommunikation

Das globale Vertriebsnetzwerk der Messe Frankfurt akquiriert die Aussteller für die verschiedenen Messemarken des Konzerns. Auch für die Vertriebsarbeit wurden Leistungsversprechen formuliert, die produktübergreifend für alle Angebote des Konzerns gelten – ergänzt um branchenspezifische Leistungsversprechen. Seit 25 Jahren veröffentlicht das Unternehmen eine Kundenzeitschrift namens „Galleria". Dieses Kommunikationsmittel wurde 2009 umgestaltet – die internationale Positionierung sollte sich auch im Heft widerspiegeln. Als 32-seitiges Wirtschaftsmagazin mit Ratgeberfunktion richtet es sich an deutschsprachige Messeaussteller und Interessenten aus Politik, Wirtschaft und Kultur. Das Magazin erscheint zweimal im Jahr mit einer Auflage von 17.000 Stück.

Die Imagekampagne

Ein Jahr nach der ersten internen Vorstellung der neuen Unternehmensidentität trug der Konzern sein neues Selbstverständnis auch in die breite Öffentlichkeit. Dazu bediente er sich einer komplett neuen Imagekampagne, in deren Zentrum der Dienst am Kunden als Kernwert des Unternehmens stand. Das Kampagnenthema „Service und Kundenbetreuung" harmonierte mit aktuellen Entwicklungen in der Messeindustrie. Die Imagekampagne der Messe Frankfurt startete mit einer Anzeige in der Frankfurter Allgemeinen Zeitung, weitere Anzeigen in großen deutschen Tageszeitungen und Nachrichten-, Fach- und Wirtschaftsmagazinen folgten und folgen. Michael Zitzewitz über den Startzeitpunkt der Kampagne:

In wirtschaftlich schwierigen Zeiten legt man den Grundstein für zukünftige Erfolge, Marktanteile werden neu verteilt. Wir kommunizieren daher gerade jetzt aktiv unser Selbstverständnis und auch unsere Stellung in der Spitzengruppe des weltweiten Wettbewerbs.

3.10.2.5 Das Ergebnis

Seit Jahresbeginn 2009 laufen kontinuierlich weitere Umsetzungsprojekte, um die Markenidentität der Messe Frankfurt in die verschiedenen operativen Felder zu tragen. Die Messe Frankfurt ist internationaler Player, intern stabil vernetzt, mit länderübergreifend homogenem Selbstverständnis – trotz ihrer vielen verschiedenen Produktmarken. Integrierte Kommunikation war wesentlicher Treiber dieser Entwicklung: Der Vorsitzende der Geschäftsführung zieht eine Zwischenbilanz:

Wir haben uns ein Jahr gegeben, um unsere Identität zu erarbeiten. Wir haben daran gearbeitet, sie zu erklären und zu zeigen – zuerst nach innen, nun zunehmend auch nach außen. Und inzwischen sehen wir, dass die Arbeit Früchte trägt: Die Kommunikation innerhalb des Konzerns ist internationaler, der Austausch selbstverständlicher geworden.

4 Fazit

4.1 Erfolgsfaktoren über die Kommunikation hinaus

Wir müssen sagen, was wir denken – müssen tun, was wir sagen – und müssen sein, was wir tun. (Alfred Herrhausen, Vorstand der Deutschen Bank und Opfer der RAF, 1930–1989)

Die Fallbeispiele in diesem Buch stehen für gelungene Kommunikation in einer spezifischen Sondersituation. Kommunikation ist kein Wundermittel, sondern ein gewichtiges Führungsinstrument – umso mehr, je mehr Führung die Situation erfordert. Was aber kann Kommunikation nicht leisten?

Was nicht klar gedacht wird, kann nicht klar gesagt werden

Im Anfang war das Wort – oder sollten wir besser sagen der Gedanke, in Worte gefasst? Das griechische „logos" im ersten Satz des Johannes-Evangeliums kann durchaus mit „Wort" übersetzt werden. Dennoch ist eine andere Übersetzung in Bezug auf Unternehmenskommunikation wünschenswert. „Logos" bedeutet auch „Sinn". Leistungsstarke Kommunikation ist nicht das Auffangbecken von Gedanken, unbestimmten Gefühlen oder diffusen Ideen, sondern Ausdruck von fest umrissenen Gedankengebäuden. Wo es an Klarheit mangelt zu Ausgangslage, Planung und zum Vorgehen, kann Gefolgschaft nicht dadurch erzielt werden, dass man Orientierungslosigkeit in schöne Worte kleidet.

Kommunikation heißt nicht Diskussion

Eine Sondersituation muss häufig relativ schnell in einen Modus der Exekution und der ersten Erfolge münden, um den Siegeswillen der Organisation zu stärken. Dazu müssen frühzeitig Erfolge verbucht werden und auch als Erfolgsgeschichten „verkauft“ werden. Im Fachjargon sind das die „low hanging fruits“. Wenn in diesem Buch für Kommunikation geworben wird, dann ist damit keinesfalls eine Kultur der endlosen Diskussionen auf breiter Front oder des unermüdlichen Ringens um Konsens gemeint. In den meisten Sondersituationen mit kritischer Ausgangslage muss mit enormer Geschwindigkeit Vertrauen in der Öffentlichkeit aufgebaut und ein klarer Kurs im Unternehmen selbst vermittelt werden. Das ist ein Transformationsprozess mit höchster Taktrate. Menschen dort abholen, wo sie sind, bedeutet, Inhalte, Tonalität und Kommunikationsformen auf sie auszurichten – keineswegs durch demokratisierte Kommunikationsprozesse von Richtung, Strategie oder Operationalisierung in eine Lähmung zu überführen.

Kommunikation hat ihre Grenzen in den Taten

Herrhausen drückt es so aus: Wir müssen tun, was wir sagen. Die Konsistenz zwischen unseren Worten, unseren Absichten und unseren Handlungen ist unerlässlich, wenn Kommunikation ihre Kraft nicht verlieren soll, weil Misstrauen und Vorbehalte die Inhalte verwischen. Es sagt sich leicht und ist dennoch nicht leicht: Menschen leben mit inkonsistenten Systemen in ihrem eigenen Inneren oftmals sehr gut – und dennoch klagen wir bei Unternehmensführern, um ihnen zu vertrauen, diese Konsistenz ein. Insofern kann Kommunikation niemals mehr leisten, als ihr Absender an Glaubwürdigkeit über seine Worte hinaus zu erzielen vermag.

Kommunikation kann Leadership nicht ersetzen

Einer Sondersituation ohne Leadership, ohne Führung und Leitung von ganz oben wird es an der Symbolfigur für die Veränderung und Hoffnung mangeln – an einer Symbolfigur, die als Funktionsträger die größte Exekutivgewalt des gesamten Unternehmens vereinigt. Das Meistern einer Sondersituation ist ein Kraftakt ohnegleichen für die Unternehmensführer – und bedarf daher umso mehr einer starken Hand, sei es als Team oder Individuum an der Spitze. Für Teams an der Unternehmensspitze addiert sich dadurch Komplexität: in dieser Situation ist der Gleichklang der Ausrichtung, der Botschaften und der Konsequenzen von entscheidender Bedeutung für die Möglichkeit, durch stringente Kommunikation die ganze Organisation auszurichten. Innere Kohärenz ist eine wesentliche Grundlage für erfolgreiches Leadership-Management und damit auch für die Kommunikation.

Sondersituation als Revolution und Evolution

Die meisten Sondersituationen sind Revolution und Evolution zugleich: Der Anfang ist revolutionär und verlangt Mut, der Prozess ist evolutionär und erfordert Geduld und folgt streckenweise den Regeln klassischen Change Managements. Die Revolution benötigt einen Führer, die Evolution ein Team. Insofern braucht ein Unternehmen einen guten Mix zwischen einem Top-Führungsteam, das zunächst geradezu autoritär Gefolgschaft einklagt. Später in der Umsetzung ist ein breiter aufgestelltes Team notwendig, das die Konsequenzen einzelner Aktionen im Auge behält und mit Geduld an der Umsetzung arbeitet. Anfangs bedarf es autoritärer Führung, später eines kooperativen Führungsstils – und das möglichst mit den selben Menschen. Gleichzeitig verbleibt der Gesamtprozess durchaus in autoritärer Hand. Darüber hinaus muss ein Transformationsprozess ganzheitlich angegangen werden – ein Unternehmen ist ein System –, und seine Veränderung bedeutet, in Systemen zu denken und zu handeln. Gelegentlich werden erhoffte Effekte nicht eintreten und manchmal werden auch befürchtete Nebeneffekte unterbleiben. Und Kommunikation kann Wandel vorantreiben, aber nicht auslösen: Wandel setzt veränderte Strategie, Prozesse, Strukturen und Fähigkeiten voraus. Insofern können kommunizierte Veränderungsabsichten und -erfolge bedeutsame Maßnahmen wie veränderte Vertriebsprozessen oder neue Unternehmensstrukturen niemals ersetzen, sondern mittreiben.

4.2 Übertragbarkeit der Ergebnisse

Vorweg: In manchen Unternehmen nehmen die Sondersituationen derart überhand, dass sie als Dauerzustand erscheinen. Das Unternehmen befindet sich dann nicht in einer Sondersituation, sondern in mehreren parallel oder sequentiell. Eine Neuausrichtung mündet oftmals in Rebranding und Neupositionierung und hat nicht selten Internationalisierungsbemühungen zur Folge. Ein Merger führt nicht selten zu Restrukturierung und Verkauf eines Unternehmensbereichs, kann aber auch der erste Schritt in eine Konsolidierungsphase sein. Eine Restrukturierung führt gelegentlich zum CEO-Wechsel und kann im Falle von dessen Versagen die Insolvenz zur Folge haben. Aus der Insolvenz heraus wird wiederum regelmäßig ein Unternehmensteil verkauft ... die Kombinationen von Sondersituationen lassen sich beliebig fortführen. Im besten Fall schärft die Sondersituation die Fähigkeit der gesamten Organisation, mit Veränderungen und Sondersituationen umzugehen – und rüstet sie somit für ein Überleben in unsicherer Zukunft und dynamischem Wettbewerbsumfeld. Insofern ist ein besonderes Augenmerk darauf zu richten, dass das Unternehmen während der Sondersituation die Fähigkeit entwickelt, beständig zu lernen und sich zu wandeln. In diesem Falle gewinnt das Unternehmen doppelt, meistert die Sondersituation und wächst daran.

Die vorgestellten Fallbeispiele sind allesamt Lehrbeispiele. Aber sind die Handlungsempfehlungen auch übertragbar? Wie verhält es sich mit der Anwendbarkeit der Erkenntnisse für unterschiedliche Nationen und Kulturen? Und gelten die Maßnahmen auch für alle Branchen? Und wie steht es um die Unternehmensgröße – der Mittelstand unterscheidet sich doch in vielen Punkten vom Großunternehmen. Oder?

Gültigkeit für unterschiedliche Nationen

Die Ergebnisse können nicht grundsätzlich in andere Kulturkreise übertragen werden. Insbesondere Sicherheitsbedürfnis und Flexibilität im Umgang mit Veränderungen und Unvorhersehbarkeiten sind in den jeweiligen Kulturen ganz unterschiedlich ausgeprägt und kommen so in der gleichen Sondersituation unterschiedlich stark zum Tragen. Auch die Perspektive auf eine Sondersituation und die von ihr ausgehende Bedrohung wird von Kultur zu Kultur verschieden bewertet: Ein Beispiel: Deutschland betont die soziale Verantwortung des Unternehmers. Von ihm wird erwartet, Arbeitsplätze zu schaffen und zu erhalten – was Unternehmertum in Deutschland eher zu einem Managen der Risiken macht als zu einem Managen von Chancen. Die USA hingegen favorisieren das freie Unternehmertum mit klarem Geschäftsfokus: Entrepreneurship wird bewundert, Krisensituationen werden als systemimmanent betrachtet und der geschäftliche Erfolg heiligt weit mehr, als in Deutschland als angemessen bewertet werden würde. Firmen und Medien sind Spiegelbilder unserer Gesellschaft und unserer Kultur. Somit darf es auch nicht verwundern, wenn in Deutschland ein Unternehmen in Restrukturierung oder Insolvenz öffentlich stigmatisiert wird – geht es doch oft um tausende Arbeitsplätze. Natürlich verstärkt das den Druck auf den deutschen Manager, dem das Stigma des rücksichtslosen, sozial gleichgültigen Arbeitsplatzvernichters droht. Diese Angst wiederum verstärkt die Tendenz zum inneren Rückzug, zu weniger Kommunikation und somit zu zusätzlicher Verunsicherung – in einer Situation, in der klare Vorgaben das einzige Heilmittel wären. Ein zweites Beispiel: Südeuropäer sehen Flexibilität nicht als Schwankung in der Zielsetzung, sondern als Tugend und erstrebenswerte Eigenschaft. Ein Appell an ihre Veränderungsbereitschaft muss also wesentlich geringere Hürden überwinden, als es beispielsweise in Deutschland der Fall wäre. Die Reihe an Beispielen lässt sich fortführen: China schätzt den Managementstil der klaren Autorität und strikten Anordnungen, was in Deutschland als überholt eingestuft wird, wo man immer mehr auf kooperativen Führungsstil setzt. Kommunikation in einem deutschen Unternehmen muss folglich wesentlich stärkere Überzeugungsarbeit leisten und die Menschen einbinden. Wie das Topmanagement auf Menschen im Unternehmen und in der Öffentlichkeit kommunikativ eingehen sollte, hängt somit wesentlich von kulturellen Gegebenheiten ab, von der jeweiligen kulturell determinierten Wahrnehmung der Wirklichkeit und ihrer Bewertung. Die Empfehlungen dieses Buches richten sich primär an den mitteleuropäischen Kulturkreis.

Gültigkeit für unterschiedliche Branchen

Unternehmen definieren sich stark über ihre Branchenzugehörigkeit und fokussieren lieber auf die Unterschiede zu anderen Branchen als auf die Gemeinsamkeiten. Was die Fallbeispiele in diesem Buch betrifft, so gibt es keine nennenswerten Unterschiede in der Realisierung erfolgreicher Kommunikation in Abhängigkeit von der Branche – wohl aber in Abhängigkeit von kulturellen Unterschieden einzelner Berufsgruppen. High-Tech-Firmen sehen sich der Präzision verpflichtet, pflegen einen Hang zur Detailliebe. Dieser branchenspezifische Kulturunterschied kann sich durchaus in der Darstellung eines Restrukturierungsplans niederschlagen. Insofern muss das Topmanagement der Kultur des eigenen Unternehmens und seiner größten oder meinungsstärksten Berufsgruppen Rechnung tragen, zum Beispiel durch eine adäquate Art und Weise der Kommunikation.

Gültigkeit für unterschiedliche Unternehmensgrößen

Kleineren Unternehmen sagt man Pragmatismus nach, klare Führung und Beweglichkeit. Die Absicherung des Kapitalbedarfs wird als schwieriger eingeschätzt, da die Kriegskassen für die Sondersituation in der Regel kleiner sind: Manche Kunden empfinden die Zukunftsperspektive kleinerer Unternehmen als unsicherer oder ziehen voreilige Schlüsse auf Produktqualität und Service. Sie werden schnell nervös, wenn das Unternehmen in eine Krise, wie zum Beispiel die Restrukturierung, schlittert. Große und komplexe internationale Organisationen werden im Allgemeinen als stark und finanzkräftig angesehen, aber auch als weitgehend veränderungsresistent. Dennoch haben Kunden wie Mitarbeiter selbst in schwierigen Zeiten mehr Vertrauen in das Unternehmen, obwohl die Veränderungsrate häufig wesentlich langsamer ist als im Mittelstand. Auch hier gilt es die Maßnahmen unternehmenskulturgerecht und angemessen zu gestalten. Beispielsweise ist im Großunternehmen der Komplexität vieler Standorte und unterschiedlichster Mitarbeitergruppierungen – vom Lagerarbeiter bis zum Controller – durch geeignete Maßnahmen Rechnung zu tragen.

5 Appell

In allen Darlegungen des Buches gehe ich vom Bild des mündigen Mitarbeiters aus – was nicht bedeutet, dass in einem Unternehmen Weisungsbefugnis und Verantwortung nicht ihre Gültigkeit behalten –, allein das Selbstverständnis der arbeitenden Bevölkerung in den Industrienationen wandelt sich: vom Mitläufer zum Mitdenker. Und ich bin sicher: das ist ein Weg ohne Umkehr und Kommunikation beschleunigt diese Entwicklung für die Unternehmen, die sie einsetzen. Die Firmen, die die Ersten sind, Kommunikation in ihrer ganzen Möglichkeit zu erfassen und einzusetzen, werden einen entscheidenden Erfolgsfaktor der zukünftigen wissensbasierten Gesellschaft vorwegnehmen – und sich damit Wettbewerbsvorteile verschaffen, nicht nur in Sondersituationen, aber auch durch Sondersituationen. Denn die Sondersituationen sind es, an denen die Organisation ihre Veränderungsfähigkeit erwirbt und ausbaut.

Kommunikation ist auch eine Schlüsseldisziplin der Führung, um die Organisation neu auszurichten und die Umsetzung von strategischen und operativen Maßnahmen wirkungsvoll voranzutreiben. Kommunikation ist, richtig eingesetzt, ein machtvolles Instrument, um Menschen Interpretationshilfen zu geben und sie dazu zu bewegen, etwas zu tun oder zu unterlassen. Ihre Macht begreifen heißt, Verantwortung zu übernehmen für das eigene Kommunizieren und damit für die Folgen, die man bei den Menschen, die man anspricht, auslöst, um sie zu beeinflussen. Ihre Macht begreifen heißt, sie in Demut und mit Respekt den Menschen gegenüber einzusetzen – es bedeutet, sich ihrer würdig zu erweisen, um sie nutzbar machen zu können.

Mitarbeiter von morgen arbeiten bei Firmen, mit denen sie einen gemeinsamen Wertehorizont teilen. Gemeint sind nicht plakative Unternehmenswerte. Vielmehr geht es darum, ob Teams eine Wertegemeinschaft bilden können, die mehr verbindet als trennt. Aus Identifikation entsteht eine große Kraft für Motivation und Leistungswillen. Und die Zukunft gehört den Unternehmen, die Menschen intern und extern emotional und intellektuell binden können: durch die freigesetzte Energie sind sie gewappnet gegen die Unwetter der Märkte.

Dieses Buch erzählt die Geschichten von zehn Unternehmen, die Sondersituationen bewältigt haben und – allen Unkenrufen zum Trotz – Krisen und Herausforderungen überwunden haben, die vielen Marktbeobachtern als Vorboten des Untergangs erschienen. Dieses Buch erzählt auch die Geschichten von zehn Kommunikationsstrategien, die den Erfolgskurs massiv unterstützt haben, weil Menschen überzeugt werden konnten: vom richtigen Kurs des Unternehmens und vom starken Willen ihrer Führungspersönlichkeiten. Wir brauchen im harten Kampf der globalen Märkte in Europa Unternehmen, die handeln, weil sie treiben wollen und nicht, weil sie Getriebene sind. Wir brauchen Unternehmen, die weltweit durch ihre Menschen, ihre Überzeugungskraft und ihre Tatkraft überzeugen – überzeugen, weil sie selbst überzeugt sind.

Literaturverzeichnis

Beuth, G., Der Stellenwert der Kommunikation bei der Neuorganisation und Fusion von Käscher, R., und VEBA Immobilien, in: Mertens, K. und Zimmermann, R. (Hrsg.), Das Handbuch der Unternehmenskommunikation 2000/2001, Neuwied 2001

Booz & Company, CEO Succession 2008: Stability in the Storm, by Per-Ola Karlsson und Gary L. Neilson, http://www.booz.com/media/file/sb55_09206_CEO_preprint_May1109.pdf

Booz & Company, Telekommunikationsmarkt vor umfassender Konsolidierung: http://www.booz.com/de/home/Presse/Pressemitteilungen

Cascorbi, A., Demerger-Management. Wertorientierte Desintegration von Unternehmen, Hamburg 2003

Connell J., Waring P., The BOHICA syndrome: a symptom of cynicism towards change initiatives? in: Strategic Change, Volume 11, Issue 7, November 2002, S. 347–356

Doppler, K., Lauterbach, C., Change-Management. Den Unternehmenswandel gestalten, 12. Auflage, Frankfurt 2008

Enderli, L., Psychologische Erfolgsfaktoren für Veränderungsprozesse, in: Organisator 03/2009, S. 20–21

Esch, F.-R., Strategie und Technik der Markenführung, 4. Auflage, München 2007

Esch, F.-R., Tomczak, T., Kernstock, J., Langner, T., Corporate Brand Management. Marken als Anker strategischer Führung von Unternehmen, 2. Auflage, Wiesbaden 2006

Fischer, P., Neu auf dem Chefsessel. Erfolgreich durch die ersten 100 Tage, 9. Auflage, München 2007

Gabarro, J., When a new Manager takes charge, in: Harvard Business, Jan. 2007, S. 1–16

Gerkhardt, M., Frey, D., Erfolgsfaktoren und psychologische Hintergründe in Veränderungsprozessen, in: OrganisationsEntwicklung 4/2006, S. 48–59

Herbst, D., Internationale Werbung und PR. Konzept und kreative Gestaltung, Ziele, Strategien und Instrumente, Organisation und Umsetzung, Berlin 2008

Jaeger, M., Personalmanagement bei Mergers & Akquisitions, Neuwied 2001

Kirchner, K., Integrierte Unternehmenskommunikation. Theoretische und empirische Bestandsaufnahme und eine Analyse amerikanischer Großunternehmen, Wiesbaden 2003

Kotler, P., Keller, K. L., Bliemel, F., Marketing-Management. Strategien für wertschaffendes Handeln, 12. Auflage, München u.a. 2007

Kotter, J.P., Leading Change. Why transformation efforts fail, in: Harvard Business Review 73, S. 59–67

Krystek, U., Moldenhauer, R., Handbuch Krisen- und Restrukturierungsmanagement, Stuttgart 2007

Krystek, U., Zur, B. (Hrsg.), Handbuch Internationalisierung, 2. Auflage, Berlin u.a. 2002

Leker, J., Die Neuausrichtung der Unternehmensstrategie, Tübingen 2000

Leupin, U., Turnaround von Unternehmen. Von der Krisenbewältigung zur Erfolgssteigerung, Bern u.a. 1998

Lünendonk GmbH, Lünendonk-Trendstudie 2009: Der Markt für Interim Management in Deutschland, Kaufbeuren 2009

Lutz, A., Nitzsche, I., Praxisbuch Pressearbeit, Wien 2007

Malik, F., Strategie des Managements komplexer Systeme, 10. Auflage, Bern 2008

Meckel, M., Die globale Agenda. Kommunikation und Globalisierung, Wiesbaden 2001

Meffert, H., Burmann, Ch., Kirchgeorg, M., Marketing: Grundlagen marktorientierter Unternehmensführung, 10. Auflage, Wiesbaden 2008

Meffert, M., Markenmanagement. Identitätsorientierte Markenführung und praktische Umsetzung, 2. Auflage, Wiesbaden 2005

OC&C Strategy Consultants und Sal. Oppenheim, Anschluss gesucht – Konsolidierung im deutschen Breitbandmarkt, Ort ?2009

Piwinger, M., Zerfaß, A., Handbuch Unternehmenskommunikation, Wiesbaden 2007

Pribilla, P., Personalmanagement bei Mergers & Acquisitions. Therapeut oder Notarzt?, in: Management von Akquisitionen. Akquisitionsplanung und Integrationsmanagement, hrsg. v. Picot, A., Nordmeyer, A., Pribilla, P., Stuttgart 2000, S. 63–76

Sattelberger, Th., Human Resources Management. Katalysator des kulturellen Wandels im Unternehmen, München 2000 (TCW-report)

Schulz, D., Bert, U., Lessing, H., Handbuch Insolvenz, 3. Auflage, München 2009

Seldeslachts, J., Warum Fusionen scheitern, WZB-Mitteilungen, Heft 108, Juni 2005, http://jo.seldeslachts.googlepages.com/fusionen.pdf

Spengler, Ch., Wirth, W., Die Wirkung von Marketing- und Vertriebsmaßnahmen maximieren, in: Management, Nr. 3/2009, S. 46–51

Steinmann, H., Schreyögg, G., Management. Grundlagen der Unternehmensführung, 6. Auflage, Wiesbaden 2005

Stromer, M. F., Integration nach Merger und Akquisition. Erfolgskonzeption für das Post-Deal-Management, Wiesbaden 2001

Thomas, A., Kinast, E.-U., Schroll-Machl, S., Handbuch Interkulturelle Kommunikation und Kooperation, Band 1, 2. Auflage, Göttingen 2005

Vogel, D. H., M&A – Ideal und Wirklichkeit, Wiesbaden 2002

Wildemann, H., Effiziente Unternehmensfusionen. Eine erprobte Vorgehensweise, http://www.tcw.de/news/view/121

Wildemann, H., Führungsverantwortung. Bewährte oder innovative Managementmethoden? München 2003 (TCW-report)

Wildemann, H., Kundenbeziehungsmanagement. Leitfaden zu Kundenintegration und wissensbasiertem Einsatz von Service, Logistik und E-Technologien, 8. Auflage, München 2010

Wildemann, H., Personal- und Führungskräfteaudit. Leitfaden zur Analyse des Managementpotenzials und der Problemlösungskapazität der Mitarbeiter, 13. Auflage, München 2010

Wildemann, H., Produkte und Services entwickeln und managen. Strategien, Konzepte, Methoden, 2. Auflage, München 2009

Wildemann, H., Strategische Führung in Unternehmen. Auf dem Weg zur Spitzenleistung, München 2008

Wildemann, H., Unternehmenskultur. Leitfaden zur Veränderung von Unternehmenskulturen, 4. Auflage, München 2010

Wirtz, B. W., Mergers & Acquisitions Management, Wiesbaden 2003

Abbildungsverzeichnis

Informationen zu den Autoren

Prof. Dr. rer. pol. Ulrich Krystek

Nach Abschluss der kaufmännischen Lehre und einer ersten Tätigkeit als Sachbearbeiter in seiner Lehrfirma studierte Ulrich Krystek in Gießen Wirtschaftswissenschaften. Nach der Promotion zum Dr. rer. pol. übernahm er die Leitung der Zentralabteilung „Beteiligung Inland" eines international tätigen Konzerns.1984 wurde er zum Professor an die Fachhochschule Worms, Fachbereich V, Internationale Betriebswirtschaft, berufen. Von 1996 bis 2000 übernahm er außerdem eine Gastprofessur an der Technischen Universität Berlin, Fakultät VII (Wirtschaft und Management). Im Oktober 2000 wurde er zum Honorarprofessor an der TU Berlin ernannt und übernahm dort das Lehrgebiet Strategisches Controlling.

Neben seiner Tätigkeit als Hochschullehrer ist Ulrich Krystek beratend für die Industrie tätig. Zu seinen Forschungsschwerpunkten zählen: Unternehmungsplanung/Controlling, strategische Unternehmungsführung, Früherkennung und Bewältigung von Unternehmungsrisiken, Vertrauensmanagement und Controlling in strategischen Netzwerken. Seine Beratungsschwerpunkte sind Risikomanagement, Strategisches Management, Reorganisation sowie Planungs- und Kontrollsysteme. Über 130 Beiträge in wissenschaftlichen Zeitschriften und Sammelwerken sowie elf Bücher zählen zu seinen Veröffentlichungen.

Univ.-Prof. Dr. Dr. h. c. mult. Horst Wildemann

Horst Wildemann studierte in Aachen und Köln Maschinenbau (Dipl.-Ing.) und Betriebswirtschaftslehre (Dipl.-Kfm.). Nach mehrjähriger praktischer Tätigkeit als Ingenieur in der Automobilindustrie promovierte er 1974 zum Dr. rer. pol., Auslandsaufenthalte am Internationalen Management Institut in Brüssel und an amerikanischen Universitäten schlossen sich an. 1980 habilitierte er sich (Dr. habil.) an der Universität zu Köln. Seit 1980 lehrt er als ordentlicher Professor für Betriebswirtschaftslehre an den Universitäten Bayreuth, Passau und seit 1988 an der Technischen Universität München. Er hat Rufe an die Universitäten Stuttgart Hohenheim und Dortmund, an die Freie und die Technische Universität Berlin und an die Hochschule St. Gallen erhalten.

Neben seiner Lehrtätigkeit steht Prof. Wildemann einem Beratungsinstitut mit über 80 Mitarbeitern für Unternehmensplanung und Logistik vor. Zu seinen Veröffentlichungen zählen mehr als 40 Bücher und über 600 Aufsätze. Für führende Industrieunternehmen ist Prof. Wildemann als Berater, Aufsichts- und Beiratsmitglied tätig. Ihm wurden die Staatsmedaille des Freistaates Bayern, das Bundesverdienstkreuz erster Klasse der Bundesrepublik Deutschland und die Ehrendoktorwürde der Universitäten Klagenfurt und Passau verliehen. Zudem Aufnahme in die Logistik Hall of Fame 2004, bayerischer Verdienstorden 2006 und Verleihung der Ehrennadel durch die Bundesvereinigung Logistik 2008.

Dr. Katja Nagel

Dr. Katja Nagel studierte in Nürnberg Betriebswirtschaftslehre (Dipl-Kfm.) und startete ihre berufliche Laufbahn bei Siemens, während sie parallel an der Ludwig Maximilian-Universität promovierte. Mit fast 20 Jahren Unternehmenserfahrung in Konzernen mit Sondersituationen und in der Kommunikationsberatung ist die Deutsche mit halb griechischer Abstammung heute geschäftsführende Gesellschafterin von Cetacea. Ihre Erfahrungen reichen von O2 (Leitung Kommunikation, Unternehmensentwicklung und Strategie, Programmleitung Integration & Culture Change nach Verkauf der Viag Interkom, Rebranding, Restrukturierung, strategisches Neuausrichtungsprogramm Customer Centricity, Leitung des internationalen Culture Change Programms für O2 Group) über T-Systems (Geschäftsleitung und Bereichsleitung Aufbau Account Management nach Übernahme Debis durch Deutsche Telekom) bis hin zu Siemens (Reorganisation, Change Management, Vorstandskommunikation,Top-Recruiting von Schlüsselpositionen, Leitung Marketing und Kommunikation eines Geschäftsgebietes, Change Management nach Übernahme Nixdorf durch Siemens, Account Manager für den größten Kunden Siemens-Nixdorfs, Business Process Reengineering aller Kernprozesse für Country France, IT-Projektleitung für das zentrale Vertriebsinformationssystem von Siemens Nixdorf).

Ihre Beratungsschwerpunkte sind Kommunikationsstrategie und -konzeption für (internationale) Konzerne und Mittelstand, Kommunikation in Veränderungsprozessen: Repositionierung, M&A, Restrukturierung und Rebranding, Change Management, Culture Change und Kommunikation in Kulturveränderungsprozessen sowie Executive Coaching & Beratung.